考古学专刊
甲种第三十八号

王仲殊文集

第4卷

——中国古代遗址、墓葬的调查发掘

王仲殊 著

中国社会科学院考古研究所 编辑
社会科学文献出版社 出版

A Collection of Wang Zhongshu's Works

Vol. IV
Archaeological Reports of
Ancient Sites and Tombs

Wang Zhongshu

内 容 简 介

　　本文集收录中国社会科学院考古研究所学者王仲殊先生 70 余篇学术论文以及田野考古调查发掘报告。文集分 4 卷，各卷题目依次为"考古学通论及考古学的若干课题"、"中日两国古代铜镜及都城形制的比较研究"、"古代中国与日本等东亚诸国的关系"和"中国古代遗址、墓葬的调查发掘"。王仲殊先生始终强调考古调查发掘工作必须与历史文献记载相结合，中国考古学研究应该与世界考古学接轨。他的治学方针和研究成果在本文集中得到充分的显示与有力的见证。

　　本书可供考古学者、历史学者和文物、博物馆部门的研究人员阅读、参考。

目　　录

洛阳烧沟附近的战国墓葬 …………………………………… 1

辉县琉璃阁的汉代墓葬 ……………………………………… 40

长沙西汉后期墓葬 …………………………………………… 85

汉长安城城门遗址的发掘与研究 …………………………… 140

渤海上京龙泉府遗址的调查发掘 …………………………… 196

编后记 ………………………………………………………… 262

CONTENTS

Warring-state Period Burials Discovered nearby Shaogou Area in Luoyang   1

Han Tombs Discovered at Liulige Site in Huixian County   40

Tombs of Late Western Han Dynasty Discovered in Changsha   85

Gate Sites of Han Capital Chang'an   140

Investigation and Excavation of Upper-Capital Longquanfu of Bohai
   Kingdom   196

Afterword   262

洛阳烧沟附近的战国墓葬

一　前言

　　1953年8月，中央文化部社会文化事业管理局、中国科学院考古研究所与北京大学历史系联合举办了第二届考古工作人员训练班。全体学员89人，在结束了课堂学习、掌握了中国考古学的基本知识以后，于1953年9月13日由北京前往洛阳，在中国科学院考古研究所的领导下进行田野考古发掘工作的实习。在实习中，并有北京大学历史系考古专业四年级同学11人参加。

　　实习工作是在有组织、有计划的情况下进行的。全体学员分编为8个工作小组，每组各由一个具有一定的田野工作经验的同志担任辅导。先由考古研究所夏鼐副所长讲授田野考古学通论，为发掘工作打定了理论和方法上的基础。然后在洛阳西北郊烧沟附近的基本建设地区开始进行发掘。按照原定计划，在洛阳发掘的对象主要是墓葬。在从9月27日到10月15日的19天中，发掘了战国和汉代墓葬共59个。在实习中，学员们掌握了辨认土色、开掘墓坑、清理墓底以及照相、绘图、测量等在全部发掘过程中所不可缺少的各种技术；同时，通过实际工作，结合课堂的理论，巩固并提高了对于中国考古学的了解与认识，从而对考古工作有了更大的兴趣与信心。

　　结束了墓葬发掘的实习之后，学员们和工作人员们又从洛阳转移到郑州，在郑州继续实习对于遗址的发掘。

　　这里，将在洛阳实习阶段发掘所得的材料加以整理，并作了初步的研究。在整理并研究这些材料时，证实了考古训练班的学员同志们在实习期间所做的发掘工作是相当精密与正确的，说明了要在一个较短的时期内培养出为数较多的考古工作干部，以配合国家正在进行的大规模建设事业，是完全可能的。

所发掘的59个墓编号从601到659，是与1953年春、夏两季由中国科学院考古研究所、中央文化部社会文化事业管理局及洛阳文物管理委员会等机构组成的洛阳考古工作队在烧沟地区配合基本建设所发掘的大批墓葬统一编排的。其中，632与638号两个墓属于汉代，将归并于洛阳考古工作队所发掘的汉墓中，另行发表。其余57个墓都属战国，加上洛阳考古工作队前此发掘的44与422号两个战国墓，共59个墓，一起在这里报告。帮助编写报告的有参加这次实习的北京大学历史系考古专业四年级同学吴荣曾、俞伟超、黄展岳、刘观民4人。

洛阳是我国历史最悠久的古都之一，有着无数重要的文化遗存和珍贵的遗物，其在考古学上的地位是丝毫不容忽视的。但是，过去的几十年中，却一直由帝国主义者勾结破坏分子在这里任意盗掘、盗卖，使文化遗产蒙受了莫大的损失。解放后，由于人民政府的重视、人民群众觉悟的提高，这种破坏现象已经完全绝灭；同时，随着国家大规模建设事业的展开，中央和地方的有关机构在这里进行了多次的科学发掘，有了重要的发现和收获。第二届考古工作人员训练班的实习是这些发掘工作中的一部分，报告的发表或将有助于对在洛阳地区的我国古代文化的了解。

二 墓地与墓葬分布、保存的情形

发掘地点在洛阳城西北约2里，靠近邙山处的烧沟附近。1953年春，有关方面在这里进行基本建设，发现了数以百计的大批古代墓葬，由前述洛阳考古工作队加以清理与发掘。当考古训练班前往实习时，新建的房舍已经大致落成，就利用它作为工作站，就近在这一带进行发掘。

在新建房舍的东面，有一条由西北往东南斜行的路沟，称为烧沟，附近一带就以沟的名称作为地方的名称；为了便于说明，这里称它为第一号路沟。在路沟西北段靠近邙山处的村落附近的两壁断崖上，露出层次整齐的夯土，宽约10多米，残存部分没入地下深约4米，并分别向东、向西延长，在远处别的路沟中也露出同样的夯土。这些夯土，根据它的位置与包含物来看，可能是隋唐洛阳城北墙的遗迹。由此往北，地势较高，形成一个台地。再往北便是有名的邙山。往南地势略低，在北距隋唐故城墙约500米处有一条东西向的路沟，这里称它为第二号路沟。在第一号路沟以西、第二号路沟以北、隋唐故城墙以南的区域中，又有一条路沟自西北而东南，贯穿其间，与第一号路沟相距约250米，这里称为第三号路沟。新建的房舍自东至西，跨越第三号路沟，横列在这一区域内。

所发掘的59个战国墓，按其分布情形，可以划分为三区。第三号路沟以东、新建房舍以北的一区称为东区，计24个墓；第三号路沟以东、新建房舍以南的一区称为南区（图版1-1），计28个墓；第三号路沟以西、新建房舍以北的一区称为西区，计7个墓。东区最东的617号墓距西区最西的625号墓约280米，东区最北的659号墓距南区最南的644号墓约410米，彼此距离并不太远；而且由于时间短促，在这三个地区内可能还有相当数量的战国墓未经发掘，从而所划分的三个地区也许是同一个墓地，并没有什么界限。要之，战国墓葬在这里的分布是很稠密的，特别是南区，在仅约2000平方米的面积中就至少有28个墓，墓与墓间的间隔平均不到5米（图1）。

在战国墓分布的这些地区内，也散在着许多汉或汉以后的墓，乃至有少数的（5个）战国墓被这些时代较晚的墓所破坏。破坏的程度各有不同，如607号墓仅墓室略为打破，随葬品与人骨架则未遭扰乱；627号墓墓室被打破，人骨架被毁失，但聚集一隅的随葬陶器犹得保留；618号墓破坏最甚，大部分的随葬品都已失去，人骨架亦毫无痕迹。

此外，有3个墓曾经盗掘破坏。612号墓被盗甚剧，墓室大部分被翻乱，人骨架被毁坏无遗，但疏漏或弃置的1件铜带钩、2件铁器及大量的陶器碎片仍然在填土和乱土中找到；由于在墓坑的填土中不能明确地发现盗掘时穿凿的坑穴的范围，估计被盗的时期可能较早。602与657号2个墓则是在近代被盗的，前者人骨架仍保持完整，但随葬品多被窃取；后者人骨架被毁去头骨，随葬品可能是埋葬时未曾放入。

除了上述的8个墓以外，其余51个墓都是完整的，无论墓葬的形制与随葬的器物都能得到比较全面的了解，就过去盗墓风气极为盛炽的洛阳来说，这是相当难得的。

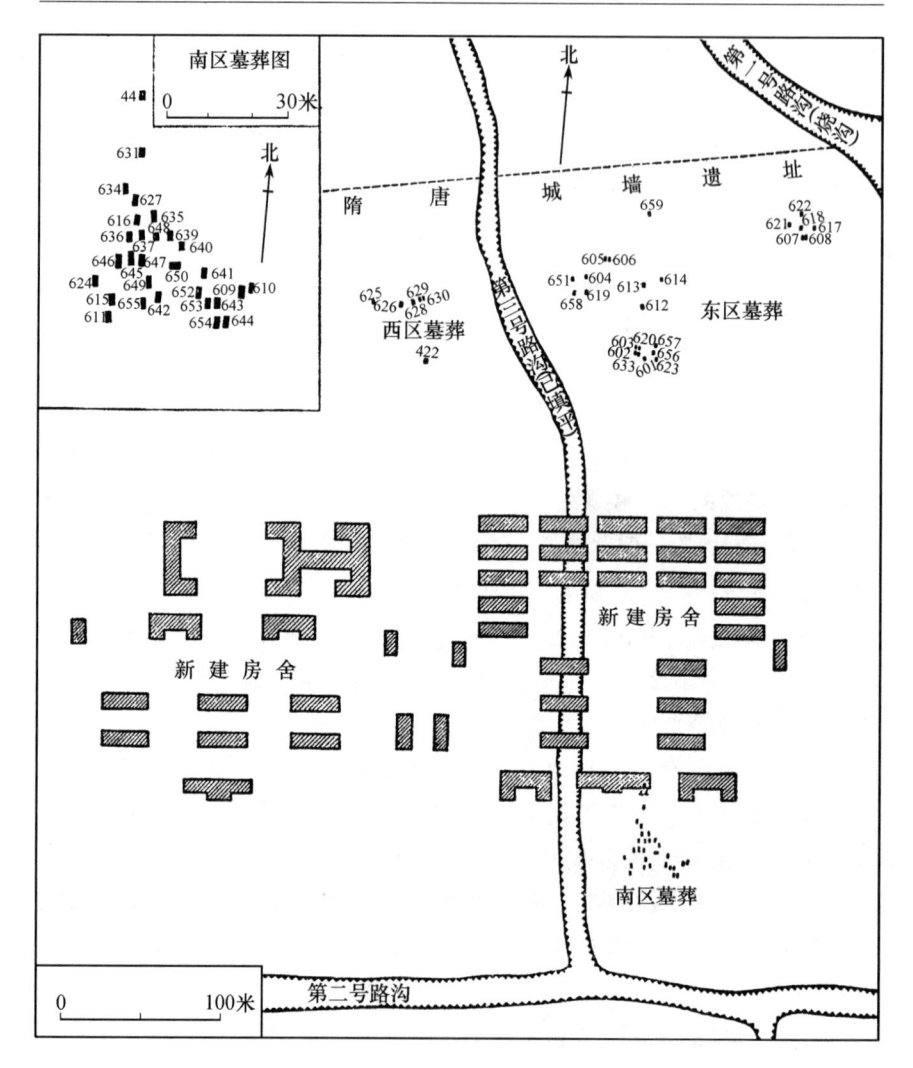

图 1　烧沟附近地形及墓葬分布图

三　墓葬的形制

（一）墓的构造

59 个墓，按墓的构造不同，可以分为竖穴墓与洞室墓两种。前者占多数，计 43 个；后者占少数，计 16 个。

1. 竖穴墓

竖穴墓的墓室是一个由地面直下的长方形竖穴。竖穴的口部略为宽大，往下逐渐略为狭小，形成倾斜的四壁。墓的大小，按竖穴的口部计算，一般长约2.3~3米，宽约1.2~2米；深度自地表算起约3~6米。612号墓长4米，宽3.5米，深7.5米，是唯一较大的墓。所有的竖穴墓都仅有墓室，没有墓道（图2）。

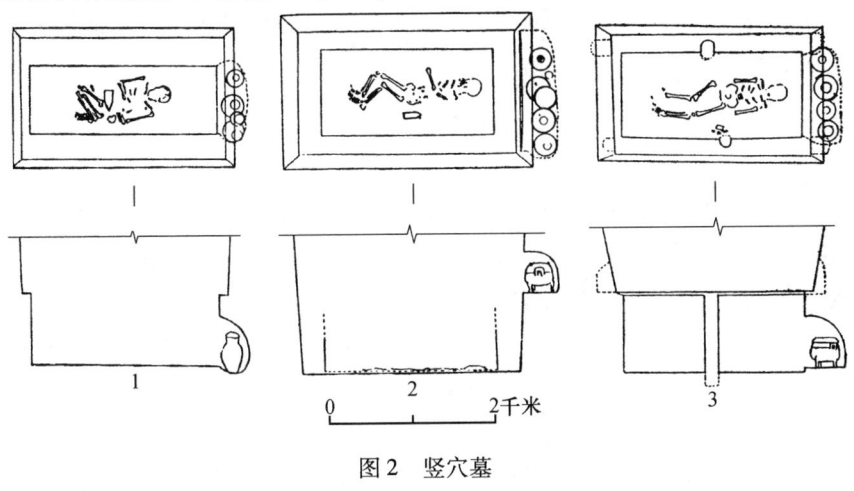

图2　竖穴墓
1. 603号墓　2. 651号墓　3. 658号墓

竖穴都作南北向，即南北两壁较短，东西两壁较长，没有例外。具体的方向以磁针为准，则约由偏西10度到偏东10度不等。

占绝大多数的37个竖穴墓，在墓室的下部由四壁留出余地，形成台阶。台阶高出墓底约0.7~1米，在它的范围内成为一个比墓室上部为狭小的长方形土穴，有如椁室（图版1-3）。由于在台阶上发现了木材枯朽以后所遗的痕迹，知道当时放置棺材之后在台上铺设木材作为椁室的顶盖。这些作为顶盖的木材系作横的铺列，所以墓室东西两侧的台阶往往较宽，约从20厘米到30厘米；南北两端的台阶往往较狭，约从10厘米到20厘米。个别的墓南北两端的台阶极狭，甚或没有台阶，但仍然可以在东西两侧的台阶上架设木材。642与658号两个墓，在台阶以上南北两壁的四隅各有略呈圆形的洞穴一个，直径约20厘米，深入墓壁约25厘米（图版2-2）；658号墓在东西两侧台阶的中部又各有略呈半圆形的凹槽一个，大小与四隅的洞穴仿佛，并深入墓底约20厘米

（图2-3）。这些洞穴与凹槽，都为木材枯朽以后的白色粉末所充填，当系用以安插木柱，衬托或支持台阶上所铺作为椁室顶盖的木材（642号墓在台阶上还留有明显的木柱的痕迹）。所有这种由台阶形成的椁室，除了顶盖以外，四壁和底未曾使用任何木材，与通常全用木材构成的椁室显然是有区别的。

另外仅占少数的6个墓则用木材构筑椁室，即是普通的木椁，虽然已经枯朽，但仍显痕迹，形状长方，有时也可以根据痕迹测知它的大小。木椁与墓壁保持相当的距离，筑成以后，在其间填土，但所填的土没有经过夯打或其他有意识的造作。

墓中往往设有壁龛。随葬的器物除带钩、玉饰、石圭等随身纳入棺材而外，一般的陶器都放置在壁龛中。壁龛的大小显然按所容纳的器物而定，由于各个墓的随葬陶器在种类和数量上完全相同或相差甚微，壁龛的大小也就彼此仿佛。它的宽度较设置处的墓壁稍大或稍小，亦有恰与墓壁相等的；纵深多不超过半米（独612号墓较大例外），高度通常在半米左右，容纳陶器以后极少空余（图版2）。个别的墓没有陶器，也就不设壁龛；有陶器而不设壁龛的仅44号一个墓，陶器放在椁室中棺材的一侧。

壁龛毫无例外地设在墓室的北壁。除659号墓人骨架的头向南、壁龛在人骨架的脚后而外，其余的墓人骨架的头向北、壁龛在人骨架的头前。由台阶形成椁室的墓，壁龛多系设在椁室中，位置较低，它的底部与墓底约略取齐（图2-1、3）；由木材构成椁室的墓，壁龛设在椁室以上，位置较高，底部高出墓底约1米（图2-2）。安葬时，壁龛位置较低的墓大概须先在龛中放置陶器，然后再在椁室中放置棺材，以免壁龛被棺材堵塞，放置陶器时不易下手。

墓中所填的土大都经过夯打，填一层夯打一番，经过夯打的部分自表面至厚约7~8厘米处显得特别坚实，即是所谓夯土，表面往往留有杵痕。一个墓中的夯土有多至6、7层的，但由于夯打时未必平整、周遍，特别是椁室的木盖年久枯朽，填土下塌，发掘时常发现夯土有零乱的现象。

2. 洞室墓

洞室墓系由一个竖穴与一个洞室组成。墓的主体在于洞室，所以称为洞室墓（图3）。

洞室前面的竖穴空无所有，不是墓的主体，只是作为开辟洞室及在洞室中放置棺材与随葬品时的通路而存在，但它的大小、形状、深浅却与前述竖穴墓的墓室无异；不过由于作为一种通路，具有墓道的作用，它的底部有时略为倾斜，如422、643、644号等墓倾斜度相当显著（图3-1）。

在16个洞室墓之中，14个墓系在竖穴的一端开辟洞室（图3-1）；竖穴都作南北向，13个墓在竖穴的北壁开辟洞室，洞口向南；独622号墓在竖穴的南壁开辟洞室，洞口向北。具体的方向以磁针为准，约由偏西10度到偏东10度不等，与竖穴墓没有区别。

另外，650与655号两个墓系在竖穴的一个侧壁开辟洞室（图3-2）。650号墓的竖穴作东西向，洞室开辟在竖穴的南壁，洞口向北；655号墓的竖穴作南北向，洞室开辟在竖穴的西壁，洞口向东。

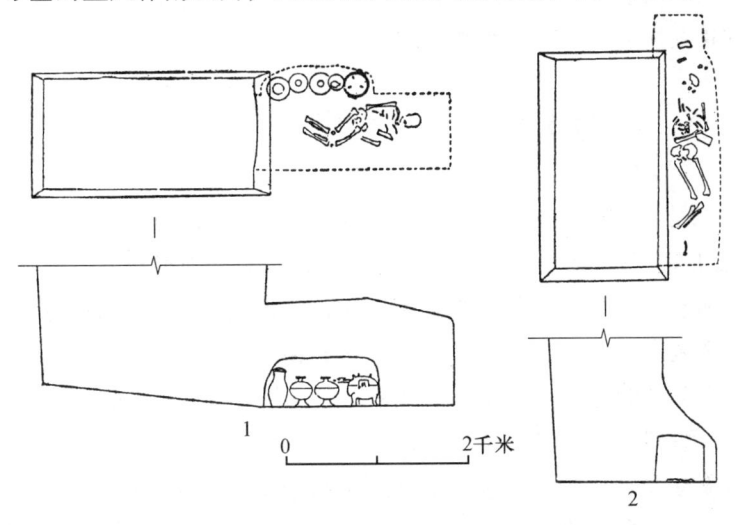

图3 洞室墓
1. 422号墓（在竖穴的一端辟洞室）　2. 650号墓（在竖穴的一侧辟洞室）

洞室的大小与一般竖穴墓的椁室相仿佛，放置棺材以后，无甚余地。650与655号两个墓，由于系在竖穴的侧壁开辟洞室，洞室的横的宽度大，纵的深度小，棺材在洞室中须作横的放置（图3-2）。绝大多数的墓，在洞室口部遗有木材枯朽以后的灰痕，可以知道当时系用木板封堵洞口，以免填土侵入。653号墓在洞室口外竖穴的两个侧壁上设有凹槽，大概就是用以安插木板的。所有的洞室墓都没有木椁，也没有任何类似木椁的构筑，想来是洞室本身已经起了椁的作用，没有另筑椁室的必要。

随葬的陶器也系在洞室中另设壁龛放置，壁龛的大小、形状与竖穴墓的大致相同。614与655号墓没有陶器，所以不设壁龛。622号墓有陶器，但也不设壁龛，陶器放在洞室的入口处，是一个例外。

除619号墓的壁龛设在洞室的北端，位置在人骨架的头前而外，其余的墓壁龛多设在洞室入口处的西侧，位置在人骨架的右侧脚旁（图3-1）。653号墓的壁龛有两个，分别设在洞室的东西两侧。此外，650号墓在人骨架的头前也有一个壁龛，但被后代的墓打破，龛中陶器仅余少许碎片（图3-2）。洞室的容积有限，壁龛的位置又低，安葬时大概亦须先放置陶器于龛中，然后再将棺材移入洞室。

竖穴中所填的土亦多经夯打结实，夯打情形与前述的竖穴墓相同，不同的是发掘时夯土较少有零乱的现象。

（二）葬具与葬式

在清理墓底时，往往发现人骨架的周围有木材枯朽的痕迹；其中约有半数的墓痕迹显著，就它的范围大小可以判断其为棺材无疑。其余的墓，或则痕迹模糊，或则不现痕迹，但是由于所有的墓在规模与形制上没有什么区别，不能因此认为当时不曾使用棺材。

有6个墓的棺材，痕迹极为显著，在发掘未达墓底之前，依据它的范围往下清理，而发现人骨架恰居其中，从而可以测知棺材的长度与宽度，不致有太多的误差。这些棺材最长约为2.0米，最短约为1.8米，最宽约为0.7米，最狭约为0.6米，彼此相差都很有限，与一般的棺材没有什么区别。

所有59个墓，不论竖穴墓或洞室墓，毫无例外地系单身葬，每一个墓仅有1具人骨架（640号墓有2具，其中1具属殉葬者）。

除6个墓的人骨架因后代的破坏、盗掘或骨骼腐朽太甚不明其头向外，其余53个墓中有51个墓的人骨架头都向北。可见人骨架的头向北是当地、当时的一种葬俗。至于人骨架在棺材中的放置情形，仅有46个墓比较清楚。这些墓中的人骨架，依据姿态的差异，可以分为仰身直肢与仰身屈肢两种不同的葬式。

仰身直肢葬的墓仅有6个，5个系竖穴墓，1个系洞室墓。它们的共同情形是人骨架的下肢骨伸直，不作有意识的弯屈。上肢骨仅知肱骨与肩部垂直，肘骨与手多已缺失。

仰身屈肢葬的墓计40个，29个系竖穴墓，11个系洞室墓。它们的共同情形是人骨架的下肢骨相并屈向一侧。弯屈的程度以胫骨与股骨之间的角度为准，在45度以下弯屈最甚的计9个墓，45度与90度之间弯屈较差的计14个墓，90度以上仅显微屈的计17个墓（图4）。至于人骨架的上体，就骨骼保存较好的几具观察，似乎都系平仰，看不出显著的倾侧。上肢骨的放置，一般是肱骨与肩部垂直，肘骨向内折，两手交错置盆骨或稍上处；620号墓的人骨架右上肢伸直，手在下肢骨近旁，左上肢肘骨向右折，手置盆骨上，比较特别（图4-2）。

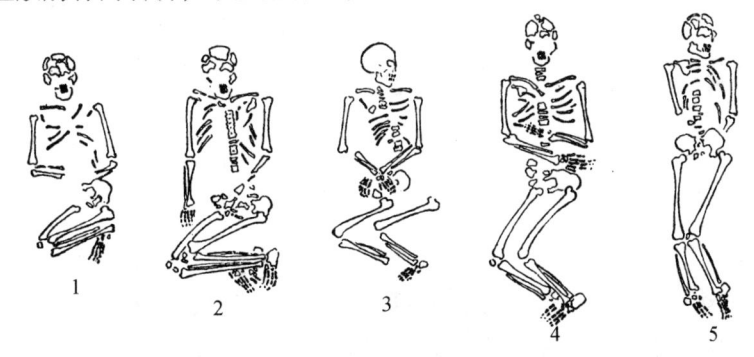

图4 屈肢葬的人骨架
1. 603号墓的　2. 620号墓的　3. 44号墓的　4. 616号墓的　5. 659号墓的

在头向北的39具人骨架中，下肢骨屈向东侧的计20具，屈向西侧的计19具，数目几乎相等，可见下肢骨向左或向右弯屈是一样的流行。650号墓的1具人骨架，头向东，下肢骨屈向南侧。

人骨架的脸以向上的为多，少数偏向左右的既有与下肢骨弯屈的方向一致，亦有与下肢骨弯屈的方向相反，说明了在当初大概多系向上，偏向左右的是比较偶然的现象，或许是埋葬时棺材受震动或其他的原因所致，于葬式没有多大的关系。

除人骨架葬式不明的墓以外，直肢葬的墓既然仅有6个，屈肢葬的墓则达40个，足见后者是当地、当时的一种主要的埋葬方式。由于直肢葬与屈肢葬并见于竖穴墓与洞室墓中，说明了人骨架的葬式于墓的构造无关。

值得注意的是640号墓除了深近5米的墓底椁室中葬1具人骨架外，在自地表深约1.5米的填土中又埋有1具人骨架。可以肯定的是后者不是该墓的主人，从而两者的关系不是合葬。该墓是一个南北向的竖穴墓，现存墓口自地表深48厘米。填土中的人骨架横置在墓坑的南端，墓壁既毫无破坏的情形，人骨架周围的土亦经夯打结实，无扰乱的现象，可以确断该一人骨架虽然不是墓的主人，但系属于640号墓无疑。人骨架俯身而略向左边倾侧。头向西，与墓的西壁相抵触；足向东，距墓的东壁亦极近。右上肢骨向后伸直，左上肢骨伸向右侧而被压在胸下。下肢骨伸直而略偏右，两脚分开。骨骼保存完好，周围没有葬具的痕迹。由于该一人骨架系埋置在填土中，不是墓的主人，身体又系俯伏，除了是殉葬者之外，似乎较难有别的解释（图版1-2）。

四　随葬器物

（一）陶器

除6个墓未用陶器随葬，2个墓经盗掘、已无陶器遗留以外，其余51个墓共出土陶器332件，占全部随葬器物的绝大多数。它们的器形有盆、碗、盒、双耳盒、罐、豆、盘形豆、壶、小壶、鼎等十种。

1. 陶质

各个墓中出土的陶器多系专为随葬而作的明器，仅极少数可能是日常的用器。无论明器或用器，在器形上都属于一般的容器，不是炊器；因此一概都系泥质，没有加入砂粒或其他的羼和料。

烧制的火候有比较充足与不充足的两种。火候比较充足的表面多作青灰色或黑灰色，内胎都作青灰色，大致尚称坚实，敲击时声音近于清亮；火候不充足的表面多作黑灰色或灰褐色，内胎都系棕色，相当松脆，易于碎裂，敲击时声音钝弱。

在全部陶器中，火候不充足的约占三分之一以上。其中豆与鼎约有半数火候不充足，壶约有三分之一火候不充足；盆与碗形体较小，最易烧制，但亦约有四分之一火候不充足。这种情形显然是由于专门作为明器而草率烧制的缘故，是一般战国墓中随葬陶器的特点之一。

火候比较充足的陶器，虽说大致尚称坚实，但它们的硬度似仍不足以实用。严格地说，真正具有实用可能的仅有622号墓的2件罐、6件碗及620号墓的1件碗而已。

2. 制法

各种陶器在器形上有简单与复杂的分别，表现在制造的程序与手续上也有较简单与较复杂的不同。同一种器物，各部分的制法亦有所差异。

盆与碗一次轮制即成，但器底系另行附加，其与器壁下部的接缝处露出痕迹，可以察知它是由内部塞进去的。盒的制法与盆、碗相同，不过多了1个轮制的盖。44号墓独出的1件双耳盒，制法与盒一样，只附加了两个手捏的耳。

豆由器身、器身以下的圈足、盖及盖上的捉手四部分分别轮制，器身与圈足、盖与捉手之间的接合处经抹平，极少痕迹。器身系圆底，与盆、碗、盒、双耳盒等不同，系一次轮制，不另加底。盘形豆则由盘、柄、座分别轮制，互相接合。

小壶器身全系轮制，但个别的盖系手捏；器身圆底，另加圈足，圈足亦轮制。部分的小壶没有圈足，平底贴地，由于底系从内部塞入，而器口甚小，可以知道器身至少须分两次制作。圆底附圈足的小壶，器身制法当亦如此。壶的制法与小壶相同，但盖无不系轮制；盖上多附有三个钮饰，是手捏复经刀或篾片等工具修削的。44号墓所出的1件罐，制法与壶或小壶略同，底由内部加入，但器口较小，器身须分两次轮制。

鼎的制造手续较为复杂。盖与器身分别轮制，器身多系平底，底由内部另行加入；少数圆底的则系一次轮制而成。盖上附三个钮饰，器身附两个耳，都是手捏复经刀或篾片等工具修削的。器身下部另接三个足，有的系从模子中印出，亦有不少系手捏；个别的鼎（Ⅰ式），足系手捏后复经轮旋修整，制法比较特别。

622号墓所出的2件罐，仅口颈部分系轮制，颈部以下系用绳模制，印出绳纹（图版3-6）。这种制法基本上与其余所有的各种器物不同。

部分的豆、壶、小壶及鼎，曾经于泥坯制成之后加以修磨，显得相当光滑；胚的表面密度因此增大，烧成以后颜色往往较深，灰中带黑，并发亮光，相当美观。

以上所述，与早期的陶器制法不同的是几乎全部器物系轮制或以轮制为主，用绳模制的已经绝无仅有。同时，与后代陶器的制法相比，亦存在着一些差别，主要是使用模印还不很普遍。例如汉墓中所出陶鼎的耳及其他各种器物的附属部分如兽面形足、熊足、龙首柄及柿蒂形钮等无不系从模子中印出，但这里的鼎所附的耳及钮饰则全系手捏，连651号墓所出的一件鼎的三个兽形钮饰亦不在例外，说明了制造陶器的技术虽然已很进步，但还没有发展到更高的阶段。

3. 纹饰

统计所有陶器上的纹饰，有绳纹、旋纹、暗纹与彩绘四种。四种纹饰制作的方法各不相同，其在全部陶器纹饰的比量上也彼此悬殊。

（1）绳纹 绳纹分二种。一种见于为数甚多的盒、豆、壶、鼎及一件双耳盒的腹壁和盖上。这些器物都以轮制为主，所附绳纹当非范模所致；器物的形态仿铜器，绳纹在装饰上亦无意义可言。事实上，这些所谓绳纹隐约断续，轻易不能看出，不能算是一种纹饰，大概是由于泥胚初制时与绳织物接触，印出痕迹，其后又经轮旋修去的结果。另一种则仅见于622号墓所出的2件罐。如前所述，这2件罐自颈部以下系用绳模制，范模泥坯时印出绳纹；腹壁上的绳纹经抹去，隐约断续，不很显著，但肩部的绳纹保持完整，相当清楚，与罐的形制亦相称，似乎具有一定的装饰效果。

要之，在所有51个墓的332件陶器中，仅有2件带有比较清楚的绳纹。这是由于陶器的制法在当时盛行轮制，绳纹陶器基本上已经衰落；更由于墓中随葬的陶器在器形上多系模仿铜器，不需要用绳纹装饰的缘故。

（2）旋纹 旋纹系用较细的棒尖或较粗的棒状工具乘陶轮转动时在泥坯上按划而成。它的纹样分二种。一种是一条、二条平行的凹入或凸出的细线，见于部分鼎的盖和腹壁、2件盘形豆的柄及1件双耳盒的腹壁上，一般称为弦纹；是用较细的棒尖划成的（图版3-4，图版4-4）。一种是数条平行而紧接的相当宽阔的凹带，带的断面成弧状，见于个别豆的盖和腹壁、1件壶和1件罐的肩部，一般称为宽弦纹，也有称为瓦纹的，系用较粗的棒状工具压成（图版4-1，图版5-2）。两种旋纹在制作方法上虽然类同，在装饰效果上则有所差异。

在全部陶器的纹饰上，旋纹的比量还是相当的小。所有的盆、碗、盒、小壶及绝大部分的壶、豆都不施旋纹。施有旋纹的鼎、盘形豆和少数的豆亦往往同时施有暗纹或彩绘，旋纹不占主要的地位。这种情形与汉墓中出土的壶、仓、奁等器物之普遍并主要地以弦状旋纹为装饰相比，是有区别的。

（3）暗纹　暗纹系泥胚将干未干时用棒尖在表面上压划而成，器物烧成以后，由于被压划的部分密度较大，而且比较光滑，当光线反射的角度适当时，即能显出纹样。但是，由于纹样不作显著的凹入或凸出，又未曾施用任何颜色，若光线的角度不适合，就不易看清，所以称为暗纹（图版5-1、3、4）。

暗纹见于绝大部分的豆、壶、鼎、部分的小壶及个别的盆和盒上。在所有51个墓的332件陶器中，施有暗纹的计179件，所占比例约为54%，在带有纹饰的196件陶器中所占的比例则达90%。要之，暗纹是这次发掘所得的陶器中的最普遍也是最主要的一种纹饰。

纹样的排配有极为复杂的，也有相当简单的，都以几何图案为构成的单位。作为单位的几何图案归纳起来大概不外以下几种：

弦纹　有二种：一种较粗如带，单独一条，主要是用以将1件器物上的全部纹样划分为若干区段；另一种较细，往往由许多平行的线条组成（图5-1~2）。

栉齿状纹　由许多平行的短线组成，分垂直的与斜行的二种（图5-3~4）。

网状纹　由许多交叉的斜行直线组成（图5-5）。

锯齿状纹　由一条、二条、三条乃至许多条平行的弯曲线条组成，可以分为横列、纵列与斜行的三种（图5-6~8）。这种锯齿状纹又往往被限制在三角形、菱形、人字形或兽角状的范围内，形成各种不同的纹样（图5-19~22）。

人字形纹　二条对称的短线相交如人字，许多人字的尖端都横向一个方向。这种纹样比较少，仅见于个别的壶（图5-9）。

S形纹　有些像英文字母的S，S的两端往往卷曲成涡状；一般系作横的放置，但偶然也有作直的放置的，在个别的鼎上又可以看到由数个S相交而成的比较复杂的纹样（图5-10～13）。

山状纹　由三个或四个平行的人字形组成，尖端向上或向下，有时在尖端或近尖端处附以一个、二个或三个不等的涡纹；个别鼎的盖上又有二个山状纹相交接、交接处贯一短线、短线两端各附一个圆圈的纹样（图5-14～18）。

螺旋状纹　由内而外作螺旋式的扩大。一种较小，多见于鼎盖的中央；一种较大，见于个别盆的里面（图5-23）。

图5　暗纹陶器的纹样构成单位

同样的单位在器壁上循环，连续，作带状的排列，每一带状排列成为一个区段。一件器物上可以有许多不同或相同的区段，如部分的豆、壶、鼎往往有五六个乃至八九个区段，彼此之间由带状的粗弦纹作为间隔；比较简单的则仅有二三个区段。盆、盒与小壶上的纹样，都极简单，没有区段可分，亦不成其为带状排列（图6）。

除了带状排列之外，这些作为单位的图案还可以作圆面的排列；最显著的是表现在豆的捉手与壶的盖上，不论纹样较复杂或较简单，都无不对称于圆面的中心（图7）。

图6 陶器上的暗纹

1、2. 豆（653：1、620：4） 3、4. 鼎（645：5、604：9） 5、6. 小壶（621：3、636：6）
7、8. 壶（608：6、637：23）

图7　陶豆的捉手及陶壶、鼎的盖上的暗纹
1. 608:6　2. 644:2　3. 651:4　4. 604:7　5. 634:6　6. 644:6　7. 651:1　8. 658:2　9. 636:5
10. 658:6　11. 607:6

这种暗纹，就制作技术说，未见于殷代与西周，亦罕见于汉代，它的大量施用可以看作是战国时代一部分陶器的特点之一；就花纹样式说，采用了各种新的几何图案，基本上脱离了自殷代、西周以来的旧的图案花纹的范畴。

（4）彩绘　彩绘仅见于612号一个墓的陶器上。该墓被盗掘，陶器颇有残缺；经斗合复原，计有盆1件、碗1件、豆2件、盘形豆2件、壶2件、小壶2件、鼎2件，所有12件陶器都施彩绘，颜色有红有黑，而以白粉为地，纹样则有下列各种：

花瓣纹　见于豆的捉手与盘形豆的盘面上，前者较小，后者较大。各由八个花瓣组成，四个在上面显出全形，四个被压在下面，仅露中间的部分；每个花瓣各包括三重或五重，由黑线描出，中间贯以红色的细线。豆上的花瓣系以捉手的凹穴为中心，盘形豆上的花瓣则在中央另由黑线描出三个同心的圆圈，两者细部虽略有差异，大体上则是一致的，纹样配置在圆面上，完全对称于圆面的中心（图8-1，图9-5）。

图8　612号墓出土的彩绘陶器
1. 盘形豆（612:5）　2. 壶（612:7）

涡纹　分二种，一种见于碗底的里面和小壶的盖上，一种见于豆的盖、腹、座，鼎的盖、腹和壶的颈部的周壁。前者由黑线勾描，或则在白粉上涂黑、由空出的白地形成，纹样比较简单，系配置在圆面上，对称于圆面的中心，不能加以展开（图9-1、2）。后者在白地上用黑线勾描，并在其间涂红或涂黑，纹样比较复杂，有规律地分为若干组，每组各成一个单位,循环连续,加以展开则作带状的排列(图8-2,图9-4、5)。

斜 T 字纹　仅见于壶盖的边缘周侧,由黑线描出,如同英文字母的 T 字,T 字横划的两端各有三四处曲折,竖划的下端则与另一 T 字相接。纹样循环、连续,排配在一条狭仄的带上(图8-2)。

圆圈纹　见于壶盖的顶部,由黑线描成。共五个,四个分布在周围,一个插在中间,它们的排列对称于圆面的中心。每个圆圈纹各由两个同心圆组成(图8-2)。

人字形纹　见于盆的唇沿上,人字尖端的方向都一致,宽狭不等,彼此之间的距离也不一定,或者涂红,或者涂黑(图9-3)。

弦纹　分二种。一种见于盘形豆的柄、小壶的腹壁、碗的唇沿和盆的里壁近口处,有在二条黑线之间涂红的,也有全系红色或黑色的,弦纹本身就是器物在这一部分的主要纹饰(图8-1,图9-1、2、3)。另一种见于豆、壶、鼎的周壁,多在二条黑线之间涂红;两组弦纹之间有相当的距离,形成一条宽阔的带,在带的范围内布置涡纹,从而涡纹是主要的,与之配合的弦纹只占从属的地位(图8-2,图9-4、5)。

羽毛状纹　见于壶的腹壁周围,在较粗的曲线之间,配以斜行而对称的较细直线,宛如羽毛。许多羽毛聚集一起,有如鸟类的尾部。在羽毛的末端配有小圆圈,其中较大的一个圆圈作为眼睛,与周围的曲线形成一个鸟的头;鸟头和其他的曲线及羽毛相联系,又仿佛是一个鸟的全体。纹样的排配复杂而巧妙,但缺乏一定的规律;在现有的发掘材料中,很少有类同这种的花纹(图8-2)。

铺首　见于壶的腹壁中部,两侧各一个,位置对称,纹样相同。线条以黑色为主,耳与鼻则略施红色,鼻上所穿环在内侧亦另用红线陪衬(图8-2)。

各种纹样并见于1件器物上。盆在唇沿饰人字形纹,在腹壁里侧近口处及底的里面饰弦纹。碗在唇沿上施弦纹,在底的里面施涡纹。豆在捉手上系花瓣纹,在盖的下部、腹的上部及座的下部全系涡纹。盘形豆在盘内饰花瓣纹,在柄上饰弦纹,在座上饰涡纹。小壶盖上为涡纹,腹部为弦纹。壶的纹样最复杂,盖的顶部有圆圈纹,边缘周侧有斜 T 字纹;颈部有涡纹,腹部有羽毛状纹并加铺首。12件陶器,凡器形相同的两件所施的纹样亦都相同。

图9　612号墓出土的彩绘陶器
1. 小壶（612:9）　2. 碗（612:2）　3. 盆（612:1）　4. 鼎（612:11）　5. 豆（612:3）

这种彩绘系施于器物已烧成之后，故易于脱落（图版4-3）。与新石器时代的彩陶花纹相比，在制作方法上是不相同的。根据现有的发掘材料，陶器在烧成以后施彩绘开始于战国，而盛行于汉代；不论战国或汉代，凡是施有彩绘的陶器大都是专为随葬而作的明器，不能实用。

在分析了各种纹饰在全部陶器纹饰上的比量以后，不难看出陶器的纹饰与陶器本身的制法有着不可分割的关系。在这里，绳纹的绝无仅有是由于用绳模制的陶器制法基本上已经衰落，暗纹的大量使用则亦显然与当时盛行的修磨陶器表皮使其光滑发亮的技术有关。如前所述，使用印模的陶器制法尚未充分发展，因此盛见于汉代陶器上的由模子内一次印出或用戳子逐个打印的浮雕式或几何形的印纹在这里都无所见。625号墓所出的1件鼎，在腹的下部每两个足的中间各有一个"休"字，字的外面并有圆圈一周，大概是用铜制或木制的印章打印的，但它的作用与一般的纹饰是不相同的（图10）。

图10 陶鼎上的文字（625∶5）

4. 器形

（1）盆 共47件，分别出于47个墓，每墓各出1件。侈口、浅腹、平底，除644∶1的1件例外，其余都有向外翻出的口沿。口径最大为28.6厘米，最小为13.7厘米；高度最高为5.8厘米，最低为3.4厘米。

形体的大小、口沿的宽狭及腹部的深浅等虽各有出入，由于形制简单，器形在大体上没有显著的差别（图11）。一般素面无纹饰，仅5件在里面施有简陋的螺旋状暗纹，612∶1的1件施有彩绘。

（2）碗 共52件，分别出于45个墓，617与620号墓各出2件，622号墓出6件，其余的墓各出1件。侈口、平底，腹壁曲度不甚一致。深浅亦不相等。器形虽然简单，依据口沿部分制作的不同，可以分为三种型式（图12）。

图 11　陶盆

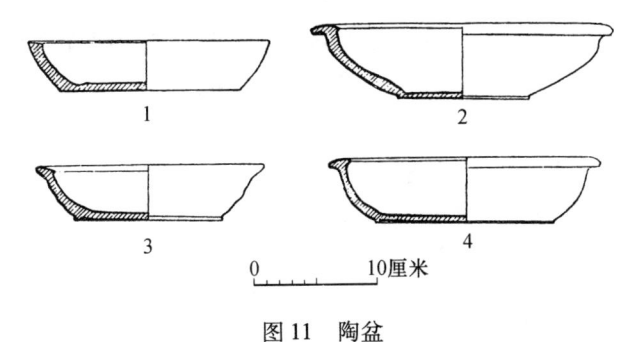

1. 644∶1　2. 631∶6　3. 620∶9　4. 636∶2

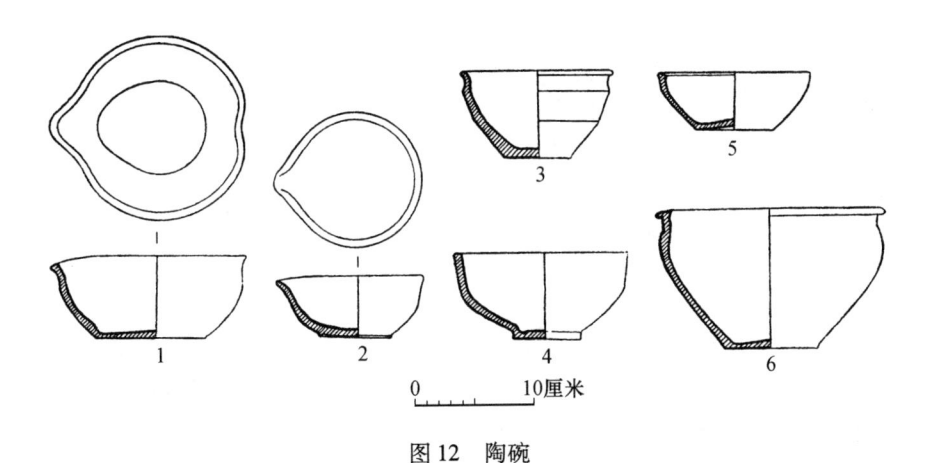

图 12　陶碗

1、2. Ⅰ式（613∶5、643∶5）　3、4、5. Ⅱ式（644∶7、642∶3、619∶6）　6. Ⅲ式（622∶9）

Ⅰ式：计4件。口沿突出一个短小的流，613∶5的1件在与流相应的另一边又向内微凹，俯视作桃形。口径最大为13.6厘米，最小为10.3厘米；高度最高为6.5厘米，最低为5.2厘米。

Ⅱ式：计42件。口部无流，除644∶7的1件唇沿略为外卷、腹壁折出棱线、腹壁上部近口处有一周带状的凹入外，其余口部不向内或向外卷折。642∶3的1件底部折直，初看有些像圈足。口径最大为13.4厘米，最小为9.2厘米；高度最高为9.6厘米，最低为5.2厘米。

Ⅲ式：计7件，622号墓独出6件。口沿甚宽，并向外折出；形体较大，器腹较深。口径最大为18.2厘米，最小为14厘米；高度最高为11.5厘米，最低为8.2厘米。

Ⅰ式附流，可以灌注，应该属于匜的一类，但流极短小，其在各个墓中的成组的陶器组合中亦与Ⅱ式碗相当，即Ⅰ式碗代替了Ⅱ式碗。Ⅲ式与Ⅱ式形制有所区别，烧制火候充足，可能是实用器。除612:2（Ⅰ式）的1件施有彩绘外，其余都系素面，没有纹饰。

（3）盒 共16件，分别出于8个墓，每墓各出2件。器身如碗，平底；口微敛，唇沿略为卷起，与盖吻合。按照形状的差异，可以分为二种型式（图13）。

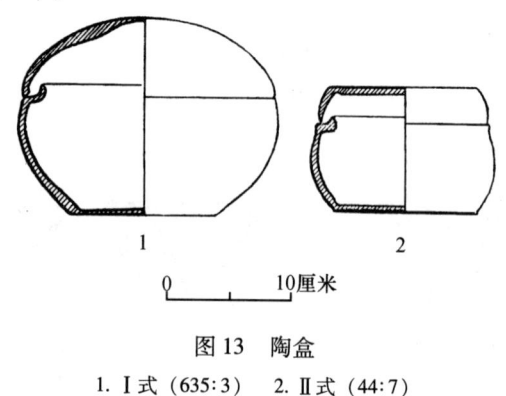

图13 陶盒
1. Ⅰ式（635:3）　2. Ⅱ式（44:7）

Ⅰ式：计14件。形体较大，腹壁最大径较高；盖作圆球状，顶部隆起。口径最大为18.1厘米，最小为15厘米；高度最高为18.2厘米，最低为14.2厘米。

Ⅱ式：计2件，同出44号墓。形体较小，腹壁最大径较低；盖扁平，不作隆起状。口径10.5厘米，高度9.5厘米。

这种盒在汉墓中发现最多。在这里由于出盒的墓都不出豆，出豆的墓都不出盒，而两者在一个墓中的配置都是2件，知道盒在用途上是代替豆的。除Ⅰ式的4件在盖上施简陋的锯齿状暗纹外，其余都系素面，没有纹饰。

（4）双耳盒 仅1件，出44号墓。形制与同墓所出Ⅱ式的盒相似，唯器壁近口处的两侧附有略呈半圆形的带有穿孔的耳，腹的中部突起弦状旋纹一周。口径14.8厘米，高度13.4厘米（图版3-4）。

（5）罐 共3件，分别出于2个墓，44号墓出1件，622号墓出2件。根据制作与形状的不同，可以分为二种型式：

Ⅰ式：1件，出44号墓。口微侈，唇沿外折，短颈、扁腹、平底，肩部饰宽弦状凹旋纹3周。口径9.3厘米，腹径17厘米，高度14.3厘米（图版4-1）。

Ⅱ式：2件，出622号墓。形状略同Ⅰ式，但腹部较长，呈椭圆形，肩部带有清楚的细绳纹。以模制为主，火候充足，与同墓所出6件Ⅲ式的碗一样，大概是实用器。口径9.8厘米，腹径18.2厘米，高度23.9厘米（图版3-6）。

（6）豆 共81件，分别出于41个墓，621号墓出1件，其余的墓各出2件。器身如盒，圆底；口微敛，唇沿略为卷起，与盖吻合。盖上附捉手，中央有大小不等的圆形凹穴，周缘有系平直的、向上翻起或向下倾斜的。器底接喇叭状圈足，根据圈足形状的差异，分为四式（图14）。

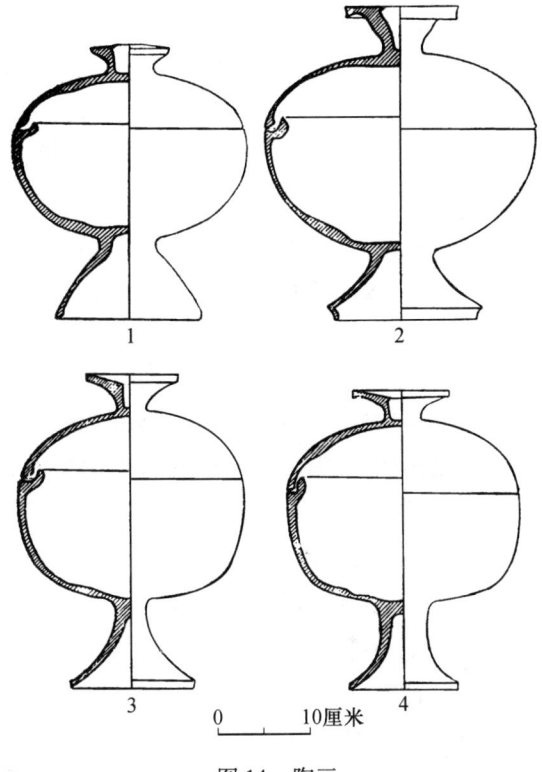

图 14 陶豆
1. Ⅰ式（642:7） 2. Ⅱ式（637:21） 3. Ⅲ式（634:6） 4. Ⅳ式（653:2）

Ⅰ式：计7件。圈足自与器底相接处起即往下扩大，没有柄与座的区界，剖面作弧形，向外凸。

Ⅱ式：计58件。圈足没有柄与座的区界，与Ⅰ式不同的是剖面或则近乎斜直,或则作弧形向内凹。

Ⅲ式:计8件。圈足上部较细如柄,往下扩大成座,但两者之间的区界仍欠显著;剖面作弧形,向内凹。

Ⅳ式:计8件。圈足上部较细、较直,下部则扩大,有柄与座的区界;剖面成弧形,向内凹。

所有四种型式的豆,口径最大为26.2厘米,最小为15.2厘米;器腹最深为15.1厘米,最浅为7.5厘米;高度最高为34.5厘米,最低为23.1厘米;大小、深浅、高低与豆的型式无关。除7件素面无纹饰、2件施彩绘外,其余无不施暗纹,其中4件于暗纹之外另饰宽弦状凹旋纹。

(7) 盘形豆 共2件,同出612号墓。器身如盘,口微侈,腹甚浅,底部略圆。柄细长,上端较粗,往下略细,座作喇叭状。口径17.5厘米,高度27.9厘米(图15)。施彩绘,柄的上下两端各饰弦状凹旋纹三周或二周。

图15 陶盘形豆
(612:5)

这种盘形豆为战国时代所盛行,一般以见于遗址中为多,应该是实用器;但这里的2件全身里外施彩绘,显然专为随葬而作。由于盘形豆与上述的豆在器形上有显著的区别,两者又并存于同一个墓中,没有彼此替代的情形,它们的用途必然是有所区别的。

(8) 壶 共48件,分别出于46个墓,605与612号墓各出2件,其余的墓各出1件。口部微侈,唇沿平直,腹部多作圆球状,绝大多数圜底附圈足,仅少数平底贴地;圈足分二种,一种剖面斜直,一种剖面折曲。盖的顶端往往略为隆起,内部凹入甚深,下部沿周缘向内缩,并略为往下延长,伸入器口。大部分的壶在盖上附有3个钮饰,但亦有少数不附钮饰的。根据盖上钮饰的有无、钮饰形状的差异及底部圈足的有无,分为四种不同的型式(图16)。

Ⅰ式:计16件。钮饰像兽头,圜底,有圈足。

Ⅱ式:计14件。钮饰扁平,侧面略作方形或梯形;圜底,有圈足。

Ⅲ式:计11件。钮饰扁平,侧面略作半圆形;圜底,有圈足。

Ⅳ式:计7件。无钮饰;平底贴地,无圈足;腹部形状比以上三种

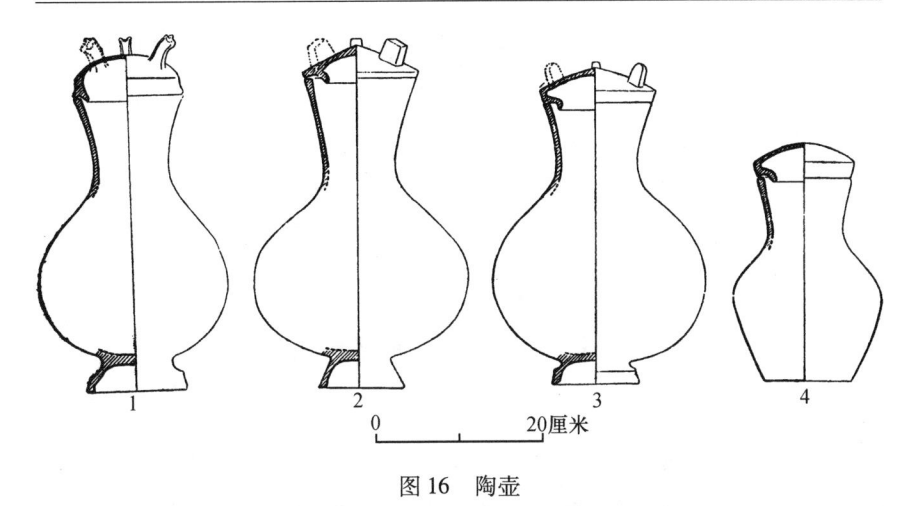

图16 陶壶
1. Ⅰ式（626:4） 2. Ⅱ式（646:1） 3. Ⅲ式（610:4） 4. Ⅳ式（616:2）

型式显得较长，不成圆球状。

Ⅰ、Ⅱ、Ⅲ式的壶，口径最大13.1厘米，最小8.3厘米；腹径最大28.8厘米，最小22.1厘米；高度最高51.1厘米，最低37.5厘米；大小、高低与所属型式无关。Ⅳ式的壶形体都较小，口径最大为10.2厘米，最小为9.5厘米；腹径最大为26.2厘米，最小为19.1厘米；高度最高为29.4厘米，最低为26.3厘米。

所有四种型式的壶，除Ⅰ式的2件施彩绘外，其余无不施暗纹，605:10的1件在肩部及腹部并饰宽弦状凹旋纹数周。

(9) 小壶 共33件，分别出于31个墓，612与651号墓各出2件，其余的墓各出1件。形制与壶略同，但远较壶为小；腹部有时不甚圆滑；盖上无钮饰，部分的盖内部不作凹入，仅有一个尖蒂伸入器口；大多数系平底贴地，仅少数附有圈足。根据圈足的有无，分为二种型式（图17）。

Ⅰ式：计8件，有圈足。

Ⅱ式：计23件，无圈足。

所有二种型式的小壶，口径最大为5.1厘米，最小为2.2厘米；腹径最大为13.1厘米，最小为5.8厘米；高度最高为22.1厘米，最低为10.9厘米；大小、高低与所属型式无关。除11件施暗纹、2件施彩绘以外，其余都系素面，没有纹饰。

小壶与壶并存于同一个墓中，形状虽然仿佛，大小则相悬殊，彼此

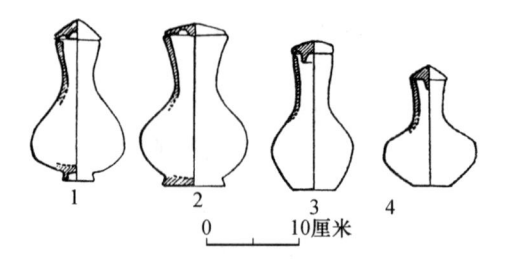

图 17 陶小壶
1. Ⅰ式 (637∶24)　2、3、4. Ⅱ式 (642∶5、658∶8、621∶3)

用途当有差别。

（10）鼎　共49件，分别出于48个墓，612号墓出2件，其余的墓各出1件。口部微敛，唇沿略为卷起，与盖吻合。盖上大都附有各种形状的钮饰，但亦有少数不附钮饰的。腹部最大径高低不等，绝大多数系平底；所附二个耳与三个足有时亦有显著的差别。根据各部分的主要特征，分为五种不同的型式（图18）。

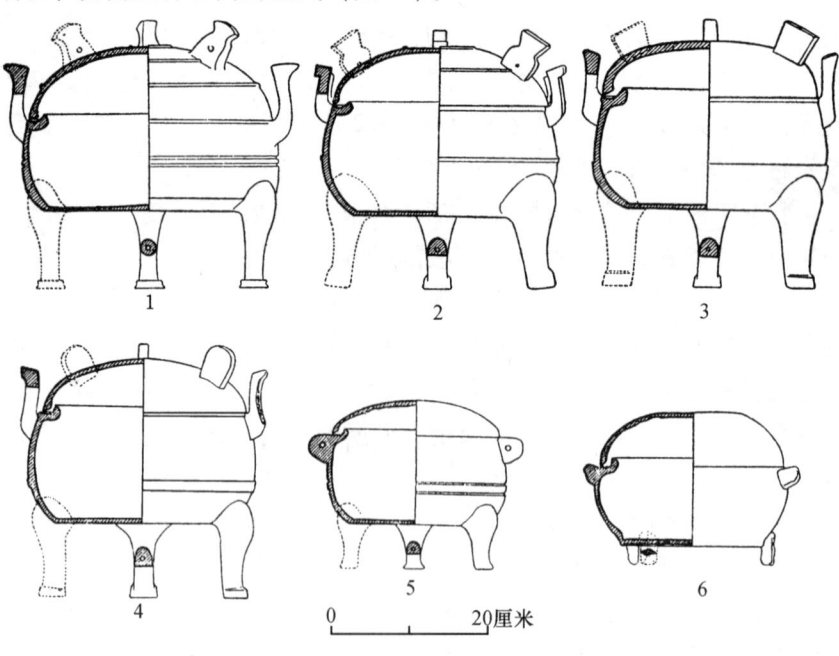

图 18　陶鼎
1. Ⅰ式 (637∶22)　2. Ⅱ式 (604∶9)　3. Ⅲ式 (636∶4)　4. Ⅳ式 (608∶8)
5、6. Ⅴ式 (615∶1, 648∶4)

Ⅰ式：计6件。钮饰上端略作梯形，下部近半圆形，中间贯一小孔。腹部较浅，外壁较直。耳向内聚，上端向外折出。足的断面成圆形，下端沿边缘外折。盖与腹壁都有凸起或凹入的弦状旋纹。

Ⅱ式：计6件。形制与Ⅰ式大致相同，但腹部较深，腹壁最大径靠近下部。足作兽蹄状，断面成半圆形。盖与腹壁都有凸起的弦状旋纹。

Ⅲ式：计18件。钮饰呈方形或梯形，没有穿孔。耳近直或略向外倾，上端不折出或折出甚微。腹部与足的形状同Ⅱ式。弦状旋纹仅限腹壁，盖上则无。

Ⅳ式：计9件。钮饰略呈半圆形，没有穿孔。其他各部分形制都同Ⅲ式。弦状旋纹亦仅限腹部。

Ⅴ式：计7件。盖上无钮饰。耳细小，侧面略作半圆形，个别有圆形小孔。腹壁最大径往往较高。个别的足极短小，形状不整齐。大多数没有弦状旋纹。

另有2件鼎不属于以上五种型式。613：4的1件，钮饰细小，略作扇形。腹部甚浅，最大径靠近下部。耳向内聚，上端不折出；足的形状同Ⅰ式，断面作圆形。盖、腹都凸起弦状旋纹。651：4的1件，钮饰系三个立体的兽形，腹部最大径在下部。足的断面呈半圆形，但特别扁薄。盖、腹都有凸起或凹入的弦状旋纹（图19）。

弦状旋纹之外，所有的鼎有2件施彩绘，45件施暗纹；素面无纹饰的3件都属Ⅴ式。Ⅰ、Ⅱ、Ⅲ、Ⅳ式的鼎，口径最大为28.8厘米，最小为16.3厘米；腹径最大为33.8厘米，最小为20.3厘米；高度最

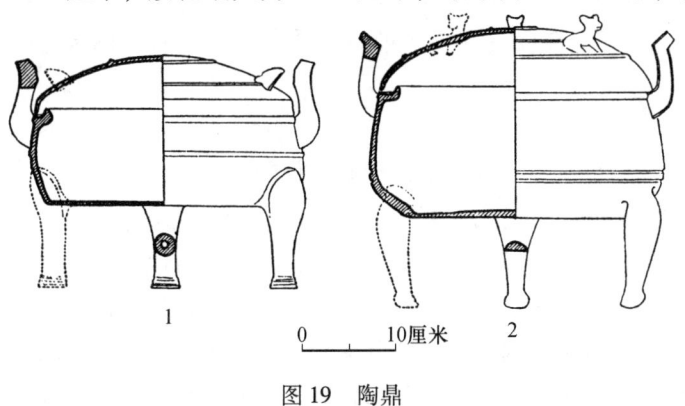

图19 陶鼎
1. 613：4　2. 651：4

高为33.5厘米，最低为21.5厘米；大小、高低与所属型式无关。Ⅴ式的鼎形体都较小，口径最大19.4厘米，最小15.2厘米；高度最高22.9厘米，最低19.4厘米。

在51个有陶器的墓之中，有24个墓的陶器系盆1件、碗1件、豆2件、壶1件、小壶1件、鼎1件，共计7件，可以看作是一般情形。其余的墓在这六种器形的7件陶器中有所缺，偶然亦有所增。其中以缺1件小壶的为最多。此外有缺1件盆或1件碗的，或则碗、盆、小壶全缺。鼎与壶几乎每墓都有，缺豆的墓则由盒代替。612号墓陶器独多，豆、壶、小壶、鼎都成对，并有盘形豆2件；所有陶器都施彩绘，亦与一般的墓不同，当是由于墓的规模较大，随葬器物较丰的缘故。44号墓与此相反，所有盆、碗、豆、壶、鼎等全缺，仅有盒2件、双耳盒1件、罐1件。以上各种陶器都系专为随葬的明器，其中豆、壶、鼎等在器形上显然系模仿同时代的铜器。独622号墓例外，所出6件Ⅲ式的碗与2件Ⅱ式的罐可能是实用的陶器。

如前所述，除44与622号2个墓以外，其余各墓的陶器都系放置在壁龛中。在当时，陶器中可能都盛有食物，但盆，碗等没有器盖，壶与小壶盛液体，从而没有发现痕迹。与此相反，盒与豆中常有粟米的残余，鼎中则有碎的猪骨。

（二）铜器

出土的铜器仅矢镞、带钩、游环、镜及璜形饰等五种，共21件。除矢镞2件系兵器外，其余都属服饰品。容器则已由前述仿制的陶器代替。

1. 矢镞

共2件，分别出于2个墓，形制不相同。

44:10 镞身长而较细，断面呈圆形，全体作柱状，无脊、翼与刃，镞末亦欠尖锐。铤甚长，断面略作方形，由前至后逐渐减细，方形两边聚成扁平略锐的铤末，以便与箭杆相接。出土时，位置在椁室南端台阶上的西隅，自铤部折为两段。这种矢镞，由于不够锐利，恐怕不能用以杀伤。镞身长4.5厘米，最大径0.8厘米；铤长6.1厘米，全体长10.6厘米（图20-2，图版6-5）。

629:11 镞身侧面作等腰三角形，两腰略呈弧状；断面作等边三角形，三角、三边成为三个刃。三刃向前聚为镞末，即是前锋，甚尖锐；向后距离渐远，成三个后锋，高出镞关。铤系铁质，断面呈圆形，已锈蚀断缺。出土时，位置在壁龛的口部、人骨架的头前。镞身长2.1厘米，后锋相距宽0.9厘米；铤残长2.1厘米，全体残长4.2厘米（图20-1，图版6-4）。

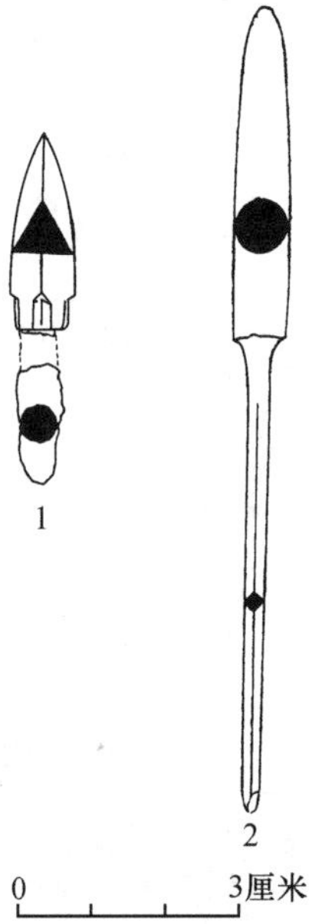

2. 带钩

共11件，分别出于11个墓，形状、制作及纹饰等各有不同。

624:5 错金银。全体由金银线错出花纹，空隙处由银错的小圆点补充。长7.3厘米，最宽1.6厘米，连钮厚1.6厘米（图21-1，图版7-4）。

609:8 素质，无错嵌。长5.2厘米，最宽1.4厘米，连钮厚1.1厘米（图21-2，图版7-6）。

611:2 素质，无错嵌纹饰。长6.2厘米，最宽1.5厘米，连钮厚1.1厘米（图21-3，图版7-5）。

636:8 素质，无错嵌。钩身细长如棒，铜质光滑发亮。长16.1厘米，最宽1.1厘米，连钮厚1.5厘米（图21-4，图版7-11）。

631:1 错银，嵌绿松石。全体由银线错出花纹，空隙处嵌绿松石。钩头断缺。长9.7厘米，最宽1.9厘米，连钮厚1.4厘米（图21-5，图版7-7）。

44:1 素质，无错嵌纹饰。长9.3厘米，最宽1.2厘米，连钮厚1.6厘米（图21-6，图版7-2）。

601:9 素质，无错嵌。钩身如棒，前端近钩头处断缺。残长11厘米，最宽1.1厘米，连钮厚1.7厘米（图21-7，图版7-1）。

612:13 错金银。全体由粗细不等的银线及少数金线错出花纹，空隙处则以无数金错及银错的小圆点补充。长12厘米，最宽1.5厘米，连钮厚1.3厘米（图21-8，图版7-8）。

650:5 错银，嵌绿松石。长13.5厘米，最宽2.1厘米，连钮厚1.4厘米（图21-9，图版7-9）。

图20 铜镞
1.629:11 2.44:10

图 21　铜带钩

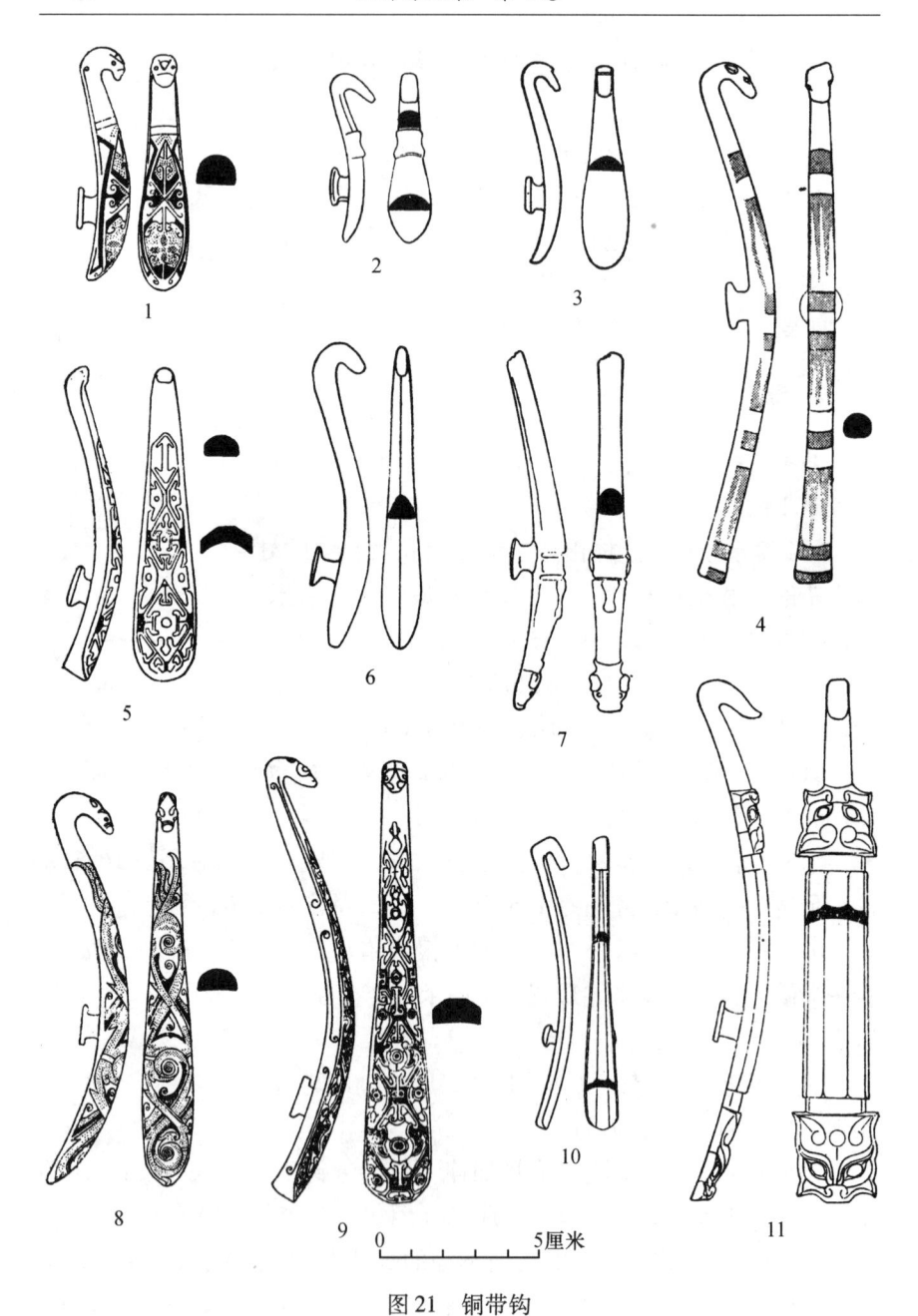

1. 624:5　2. 609:8　3. 611:2　4. 636:8　5. 631:1　6. 44:1　7. 601:9　8. 612:13　9. 650:5
10. 659:8　11. 651:9

659:8 素质，无错嵌。长 8.9 厘米，最宽 1.1 厘米，连钮厚 0.9 厘米（图 21-10，图版 7-3）。

651:9 鎏金，无错嵌。钩身宽大，但厚度反较一般为小。长 16.1 厘米，最宽 2.7 厘米，连钮厚 1.5 厘米（图 21-11，图版 7-10）。

以上所有 11 件带钩，除 1 件经扰动、位置不明外，其余 3 件出土于人骨的腰部，2 件在头侧，5 件在脚旁。在腰部的当为未被移动的原来位置，因带钩应系腰带之钩。

3. 游环

(659:9) 1 件。圆形，素质，无纹饰。出土时，位置在人骨架下体骨盆的近旁，与带钩（659:8）紧接。外径 3.5 厘米，内径 2.7 厘米，断面径 0.4 厘米（图版 6-3）。

4. 镜

(623:1) 1 件。圆形，素质，无纹饰。鼻钮细小，仅视米粒稍大，没有钮座。缘部略为高起，但极不显著。出土时，位置在棺材范围内、人骨架的头侧。镜上遗布纹，当系用布帛包裹然后纳入棺中，原物残缺。直径 7.8 厘米，厚 0.15 厘米（图版 6-2）。

5. 璜形饰

共 6 件，素质，无纹饰。正面平齐，反面沿边缘略为折起；顶端有穿孔一个，其中 2 件在左侧近尖角处又有小圆孔一个。出土时，错杂相叠，穿孔附近遗有绳的痕迹，当系用绳互相串联；位置在人骨架的头部，下面压玉髓环（641:1）1 件、料珠（641:2）1 件，可能是一种佩戴用的装饰品。以往或认为是货币，称为"磬币"或"桥梁币"，似乎欠缺足够的证据。（641:3）1 件，长 8.9 厘米，厚 0.06 厘米（图版 6-1）。

（三）铁器

铁器有带钩、锛与锄三种。带钩共 9 件，分别出于 9 个墓；锛与锄各 1 件，同出 612 号墓。

1. 带钩

锈蚀太甚，仅 4 件保持形状。其中 654:1 的 1 件完整，有错金的痕迹，但纹样不明。长 20.8 厘米，最宽 3.4 厘米，连钮厚 2.1 厘米（图版 8-3）。626:10、637:8 与 653:7 的 3 件形状大致与此仿佛，但都已残缺，626:10 的 1 件亦有错金的痕迹。其余 606:1、619:10、634:9、641:5 与 645:1 等 5 件仅余残片，形制不明。

出土的情形与前述铜带钩相同，4 件在人骨架的头侧，5 件在人骨架的脚旁。

2. 锛

（612:14）1 件，素质，无纹饰。正反两面都呈长方形，但两个长边作弧形向内微凹。侧面作细长的等腰三角形，横断面成长方形。锛的后半中空成銎，銎的纵剖面作等腰三角形，横断面成长方形。长 17.8 厘米，刃部宽 5.1 厘米，背部厚 3.3 厘米；銎长 3.9 厘米，宽 2.5 厘米，深 9.6 厘米（图版 8-1）。

3. 锄

（612:15）1 件，素质，无纹饰。上部作等腰梯形，梯形中间有长方形的銎，高出背面，以便纳柄。下部作长方形，有圆形穿孔五个，四个在两侧，一个在下边的中间；沿刃部两侧又各有一条凹入。自背至刃长 11.7 厘米，背宽 7.4 厘米，刃宽 18.6 厘米，背部厚 0.6 厘米；銎长 3.1 厘米，宽 2.2 厘米，高出 1.7 厘米（图版 8-2）。

锛与锄出在自地表深约 2 米、现存墓口以下约 1 米处的填土中，可能是挖掘墓坑的工具，因某种禁忌而被弃置的。

（四）石、玉、料器及其他

1. 石圭

共 43 件，分别出于 43 个墓。其中 24 件由灰白色的页岩制成，18 件由紫褐色的页岩制成，1 件由白色的石灰岩制成。一般的形状是尖首、折肩、方底，上半作等腰三角形，下半作等腰四边形；边缘棱角经磋磨，断面作多角形。仔细分别，则有下列各式（图22）。

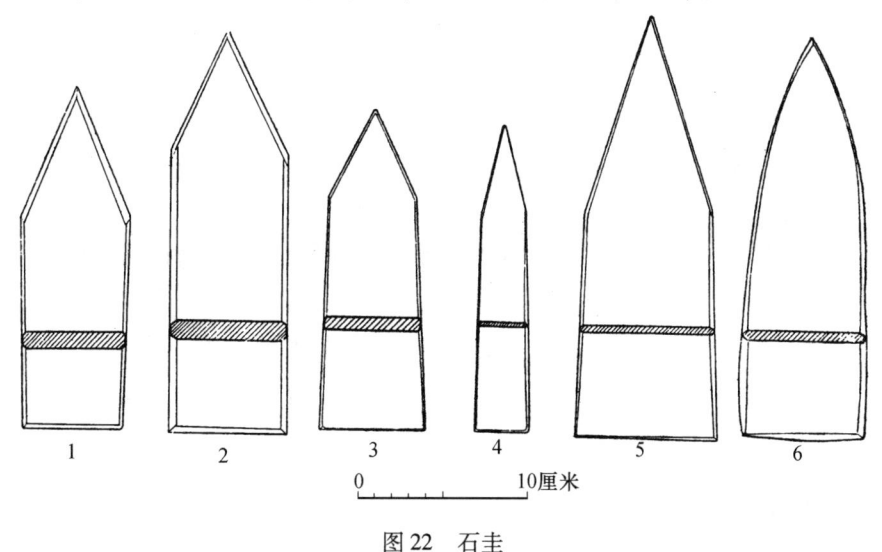

图 22　石圭
1. Ⅰ式（615:7）　2. Ⅱ式（604:10）　3. Ⅲ式（629:9）　4. Ⅳ式（659:7）
5. Ⅴ式（656:1）　6. Ⅵ式（649:7）

Ⅰ式：共5件。肩部的宽度比底部的宽度略大，肩部以下作倒立的梯形。除601:8的1件例外，其余各件自肩至底的长度为底部宽度的二倍以上。

Ⅱ式：共8件。肩部与底部的宽度几乎相等，肩部以下成矩形；自肩至底的长度为底部宽度的二倍以上。

Ⅲ式：共12件。肩部的宽度较底部的宽度为小，肩部以下成梯形。自肩至底的长度为底部宽度的二倍以上。

Ⅳ式：共5件。肩部的宽度较底部的宽度为小，肩部以下成梯形，与Ⅲ式相同；但自肩至底的长度为底部宽度的三倍以上，形状狭长。

Ⅴ式：共8件。肩部的宽度较底部的宽度为小，肩部以下成梯形，与Ⅲ、Ⅳ两式相同；但自肩至底的长度不及底部宽度的二倍，形状宽阔。

Ⅵ式：仅649:7的1件。两侧边缘成曲线，肩部不折，界限不显，与一般的形状有异。

除以上六种型式共39件之外，尚有4件由于残破缺失，不能作精密的度量；根据残存部分的形状推测，大概属于Ⅱ式或Ⅲ式。

所有 43 件石圭，形状既有差异，大小亦不相同。大的如 631:2 的 1 件长达 27 厘米，小的如 44:2 的 1 件长仅 7.2 厘米，颇见悬殊。由于所由出土的墓在墓葬形制及随葬器物上都无甚差别，圭的大小不同显然不会有什么严格的制度上的关系（图版 9-8、9）。至于圭的厚度，最厚为 1.2 厘米，最薄为 0.2 厘米，主要是决定于它的质料，凡系灰白色页岩制成的厚度较大，凡由紫褐色页岩制成的厚度较小。

石圭的放置，根据出土时的位置加以统计，在人骨架的头部及其附近的计 12 件，在腰间及其附近的计 10 件，在脚旁的计 7 件，在胸前的 1 件，在胯间的 1 件；此外，在身体左侧较远处的计 10 件，右侧较远处的计 2 件，似乎没有一定的规律，但大概都在棺材范围之内，系随身纳入棺中。

2. 石璧

（619:7）1 件。棕褐色。圆形，断面成长方形。两面纹饰一致，内外沿边缘各绕细线一周，其间布满涡纹。已残破，斗合后尚缺一角。出土时，位置在人骨架的左侧腰间。外径 5.8 厘米，内径 2.0 厘米，厚 0.8 厘米（图版 9-1）。

3. 玉璧

（619:9）1 件。浅绿色，无纹饰。圆形，横断面成长方形。出土时，位置在人骨架左脚偏旁。外径 3.1 厘米，内径 1.4 厘米，厚 0.5 厘米（图版 9-6）。

4. 玉饰

共两组，分别出于 637 与 651 号 2 个墓。

637:9 共 10 件，成一组。颜色灰白或灰黑，深浅不一，多斑驳。出土时，位置在人骨架的脸部，排列有一定的次序。中间排列 4 件三角形的，两侧各排列 2 件四边形的，上边两侧又各有 1 件圆形的。除中间第 2 件三角形的与上边两侧 2 件圆形的较小的例外，其余 7 件都有牙形的穿孔二个；中间第 4 件两个穿孔并在一起，成人字形；中间第 3 件则另有一个略成半圆形的穿孔；周边都作折曲状（图版 10-1）。

651：11 形状、颜色、制作、出土时位置及排列情形都与上述 637：9 的一组相似。略有差异的是共 13 件成一组，件数较多。中间形状较小、没有穿孔的计 4 件，2 件作三角形，与 637：9 的中间第 2 件相同；另 2 件作菱形，则为 637：9 所无。此外，中间最下作钝角三角形的 1 件，出土时钝角向上；穿孔作三角形，与 637：9 的中间第 4 件亦略有差异（图版 10-2）。

两组玉饰厚度都仿佛，平均约 0.25 厘米，大小缩成 1/2，如图版 10 所示。玉饰的位置在人骨架的脸上，出土时尚能保持一定的次序，推想当时或系缀附在织物上，然后再覆盖在死者的脸上。

5. 玉髓环

共 2 件，分别出于 639 与 641 号 2 个墓。

639：5 乳白色，无纹饰。圆形，断面折成多角形。碎成两段，经斗合。出土时，位置在人骨架的头部近傍。外径 5.1 厘米，内径 3.1 厘米，厚 0.8 厘米（图版 9-7）。

641：1 颜色、形制与上述 639：5 的 1 件相同，唯形体较小。出土时，位置在人骨架的头部，与料珠（641：2）1 件、璜形铜饰（641：3）6 件杂在一处。外径 4.1 厘米，内径 2.3 厘米，厚 0.85 厘米（图版 9-5）。

6. 料珠

共 3 件，641 号墓出 1 件，619 号墓出 2 件。

641：2 内胎浅绿色，表面棕色。通体圆球状，两侧略扁，贯一圆形小孔，可以穿挂。饰圆圈纹九个，交互排列，每一圆圈纹各由三个圆圈组成。出土时，位置在人骨架的头部，与 6 件璜形铜饰（641：3）及 1 件玉髓环（641：1）杂在一处。直径 1.5 厘米，两侧较扁处径 1.2 厘米，穿孔径 0.2 厘米（图版 9-4）。

619：10 计 2 件。内胎灰白色，表面棕色。形状欠规则，两侧较扁，贯一圆孔，可以穿挂。饰颗粒状凸纹，或作棕色，或作浅绿色。出土时，位置在人骨架的脚旁，与玉璧（619：9）1 件紧靠。直径 1.1 厘米，两侧较扁处径 0.9 厘米，穿孔径 0.25 厘米（图版 9-3）。

7. 骨环

共 2 件，同出 44 号墓。

44：9 浅黄色，无纹饰。正面径较小，反面径较大，外侧面倾斜。穿孔磋磨不工，形状欠规则。正面径1.6厘米，反面径1.8厘米，穿孔径0.9厘米（图版9-2）。

44：11 形制与44：9相似，但直径较大，穿孔很不规则，孔径亦较大。已损缺，不能斗全。正面径2.2厘米，反面径2.3厘米，穿孔径1.8厘米。

2件骨环互相重叠，出土时位置在人骨架的左肩近侧。

五　结论

如前所述，各个墓中所出的大部分的随葬陶器如豆、鼎、壶等在器形上模仿同时代的铜器。这些优美的仿铜器的陶器，除了在细部的制作上有所差异外，大体上与以往在有名的金村、李峪村、寿县等地出土的或早或晚的战国式铜器相似，例如：豆的圈足较高、器腹较深并加器盖；壶的口部没有带状外凸的领圈；鼎的耳附在器身两侧、足作兽蹄状，壶及鼎的盖上附有三个钮饰等等，这些都属于当时一般流行的型式。至于陶器的花纹，如彩绘的涡纹，就它的纹样说，亦常见于战国时代的各种铜器上；各种几何图案的暗纹，更是未见于前代，并亦少见于后代的战国时代某些陶器上的比较特殊的纹饰。要之，根据常识的观察，把墓葬的年代笼统地定为战国，是比较合理的。但是，要精细地肯定属于战国时代的哪一个阶段，则必须作进一步的分析，并需要与其他各地曾经发掘的战国墓葬作一些比较。

解放以来的几年中，田野发掘工作的发展，在考古学上提供了许多新的、可靠的材料。战国墓葬方面，单就中国科学院考古研究所而言，1950年秋在河南辉县的固围村和琉璃阁、1951年秋在湖南的长沙、1952年夏在河北唐山的贾各庄和河南禹县的白沙等地都有过规模较大的发掘。这些发掘所得的材料，亦多已经过整理；其中唐山贾各庄和禹县白沙的发掘报告则已经发表。所有这些材料，除了使得对于战国时代各地的文化有了进一步的了解外，在比较出土的器物、推断墓葬年代的早晚上都提供了相当有利的条件。

在殷代和西周的一般的墓中，陶鬲是一种非常普遍的随葬品，这是无待于言的。值得注意的则是禹县白沙的许多早期的战国墓[1]、辉县琉璃阁的许多战国墓中的个别属于早期的墓[2]，亦都有陶鬲的存在。因此，烧沟的战国墓虽然多埋陶器，但没有一个墓用陶鬲随葬的事实，应该不是偶然的，而是由于鬲在当时已经绝灭。如果这一假定能够成立，那么墓葬的年代是不应属于战国初期的。此外，白沙的战国墓极少见壶，辉县琉璃阁的早期战国墓及唐山贾各庄的一部分的早期战国墓[3]亦各以所谓罍或尊代替壶，从而具有一定形式的壶的普遍存在亦说明了这里的战国墓年代较晚。

最能说明年代上的问题的，是豆在这里开始没落的情形。绝大多数的墓虽然都用豆随葬，但亦有为数不算太少的8个墓不用豆而用盒代替。如前所述，有豆的墓都没有盒，有盒的墓都没有豆，两者在一个墓中的配置数目各系2件，彼此替代的情形是非常显然的。由于豆盛见于战国而少见于汉代，盒盛见于汉代而少见于战国①，可以确知是盒代替了豆，不是豆代替了盒，同时也说明了这种代替的情形不是偶然的交换，而是有着一定的年代上的意义。这里所说的带有器盖的豆，是东周才开始有的。它盛行于战国时期，到了汉代则已绝无仅有，它的没落乃至消失之期约在战国之末与汉初之际。在烧沟，既然可以看出豆已经开始没落，那么墓葬的年代亦应在战国晚年，其中一部分的墓甚至可能晚到西汉的初年。

可以帮助说明墓葬年代的是1件三棱式铜镞（629:11）。这种铜镞就它的型式说，是战国时代所新兴的；不但盛行于战国，而且在汉代也是最流行的。值得注意的是它的铤部系铁质，铜镞铁铤的制作无疑说明了它的时代较晚。这种铁铤的铜镞在辉县固围村及陕西斗鸡台的个别战国墓中也曾有过发现[4]，但是在汉代的遗址和墓葬中更属常见[5]。它在这里墓葬中的出现，说明了墓葬的年代应该属于战国的晚年，同时也有属于汉初的可能性。由于目前属于汉初的考古发掘材料还极其缺乏，这里还不能作出详细的比较和论证。

623号墓所出的1件铜镜（623:1），虽然没有花纹，但看它的形制也是战国晚年或西汉初年的产物。

带钩在墓中普遍出现，除了铜制的以外，还有不少是铁制的。带钩

---

① 1950年秋中国科学院考古研究所在辉县琉璃阁发掘的及1953年春有考古研究所参加的洛阳考古工作队在洛阳烧沟附近发掘的若干西汉中晚期的墓，都发现了陶盒，形制与这里的盒极少区别。

系战国时代由北方民族传入中原,铁器的开始应用亦距战国不远,从而带钩的普遍流行及用铁制作带钩的事实,都是这里的墓葬在战国一代中年代较晚的旁证。白沙的早期战国墓,一律不出带钩;辉县琉璃阁的属于早期的一些战国墓亦不出带钩,正说明了这一问题。唐山贾各庄的早期战国墓出铜带钩较多,可能是由于地在北方,受北方民族文化的影响较早之故。

屈肢葬是战国时代流行的一种特殊的葬俗。特别是中原一带,在战国以前可以说是没有屈肢葬的[6],这已经由发掘工作得到了证明。由于这种葬式可能系由北方民族传入,它的普遍盛行也许与年代的推移有关。白沙的许多早期的战国墓,采用屈肢葬的不到十分之一;辉县琉璃阁的一些属于早期的战国墓,都系直肢葬;唐山的早期战国墓,采用屈肢葬的较多,但亦不到半数。在烧沟,采用屈肢葬的墓则占全部发掘的墓的百分之九十以上,居绝对的多数,可见它们的年代较晚。

59个墓,按照墓的构造不同,分为竖穴墓与洞室墓。据发掘所知,从殷代、西周直至春秋、战国,都盛行竖穴墓,不见有洞室墓。与此相反,汉及汉以后则以洞室墓居多;特别是中原一带,竖穴墓虽然继续存在,但已经不占主要的地位。于是可以说竖穴墓流行在先,洞室墓发生在后,而两者交替的时期亦约当战国晚年与汉初之际。在烧沟,竖穴墓虽然仍占多数,但已经到了最末的阶段,它的特点表现在壁龛的普遍设置及木椁的渐趋退化。一般的竖穴墓多使用木椁,但烧沟的竖穴墓则多系由台阶形成的土穴在上面铺设木材作为椁盖,以资代替。这种代替的情形,一方面固然可能是由于丧葬较简,借此节省木料;另一方面则也可能是一种时代的趋势。在郑州的二里冈地方,曾发现战国末年或西汉初年的墓系在竖穴中用空心砖堆砌椁室,而在上面架设木材作为顶盖以代替木椁,正与这里的情形仿佛[7]。至于烧沟的洞室墓,可以说是年代最早的发现,应该是开始发生的,也是最初的。它与汉及汉以后一般的洞室墓有着显著的区别。首先是没有斜坡或阶梯式的墓道,而相当于墓道的竖穴则仍然保持一定的宽阔度,如同竖穴墓的墓室;其次是洞室的内部显得很狭仄,没有宽大的耳室而仅有浅小的壁龛。另外,与后代的洞室墓不同的是,个别的墓系在竖穴的一个侧壁开辟洞室,形制比较特别。

虽然竖穴墓盛行在先,洞室墓发生在后,但是这里由于两者正处在交替的时期，故可同时并存，没有年代早晚的分别。

参考文献

[1] 陈公柔：《河南禹县白沙的战国墓葬》第92页，《考古学报》1954年第7期。

[2] 王伯洪：《琉璃阁战国墓葬》，《辉县发掘报告》（编印中）。

[3] 安志敏：《河北省唐山市贾各庄发掘报告》第64、72页，《考古学报》1953年第6期。

[4] 苏秉琦：《斗鸡台沟东区墓葬》第243~244页，国立北平研究院史学研究所印，1948年。

[5] 原田淑人、驹井和爱：《牧羊城》第16页，《东方考古学丛刊》第二册，1931年。

[6] 高去寻：《黄河下游的屈肢葬问题》第140、164页，《中国考古学报》1947年第2期。

[7] 安金槐：《郑州二里冈空心砖墓介绍》第57~58页，图第二、第三，《文物参考资料》，1954年第6期。

（本文原载《考古学报》第八册，1954年）

辉县琉璃阁的汉代墓葬

一　概说

琉璃阁附近发掘的汉墓前后共17个，编号为106、109、112、132、133、134、135、137、142、143、149、152、153、154、156、213、216。213与216号墓是1951年发掘的，其余的墓都是1950年发掘的。

当时发掘的重点是殷墓与战国墓。但是，汉墓的分布很密，在发掘殷墓，特别是战国墓时，往往会发现1、2个，甚至两个以上的汉墓压在上面或钻在底下，不得不附带地加以发掘。当然，汉墓的发掘也是有它一定的意义与重要性的。

17个墓分布在五个地区。（1）152号墓在琉璃阁阁址的东南面为一区；（2）109、133、135、137、153、154、156、213与210号墓在黄家坟及其附近为一区；（3）106与112号墓在冯家坟附近为一区；（4）132、134与143号墓在小王庄的西面为一区；（5）142与149号墓在公路的西面附近为一区。同一地区的2个墓，如154与156号墓，106与112号墓，132与134号墓，142与149号墓，互相紧靠。

除133与137号2个墓以外，其余15个墓都是地下的洞室，所以称为洞室墓。其中143号墓经盗掘，两具人骨架中的一具被毁坏，部分的随葬品被窃取或扰乱。109号墓在发掘期间遭路人扰动，放置在墓的西南角上的少数随葬品亦有所损缺。

133与137号2个墓须加以单独的说明。133号墓深离地表仅0.5米，被犁锄翻乱，墓的大小、形状不明。人骨架一具，残缺不全，头向东，葬具无痕迹。随葬品有铁刀1件，在身体左侧；铁带钩1件，在胸前右侧。137号墓深离地表约1米，亦经扰乱，墓的大小、形状不明。人骨架一具，只剩几块碎骨，头似向东，葬具无痕迹。随葬品有铁刀1

件，位置已扰动。这2个墓离地表很浅，可以断定不是洞室墓。它们的特点表现在随葬品上是仅有少量的铁器，没有陶器。

15个洞室墓的大小、深浅、方向、人骨架数目，以及随葬品的种类、件数等，统一列表说明。它们的形制在下章作比较详细的叙述。2个非洞室墓不再另加叙说。

表1 墓葬登记表　　　　　　　　单位：米

墓号	墓室长宽深	方向	人架	随葬器物	附注
106	3.6×4.2-4.8	16°	2	陶盆1、陶耳杯1、陶盒1、陶甑3、陶壶1、陶瓶1、陶奁1、陶枭形瓶2、陶仓12、陶灶2、五铢钱22、漆器痕迹1	
109	2.7×4.1-4.1	20°	2	陶盒1、陶甑9、陶壶4、陶瓶1、陶奁1、陶枭形瓶3、陶盒16、陶灶2、五铢钱4	经扰动
112	3.0×3.2-5.4	16°	2	陶盆1、陶耳杯1、陶盒2、陶甑3、陶鼎1、陶壶3、陶瓶1、陶枭形瓶4、陶仓22、陶灶2、铜镜1、五铢钱12、鎏金铜泡5	
132	6.0×2.65-3.5	95°	2	陶盆2、陶耳杯2、陶甑10、陶壶3、陶奁2、陶博山炉1、陶仓10、陶灶2、陶井1、陶屋1、陶猪圈1、陶案1、铜镜1、货泉钱16、铁悬钩4、漆器痕迹1	
134	3.4×1.1-4.0	95°	1	陶甑2、陶灶1、陶井1	
135	3.0×4.6-5.4	25°	1	陶甑6、陶鼎2、陶壶2、陶瓶1、陶奁2、陶枭形瓶1、陶仓12、陶灶1、五铢钱10、铁刀1、铁剑1、鎏金铜泡3	
142	4.1×2.9-4.4	125°	3	陶耳杯1、陶甑9、陶壶1、陶瓶1、陶奁3、陶枭形瓶2、陶仓10、陶灶3、陶井2、五铢钱5、铁首饰1	
143	3.5×2.8-3.5	15°	2	陶耳杯1、陶甑5、陶壶2、陶奁1、陶仓2、陶灶1、陶井1	经盗掘
149	3.3×3.7-3.7	95°	2	陶盒1、陶甑9、陶壶1、陶瓶2、陶奁2、陶枭形瓶2、陶仓11、陶灶2、五铢钱13、铁刀1、漆器痕迹1	
152	2.4×1.8-3.4	10°	2	陶甑2、陶壶1、陶瓶1、陶小瓶1、陶三足镂1、铜洗1、铜带钩1	

续表

墓号	墓室长宽深	方向	人架	随葬器物	附注
153	4.1×4.1-4.4	98°	2	陶耳杯1、陶甕11、陶壶2、陶瓶2、陶奁2、陶枭形瓶2、陶仓12、陶灶2、陶井2、货泉钱5、小泉值一钱2、玛瑙耳坠1、木器痕迹1	
154	2.5×1.9-4.6	20°	2	陶盆2、陶甕4、陶壶2、陶瓶1、陶小瓶2、陶仓11、陶三足鍑1	
156	2.9×2.2-4.4	15°	1	陶盆2、陶甕4、陶壶2、陶奁1、陶枭形瓶2、陶仓11、陶灶1	
213	3.9×3.2-4.2	4°	2	陶盆2、陶耳杯1、陶罐2、陶甕8、陶壶1、陶瓶1、陶奁2、陶枭形瓶1、陶仓10、陶灶2、铜镜2、五铢钱20、铁刀1	
216	3.0×5.2-4.6	15°	2	陶盆3、陶鼎1、陶甕2、陶壶4、陶瓶2、陶小瓶2、陶枭形瓶2、陶仓20、陶三足鍑2、铜洗1、铜带钩1、铜镜1、五铢钱51、铜环1、铁刀1、铁剑1、鎏金铜泡3	

二 墓葬形制

（一）墓的构造

洞室墓在造墓时先从地面开掘竖井，到达一定深度，停止下掘而向土壁的一面挖小拱洞，深入约数十厘米，就是所谓墓门，然后自墓门向内开辟扩充，成一较为宽大的洞室。一个洞室、一个竖井与两者之间的一个墓门，组成了墓的全体。

埋葬时将棺材与随葬品从竖井经由墓门送入洞室。安置完毕，用砖或木板将墓门封堵，再用土将竖井填塞（图1）。

1. 竖井

竖井由地面直通而下，有类似墓道的作用，但不作斜坡或阶梯状。它的长度，在已经求明的几个墓中是2.2~2.5米；宽度都经求明，为

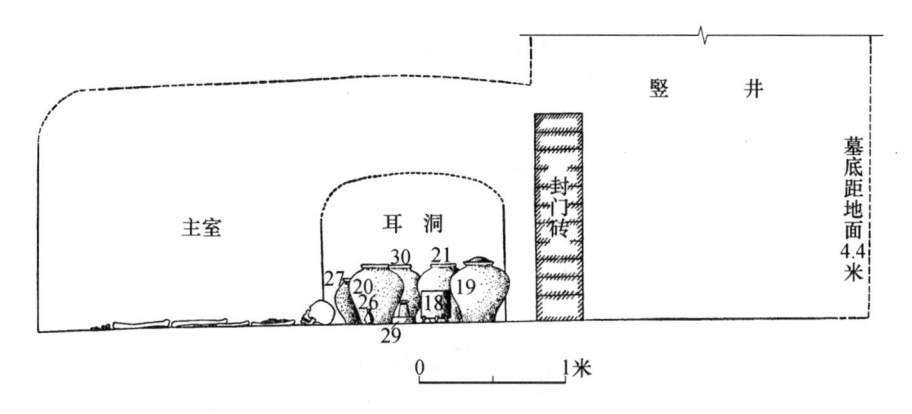

图 1　洞室墓结构图（153 号墓）
18. 陶奁　19～21、27、30. 陶瓮　26. 陶枭形瓶　29. 陶井

0.8～1.05 米；除能放入棺材，甚少余地。它的方向与洞室的方向一致，南北向的竖井位置在洞室之北，东西向的竖井位置在洞室之东，没有例外。

竖井是开辟洞室及在洞室中放置棺材与随葬品时的通路。洞室既已辟成，棺材与随葬品既已安置，它的任务即告完毕，作用也就失去。为了保证洞室中棺材与随葬品的安全，照理必须加以填塞，填塞时都用原来从竖井本身或洞室中掘出来的土。

合葬的墓当第二次或第三次在洞室中放置棺材与随葬品时，须将已经填塞的竖井重新掘开，然后再进行填塞。在发掘过程中，没有发现任何足以证明在一个相当长的时期内竖井未被填塞的现象。

2. 墓门

墓门通常在洞室前端的中间，但有时也偏向左侧或右侧。它的方向与竖井、洞室一致。

门的宽度多与竖井相等，有略为宽些或略为狭些的，但极其有限。至于高度，由于年久门塌，很难确实求明。已求明的有 112 号墓，门高 1.60 米；153 号墓，门高 1.70 米。其他如 213 号墓封门砖堆积 1.65 米，142 号墓封门砖堆积高 1.60 米，149 号墓封门砖堆积高 1.25 米，墓门的高度自当比这还要高些或低些，但不会相差太远。要之，墓门至多才能容人进出，一般都要低头曲背始能出入。

葬毕后，墓门即封堵，以防止竖井中的填土侵入洞室。封堵一般都用砖。这些砖与所有用在墓中其他地方的砖一样，都是没有花纹的小型长方砖。砖在墓门上的排列有仍保持整齐的，也有已经崩乱的。排列方法都是单层交错，作人字形（图版11-3），砖与砖间未见有黏合料。

152、154、156号等3个墓，墓门上没有砖。其中154号墓在门的附近有木板痕迹，系用木板封门。152与156号墓未见木板痕迹，可能是由于痕迹不显著，未被发现，不能就此判断墓门未经封堵。

合葬的墓，当第二次或第三次在洞室中放置棺材与随葬品时，门上的封堵物无论砖或木板必须拆去，然后再重新封上。个别的墓，墓门上的砖有少数大小不相同，可能是由于旧砖经拆卸损坏，数目短缺，重行添补的缘故。106号墓的墓门上有两种大小不同的砖，大的在门的下半部，也许是第一次封堵的旧砖，小的在门的上半部（其中也夹杂些大的），是第二次添补的新砖。推想第二次放置棺材与随葬品时拆卸门砖，仅拆去一半，因此下半部的旧砖仍得保存，上半部拆毁的则用新砖添补。

此外，109号墓洞室分两次开辟，墓门西侧另有一洞，迂迴与竖井相通，高和宽都与一般的墓门仿佛，当是第二次开辟洞室为了避免扰及原有洞室中的棺材与随葬品而开挖的（图版11-2），这样，墓门上的砖也就可以不必拆去。与此相反，216号墓在第二次开辟洞室时，墓门及封门砖都被毁坏，仅在竖井的填土中剩有一些残破的砖块。

3. 洞室

由竖井经墓门到达洞室。洞室是墓的主体所在，它在结构上分为主室与耳洞两部分。前者主要为放置棺材，此外也放置一部分随葬品；后者则全为放置随葬品而设。

主室有长有短。长的如132号墓，达6米，可以分为前后两段，后段置棺材，前段置一部分或大部分的随葬品。短的如152号墓，仅2.4米，放置棺材以后很少空隙，一般随葬品都放在耳室中。至于宽度，则往往视棺材的多寡而定。单葬的墓，它的主室较狭；二人或三人合葬的墓，它的主室较宽；宽狭有所不同，但在放置棺材以后两侧大都已无甚余地。135与216号2个墓主室短而宽阔，棺材一侧有相当大的空隙，放置着许多随葬品，与一般的墓情形不同（图版11-4）。

耳洞专为放置随葬品而设，形状各有差异，有的不很规则。它的大小基本上按所容纳的随葬品多少而定，但也有像216号墓的一个耳洞空无所有，106号墓的东侧的一个耳洞甚大而随葬品却寥寥无几。

有的墓有两个耳洞，称为双耳；有的墓仅有一个耳洞，称为单耳。10个北向的墓，有4个系双耳，6个系单耳；双耳墓的两个耳洞各在主室北端的东西两侧，单耳墓的一个耳洞在主室北端的东侧。5个东向的墓，有2个是双耳，3个是单耳；双耳墓的两个耳洞在主室东端的南北两侧，单耳墓的一个耳洞在主室东端的北侧。合葬的墓，有的系双耳，有的系单耳。如系双耳，则将分属于两个墓主人的随葬器物分别放置在两个耳洞中，不相混杂。单葬的墓都系单耳。

北向的墓主室以较短的为多，放置棺材以后甚少余地，大部分随葬品放置在耳洞中；135与216号两个墓主室短而宽阔，随葬品则放在棺材的一侧。东向的墓主室都较长，其中如132、134与142号3个墓在主室甚长的情况下，仅有的一个耳洞显得比较狭小，大部分随葬品放在主室的前段（图版11-1）。主室较短的墓，棺材前端无不超过耳洞与主室的界线，从而或多或少的堵住了耳洞的口部，主室较长的墓则与此相反（图2）。

109、112与216号3个合葬的墓，可以看出洞室是分两次开辟的。第二次埋葬，由于原有的洞室不够宽大，必须重新开辟。开辟时，不是就原有洞室由内部作横的扩充，而是由竖井的下部向一侧展开，然后与原有洞室平行，向前作直的开辟，以免扰及原有洞室中的棺材与随葬品。109号墓系由竖井的一个侧壁挖洞，迂迴至原有洞室的一侧，再向前开辟，与原有洞室之间还保留一些间隔（图版11-2）。这3个墓的洞室，由于系分两次开辟，它们的形状就显得不很整齐。其余合葬的墓，洞室一次开成，但埋葬亦分前后两次。

15个洞室墓之中，109、135、216与132号4个墓有砖铺地，但限于主室而不包括耳洞，109号墓则仅限第一次开辟的部分。135与216号两个墓除底部铺成砖地外，前者的一具棺材与后者两具棺材中的东侧一具在周围叠有砖墙。砖墙所包括的范围计135号墓的长2.3米，宽0.95米，高0.85米；216号墓的长2.5米，宽0.85米，高0.8米，仅能容纳棺材（图版11-4）。铺地的砖排列方法有斜行的、交叉作人字形的及横直相间的三种，叠墙的砖都是阔面平叠，所有砖与砖间未见有黏合料。

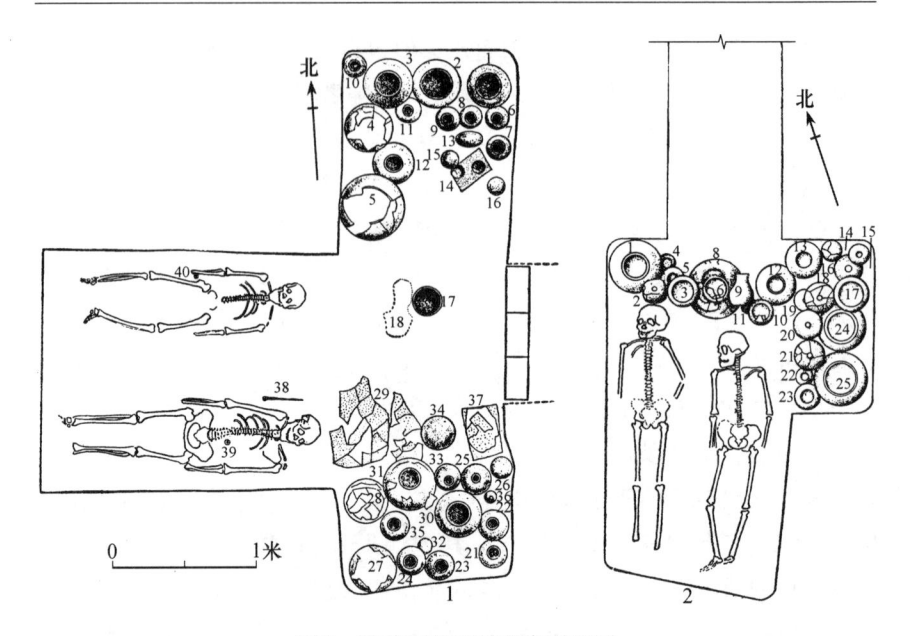

图 2 琉璃阁汉墓的墓底平面图

(1) 第 149 号墓

1~5、27~30. 陶瓮　6~10、21~25、35. 陶仓　11、33. 陶瓶　12、31. 陶壶　13. 陶瓮盖　14、37. 陶灶　15. 陶甑　16、36. 陶枭形瓶　17、34. 陶奁　18. 漆痕　26. 陶盆　38. 铁刀　39、40. 铜钱

(2) 第 154 号墓

1、8、24、25. 陶瓮　2、3、6、10、11、16~21. 陶仓　4、22. 陶小瓶　5、12、13. 陶壶　7. 陶仓盖　9、23. 陶瓶　14、15. 陶盆

132 号墓，除耳洞以外，墓底全部铺成整齐的砖地。耳洞仅有一个，而且相当狭小。主室甚长，分成前后两段，后段较前段高出约 20 厘米，两段之间叠砖以为间隔，间隔的下部有一列侧面横立的砖。此外，在主室前端墓门里侧的两旁各叠砖 12 块，主室后端靠近土壁的地方亦叠有砖。墓的整个形制与构筑显得与其余的墓有所差别，而接近于盛行在东汉前期的一种船篷式顶的砖室墓（图版 11-1，图 3）。

墓的深度最深为 135 号墓，计 5.40 米，最浅为 143 号墓，计 3.35 米，其余的墓或深或浅都在这个范围内。墓的方向不外北向与东向，北向的墓 10 个，东向的墓 5 个，如前所述。

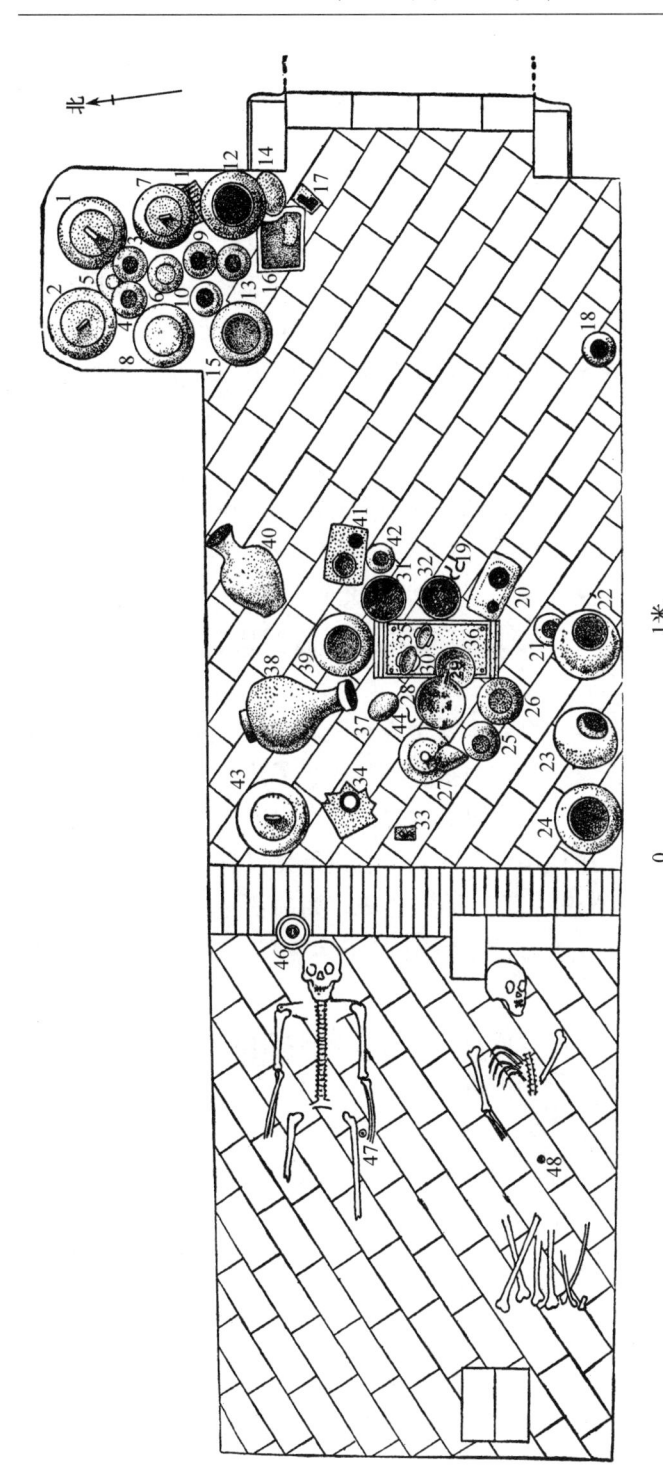

图3 第132号墓墓底平面图

1、2、7、8、12、15、22、24、39、43. 陶瓮 3~6、9、10、13、18、25、26. 陶罂盖 11. 陶仓 14. 陶罂盖 16. 陶猪圈 17. 陶屋 19、44. 铁悬钩 36. 陶案 20、41. 陶灶 21、42. 陶釜甑 23、38、40. 陶壶 27. 陶博山炉 28、29. 陶盆 30、35. 陶壶盖 31、32. 陶耳杯 33. 陶臼 34. 陶井盖 37. 陶壶盖 46. 铜镜 47、48. 铜钱

（二）葬具、人骨架及随葬品的配置

葬具为木制的棺材，虽然已经枯朽，但大都遗有木板的痕迹。其中痕迹较为显著的就长短言，最长约为2.15米，最短约为1.9米，通常在2米左右。就宽狭言，最宽约为0.75米，最狭约为0.6米，通常在0.65米左右。至于高度，仅156号墓的一具根据洞室土壁上所遗的木痕，求得其后端约为0.5米。要之，这些棺材的大小与通常的棺材是没有什么区别的。个别的棺材，根据清楚的痕迹，可以确知它的形状是前端较宽，后端较狭，推测其余的棺材也很可能是这样。所有的棺材都未使用铁钉。由于没有发现任何类似漆皮等物的痕迹，知道这些棺材都是比较简陋的、未加装饰的素棺。

棺材都放置在主室的后段，它的后端几乎与洞室的土壁靠齐，极少余隙。合葬的墓，棺材并列，所以和单葬的墓比较起来主室都要宽些。

墓中都没有木椁。椁的设置主要是为保护棺材与随葬器物，使免被填土侵压。洞室墓和砖室墓一样，墓室本身就起了椁的作用，墓门经封堵，即能防止填土的侵入，没有另筑木椁的必要。事实上，经过发掘的洞室墓或砖室墓在墓室中使用木椁的例子也是绝无仅有的。因此，有棺无椁的现象在这里不能仅从薄葬得到解释。如前所述，135与216号两个墓在棺材周围叠有砖墙，范围大小恰能容纳棺材，可以说是一种"砖椁"。

人骨架多已枯朽，有的肢体残缺，痕迹模糊，保存得很不好，但头向、脸向及四肢伸放的情形仍可辨认。

头向与墓的方向一致。北向的墓，人骨架的头都向北；东向的墓，人骨架的头都向东。脸以仰向的为多，所有偏向左右的可能是由于尸体在棺材搬运时，特别是经由竖井移入洞室时受震动所致。四肢多平伸，但有些人骨架的上肢骨或下肢骨向外微曲，略成弧形。134号墓的一具人骨架与132号墓的南侧的一具人骨架，下肢骨甚为零乱，原因欠明。

表 2　墓葬形制表　　　　　　　　单位：米

墓号	竖井长宽	墓门高宽	封门	主室长宽	棺位	耳洞	方向	附注
106	?×0.9	1.2?×0.9	砖	3.6×1.7	2	2	北	
109	2.5×0.9	?×1.0	砖	2.7×1.8	2	2	北	洞室分二次开辟
112	?×0.95	1.6×1.1	砖	3.0×1.7	2	2	北	洞室分二次开辟
132	?×1.05	?×1.12	砖	6.0×1.9	2	1	东	
134	?×0.85	?×0.85	砖	3.5×0.85	1	1	东	
135	?×0.95	?×1.05	砖	3.0×2.85	1	1	北	
142	?×0.9	1.6?×0.9	砖	4.1×2.0	3	1	东	
143	?×0.85	?×0.9	砖	3.5×2.25	2	1	北	
149	?×0.95	1.25?×0.9	砖	3.3×1.6	2	2	东	
152	?×?	?×?	?	2.4×1.2	2	1	北	
153	?×1.0	1.7×1.0	砖	4.1×1.6	2	2	东	
154	?×0.8	?×0.8	木板	2.5×1.3	2	1	北	
156	2.2×0.8	?×0.8	?	2.9×0.9	1	1	北	
213	2.5×0.9	1.65?×0.9	砖	3.9×2.1	2	1	北	
216	2.4×0.9	?×?	砖	3.0×3.2	2	1	北	洞室分二次开辟

除134、135与156号3个墓系单身葬外，其余12个墓中的11个系两人合葬，一个系三人合葬。部分合葬的墓有时可以根据某些随葬品如刀、剑等的有无以及人骨架体质上的比较识别男女，大概多是男的在左，女的在右。124号墓三人合葬，男的居中，女的在左，右侧则为一幼童。可见当时除盛行夫妇合葬外，偶然也有幼殇随在亲墓的情形。

随葬品的放置可以分为棺内与棺外两种。棺内随葬品主要的有铜钱、铜镜、带钩、铁刀、铁剑等。铜钱见于10个墓中，每墓从数枚到数十枚不等，多串联在一起，放置在人骨架的身旁、身上或手中，106号墓则另有1枚衔在人骨架的口中。铜镜共5件，分别见于4个墓中，112号墓的1件在人骨架的胸部，213号墓的1件在人骨架的腰间，其余3件都在人骨架的头侧，132号墓的1件系放置在漆盒中。112与216号两墓的2件铜镜，出土时原物残缺（图版16-4），可能是由于当时有用破镜随葬的风俗。带钩位置在人骨架的腰间，当时系施在衣带上无疑。2件带钩分别见于2个墓，都为男性墓主人所有。铁刀、剑不分大小都为男性墓主人所有，除49号墓的1件小型刀在人骨架的头旁外，其余中型或大型的都在人骨架的身旁、身上及腰间，显然是随身佩带的。135号墓的1件铁剑放置在棺材外，是唯一的例外。

棺外的随葬品主要是大量的陶器。陶器的排列似乎没有一定的次序，但陶奁的放置往往在主室前端的中央，有时不与其他器物相混杂。如前所述，合葬的墓如有两个耳洞，则将分属于2个墓主人的随葬陶器分别放置在两个耳洞中，基本上不相混淆。例如10件陶仓，5件成一组各在一个耳洞中，大小、形状无不相同，但与放置在另一个耳洞中的一组比较起来，形状即使相同，大小显然有差，足证两组陶仓在当时系分两个时期制作、购买乃至放入墓中，从而也说明了大多数合葬的墓，洞室虽系一次辟成，埋葬仍分前后两次。

一般的陶器在当时可能盛有食物，但仅在陶仓中发现有米、麦等谷物的残余。壶、瓶、瓮等陶器大概是装置酒浆或水等液体的。陶奁中时或剩有朱砂的痕迹，应该是一种化妆用具。

三　随葬器物

（一）陶器

陶器占全部随葬器物中的绝大多数，15个墓共出土406件。器形计有盆、耳杯、盒、鼎、罐、瓮、壶、瓶、小瓶、奁、博山炉、枭形瓶、仓、灶（附釜、甑、勺）、三足锅（附甑）、井、屋、猪圈（附猪）、案等19种，种类之复杂与数量之多，可以说是这些汉墓在随葬品上的特点之一。

1. 陶质

陶器的质地显得比较粗糙，大概是由于陶土未经精细淘洗的缘故。它的颜色，无论表面或内胎，一般都作青灰色。这些陶器坚硬结实，不易碎裂，说明了烧制火候相当高，虽然是随葬用的明器，却与实用品很少区别。但是也有少数的陶器由于火候低，呈棕色或褐色，甚为松脆，显然是作为明器而草率烧制的。

观察器物的断面，知道陶土中没有掺杂沙粒或其他羼和料。个别的墓所出土的大部分或小部分的器物，表面上施有银灰色的粉衣，闪烁发光。

2. 制法

陶器种类复杂，制法各有差异，但大致不外轮制、模型与手捏等三种。

轮制是最主要也是最普遍的一种制法。除少数器物如耳杯、灶、屋、猪圈、枭形瓶（Ⅰ式）、案以外，一般的容器无不系轮制或以轮制为主，器物的表面往往有显著的轮镟痕迹。有些轮制的器物如部分的甑、壶、仓、瓿等，带着隐约断续的绳纹。

模制按其方式的不同，可以分为"印模"与"平模"。前者限于体积较小的器物如耳杯、枭形瓶（Ⅰ式）、猪圈中的猪、个别灶上的釜和甑、部分灶上的勺以及鼎的耳和足、瓿的足、仓（Ⅲ式）的盖和足、屋和井亭的盖、壶上的铺首等，都系在模子中压印而成，往往同时印出花纹。后者如屋、猪圈、案、个别井上的平台及绝大部分的灶，系将泥坯放在框子中修齐轮廓，或则局部平模然后黏合成器，或则一次模成，花纹多是泥坯模成之后再打印或刻划的。和汉以前比较起来，这里所说的两种模制方法的盛行是一般汉墓中出土陶器的特点之一。

手捏的器物仅有个别的灶和部分灶上的勺。其他如枭形瓶（Ⅱ式）的头和足、三足镟等亦系手捏。

器物的表面一般未加特别的磨光。轮制的器物如部分的瓶、壶、甑、釜等有时在腹壁的下部用刀或篾片等工具刮削，其中釜与甑之所以如此显然是为了使底径缩小。

3. 纹饰

陶器的纹饰，按照纹饰本身制成方法的不同，可以分为旋纹、印纹、划纹及彩绘等四种。

旋纹由一周、两周或数周平行线组成，一般称为弦纹，见于壶、瓿、仓等轮制的器物，可能系用一个或一组棒尖乘陶轮旋转时划成。

印纹分两类。一类限于印模的器物如仓（Ⅲ式）的盖和足、鼎的耳和足及瓿的足等；花纹刻在模内，一印即出，纹样有龙、熊、鸟及各种兽面等。另一类则用刻有花纹的戳印在泥坯制成后逐个或逐段打印，纹样主要是几何图案，见于灶、猪圈、井的平台，瓮及个别甑的盖上。

划纹系用棒尖在泥坯上刻划而成，为简单的直线或曲线，多见于灶上，与几何图案的印纹相配合。

彩绘见于个别的瓮、奁、仓等器物。一般是先在器壁上涂白粉，然后用红、黄、黑等颜色描绘；有例外的则如个别的奁，不施彩色，径用白粉在素壁上描绘。由于这种描绘施于器物已烧成之后，往往剥落，以致纹样不明。

4. 器物分类说明

所有的陶器，按照性质的不同，显然可以分为两大类。一类是容器，如盆、耳杯、鼎、壶、瓶等其形体与普通的实用器没有什么区别，这里称它为容器类。一类系模型，如仓、灶、井、屋、猪圈等系模仿日常生活中各种性质、用途不同的东西，其中如猪圈中的猪则系动物，这里称它为模型类。后者的普遍存在，是汉代墓葬与前代墓葬在随葬品上的一个显要的区别。

（1）容器类

盆　共8件，分别出于5个墓。轮制。侈口、平底，一般都是口沿向外折，腹部曲成弧状，独106:27的1件口沿不显著，腹壁近乎斜直（图4）。

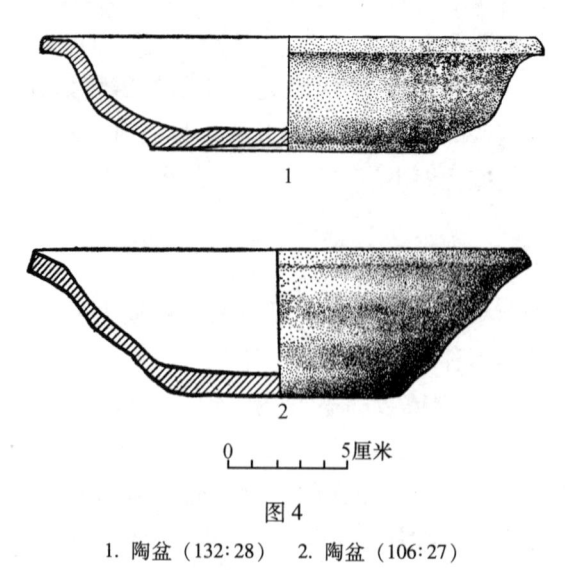

图4

1. 陶盆（132:28）　2. 陶盆（106:27）

耳杯　共8件，分别出于7个墓。一般都系模制。侈口，平底，器形椭圆，两侧突出两个月牙状的耳（图版14-7）。106：30 的 1 件独小，系手捏，制作粗糙，圜底，不能立稳。

表3　陶盆登记表　　　　　　　　　　　单位：厘米

器号	口径	底径	壁厚	器高	陶色	图
106：27	18.3	10.4	0.4	5.9	青灰	4-2
112：44	17.9	9.9	0.4	4.6	青灰	
132：28	20.9	12.6	0.6	5.0	青灰	4-1
132：29	16.9	9.8	0.5	4.7	青灰	
154：14	12.2	5.2	0.4	4.0	青灰	
154：5	12.0	5.1	0.5	4.1	青灰	
213：3	14.8	6.1	0.4	4.1	青灰	
213：4	18.4	12.2	0.6	4.9	青灰	

表4　陶耳杯登记表　　　　　　　　　　单位：厘米

器号	口长径	口短径	器深	壁厚	通高	陶色	图版
106：30	5.9	4.0	2.0	0.3	2.5	棕褐	
112：18	9.2	6.4	2.4	0.3	3.2	青灰	14-7
132：30	12.0	8.5	2.3	0.5	4.4	青灰	
132：35	10.1	6.9	2.7	0.4	3.5	青灰	
142：27	11.1	7.5	3.1	0.7	4.1	青灰	
143：13	9.4	7.1	2.4	0.4	3.5	棕褐	
153：17	9.9	6.6	2.7	0.4	3.5	青灰	
213：1	12.0	8.1	2.6	0.5	4.3	棕褐	

盒　共10件，分别出于7个墓。轮制。广口，平底，唇沿略为卷起，与盖相吻合；216：2 与 216：3 的 2 件较大，盖作半球形，隆起甚高（图5-2）。149：26 的 1 件器盖独系模制，印有龙的纹样（与Ⅲ式的陶仓盖相同）。

在洛阳发掘的战国末年或西汉初年的许多墓葬中，发现凡有豆的都没有盒，凡有盒的都没有豆，足证盒系代替当时已趋没落的豆。这里的盒如216:2与216:3的2件，与所说战国末年或西汉初年墓中所出的没有显著的差别。

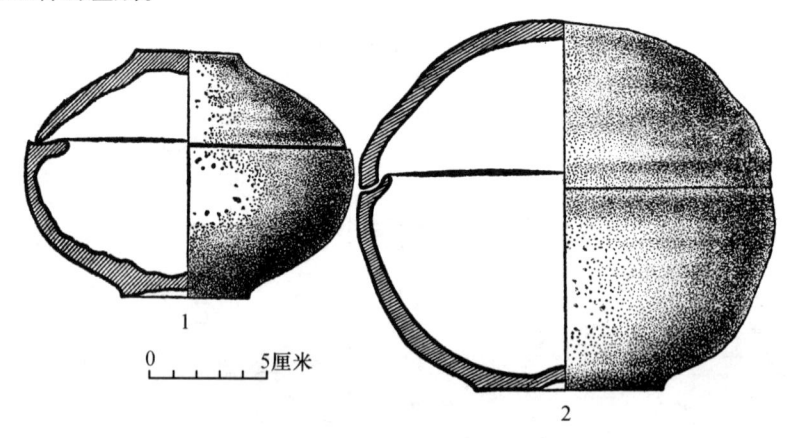

图5　1、2. 陶盒（156:24、216:2）

表5　陶盒登记表　　　　　　　　　　单位：厘米

器号	口径	底径	器深	壁厚	通高	陶色	图
106:9	8.7	4.2	4.1	0.6	6.2	青灰	
109:38	9.3	5.2	4.4	0.7	缺盖	青灰	
112:42	8.7	6.2	3.3	0.3	6.3	青灰	
112:54	7.9	6.7	4.2	0.6	9.5	青灰	
149:26	9.8	5.0	4.3	0.5	7.3	青灰	
156:4	9.7	5.9	5.5	0.5	10.4	青灰	
156:24	10.5	5.7	5.5	0.5	10.0	青灰	5-1
216:1	9.7	3.4	5.4	0.4	8.7	棕褐	
216:2	14.5	7.8	7.4	0.5	15.2	青灰	5-2
216:3	13.0	9.0	6.7	0.5	13.5	青灰	

鼎　共4件，分别出于3个墓。以轮制为主，所附两个耳与三个足则系模制。4件鼎的形制各有差异。112:22敛口、圜底，腹壁中部突起棱缘一周，上部合盖处饰栉齿状划纹；耳向外倾，有长方形的穿孔；足向内折，饰菱格状印纹，上部印有颜面；出土时没有发现盖（图版12-3）。135:11敛口、平底，耳向外倾，仅有凹穴而未穿透；足较短，下

部作兽蹄状；有盖，顶部平直，周边折曲（图版 12-1）。135∶14 敛口、平底，耳短小，有细小的穿孔；足较长，向内倾曲，下部作兽蹄状；有盖，顶部呈圆弧形（图版 12-2）。216∶4 直口、平底，耳向外倾，有长方形的小穿孔，穿孔上端印出五条并列的短线，两侧印出两条对称的曲线；足短小，作乳尖状，系手捏，是一个例外；出土时没有发现盖（图6）。

表6　陶鼎登记表　　　　　　　　单位：厘米

器号	口径	腹径	器深	壁厚	足高	通高	陶色	图	图版
112∶22	9.1	16.6	8.1	0.5	7.3	16.4	青灰		12-3
135∶11	9.5	18.7	10.5	0.6	5.4	17.0	青灰		12-1
135∶14	9.15	16.8	8.2	0.5	9.3	16.7	青灰		12-2
216∶4	14.3	18.5	8.1	0.6	2.4	15.1	青灰	6	

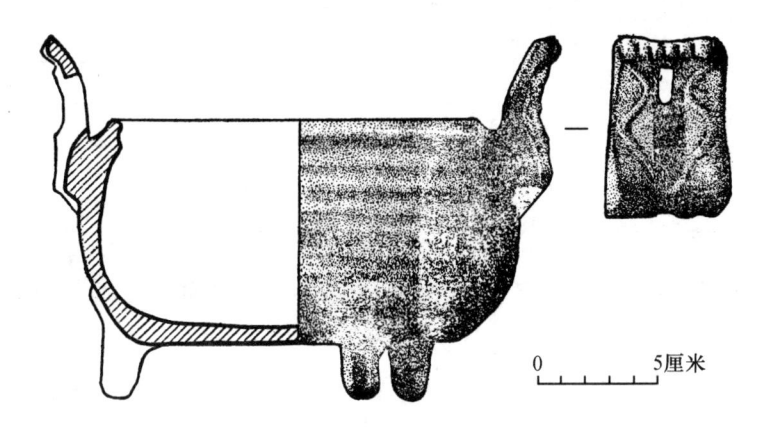

图6　陶鼎（216∶4）

罐　共2件，同出1个墓。轮制。敛口、折肩、平底。2件罐形状完全相同，大小亦相仿佛。213∶24 有一个不甚相称的模制的盖，213∶25 则无盖（图版14-1）。

表7　陶罐登记表　　　　　　　　单位：厘米

器号	口径	腹径	底径	壁厚	器高	通盖高	陶色	图版
213∶24	7.6	16.3	8.1	0.8	11.8	14.8	青灰	14-1
213∶25	7.8	16.3	8.4	0.8	11.6	无盖	青灰	

瓮　共87件，分别出于15个墓。轮制。共通的形状是敛口、平底，唇沿略向外卷，但仔细分辨则显然有两种不同的形式。

表8　陶瓮登记表　　　　　　　　单位：厘米

器号	口径	腹径	底径	器高	通盖高	型式	陶色	图	图版
106∶25	19.5	38.5	21.4	31.4	无盖	Ⅰ	青灰		
109∶14	18.2	42.8	26.2	36.5	无盖	Ⅰ	青灰		
112∶43	19.6	47.2	25.4	35.7	无盖	Ⅰ	青灰		
132∶2	19.1	34.0	18.3	32.2	41.4	Ⅱ	青灰	7	12-5
134∶3	17.2	34.8	16.6	32.8	无盖	Ⅱ	青灰		
135∶7	38.0	73.2	35.7	49.9	无盖	Ⅰ	青灰		
142∶2	18.1	35.1	20.4	30.8	无盖	Ⅱ	青灰		
143∶1	17.9	33.8	16.0	32.1	38.3	Ⅱ	青灰		
149∶2	18.1	33.9	17.1	29.6	35.1	Ⅱ	青灰		
152∶3	18.6	34.5	24.2	26.6	无盖	Ⅰ	青灰		
153∶12	17.6	37.0	16.0	33.2	42.0	Ⅱ	青灰		
154∶25	19.6	36.7	22.6	25.4	无盖	Ⅰ	青灰		12-4
156∶8	21.3	41.8	24.8	35.7	无盖	Ⅰ	青灰		
213∶26	17.1	34.7	16.6	33.2	无盖	Ⅱ	青灰		
216∶44	21.4	46.9	26.2	36.6	无盖	Ⅰ	青灰		

Ⅰ式：瓮往往底径较大，全体形状显得较扁，而且毫无例外的都没有器盖（图版12-4）。

Ⅱ式：瓮一般都是底径较小，全体形状显得较长，其中约有半数附有器盖（图版12-5）。

同一个墓中的各个瓮，大小虽然有相当的差异，但型式无不相同。每1个墓以1件瓮为代表，列于登记表，它的所属型式即为该墓所有瓮的型式。

不论Ⅰ式或Ⅱ式，除少数没有纹饰的例外，绝大多数的瓮在肩部或腹部饰斜方格或方格点的带状印纹一周或二周。153号墓所出的瓮在盖上印有同心的圆圈。132号墓所出的瓮约有半数在盖与腹壁的上部涂白粉，施红、黄二色的彩绘，但已剥落，纹样模糊不清（图7）。

壶　共30件，分别出于14个墓。轮制，部分的壶附饰模制的铺首。所有的壶按照形状的差异，可以分为四种不同的型式：

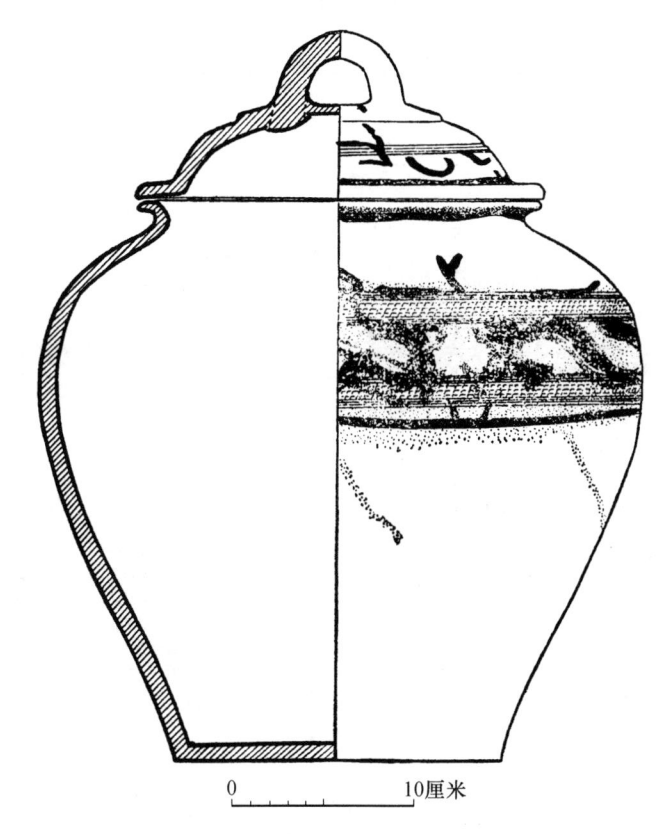

图 7　彩绘陶甕（132:2）

Ⅰ式：壶形体甚大，口部都有领，颈较长，腹部显得较扁；肩部及腹的下部突起棱缘一周或二周，除156:2与156:3的2件以外，其余在肩部饰有铺首（图版13-1，图8-1）。这种形式的壶出土时无不成对。

表9　陶壶登记表　　　　　　　　　　　单位：厘米

器号	口径	腹径	底径	器高	通盖高	型式	陶色	图	图版
106:26	15.5	31.1	16.4	39.3	无盖	Ⅱ	黑灰		
109:19	16.3	36.0	22.1	46.9	52.1	Ⅰ	青灰		
109:26	17.0	36.8	23.2	47.2	53.2	Ⅰ	青灰	8-1	
109:31	21.1	25.9	11.4	35.9	无盖	Ⅱ	青灰	8-2	
109:39	12.5	28.6	15.9	46.8	无盖	Ⅱ	青灰		13-2
112:13	17.1	31.5	20.0	37.2	41.1	Ⅳ	青灰		

续表

器号	口径	腹径	底径	器高	通盖高	型式	陶色	图	图版
112:14	16.2	30.9	20.8	39.5	43.9	Ⅳ	青灰		
112:47	13.5	30.3	16.7	36.9	无盖	Ⅱ	黑灰		
132:23	13.2	31.2	17.9	43.7	46.4	Ⅳ	青灰		
132:38	13.5	32.0	18.2	43.1	46.8	Ⅳ	青灰		
132:40	13.3	21.9	12.9	32.2	无盖	Ⅳ	青灰		
135:17	19.5	44.0	21.1	53.5	60.0	Ⅰ	青灰		13-1
135:32	20.5	43.1	22.5	54.6	62.2	Ⅰ	青灰		
142:18	15.1	30.3	16.9	17.3	40.6	Ⅳ	青灰		13-5
143:14	15.2	24.3	12.1	34.1	无盖	Ⅳ	青灰		
143:15	14.5	25.5	14.3	33.8	无盖	Ⅲ	黑灰		
149:12	14.7	27.0	13.7	36.4	无盖	Ⅲ	青灰		13-4
152:6	11.6	37.1	18.1	36.6	无盖	Ⅱ	黑		
153:1	14.1	24.0	11.9	33.2	无盖	Ⅲ	青灰	8-3	
153:15	15.9	25.1	13.9	35.1	无盖	Ⅳ	青灰		
154:5	12.4	20.8	12.8	29.4	无盖	Ⅱ	青灰		
154:12	?	28.3	17.1	27.5^{+}	无盖	Ⅱ	青灰		
154:13	12.8	23.4	13.6	30.3	无盖	Ⅱ	青灰		
156:2	17.6	35.9	21.0	46.1	51.2	Ⅰ	青灰		
156:3	17.9	35.5	12.2	46.5	51.8	Ⅰ	青灰		
213:8	14.5	26.9	14.7	39.5	无盖	Ⅳ	青灰	8-4	
216:11	12.9	22.7	13.2	31.5	无盖	Ⅱ	青灰		
216:12	13.1	22.6	13.4	32.1	无盖	Ⅱ	青灰		
216:13	17.4	34.4	20.5	42.6	无盖	Ⅰ	青灰		
216:14	17.6	34.2	20.1	42.8	无盖	Ⅰ	青灰		

Ⅱ式：壶口部的领有时甚低，颈较短，腹部显得较长，呈椭圆形；除109:31、112:47与154:13等3件饰有不甚显著的弦状旋纹外，其余都没有纹饰（图版13-2，图8-2）。这种形式的壶往往与上述Ⅰ式的壶同在1个墓中。

Ⅲ式：壶口部都有领，颈较长，腹部近圆形，都饰弦状旋纹（图版13-4，图8-3）。

Ⅳ式：壶口部都有领，颈较长，腹部呈圆形或扁圆形，腹壁下部近底处突然收缩折直，初看像是圈足，其实还是平底贴地；一般都饰弦状旋纹，213:8 的 1 件在肩部另饰栉齿状印纹凸带二周，并饰铺首；112:47 的 1 件亦饰有铺首（图版13-5，图8-4）。这种形式的壶往往与上述Ⅲ式的壶同在 1 个墓中。

瓶　共 15 件，分别出于 11 个墓。轮制，腹壁下部往往经刀或篦片等工具刮削。一般的形状是口唇外卷，短颈、平底，仔细分辨则显然有两种不同的型式。

Ⅰ式：瓶口内径较大，颈较粗，腹部欠规则（图版14-2）。

Ⅱ式：瓶口内径较小，颈较细，腹部呈圆球状（图版14-3）。同 1 个墓中如出有 2 件瓶，则彼此所属的型式相同。

表10　陶瓶登记表　　　　　　单位：厘米

器号	口内径	腹径	底径	壁厚	器高	型式	陶色	图版
106:17	6.1	19.1	10.2	0.5	17.8	Ⅱ	青灰	
109:30	7.5	18.7	10.6	0.5	20.2	Ⅰ	青灰	
112:17	5.9	16.1	10.2	0.4	14.6	Ⅱ	青灰	
135:12	8.5	18.4	11.2	0.5	20.9	Ⅰ	青灰	
142:19	6.1	20.0	11.2	0.6	18.2	Ⅱ	青灰	
149:11	5.1	17.7	10.6	0.5	18.1	Ⅱ	青灰	
149:33	5.7	18.1	10.4	0.5	19.4	Ⅱ	青灰	
152:4	7.3	18.2	11.7	0.5	20.0	Ⅰ	青灰	
153:8	6.3	16.8	10.2	0.5	17.3	Ⅱ	青灰	14-3
153:27	4.4	16.6	10.3	0.5	16.2	Ⅱ	青灰	
154:9	7.6	19.2	12.2	0.6	23.7	Ⅰ	青灰	
154:23	7.3	16.8	12.7	0.5	17.1	Ⅰ	青灰	14-2
213:2	6.0	17.7	10.3	0.5	19.3	Ⅱ	青灰	
216:5	7.4	17.6	9.3	0.6	21.6	Ⅰ	青灰	
216:6	8.7	17.5	10.1	0.5	17.6	Ⅰ	青灰	

图 8　陶壶
1. Ⅰ式（109∶26）　2. Ⅱ式（109∶31）　3. Ⅲ式（153∶1）　4. Ⅳ式（213∶8）

小瓶　共5件，分别出于3个墓。其中154∶4、216∶7与216∶8的3件形状相同，口唇外卷，腹部较扁；154∶12颈粗而短，腹部较长；152∶8直口、短颈，腹部甚扁，颈上有两个圆形小孔，可以用绳穿挂；所有5件小瓶都系平底（图版14-4～6）。

表11　陶小瓶登记表　　　　　　　　单位：厘米

器号	口径	腹径	底径	壁厚	器高	陶色
152∶8	6.3	28.3	7.9	1.1	7.5	青灰
154∶4	4.9	9.7	5.4	0.45	9.4	青灰
154∶22	6.7	10.4	6.5	0.7	10.5	青灰
216∶7	4.7	9.2	3.6	0.5	9.3	青灰
216∶8	4.6	9.9	4.1	0.6	9.7	青灰

奁　共20件，分别出于11个墓。轮制，另外附加三个模制的足。一般的形状是直口、直腹、平底，器壁往往饰弦状旋纹，个别没有弦纹的口部与周沿则略为加厚或减薄；足的上部多印出颜面，下部则作兽蹄状，或则整个印成一个直立的熊，即是所谓熊足。132∶31与106∶31的2件的足独系手捏，作乳尖状，后者口向外侈，腹部略为向里倾曲，全体无纹饰，与其余的奁有所差异（图9）。135∶33与135∶34的2件曾用白粉描绘，但已脱落殆尽。

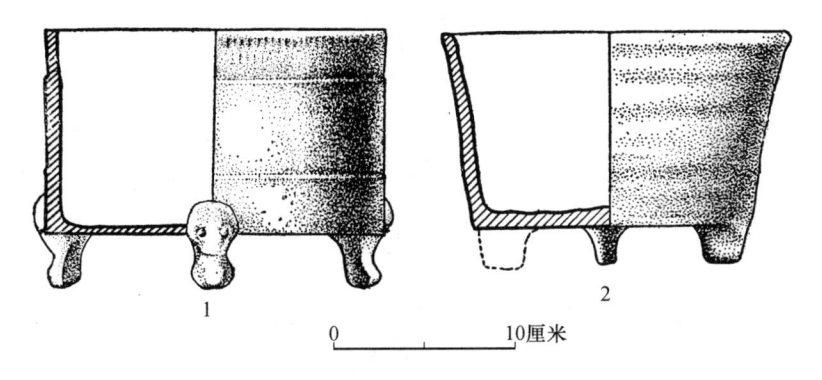

图9

1、2. 陶奁 (153:16、106:31)

表12　陶奁登记表　　　　　　　　单位：厘米

器号	口径	器深	壁厚	器高	陶色	图
106:12	18.5	12.0	0.7	14.8	青灰	10
106:31	17.7	10.2	0.6	13.0	黑灰	9-2
109:34	21.9	11.8	0.6	14.9	青灰	
112:45	19.5	11.1	0.5	11.7+	青灰	
112:46	20.3	15.0	0.6	17.6	黑灰	
132:31	17.8	10.4	0.7	13.4	青灰	
132:32	17.1	10.5	0.6	13.4	青灰	
135:33	21.2	14.6	0.7	18.6	青灰	
135:34	24.1	14.7	0.7	18.5	青灰	
142:20	18.4	12.8	0.7	16.2	青灰	
142:21	17.1	9.6	0.6	11.8	青灰	
142:26	13.9	7.6	0.6	10.6	青灰	
143:3	17.0	10.6	0.7	12.5	青灰	
149:7	17.6	11.9	0.7	15.0	青灰	
149:34	20.9	12.8	0.7	16.4	青灰	
153:16	15.8	11.0	0.7	14.4	青灰	9-1
153:18	18.6	12.2	0.7	15.7	青灰	
156:1	13.0	14.9	0.7	17.8	青灰	
213:5	16.0	10.1	0.6	13.5	青灰	
213:6	16.3	12.5	0.6	15.7	青灰	

106:12 的 1 件瓮在器底有 "王戍奈何□谢子豪" 8 个字，系泥胚未干时所刻划（图 10）。

博山炉　（132:27）1 件。轮制。炉身如碗，口沿向内敛缩，唇部略为卷起，与盖相吻合，器壁近口处饰弦状旋纹二周。柄细长；下接一盘，平底，中央有圆形凹穴，与柄相通。盖作圆锥状，满布气孔。炉身口径 7.8 厘米，腹径 11.7 厘米，盘口径 21.6 厘米，底径 10.9 厘米，全体通盖高 23 厘米。陶色青灰（图版 13-3，图 11）。

枭形瓶　共 22 件，分别出于 10 个墓。形状像枭，枭的头插入瓶口，作为盖；两足和尾部支瓶座，能够直立。所有的枭形瓶按照形态与制法的差异，显然可以分为两种不同的型式。

Ⅰ式：系模制或以模制为主，印有羽毛翅翼的纹样，模仿枭鸟很逼真；这种形式的枭形瓶除个别的例外，一般形体较大（图版 15-1、2，图 12-1）。

Ⅱ式：系以轮制为主，没有羽毛翅翼的纹样，枭的头多系手捏，形象欠整齐；所有这种形式的枭形瓶形体都较小（图版 15-3、4，图 12-2）。

1 个墓中所出 2 件以上的枭形瓶，以属于同一种型式的为多，但偶然也有两种型式的枭形瓶同在 1 个墓中。

表 13　陶枭形瓶登记表　　　　　　　　　　单位：厘米

器号	通高	型式	陶色	图	图版
106:7	12.1	Ⅱ	黑灰	12-2	
106:28	13.5	Ⅰ	棕褐		
109:28	18.1+	Ⅰ	青灰		
109:29	18.3+	Ⅰ	青灰		
109:36	20.4	Ⅰ	青灰		15-2
112:19	13.2	Ⅱ	青灰		
112:25	13.3	Ⅱ	青灰		
112:41	15.2+	Ⅰ	青灰		
112:53	15.4+	Ⅰ	棕褐		
135:10	18.2	Ⅰ	青灰		
135:13	18.5	Ⅰ	青灰		
142:28	10.3	Ⅱ	青灰		
142:41	11.2+	Ⅱ	青灰		
149:16	8.2+	Ⅱ	青灰		
149:36	13.3+	Ⅰ	青灰		
153:9	10.1	Ⅱ	青灰		15-3

续表

器号	通高	型式	陶色	图	图版
153:26	9.9	II	青灰		
156:22	17.2	II	青灰		
156:25	17.3	II	青灰		
213:7	14.3	II	青灰		15-4
216:9	16.0	I	青灰		
216:10	16.2	I	青灰	12-1	15-1

图10 陶奁（106:12）上的文字　　图11 陶博山炉（132:27）

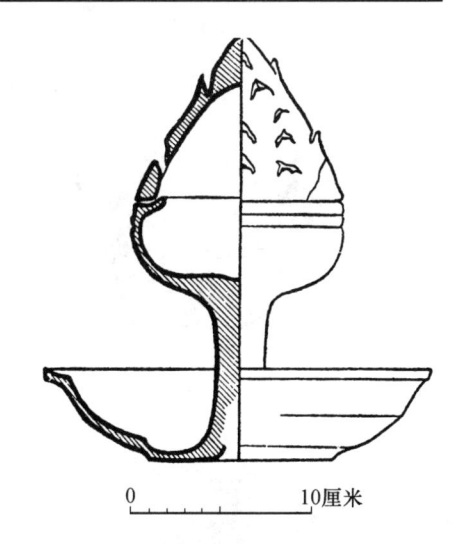

这种枭形瓶在墓中随葬的意义及其具体的用途虽然不能确定，但是从它本身的结构看来，应该是一种容器，与东汉以后墓中常见的鸡、鸭、狗等陶制模型还不是一类的东西。关于它的时代，从前曾有人把它定为"三代"器；也有人认为制作的手法古拙，未必不可以定为周器，实际的发掘证明了这些都是错误的。

（2）模型类

仓　共159件，分别出于13个墓。按照形状的差异，可以分为三种不同的型式。

I式：器身与盖都系轮制。器口近直，口径较大，器身最大径在腹的下部。无足，平底贴地。器盖隆起甚高，往往附有捉手。这种形式的仓，除135号墓所出各件在器壁上涂白粉、施有黑色的绘描以外，其余都没有任何纹饰（图13-1）。

0 5厘米

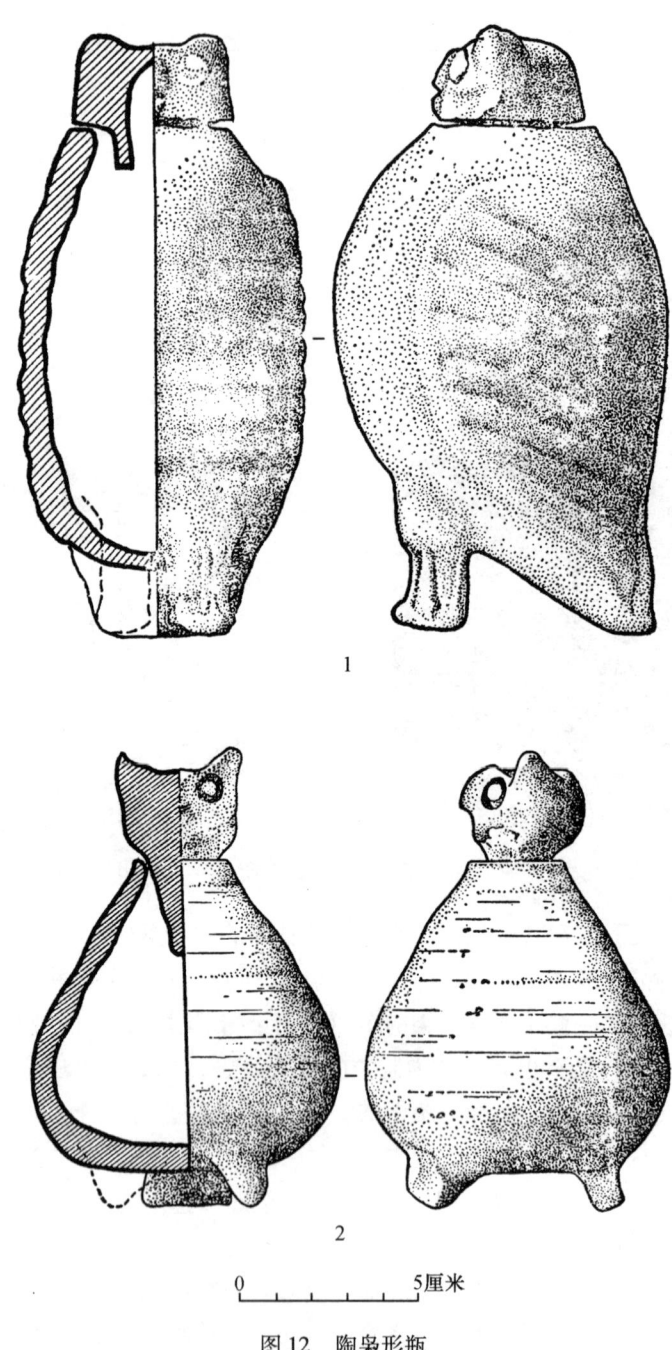

图12 陶枭形瓶
1. Ⅰ式（216:10） 2. Ⅱ式（106:7）

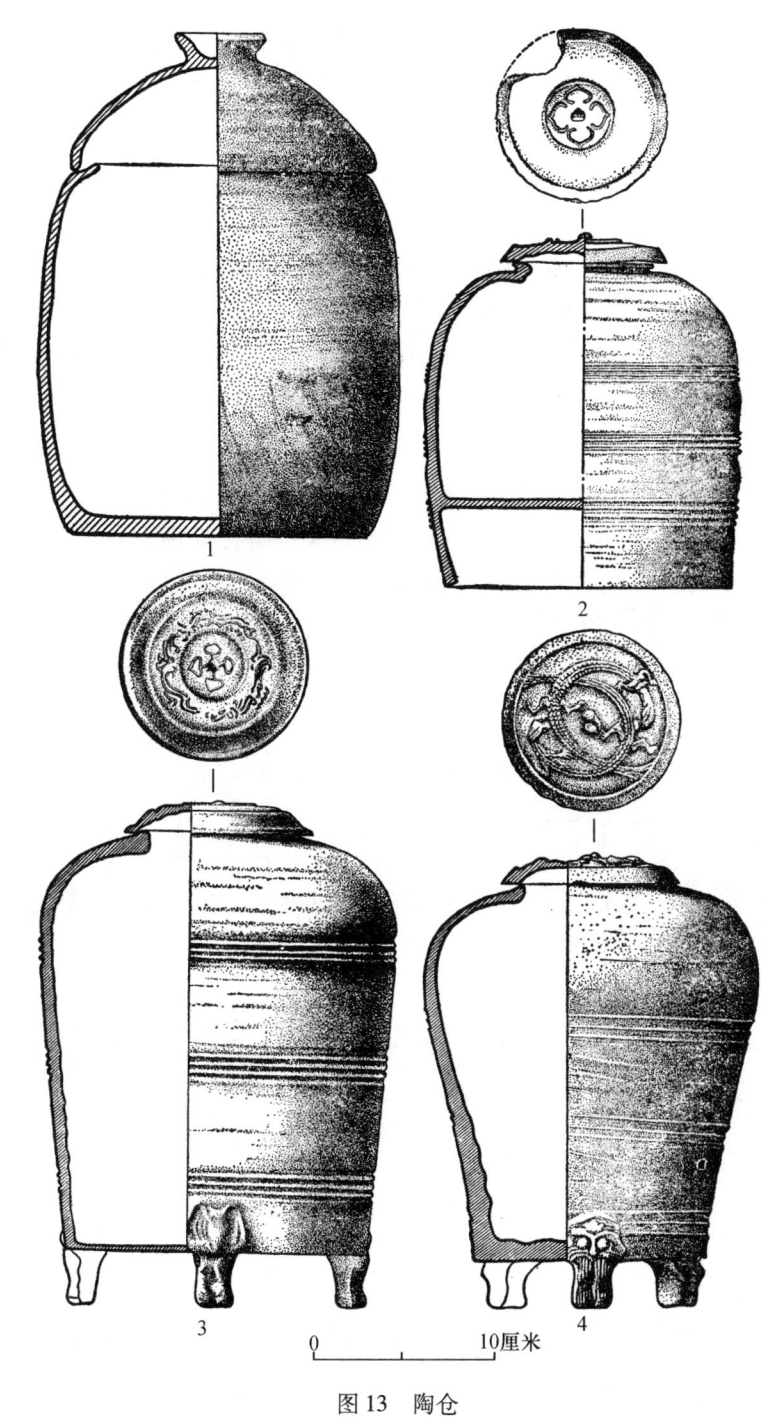

图 13 陶仓
1. Ⅰ式（216:15） 2. Ⅱ式（112:3） 3、4. Ⅲ式（149:24、213:14）

Ⅱ式：器身轮制，器盖则系模制。器口敛缩，口径缩小；器身最大径在腹的中部，器壁自上至下饰弦状旋纹带三周；平底，不贴地，腹壁往下延长，如同圈足。器盖扁平，印柿蒂状纹。这种形式的仓仅有112号墓所出的10件（图13-2）。

Ⅲ式：器身轮制，器盖系模制。器口敛缩，口径缩小。器身最大径在肩部，器壁自上至下饰弦状旋纹带两周或三周。除132号墓所出各件系平底贴地外，其余无不附加三个模制的足，足上都印有纹样，作人面、兽面，绝大多数则印成一个直立的熊，即是一般的所谓熊足。器盖扁平，印有龙、鸟、柿蒂形等的纹样（图13-3、4）。

一个墓中所配置的仓不外10件、11件或12件，有些合葬的墓增加一倍为20件或22件。单葬的墓所出的仓大小、型式都相同；合葬的墓所出的仓往往分为两组，型式虽然相同，大小则有所差异。112号墓所出的两组仓，一组属Ⅱ式，一组属Ⅲ式。现在把各个墓中所出型式、大小相同的仓，每一组以1件为代表，列于登记表。

表14　陶仓登记表　　　　　　　单位：厘米

器号	口径	腹径	底径	通高	型式	陶色	相同标本	图
106:20	7.1	18.8	14.8	24.1	Ⅲ	棕褐	6件	
106:22	7.2	16.8	14.5	24.0	Ⅲ	青灰	6件	
109:9	11.4	20.1	17.9	23.7	Ⅰ	青灰	16件	
112:3	6.8	18.2	17.0	20.1	Ⅱ	青灰	10件	13-2
112:34	13.8	21.8	18.4	26.2	Ⅰ	青灰	12件	
132:5	6.7	17.1	11.3	21.2	Ⅲ	青灰	10件	
135:28	17.5	28.2	25.2	41.5	Ⅰ	青灰	12件	
142:7	6.9	15.6	13.4	23.6	Ⅲ	青灰	5件	
142:34	5.7	13.4	10.2	20.9	Ⅲ	青灰	5件	
143:21	7.0	15.5	19.9	20.8	Ⅲ	青灰	2件	
149:8	6.0	16.1	12.0	23.2	Ⅲ	青灰	6件	
149:24	7.8	20.4	17.0	28.9	Ⅲ	青灰	5件	13-3
153:5	5.7	13.8	11.0	21.0	Ⅲ	青灰	12件	
154:6	9.1	15.8	14.9	14.7	Ⅰ	青灰	6件	
154:16	13.9	20.3	19.8	23.2	Ⅰ	青灰	5件	
156:13	13.0	26.1	15.1	27.4	Ⅰ	青灰	11件	
213:9	6.1	14.5	11.2	21.9	Ⅲ	青灰	5件	
213:14	8.0	19.0	13.7	25.4	Ⅲ	青灰	5件	13-4
216:15	14.3	20.5	16.9	28.7	Ⅰ	棕褐	10件	13-1
216:25	12.2	17.2	12.6	21.0	Ⅰ	棕褐	10件	

灶（附釜、甑、勺）共21件，分别出于12个墓。除106:12与135:9的2件系手捏以外，都系局部平模，然后互相黏合而成。

灶的形状长方，独213:19的1件后壁及四角作弧状弯曲。灶的前壁开方形或圆拱形的火门，有的通地，有的不通地；火门之上通常都设防烟的遮簷，有向前的与向上的两种，向前的遮簷短小，向上的遮簷宽阔。灶的后端顶面大都有一个烟孔，不作突起，大的孔径约1厘米左右，小的只有米粒般大。

釜孔从一个到三个不等。一个釜孔开在当中，配1釜1甑。两个釜孔一大一小，大的居中，配1釜1甑，小的在前方偏侧，配1小釜；156:5两个釜孔都大，一前一后，配2釜1甑。三个釜孔二大一小，大的在中间一前一后，配2釜1甑，小的在前方偏侧，配1小釜；135:9三个釜孔一大二小，大的在中间配1釜1甑，小的并列在前，各配1小釜。不论釜孔多寡，每1个灶仅配勺1个。

灶上所配的甑都系轮制。甑底分平底与圆底两种，各开一个、数个乃至十数个小穿孔；腹壁下部近底处往往经刀或篾片等工具刮削，使底径缩小，以便纳入釜的口中。所配的釜亦系轮制，形状扁圆，口部敛缩，以便承甑；釜底绝大多数系平底，但亦有少数系圆底；个别的釜腹壁下部经刮削，使底径缩小，以便纳入灶面的釜孔。213:9所配的1件釜与1件甑都系模制，在制法上是一个例外。小釜不承甑，有的敛口，形状与釜相同；有的侈口，如同浅盆。勺模制或手捏，分直柄与柄端附搭勾的两种。以上所述釜、甑、勺都能活动，不互相黏附，亦不与灶面黏着。

纹饰分布在灶的顶面和前壁，由带状方格点、波状曲线带，同心的圆圈等印纹与平行、交叉、弯曲的细线划纹配合而成，都属几何图案。纹样的排置往往是左右相对称的，独有112:15的1件灶在顶面上另又刻划了一条鱼。106:12纹饰简单，仅在灶的顶面上刻划二条相交的曲线和一条直线。109:27、109:45、112:42与135:19等4件灶，全无纹饰。

在15个洞室墓之中，除152、154与216号3个墓没有用灶随葬之外，其余的12个墓1人单葬的配1件灶，2人合葬的配2件灶，3人合葬的配3件灶，毫无例外。这种情形充分说明了灶在当时是一种极为普遍与重要的随葬品（图14）。

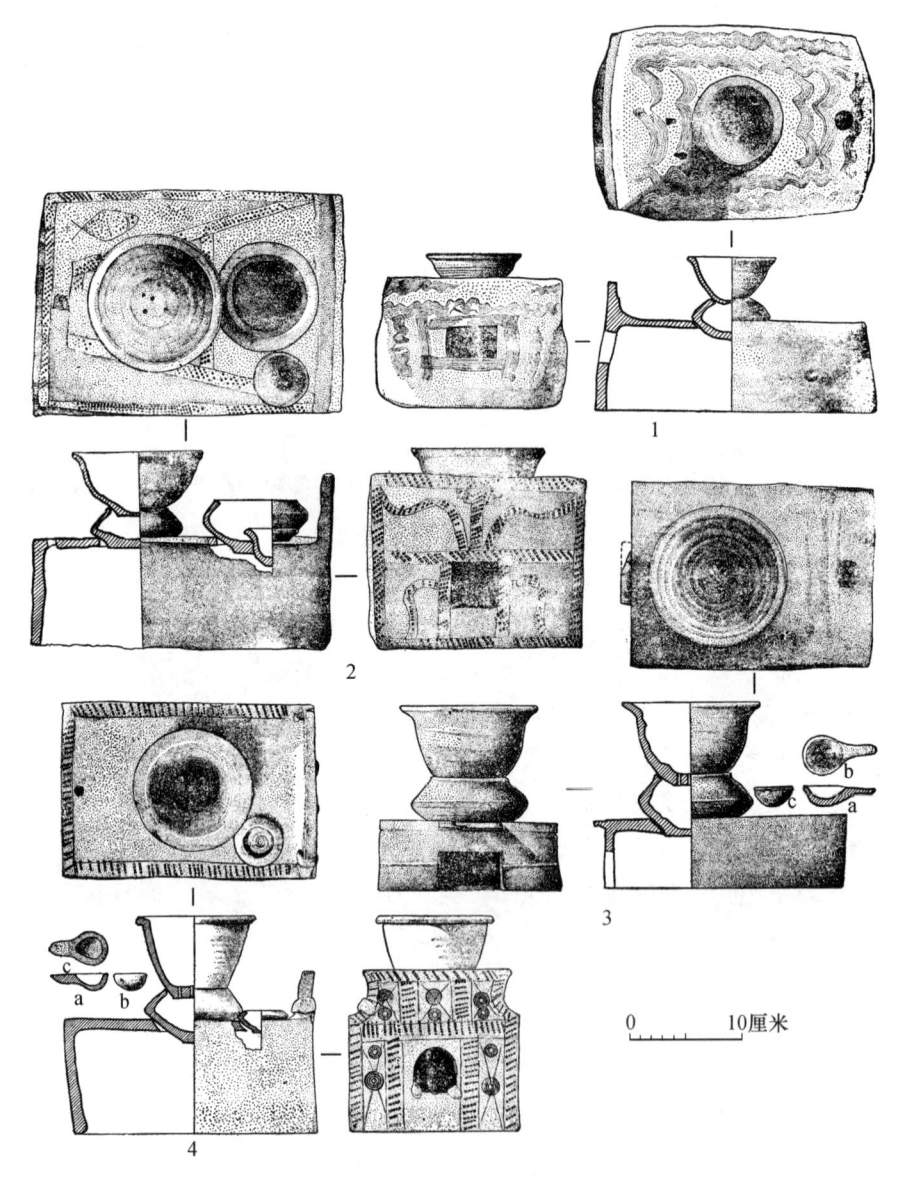

图 14　陶灶

1～4. 陶灶（213∶19、112∶15、109∶45、213∶20）

用烹饪器在墓中随葬，从来都是相当盛行的。但是，用灶随葬则开始盛行于汉代。汉代开始盛行用灶随葬，也和用前述的仓及后述的井、屋、猪圈等各种模型类陶器随葬一样，显然是由于明器范围的推广。有人认为用灶随葬与所谓"灶神崇拜"有关，恐怕是不甚可靠的。从各方面的情形看来，灶在汉墓中普遍存在的各种模型类陶器之中，并不含有什么特殊的宗教意义。

三足镬（附甑）共4件，分别出于上述152、154和216号3个没有灶的墓。轮制。形状扁圆，口部敛缩，如同灶上所附的釜，但器底支有三个手捏的乳尖状足。除152:26的1件例外，其余都在器口折起低矮的领。所附的甑亦系轮制，底部的穿孔都是5个。从形态上看来，这种三足镬应该是一种较早于灶的作为随葬品的烹饪器（图15）。

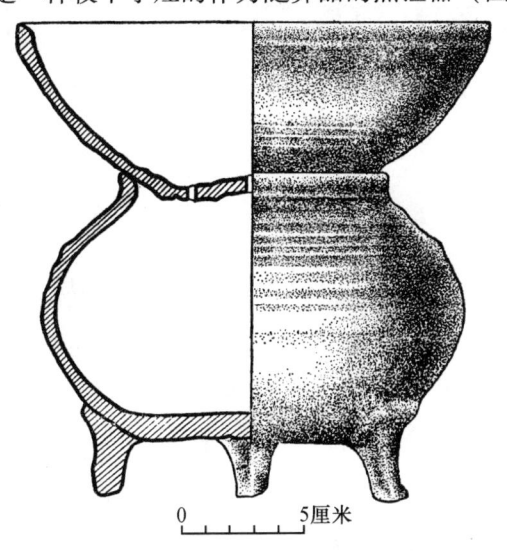

图15 陶三足镬（216:35）

表15 陶灶登记表　　　　　单位：厘米

器号	灶火 长	灶火 宽	灶火 高	釜孔	烟孔	火门 宽	火门 高	火门 形状	通地否	遮簷	陶色	图
106:8	25.5	16.5	10.0	3	有	4.8	4.5	圆	否	上	青灰	
106:12	27.0	22.1	7.0	3	有	6.2	4.0	圆	通	无	棕褐	
109:27	24.5	17.0	8.5	1	有	5.5	5.5	方	通	前	青灰	
109:45	21.5	16.1	6.2	1	有	5.0	4.1	方	通	前	青灰	14-3
112:15	26.5	19.1	9.2	3	有	4.2	4.2	方	否	上	青灰	14-2
112:42	27.5	17.5	8.5	3	有	8.2	5.5	方	通	无	青灰	
132:21	22.5	14.5	11.0	2	无	5.0	5.0	圆	否	前	青灰	
132:41	24.5	17.0	9.5	2	无	5.0	4.1	圆	否	上	青灰	

续表

器号	灶火					火门				陶色	图
	长	宽	高	釜孔	烟孔	宽	高	形状	通地否	遮簷		
134:2	20.1	14.5	11.2	1	无	2.5	2.5	圆	否	前	青灰	
135:9	33.1	21.5	11.5	3	有	7.5	7.1	方	否	无	棕褐	
142:6	26.0	16.9	10.5	2	有	?	?	圆	?	?	青灰	
142:22	21.5	14.1	9.4	2	无	4.0	4.5	圆	否	上	青灰	
142:31	22.2	15.1	9.7	2	无	3.5	3.4	圆	否	前	青灰	
143:5	23.0	14.5	10.7	2	无	6.0	4.1	圆	通	上	青灰	
149:14	23.5	17.0	10.7	3	有	4.5	3.5	圆	否	上	青灰	
149:37	36.5	24.0	15.2	3	有	8.5	7.8	圆	否	上	青灰	
153:11	23.1	14.5	8.1	2	有	4.1	3.7	圆	通	上	青灰	
153:22	23.0	15.5	9.1	2	有	5.5	5.2	圆	否	前	青灰	
156:5	27.0	18.5	8.5	2	有	8.1	5.0	方	通	前	青灰	
213:19	22.4	16.4	8.3	1	有	4.3	2.7	方	否	上	青灰	14-1
213:20	22.2	15.3	10.1	2	有	3.9	3.8	圆	否	上	青灰	14-4

表16　陶三足鍑登记表　　　　　单位：厘米

器号	鍑				甑			通高	图
	口径	腹径	器高	陶色	口径	器高	陶色	（鍑加甑）	
152:1	5.6	13.3	8.2	青灰	12.2	7.5	黑灰		15-1
154:26	6.6	10.6	8.2	青灰	13.3	7.0	青灰		15-2
216:35	9.5	17.5	13.4	黑灰	18.0	7.5	青灰	19-7	15
216:36	7.0	12.7	9.1	黑灰	13.1	7.9	青灰	16-1	

井　7件，分别出于5个墓。按照形状与制法的差异，可以分为三种不同的型式。

Ⅰ式：井身没有底，井口周沿向外突出，架与井身整个相连，系就一次轮制的圆筒在上部割去二片而成。架顶插四阿式小屋盖，模制，印出瓦瓴（图版14-8，图16-1）。

Ⅱ式：形状、制法大致与Ⅰ式相同，但井身有底，井口略向外侈，周沿突出较微。架顶两侧有方形的小缺口，153:10在另两侧又各有一个圆形的小孔，大概是用以装置滑轮的（图版14-9，图16-2）。

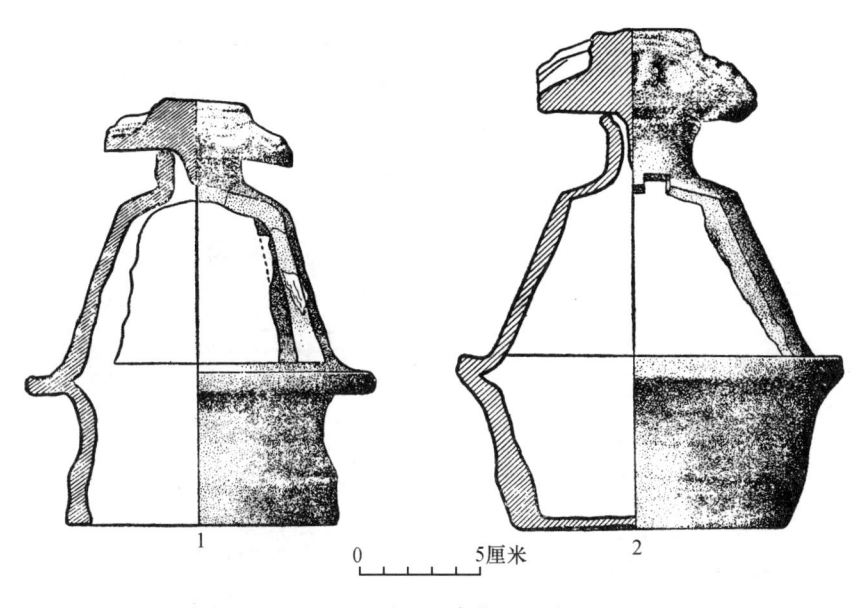

图 16 陶井
1. Ⅰ式（142:29） 2. Ⅱ式（143:6）

Ⅲ式：仅有 132:34 的 1 件，构造比较复杂。井身没有底，井口托方形的平台，台上支架。架顶插四阿式小屋盖，除印出瓦瓴外，在四角有尖状的突起，并附鸡两只，作棲止状。井身系一轮制的圆筒，井架二片则系由另一轮制的圆筒割下，饰斜行的直线划纹。平台系模制，印同心的圆圈，圆圈与圆圈之间有直线的划纹相连。小屋盖与所附的鸡都系模制（图版14-10，图17）。

表 17　陶井登记表　　　　　单位：厘米

墓号	口径	口高	通高	型式	陶色	图	图版
132:34	10.9	10.4	35.1	Ⅲ	青灰	17	14-10
134:5	10.4	5.6	18.1	Ⅰ	青灰		
142:24	10.4	6.8	20.4	Ⅰ	青灰		14-8
142:29	8.5	7.0	17.6	Ⅰ	青灰	16-1	
143:6	12.2	7.7	20.7	Ⅱ	青灰	16-2	
153:10	11.9	8.7	19.6	Ⅱ	黑灰		14-9
153:29	11.4	6.9	71.2	Ⅰ	黑灰		

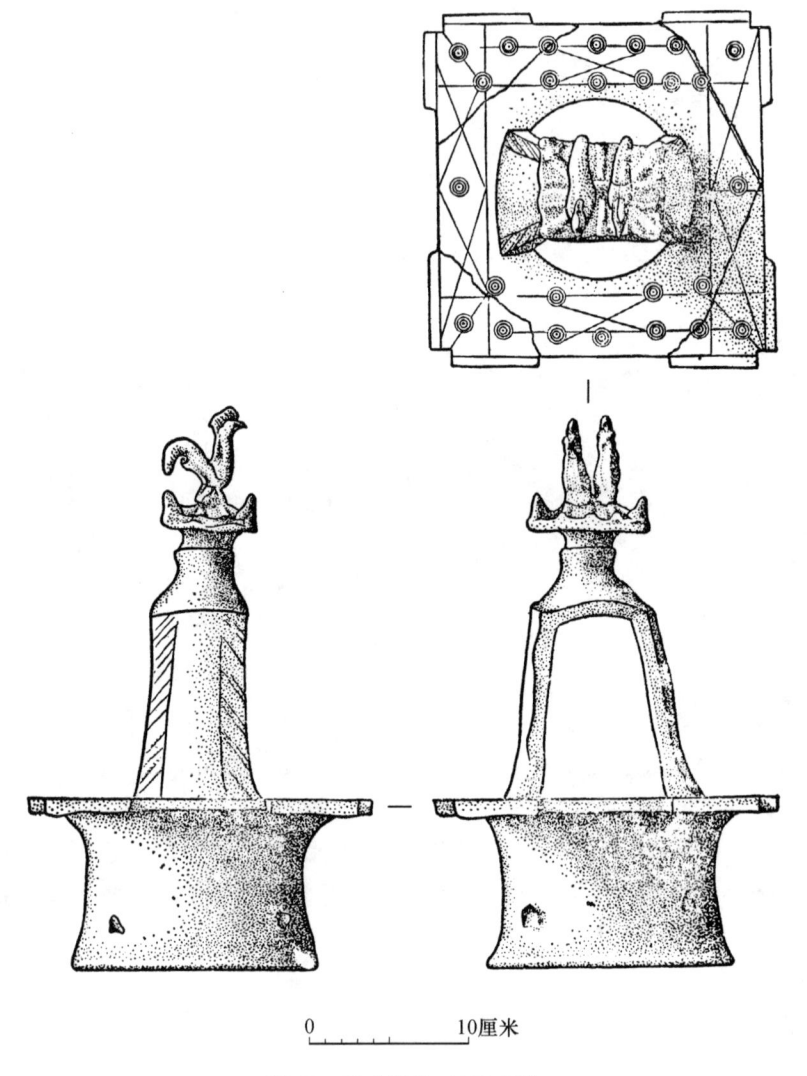

图 17　Ⅲ式陶井（132:34）

猪圈与屋　（132:16、17）各1件，同出132号墓。猪圈由四壁及底分别平模，互相黏合而成。形状正方，外附台阶三级，升至一平台，台阶与平台上都饰同心的圆圈印纹。猪一只，模制，仅半边，不能起立，放置在猪圈中。猪圈见方21厘米，高8.5厘米。猪首尾长12.6厘米。陶色青灰。

屋亦系局部平模，然后互相黏合。甚窄小，有门无窗；屋盖悬山式，印出瓦垄七条。出土时，屋的位置与猪圈紧接，宽度与门限的高度都恰与猪圈的平台相合，所以应该是附属于猪圈的厕所。通高22.9厘米，横宽10.8厘米。陶色青灰（图版15-5）。

案 （132:36）1件，模制。形状长方，边缘折起，饰有细线带状印纹，但不甚清楚。四角穿圆孔各一个，却并未安插台脚。出土时，两端各垫砖1块，上置盆1件，耳杯2件。长46.3厘米，宽30厘米，厚1.2厘米。陶色青灰（图版15-6）。

（二）铜器

铜器数量甚少，仅有洗、带钩、镜、钱币和1个用途不明的环。

1. 洗

共2件，分别出于2个墓。

216:37的1件系范铸，直口，口沿外折，圆底，不能立稳。口径19.3厘米，器深7.8厘米，壁厚0.06厘米（图版17-13）。152:7的1件系捶打制成，出土时碎裂太甚，不能复原，根据碎片，得知形状与216:37相同。原器曾经修补。极轻薄，壁厚仅0.03厘米。

2. 带钩

共2件，分别出于2个墓。

152:9像虎，前爪捧钩。长8.4厘米，宽2.9厘米，厚0.45厘米，钮径1.4厘米（图版16-1，图18-1）。216:38像兽面，兽面下部延长为钩，长7.1厘米，宽3.6厘米，厚1.1厘米，钮径1.8厘米（图版16-2，图18-2）。

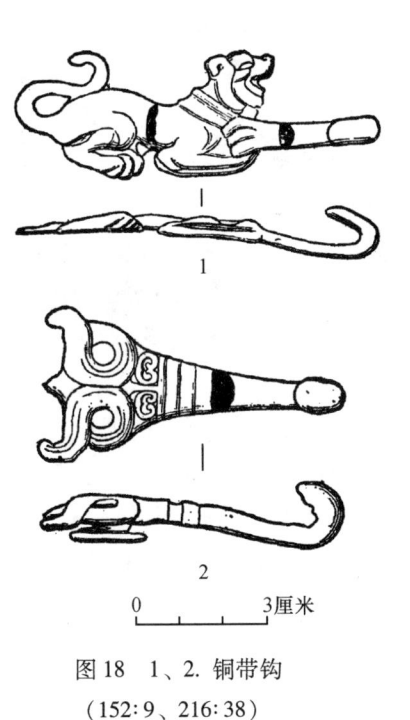

图18 1、2. 铜带钩（152:9、216:38）

3. 镜

共 5 件，分别出于 4 个墓。

132:46，通常称为"昭明镜"。钮作半球状，相当圆滑。主要的花纹是一周由九个弧形组成的所谓连弧纹，但弧形较小。铭文在连弧纹外侧的一个较宽的带圈中，系"内清以昭明光明日月"9 个字，每 2 字之间插一"而"字形。直径 11.15 厘米，厚 0.2 厘米，缘部厚 0.5 厘米（图版 16-3）。

213:21，通常称为"日光镜"。钮亦作半球状，但穿孔较大，钮顶较狭。主要的花纹是一周由八个弧形组成的连弧纹，弧形较大。铭文在连弧纹外侧的一个较宽的带圈中，系"见日之光天下大明"8 个字，字与字间插一菱格状或涡状纹。直径 7.0 厘米，厚 0.12 厘米，缘部厚 0.2 厘米（图版 16-5）。

213:22，相同的类例校少。钮已损缺，形状大概与上述 2 件相似。主要的花纹是八个鸟形，与铭文排列在同一个带圈中，带圈由四个乳分为四段，每段各 1 字，合 4 字"富乐□昌"，鸟形的花纹两两相向，在字的两侧。直径 7.4 厘米，厚 0.15 厘米，缘部厚 0.4 厘米（图版 16-6）。

216:39，通常称为"百乳鉴"或"星云纹镜"。出土时残缺，但由于花纹对称，仍可复原。钮的形状与一般的铜镜不同，据说有些像博山炉的盖。钮的外侧绕一周由十六个弧形组成的连弧纹，镜缘亦系一周由十六个弧形组成的连弧纹；主要的花纹则分布在二组连弧纹之间的一个较宽的带圈中，带圈为四个较大的乳分成四段，每段各配五个较小的乳，乳与乳间有曲线相连贯。直径 11.2 厘米，厚 0.16 厘米，缘部厚 0.45 厘米（图版 16-4）。

112:27，破碎太甚，不能复原，但根据碎片上的花纹，确知与 216:39 的 1 件相同，亦系"百乳鉴"。厚 0.15 厘米，缘部厚 0.5 厘米。

4. 钱币

分"五铢"、"货泉"及"小泉直一"三种（图 19），出五铢钱的墓不出货泉钱与小泉直一钱，出货泉钱与小泉直一钱的墓亦不出五铢钱。

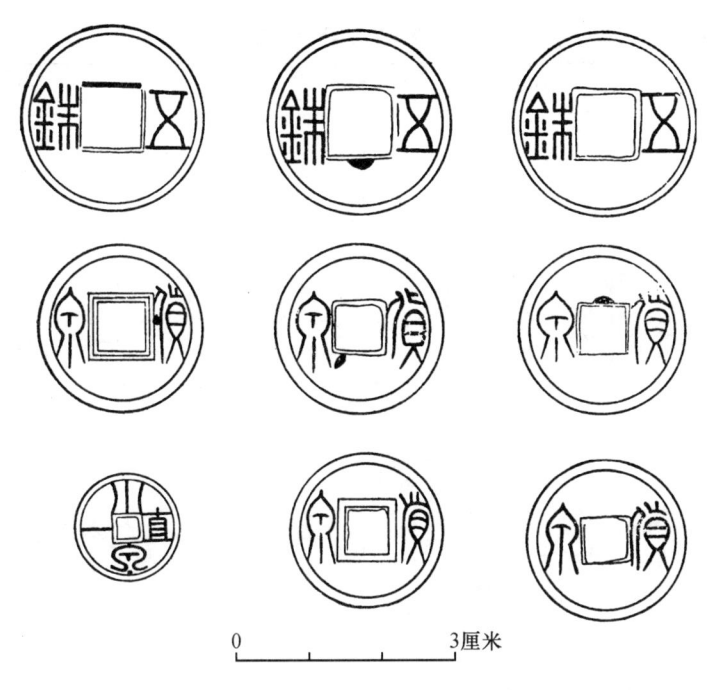

图 19　铜钱（五铢、货泉、小泉直一）

五铢钱　共 137 件，分别出于 8 个墓。钱的直径约从 2.4~2.65 厘米不等，平均重约 3.1 克。部分的五铢钱在穿孔的上边有一道横划，或在穿孔的下边有一半圆形的小疙瘩，前者被称为"上横文"，后者被称为"下半星"。

"上横文"、"下半星"与普通的五铢钱同时并存，绝大多数的墓所出的五铢钱都是三者兼有，仅个别的墓因所出钱数太少，缺"上横文"或缺"下半星"。三种五铢钱的数量是普通的最多，"上横文"的次之，"下半星"的最少。

货泉钱（132:47、153:23）共 21 件，分别出于 2 个墓。钱的直径约为 2.25~2.35 厘米不等，平均重约 2.5 克。正面穿孔的周围分有廓及无廓的二种，个别的钱正面穿孔周围的廓有二重。此外，有在穿孔的上边或在货字的近旁附一小疙瘩的，也有在穿孔的下角靠近货字或泉字处附一小撇的，都是故意铸出的符号。

小泉直一钱（153:24）共 2 件，同出 1 个墓。钱的直径 1.48 厘米，重 1.4 克。

表18 五铢钱登记表

器号	普通	上横文	下半星	总数
106:10	10	8	4	22
109:35	2	2		4
112:24	5	5	2	12
135:3	6	2	2	10
142:39	3		2	5
149:39	7	3	3	13
213:24	9	6	5	20
216:44	23	17	11	51

5. 环

（216:42）1件。用途不明。外径3.6厘米，内径2.5厘米，断面径0.55厘米（图版17-10）。

（三）铁器

铁器主要是刀与剑，此外有带钩1件、悬钩4件、残首饰1件。

1. 刀

共6件，分别出于6个墓。按照大小的差异，可以分为三式。

Ⅰ式：2件，属小型。刀身无鞘，刀柄除环上略遗布纹，未发现别的痕迹。刀身与刀柄的界限不明。137:1全长19，最宽1.3厘米，背厚0.32厘米。149:38已损缺，残长23.7厘米，最宽1.5厘米，背厚0.35厘米。

Ⅱ式：2件，属中型。135:4，已损缺，柄上有木片的残余，当时可能另用绳索缠绕，但已无痕迹。刀身遗有鞘痕。残长35厘米，最宽1.91厘米，背厚0.55厘米，刀柄包括环在内长13.6厘米。216:40，刀柄夹木片，连环在内用绳索缠绕，保存情形甚好，刀身亦有显著的鞘痕。全长42厘米，最宽2.45厘米，背厚0.66厘米，刀柄包括环在内长13.9厘米（图版17-1、11）。

Ⅲ式：2件，属大型。233:1，柄上遗有木片的残余，所缠绳索已无痕迹，刀身亦未发现鞘痕。全长64.6厘米，最宽2.75厘米，背厚

0.82 厘米，刀柄包括环在内长 16.2 厘米。213:23，刀柄夹木片，连环在内用绳索缠绕，痕迹相当清楚，刀身有鞘痕，鞘末附一铜制装饰。全长 94.6 厘米，最宽 2.8 厘米，背厚 0.85 厘米，刀柄包括环在内长 19.3 厘米（图版 17-2）。

2. 剑

共 2 件，分别出于 2 个墓。

135:32，柄端有环，形制很特别，柄与剑身之间没有卫手。柄上仅有木片的残余，剑身遗有鞘痕。全长 62.4 厘米，最宽 3.7 厘米，脊厚 0.65 厘米，柄部包括环在内长 14.9 厘米（图版 17-3）。

216:41，柄与剑身之间附有铜制的卫手，柄上夹木片，所缠绳索保存尚好，剑身上所附的鞘痕也很清楚。全长 105.2 厘米，最宽 3.6 厘米，脊厚 0.7 厘米，柄长 15.2 厘米（图版 17-4、12）。

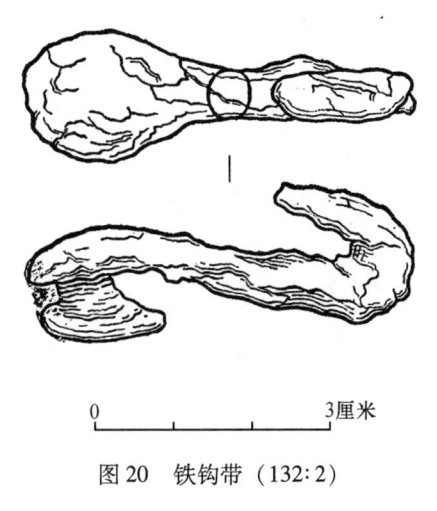

图 20　铁钩带（132:2）

3. 带钩

（133:2）1 件，已锈蚀，制作粗陋，无纹饰。长 4.8 厘米，宽 1.6 厘米，钮径 1.7 厘米（图 20）。

4. 悬钩

（132:19）共 4 件，出在 1 个墓中。形状都相同，大小亦仿佛。柄端卷曲成一孔，另接一钩，可以悬挂，在墓中的用途不明。长 6.9 厘米，宽 4.9 厘米（图版 17-5）。

5. 首饰

（142:38）1 件。已残缺，不能复原。

（四）其他

1. 玛瑙耳坠

（153:25）1件。上半红色，下半白色透明，有一小孔，可以穿戴，出土时位置在人骨架的左耳近侧。长1.46厘米，宽0.87厘米，厚0.2厘米（图版17-6）。

2. 鎏金铜泡

共11件，分别出于3个墓。分二种：一种是圆形小泡，直径约1厘米；一种是柿蒂形泡，长宽各约2.3厘米。两者都在下面附有钉尖，是钉附于木器或漆器盖上的装饰（图版17-7～9）。135:5与216:43各圆形小泡3件，112:30圆形小泡3件、柿蒂形泡2件。

3. 漆器、木器的痕迹

106、132、149号等墓各发现红色或黑色的漆皮1处，当系漆器的残余；132号墓所发现的漆皮在铜镜的上下和周围，是装置铜镜的漆盒无疑。此外，153号墓有黑色灰痕1处，其间夹杂朱砂及白灰，大概是绘彩木器的遗迹。

这里的各个墓原来随葬的漆器、木器可能就很少，部分的墓或则甚至未用漆器、木器随葬，加之洞室墓和砖室墓一样，由于墓内潮湿并被空气所充满，即使有较多的漆器和木器亦不易保存。

四　年代的推断和小结

（一）年代的推断

在推定墓葬的绝对年代之前，首先有划分它们的相对年代的必要。划分墓葬的相对年代，在分析墓中的随葬器物，特别是分析某些陶器的型式时，已经提供了一些现象。

陶器占随葬器物中的绝大多数，其中瓮、瓶、壶、仓及枭形瓶等几种器物各有两种以上的不同型式。不同型式的同一种器物如Ⅰ式与Ⅱ式的瓮，Ⅰ式与Ⅱ式的瓶，Ⅰ式与Ⅱ式的枭形瓶，Ⅰ式与Ⅲ式的仓，Ⅰ式、Ⅱ式与Ⅲ式、Ⅳ式的壶，完全不在同一个墓中出现，或基本上不在同一个墓中出现；不同型式的各种器物在同一个墓中的共存亦有一定的关系，如Ⅰ式的瓮、瓶、枭形瓶、仓与Ⅰ式、Ⅱ式的壶在一部分的墓中共存，Ⅱ式的瓮、瓶、枭形瓶、Ⅲ式的仓与Ⅲ式、Ⅳ式的壶则又在另一部分的墓中共存，基本上不相混杂。这样，充分说明了各种器物的不同型式不是偶然的差异，而是有一定规律的演变，从而可以由此推定年代的早晚。但是，为了更正确地判定墓的年代或早或晚，这里还必须提出别的器物学上的论证。

值得注意的是仓、灶、井、屋、猪圈和案等各种纯粹作为象征用的模型类陶器是开始盛见于汉代的，它们的种类多寡表现在琉璃阁附近发掘的各个汉墓中颇不平均。个别的墓没有仓和灶，也没有井、屋、猪圈和案，或者仅有仓而无灶，仅有仓、灶而无井、屋、猪圈和案。与此相反，部分的墓除了有仓、灶以外还有井，其中个别的墓甚至还有屋、猪圈和案。这一事实说明了模型类陶器在当地、当时的发生、发展的过程，也就是年代推移的过程。

15个洞室墓之中，12个墓有灶，3个墓无灶；5个墓有井，10个墓无井。无灶的墓都无井，有井的墓都有灶。由此可以得出初步的推论说，无灶的墓时代较早，有井的墓时代较晚。

无灶的3个墓是152、154与216号墓，所出的瓮、瓶、枭形瓶与仓都属Ⅰ式，所出的壶属Ⅰ式或Ⅱ式。与此相反，有井的5个墓是132、134、142、143与153号墓，所出的瓮、瓶与枭形瓶都属Ⅱ式，所出的仓属Ⅲ式，所出的壶属Ⅲ式或Ⅳ式。不同型式的各种器物在墓中的一定的共存关系证实了墓中有灶无灶或有井无井不是偶然的现象，而是如上所述由于年代早晚不同的缘故。

在证实了无灶的墓年代较早、有井的墓年代较晚的同时，瓮、瓶、枭形瓶、仓、壶等器物的不同型式的年代早晚也得到了确定。这样，对于其余有灶无井的墓则可以充分根据墓中所出的瓮、瓶、枭形瓶、仓、壶等器物的属于较早或较晚的型式来决定它们的年代早晚。

于是，在15个墓之中，年代较早的除了152、154与216号等3个无灶的墓以外，还有109、112、135与156号等4个有灶无井的墓，这些墓都出有Ⅰ式的瓮、瓶、仓与Ⅰ式或Ⅱ式的壶（112号墓出Ⅱ式的瓶及Ⅳ的壶为例外）；年代较晚的除了132、134、142、143与153号等5个有井的墓以外，还有106、149与213号等3个有灶无井的墓，这些墓都出有Ⅱ式的瓮、瓶、Ⅲ式的仓与Ⅲ式或Ⅳ式的壶（106号墓出Ⅰ式的瓮及Ⅱ式的壶为例外）。年代较早的墓共7个，较晚的墓共8个，前者称为早期的墓，后者称为晚期的墓。必须指出的是112号墓虽被暂时列入早期，但出有Ⅱ式的瓶与Ⅳ式的壶；106号墓虽被暂时列入晚期，但出有Ⅰ式的瓮与Ⅱ式的壶，说明了各种器物在形态的演变上有所不平衡，也说明了这2个墓在年代上是介乎早期与晚期之间，可以说是属于过渡的时期。112号墓所独出的Ⅱ式的仓，从器物本身看来，也无疑是一种过渡的形态。

器物形态在年代上的过渡性要以枭形瓶表现得最为突出。Ⅰ式的枭形瓶年代较早，模仿枭鸟很逼真；Ⅱ式的枭形瓶年代较晚，则相反。由此可以说Ⅰ式的枭形瓶演变为Ⅱ式的枭形瓶是器物在形态上的一种退化。一般早期的墓所出的枭形瓶都属Ⅰ式，但156号墓所出的偏属Ⅱ式；一般晚期的墓所出的枭形瓶都属Ⅱ式，但149号墓所出的1件仍属Ⅰ式。至于106和112号2个属于过渡期的墓，则都既有属于Ⅰ式的，亦有属于Ⅱ式的。要之，在一个比较长的时期中，两种型式的枭形瓶都被同时使用着。

属于早期的3个无灶的墓，毫无例外地出有相当于灶而早于灶的三足镬。陶瓷普遍存在于各个墓中，但3个无灶的墓独不出。陶耳杯多出在晚期的墓，不出于早期的墓中。此外，5个铜镜中的2个所谓百乳鉴或星云纹镜出早期的墓，其余3个出晚期的墓。所有这些事实，都含有年代上的意义，对墓葬相对年代的确定提供了旁证。

由于器物上没有任何纪年的铭文，钱币就成了推定墓的绝对年代的主要根据。15个洞室墓之中，5个墓不出钱币；其余10个墓中的8个出五铢钱，1个出货泉钱，1个出货泉钱并出小泉直一钱。如前所述，出五铢钱的墓不出货泉钱与小泉直一钱，同样，出货泉钱与小泉直一钱的墓也不出五铢钱。这一事实在推定墓的年代上具有相当重要的意义。

在属于早期的7个墓中，包括无灶的216号墓在内，有4个墓出五铢钱，因此它们的年代不可能超越汉武帝元狩五年（公元前118年）。其余的3个墓不出五铢钱，也不出别的任何钱币，特别是早于五铢钱的钱币，而且在一般的随葬品上也没有任何早于出五铢钱的墓的证据，所以它们的年代也不能超越这个上限。在属于晚期的 8 个墓中，132 号墓出货泉钱，153 号墓出货泉钱和小泉直一钱，因此它们的年代当在王莽时代或稍后（东汉建武十六年以前，尚未重行五铢钱时）。其余 6 个墓或出五铢钱，或不出五铢钱，不出五铢钱的也不出其他任何的钱币；同时由于在一般的随葬品上没有更晚于上述 2 个墓的证据，它们的年代大概也不会更晚于王莽时代，即使稍晚，也决不会相差太远。由此可见，15 个洞室墓的绝对年代是上限不能超越汉武帝元狩五年，下限约当王莽时代。

在东汉乃至东汉以后的墓中仍然可以有各种王莽钱的存在，所以不能以墓中有王莽钱便认为墓的年代属于王莽时代。但是，东汉及其以后墓中所出的王莽钱多系夹杂在五铢钱中，很少全部为王莽钱。132 与 153 号 2 个墓全出王莽钱，没有混入一枚五铢钱，所以它们的年代是应该在王莽时代的。132 号墓所出的"昭明镜"，从花纹和铭文看来，以两汉之交为最流行，也是一个切实的证明。

绝大多数出五铢钱的墓，包括早期的墓如 216 号墓在内，所出的一部分五铢钱在穿孔的上边有一道横划，称为"穿上横文"。这种"穿上横文"的五铢钱曾经发现过一些钱范，范上常有汉宣帝的年号，从而知道在汉宣帝时常常铸造这种五铢钱。但是，由于在文献上没有记载，发现的钱范也究竟有限，在目前完全欠缺足够的理由把所有这种五铢钱都肯定为汉宣帝时所铸，而判断宣帝之前绝对没有这种五铢钱。因此，在这里，当然也不能把所有的墓都认定是属于汉宣帝时代以后的。

表 19　墓葬年代与随葬器物比较表

墓号	陶瓮	陶瓶	陶壶	陶枭瓶	陶仓	陶灶	陶奁	陶耳杯	陶井	铜钱	墓的年代
152	Ⅰ	Ⅰ	Ⅱ								早期
154	Ⅰ	Ⅰ	Ⅱ		Ⅰ						早期
216	Ⅰ	Ⅰ	Ⅱ	Ⅰ	Ⅰ					五铢	早期
135	Ⅰ	Ⅰ		Ⅰ	Ⅰ	有	有			五铢	早期
109	Ⅰ	Ⅰ	Ⅱ			有	有			五铢	早期
156	Ⅰ	Ⅰ		Ⅰ	Ⅱ	Ⅰ	有	有			早期
112	Ⅰ	Ⅱ	Ⅱ	Ⅳ		Ⅱ	有	有	有	五铢	过渡期
106	Ⅰ	Ⅱ	Ⅱ		Ⅰ	Ⅱ	Ⅲ	有	有	有	五铢	过渡期

续表

墓号	陶甕	陶瓶	陶壶		陶枭瓶	陶仓	陶灶	陶奁	陶耳杯	陶井	铜钱	墓的年代
149	II	II	III	IV	I	II	III	有	有			五铢	晚期
213	II	II		IV		II	III	有		有		五铢	晚期
142	II	II		IV		II	III	有	有		有	五铢	晚期
143	II		III	IV			III	有	有	有			晚期
134	II							有			有		晚期
153	II	II	III	IV		II	III	有	有	有		莽钱	晚期
132	II			IV			III	有	有	有		莽钱	晚期

值得注意的是早期的墓都系北向，晚期的墓有北向的，也有东向的，而以东向的为多，两个可能是最晚的、正当王莽时代的墓都系东向。这样，可以看出墓的方向显然是随着年代的推移由北向改变为东向的。早期的墓，即部分北向的墓，洞室之中主室较短或在比例上较短；晚期的墓，特别是东向的墓，主室较长或在比例上较长，其中如132、134与142号等3个墓，在主室甚长的情况下，仅有的一个耳洞显得相当狭小，随葬的器物多放置在主室的前段，132号墓在墓的形制及构筑上则具有若干类似砖室墓之处。所有这些情形与墓的年代结合起来，可以看出是一种有规律的演变，而不是偶然的。

就地区上的分布说，属于早期的墓多在琉璃阁阁址东南面，主要是黄家坟及其附近。冯家坟附近的2个墓，即106与112号墓，则属于过渡期。其他各个地区的墓，包括黄家坟及其附近的个别的墓在内，都属晚期。在同一地区互相紧靠的2个墓，时代早晚无不相同。

关于133与137号2个非洞室墓，由于墓葬的形制不明，随葬的器物过少，不能适当地比定它们的年代。

（二）小结

琉璃阁附近发掘的汉墓，主要是洞室墓。

它们的年代可以分为早晚两期。早期的墓最早不超过汉武帝元狩五年（公元前118年），晚期的墓最晚约当王莽时代（公元9~23年）。早期与晚期不是截然分割，而是前后连续的。

墓中随葬品主要是陶器，它的特点表现于数量之多与种类之复杂。

其中，除一般的容器而外，还有各种纯粹作为象征用的模型。这种模型类陶器被制造用以随葬，大概开始于西汉而盛行于东汉。它们的发生要以仓与灶为最早，以后井、屋、猪圈乃至鸡、豚之属陆续出现，凡日常生活中所有的东西无不可以仿制成为模型，纳入墓中。在琉璃阁附近的汉墓中，随着年代的推移，可以看出它们从无到有、从少到多的发展过程。明器的意义于此显得更为明确，而它的范围也大为推广。

除铜镜、铜带钩、铜钱以外，铜器的绝无仅有，仿铜器的陶器在比量上的减少，以及刀、剑等铁器的存在，是见于一般汉墓中的共通的情形，这种情形也同样见于琉璃阁附近的汉墓。

在墓中作为随葬品的，还有少量的漆器和木器。由于在墓的构造上没有适合于保存这类器物的条件，因而也和作为葬具的棺木一样，仅遗留若干痕迹。部分的漆器、木器，则剩有铜制的附饰品。

墓的主体为洞室。据发掘所知，用洞室作墓开始盛行于汉代。汉以前也有以洞室作墓的，但很不普遍。洞室之前有狭窄的长方形竖井，它的作用相当于墓道。这种由竖井与洞室相结合的构造也见于战国晚期、西汉前期与西汉后期的各地曾经发掘的墓，值得注意的则是竖井的宽狭、大小似与年代的早晚有关。有些战国时代的竖穴墓在土壁上挖龛以置随葬品，但墓的主体仍在竖穴。部分战国晚期的墓，主体已在洞室，竖穴空无所有，只是作为开掘洞室及在洞室中放置棺材与随葬品时的通路而存在，其作用有如墓道，但仍然甚为宽大。盛行于西汉的空心砖墓亦多系洞室墓，其中属于西汉前期的空心砖墓竖井相当宽大，而属于西汉后期的空心砖墓则与琉璃阁附近的墓一样，竖井显得甚为狭小。这些都说明了洞室墓的起源与演变，待发掘材料增多，将会获得更明确的了解。

大多数的墓系夫妇合葬。汉以前虽有关于合葬的记载，但到目前为止，始终未发现有同墓合葬的情形。可见汉以前虽然也可能有合葬，但很不普遍则是无疑的。与此相反，据发掘所知，约自西汉中叶以后，普遍盛行合葬。在这里，除了夫妇之外，还有幼殇随在亲墓的情形。至于合葬的方式，则系分前后二次埋入，先死者先埋，后死者再行添入。洞室墓的构造对于这种二次的埋葬是比较方便的。

盛行于东汉及其以后的砖室墓，在年代上要比这里的洞室墓为晚，在墓的构造上则与这里的洞室墓有一定的连带关系。一般中原地方的砖室墓，系就洞室的土壁用砖砌墙、券顶而成，从而可以推测这里的洞室墓是砖室墓的前身，而个别的墓则显示了演变成为砖室墓的一些趋向。当然，在砖室墓盛行以后，类似这里的这种洞室墓还是继续存在着的。

（本文原载《辉县发掘报告》，科学出版社，1956年）

长沙西汉后期墓葬

西汉后期墓葬38个，在陈家大山区的4个，在伍家岭区的26个，在识字岭区的5个，在杨家大山区的3个。它们的年代约自汉武帝至西汉之末以及新莽。

一 墓葬形制

（一）一般的墓

凡规模不很庞大、构筑不复杂、形制上没有特殊情况的墓，这里称为一般的墓；它们共有31个，可以分为二种不同的型式。

I式墓

这种形式的墓计14个，它们的共同之点是墓形较小，没有墓道。墓室面积较大的如214号墓，长4.3米，宽2.6米；较小的如109号墓，长2.4米，宽1.5米。由于附近地表的土被移去甚多，墓的原来深度多已不可知，但推测约自3米至5米。墓坑中的填土，除312号墓曾经夯打以外，其余都没有特别加工；269号墓在墓底填有一层厚约10厘米的白色膏泥，以防棺椁腐朽。

墓室方向有南北向的和东西向的二种，偏度小的接近于正方向，偏度大的所偏达三、四十度。

棺椁都已枯朽，不留痕迹。在墓底近两端处，往往各有一条横的浅沟，大概是放置木椁底下的垫木用的。垫木既系横置，椁室底板必系纵铺，这是由于椁室不大的缘故。放置垫木的沟常深入墓壁，可见垫木的长度有时要比墓坑的宽度为大。339号墓在墓底三面沿边有浅沟，或系为排水而设。

随葬品较为简单，多是陶器。大部分陶器聚为一堆，或排成一列，位置在椁室内的一侧。棺材虽无痕迹，但就陶器的分布情况看来；它的位置当偏在椁室中的另一侧，而不居正中。339号墓有铜镜1件，与陶器夹杂一处；石璧1件，单独放置，或系放在棺中。由于这些墓的棺椁和人骨都无痕迹，不能确知它们是合葬或是单葬（图1）。

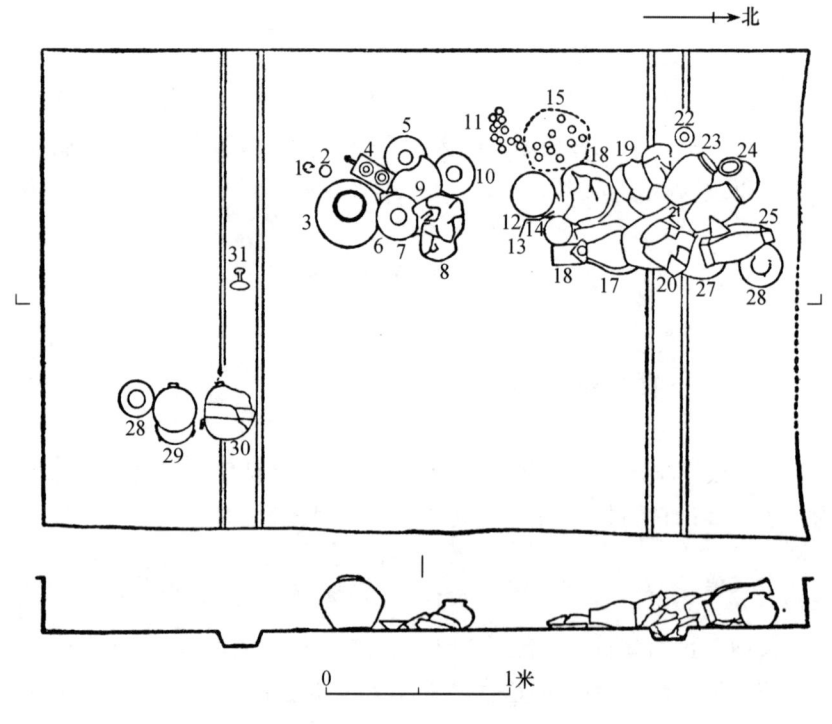

图1　I式墓（214号墓）

1、2、22. 小陶罐　3、5、7、8、9、10、19、21、32. 陶罐　4. 陶灶　6. 陶盆
11. 泥金饼　12、14、18、20. 陶器　15. 泥五铢钱　16、28. 陶壶　17、25. 陶钫
29. 陶鼎　30. 陶盒　31. 陶灯

II式墓

这种形式的墓计17个，它们的共同之点是墓形较大，而且都有墓道。墓室面积大的如259号墓，长6.9米，宽5.0米；较小的如241号墓，长4.35米，宽2.65米。墓的深度，就残存部分看来，一般当较I式墓为大，推测原来深约4~6米。墓道作阶梯状，长度都已不可知，

宽度视墓室大小自 3.1~1.5 米不等；入墓室处距墓底最高仅 20 厘米左右。墓中所填土仅 201、334 和 405 号 3 个墓经夯打。217 号墓在发掘前尚遗有坟堆，高约 3 米，但不久即遭夷平，实况不明。

墓的方向有 20 个墓是东西向，其中 18 个墓的墓道在墓室之西，仅 102 与 245 号墓的墓道在墓室之东；334 号墓系南北向，墓道在墓室之南。所有的墓方向偏度不超过 10 度。

墓底放置木椁垫木用的浅沟，除少数的 4 个墓系横在墓室的两端外，其余则系纵贯在墓室的两侧。垫木既系纵列，木椁底板当系横铺，这与椁室的面积较大是有关的。浅沟往往深入墓壁，垫木较墓室为长。

墓中随葬陶器，有的墓系聚在一起或排成一列，有的墓则分成两堆或两列以上，亦有较为散乱的。推测大部分陶器系放置在椁内棺外。铜制容器的放置如 217 与 270 号 2 墓，亦与陶器相杂。铁刀和铁剑往往在一处，当系佩在身上，位置在棺材范围内。铜镜与石璧以孤立放置的为多，推测亦多系在棺内。217 号墓出玉琀 1 件，玉瑱 2 件，三者在一处，当系含在口中或塞在耳内，观其位置亦当在棺材范围中。其他如同墓所出的各式珠佩，位置亦应在棺内。

由于棺椁及人骨都不遗痕迹，不能确知这些墓是合葬或是单葬。但是，这一时期合葬的风气已相当盛行，墓室面积又比较宽大，所以推测以合葬的可能性为大（图 2，图版 21-2）。

（二）几个特殊的墓

202、203、211、218、226、327 和 401 号等 7 个墓，规模较一般为大，构筑亦较复杂，有的保存情况较好；此外，墓中随葬品亦比较丰富。因此，这里把它们作为特殊的墓，依次分别叙述。

202 号墓

墓室东西长 7.85 米，南北宽 5.65 米；墓底自现存地面深 3.20 米，推测原来深约在 6 米以上；墓室西面有墓道。墓的方向北偏西 75 度。

这墓的特点在于墓室的东、南、北三面有二层台，东面和南面的宽 0.54 米，北面的宽 0.36 米；高度都相等，高出墓底 1.31 米。二层台系造墓掘坑时从生土壁上留出余地而成，它与椁室的构筑有关，推测在台

图2 Ⅱ式墓(212号墓)

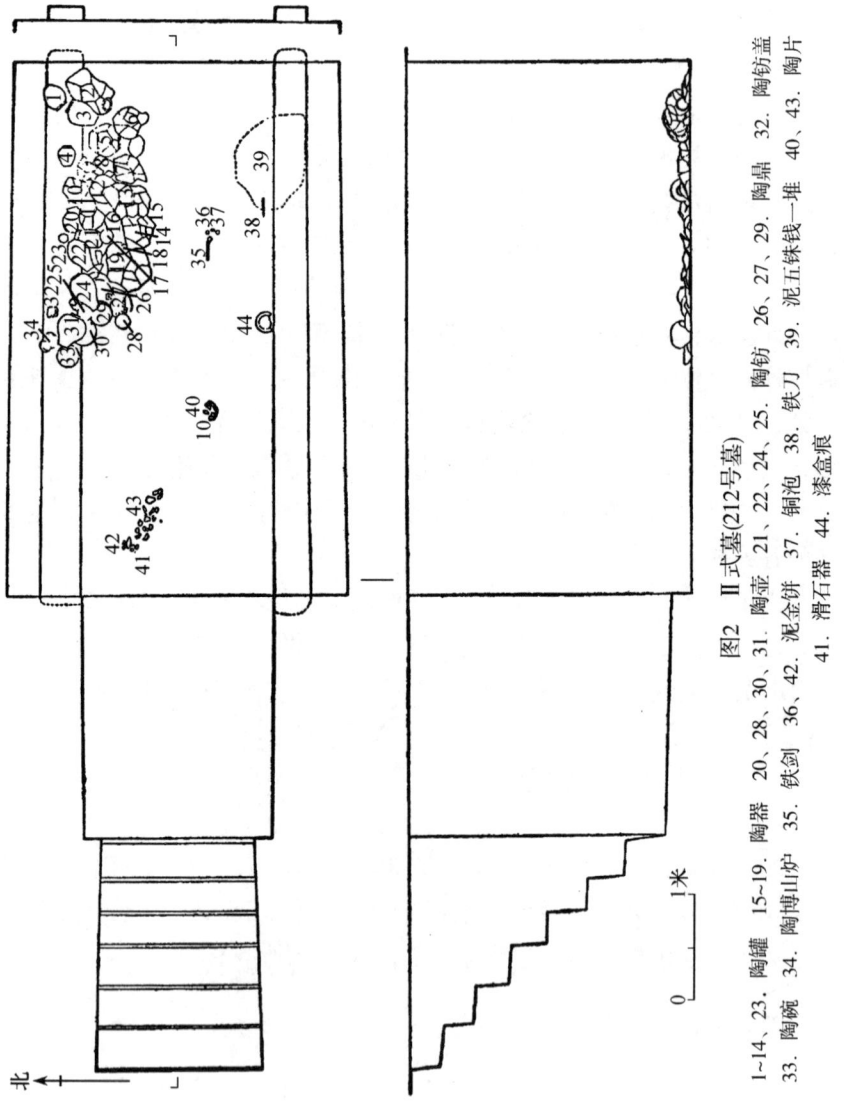

1~14、23. 陶罐 15-19. 陶器 20、28、30、31. 陶壶 21、22、24、25. 陶纺 26、27、29. 陶鼎 32. 陶纺盖 33. 陶碗 34. 陶博山炉 35. 铁剑 36. 泥金饼 37. 铜泡 38. 铁刀 39. 泥五铢钱一堆 40、43. 陶片 41. 滑石器 42. 泥金饼 44. 漆盒痕

上架木材，即成椁室的顶盖；台高1.31米，即为椁室的高度。

墓道自墓室往西掘长至1.22米时，因某种困难，未曾发掘，所以不能求明其长度，仅知其近墓室处宽2.8米。就已掘开的部分看来，它是斜坡式的，东端与墓底取平。墓坑中的填土系原来掘出来的土，但参杂有少量的小石子。

棺椁枯朽，不遗痕迹。墓经多次盗掘，随葬品缺失甚多，残余的亦经扰动，失其原来位置。按墓的规模看来，应该是合葬。

203号墓

墓室全长10.9米，分为前室、中室和后室三部分；前室长3.48米，宽2.98米；中室长3.12米，宽4.55米；后室长4.30米，宽3.8米。现存深度，中室与后室深4.95米，前室深5.87米，推测原来深度在8米以上。

墓道在墓室的西面，残长4.75米，系阶梯式，现存14级；已被202号墓破坏了南侧的大部，但仍可测知原来宽约2.3米。墓的方向北偏西75度。

墓坑中，木椁上下填白色膏泥，以防腐烂，厚达1.5米；膏泥之上填一层黑灰色松土，厚约1米；再上填一层暗黄色土，厚约0.5米；坑口以下，暗黄色土以上，则填原来掘出来的土。

据了解，这墓原来在地面上遗有坟堆，高约3米，俗称"皇坟堆"，但发掘前已被毁去，实况不明。

墓室全部用木材构筑。前室保存最好，它的底部要比中室和后室低0.92米，室顶则与中室和后室的底部取齐，可以说是一个地下室，系专为储藏随葬品而设。室底用十五块木材横铺，分作二列，北面一列七块，南面一列八块，其下没有垫木。四边侧立木材八块，每面各两块，上下相叠，形成四壁；其上又各加一块细长的木材，其在东西两壁的中部有凹缺。室的中间有一道隔壁，系由四块木材叠成；上面亦加一块细长的木材，它的两端嵌入东西两壁木材的凹缺中。室盖系由十二块木材平铺，成二列，每列各六块。由于室的中间有一道隔壁，所以它又被分成南、北两室（图3，图4）。中室底部用六块木材横铺，其下有两块纵列的垫木。底木与底木之间有接笋，互相交错，恰能吻合。底木的南北

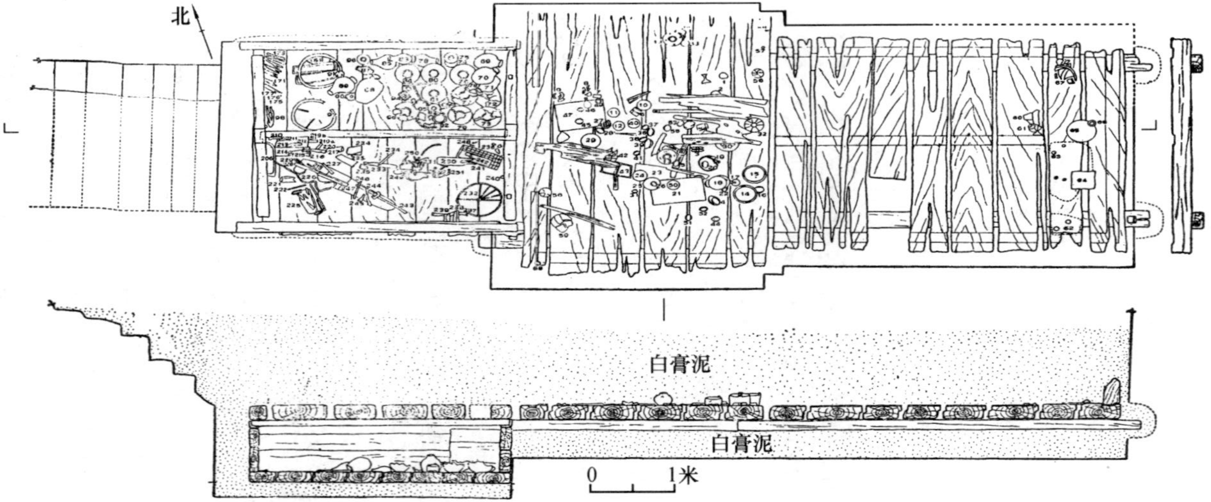

图3 203号墓平面及剖面图

1.铜博山炉 2.铜镜 3.石扁壶(2个) 4、5、16、20、22、26、28、31、34~39、41、44、45、48、51.漆杯 6.漆卮 7、49.漆盒 8、9、13.陶罐 10、27.铜鼎 11、12.铜盆 14、15、18、19.铜灯 17.铜打 21、23、47.漆案 24、25、29、40、43.漆盘 30、32、33、42、46.铜盆 50、52~55.铜器 56.石璧 57、58.铜泡 59.漆器 60、64.漆器 61、66、67.陶罐 62.泥金饼 63.泥五铢钱 65.陶罐木盖 90.木器 (以上后室) 69~73、75~77、79~82、84、88、96.陶甑 74.陶钫 78、83.陶盂 85、87、89、91.陶壶 86.陶釜 87.陶罐木盖 90.木器 92.陶灶 93.陶炉 94.陶屋 95.陶盉 白97~430中除98a、100、101、107、108、115、120~122、126、127、130~132、134、135、140、143~145、154、156、166、167、173~178、181、187、190、197、205、207~21 1、213、215、219、220、223、233~236、238、242、258、269、272、275、283、317、320、327、334~336、397、412、414、419.系封泥匣、98b、99、109~111、118、129a、129b、155.系陶罐木盖、116、117、119.系陶器、142、162、170、171、179、180、186、187、188、189、195、196、199、202、204.系木桶、98b、99、109~111、118、129a、129b、155.系木桶 136、137、146-148、168、172、184、193、194、216、217、224、226、230、237、239、244、245、256、263、270、271、273、274、309、319、339、340、429.系木马碎片外、其余都系木车、木船、木车及它们的附件 (以上前室)

两端各有宽 14 厘米，深 1.2 厘米的凹槽，当系安插木材，作为室壁。但四壁与盖已枯朽不存。西端最前的一块底木，在两端各有长约 134 厘米，宽约 7 厘米，深约 3 厘米的凹槽，当系用以插立前壁，中间所余空隙宽约 1.62 米，推测即系门的所在。后室底部用八块木材横铺，各有接榫相吻合；其下亦有二条纵列的垫木，它的东端伸入墓坑的土壁内。室壁及盖已不存在。室底东、南、北三面沿边及中间各有宽约 14 厘米，深约 1.2 厘米的凹槽，当系用以插立木材，作为室壁。西面无凹槽，是无西壁，从而知后室与中室相通。由于中间亦有凹槽，可见有一道隔壁将后室分成南北两室。按形制观察，后室系放置棺材之处，既分成南北二室，则系双棺合葬无疑（图 3，图版 18-1、2）。

这墓经盗掘，后室器物所遗无几，位置亦已扰动。中室剩余甚丰，有陶器、铜器及多量的漆器，都混在一起，排列无序；铜镜和石璧亦在此发现。前室保存情形最好，北室上层是数十件陶器，下层主要是 1 个木车模型和许多件木俑；南室主要是 4 个木车模型、1 个木船模型和若干件木俑（图 3，图版 18-3、4，图版 19、图版 20）。

中室发现的 1 个漆杯，在底部书有"贾"字，当系墓主人的姓氏，所以这墓可称"贾姓墓"。

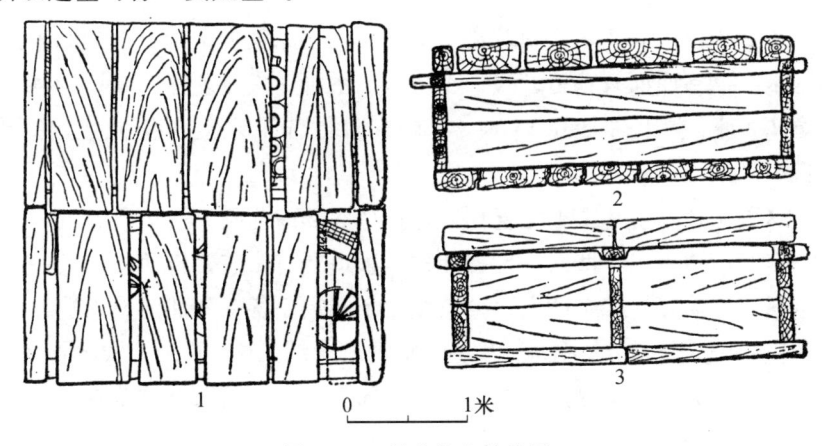

图 4　203 号墓前室结构图
1. 椁盖俯视　2. 纵剖面上的北壁　3. 横断面上的东壁

211 号墓

墓室南北长 6.9 米，东西宽 5.2 米；现存深度 1.5 米，推测原来深约6米。无墓道。墓的方向北偏西10度。墓中填土系原来掘出来的土，经过夯打。

值得注意的是墓底靠着东壁和西壁处各有长方形的凹穴四个，相应的凹穴距离相等；靠着北壁亦有三个凹穴，位置均称。所有这些凹穴，长约30厘米，宽约18厘米；穴壁三面垂直，一面倾斜，穴底宽度约为穴口之半；穴深约40厘米。推测在凹穴中插立木柱，构筑墓室，但木材枯朽，不见痕迹。

墓室北部略为靠近西壁的地方，在一个长约3.2米，宽约2.5米的长方形范围内，发现黑色漆皮的痕迹，当系棺椁的所在。棺椁内有金饼1枚、铜镜2枚、石璧1枚及大量的铜五铢钱，并有许多漆器枯朽后所遗的鎏金铜泡、鎏金铺首、金箔贴花及漆皮痕迹。棺椁之外，在墓室的东北部和西南部，放置着二组铜器和陶器，陶器中包括许多泥质的金饼；另有1枚铜镜，与陶器、铜器混杂在一起。

就棺椁的范围和随葬品的配置看来，这墓应该是合葬的（图5，图版21-1）。

218号墓

墓室东西长6.2米，南北宽4.5米；现存深度1.5米，推测原来深约6米。墓室西面有墓道，残长4.7米，系阶梯式，现存四级；近墓室处宽2.5米，高出墓底0.35米。墓的方向北偏西87度。墓中填土系原来掘出来的土。

这墓构造与上述211号墓相似。墓室底部南北两壁沿边各有五个凹穴，东壁沿边有三个凹穴，位置均称；墓道亦有凹穴，自西往东第一级六个凹穴，第二级二个凹穴；第三级二个凹穴，各在南北两壁沿边，两两相应。凹穴长约22厘米，宽约18厘米，深约20厘米，穴壁倾斜，底部较口部为小。推测这些凹穴系用以插立木柱，用木材筑墓室；但墓道亦有这种构筑，实为奇特（图6，图版21-3）。

这墓被盗掘，仅墓室东北角遗留陶器一堆，未经扰乱。就墓的规模看来，亦以合葬的可能性为大。

226号墓

墓室南北长6.0米，东西宽4.8米；现存深度0.28米，推测原来

图 5　211 号墓

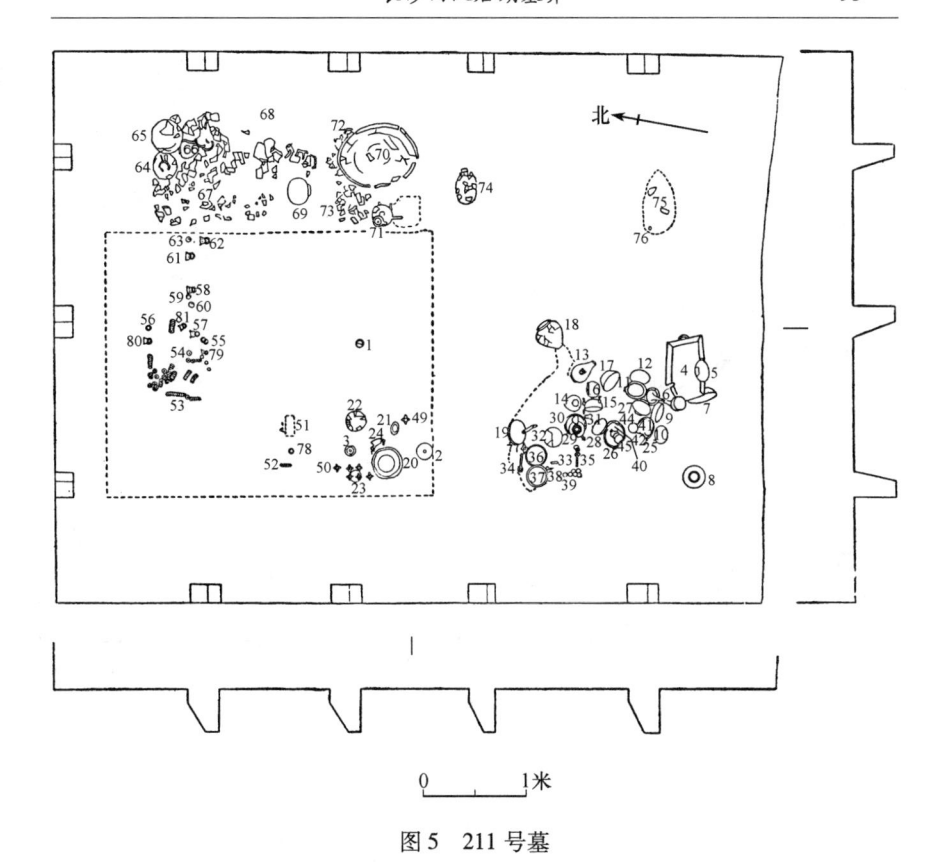

1. 金饼　2. 玉璧　3. 铜镜　4. 铜炉　5. 铜釜　6. 铜灯　7. 铜甑　8、17、19、31、33、38、40、71. 铜器　9、10. 铜奁和盖　11、12、15、16. 铜鼎和盖　13、14. 铜壶　18、64～66、72、73. 陶器　20. 漆盒痕和铜镜　21. 漆盒痕　22～24. 石壁　25～28、41～50、69. 漆器痕及铜泡饰　29. 铜博山炉　30、36、37. 铜盆　32. 铜镜　34、35. 铁刀　39. 泥金饼　51. 水晶琥珀佩珠　52、53. 铜五铢钱　54，59、60、63、76、77. 铜泡　55、56. 铜环　57、58、61、62、79～81. 铜铺首　67、74. 陶片　68. 泥五铢钱　70. 铜盆　75. 漆痕　78. 金环。

深约 4 米。墓道在墓室之南，未曾掘开，但知其与墓室相接处宽 3.5 米，高出墓底 20 厘米。墓的方向南偏西 7 度。墓中填土系原来掘出来的土，墓室构造与上述 2 墓相似，在墓室沿边有凹穴深入墓底，计东西两壁各四个凹穴，北壁三个凹穴，南壁二个凹穴，位置均称。凹穴长宽各 20 厘米，深约 25 厘米，亦系用以插立木柱，用木材构筑墓室。

墓经盗掘，仅墓室东北角遗留陶器一堆。从墓的规模判断，大概系合葬。

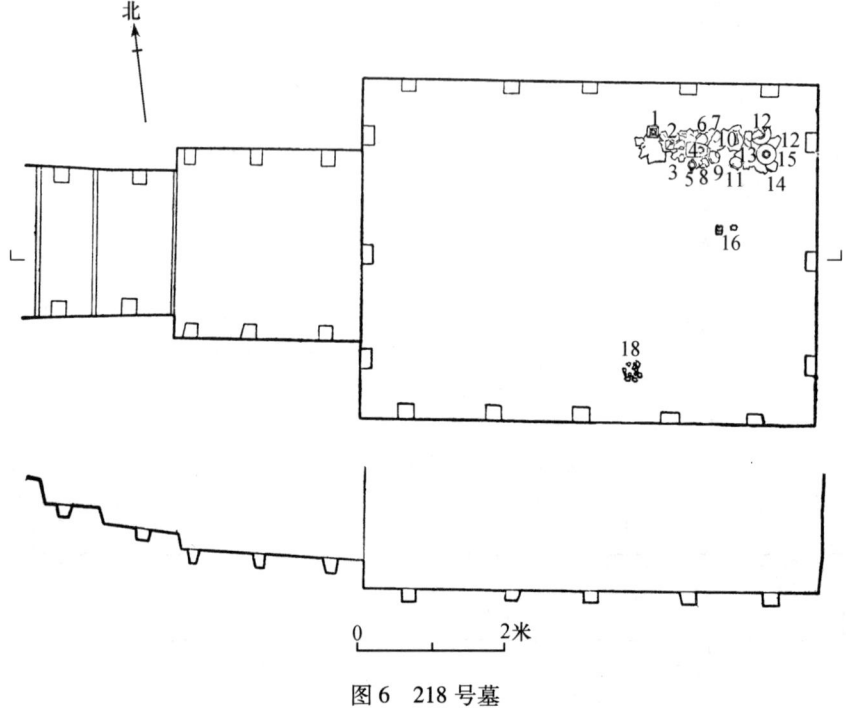

图 6　218 号墓
1、2. 陶钫　3. 陶灶　4、5. 灶上釜甑　6~9、11、14. 小陶罐
10、12、13、15. 陶罐　16. 陶器碎片　18. 泥五铢钱

327 号墓

墓室东西长 5.8 米，南北宽 3.04 米；现存深度 7.6 米，附近未曾动土，当近于原来深度。墓道在墓室之东，略偏北侧，现存长 5 米，分两段，东段长 2.4 米，宽 1.76 米，阶梯式；西段长 2.6 米，宽 2.2 米，系一平台。墓的方向南偏东 70 度。墓中填土系原来掘出来的土，经过夯打，甚坚实。

这墓在构造上最为特殊的是墓室底部四壁沿边及中腰有宽约 20 厘米，深约 30 厘米的沟道。在墓道部分，亦有自底部向下直挖的沟道，宽约 60 厘米；西端深与墓室中的沟道相等，并互相贯通；往东逐渐加深，至现存墓道东端尽头处深为 3.4 米，沟道底部由西往东倾斜。墓室中的沟道填满河光石，与墓底平齐；墓道部分的沟道则仅在沟底填河光石，其上填土。这种沟道，显然为排水而设。由于未曾全部掘开，全长多少，往东伸至何处，不能究明（图 7，图版 22-3）。

图7　327号墓的构造图

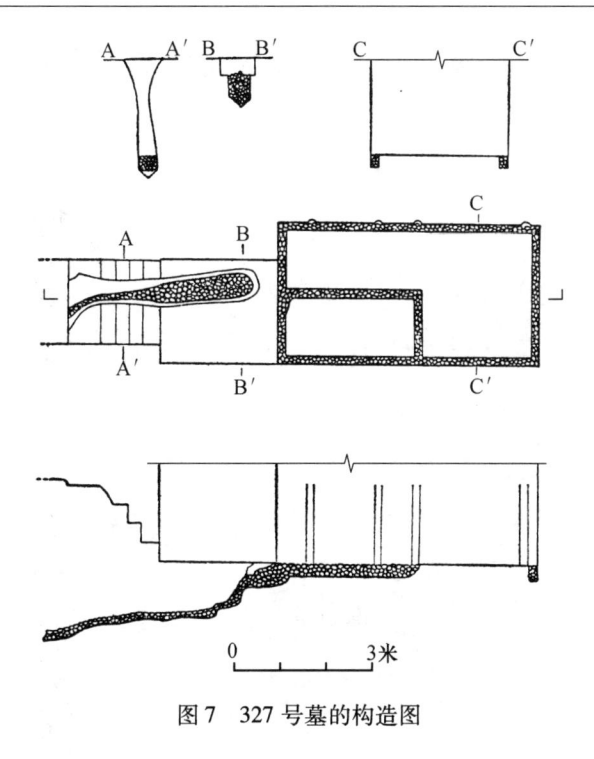

墓的南壁有四个垂直的半圆形凹槽，直径各约20厘米，自墓底高出约2米。它们的作用究竟何在，无从断定（图版22-1）。

墓室西北部，在长约2.7米，宽约1.3米的长方形范围内，发现黑色漆皮，为棺椁所在。

墓内随葬品甚丰。棺椁以内有盆、壶、釜、甑等数件铜器和漆器枯朽以后所遗的许多鎏金小铜泡。椁外南侧，即墓室西南部，主要是数十件陶器，聚成一堆，并有大量的泥质五铢钱。在墓室的东部，则放置着壶、鼎、盘、盉、钫、博山炉等铜器。铜器约占全部随葬品的半数，是这墓的特点之一（图8，图版22-1、2）。

从棺椁的范围及墓室的形制看来，这墓可能系合葬。

401号墓

墓室全长20.34米，分前后两部，前部长8.0米，宽13.7米；后部长12.34米，宽11.1米。前部较后部为宽，左右突出，形成两个耳室。墓深8.8米，附近地面未曾动土，系原来深度。墓道在墓室北面，

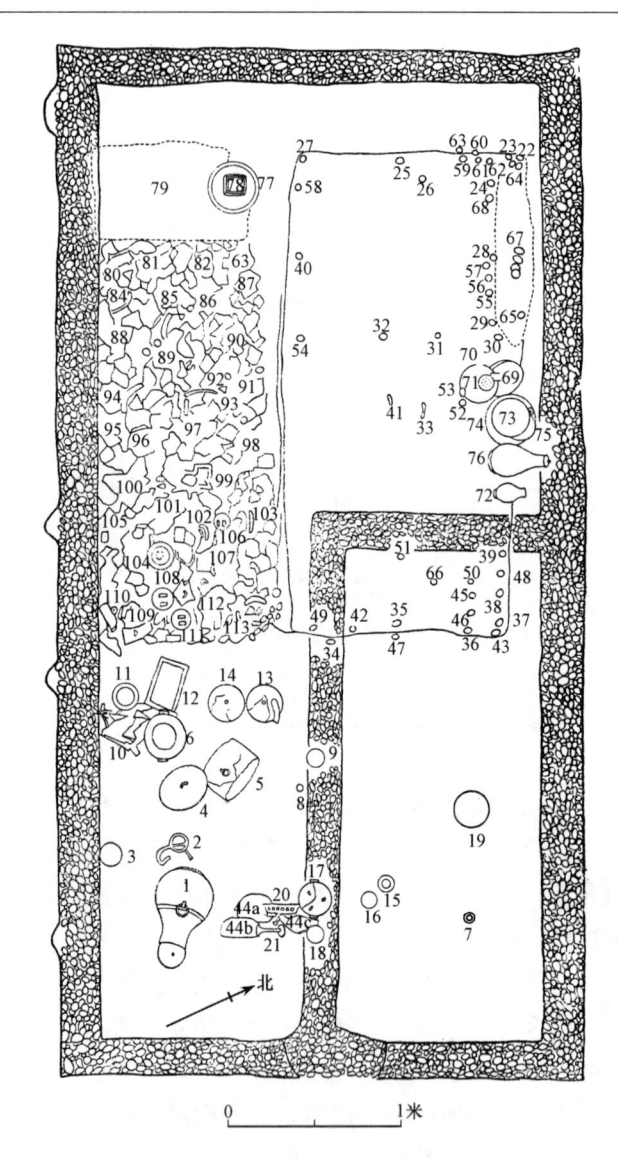

图 8　327 号墓墓底平面图

1、72、76. 铜壶　2、7. 铁器　3、74、75、77. 铜盆　4、5、9、18. 铜奁　6、17. 铜鼎　8、24~32、34~40、42、43、45~63、65、66、68. 铜泡　10、90、99. 陶钫　11. 铜鋬　12. 铜炉　13、14. 铜盒　15、16. 铜博山炉　19. 漆盒和铜镜　20. 铜烹炉与杯　21. 铜灯　22、23、64. 鸡血石珠　33、41. 玉块　44、113. 陶鼎　67. 泥金饼　69. 铜盉　70、73. 铜釜　71. 铜甑　78. 铜钫　79. 泥五铢钱　80~85、87~89、93~95、97、98、100~105、107、108、111、112. 陶罐　96、106、109. 陶壶　86、91、92. 陶盆　110. 陶灶

长45米，北端宽4.8米，南端宽4米。墓的方向北偏东6度。墓室后部有一层厚约20厘米的木炭铺底，以防潮湿；其余部分所填系原来掘出来的土，经过夯打。地面上有一个坟堆，系夯土版筑，高5.4米；现存形状略作圆形，直径约20米，压在墓室的后部（图9、图10，图版23）。

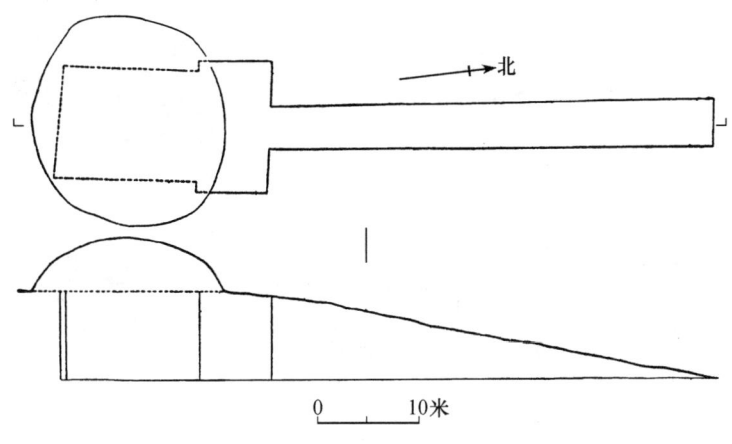

图9　401号墓的土圹和坟堆图

值得注意的是墓道底部平坦，不作斜坡或阶梯状。但因附近地表北部低，南部高，所以墓道北端深与地表相等。这种形制系利用地势，甚为奇特。

墓中共有三个木室。二个在前部，一东一西，分别称为东室和西室，是专为放置随葬品而设的；一个在后部，乃是主室，系棺椁所在。东室和西室大小相等，南北长约7.0米，东西宽约4.5米，各用二条垫木自北至南纵列，其上横铺木材各13块，有接榫互相吻合，形成室底；由于保存不佳，四壁和顶已不可察（图11）。主室亦有二条自北至南的垫木，其上横铺木材十六块，亦有接榫相合，形成室底。四壁及顶已枯朽，形制已难究明，但就保存较好的部分观察，室底沿边有凹槽；室壁竖立木材，有凸榫，恰能接合。个别地方，可以看出室底及室壁各有二重（图12）。最前一块底木，即室底北端沿边，凹槽中断，可见主室北壁有空隙，推测即系门的所在（图13）。

墓经盗掘，随葬品多已缺失，位置亦经扰动。在西室的主要是陶器，数量极多，其中包括泥质的金饼和五铢钱；铅钟和铜铺首各1件，

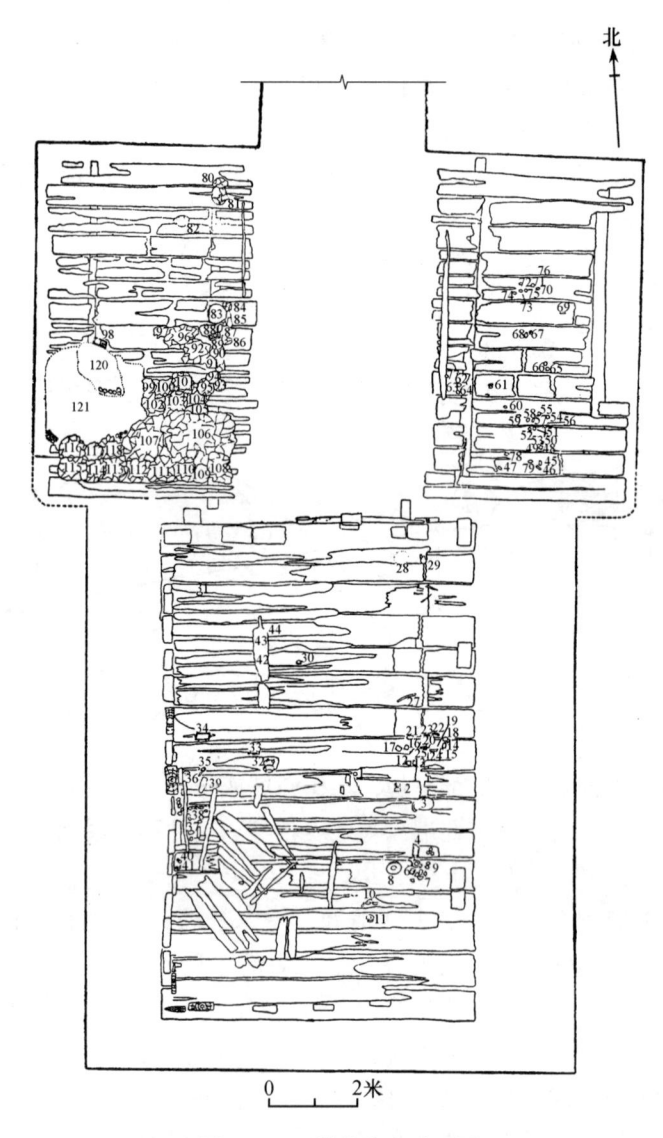

图 10　401 号墓墓底平面图

1. 金饼　2、35、120. 铜铺首　3、11、19、20、31、39. 铜器　4. 石炉　5～7. 石鼎　8. 漆盒痕　9、121. 泥五铢钱　10、32. 铜灯　12～15、21、26、97. 铅钟　16、17. 漆器　18. 漆盘　22～25、27. 铅条　28. 铜钫　29. 漆方函　30. 玉髓环　33. 研石　34. 铜炉　36、37. 腊块　38. 铅金饼　40. 铜五铢钱　41. 棒形铜器　42. 铜鼎　43. 铜壶　44. 漆环　45. 漆盒　46、47. 漆器　48、49、53～55、61、71～74、78、79. 铜盖弓冒　50～52、57、60、63、66～70、76. 铜饰　56、58、62、65. 铜环　59. 铜当卢　64、77. 漆盘　75. 铜軎　80、88. 陶壶　81、83、90、93～95、108～118. 陶罐　82、84～86、96、99～107. 陶器　87、92. 陶鼎　89. 陶灶　91. 陶炉　98. 陶屋　119. 银印（在 33 研石下）　126. 泥金饼

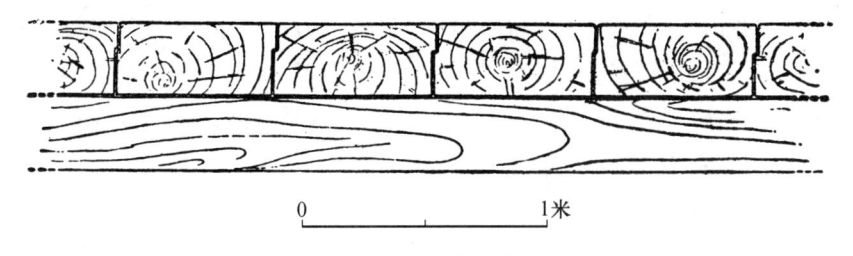

图 11　401 号墓主室椁室底板及垫木

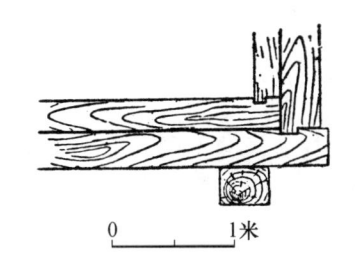

图 12　401 号墓主室木椁的部分结构

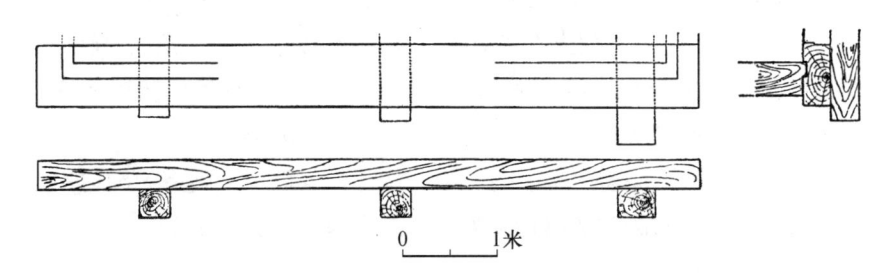

图 13　401 号墓主室木椁的最前端

或系因盗掘移此。东室置大量漆器，枯朽之余，多已不辨器形。由于有小型的铜质盖弓冒和车軎的发现，知此处曾置木车模型，其数当在 3 辆以上；推测若有木船模型及木俑等随葬，当亦系放置于此；另有木札 1 枚，在东室附近，或系盗掘移此。主室中的随葬品以金属制品为多，计有壶、灯等铜器和钟、钱锭等铅器，还有少许铜五铢钱和 1 枚金饼。漆器已枯朽，仅余痕迹；滑石器有鼎和炉等。室中发现鎏金铜铺首 3 个，形体甚大，或许是附在棺材上的（图 10）。

在主室中还发现银质印章 1 枚，上铸"刘骄" 2 字，当为墓主人的姓名，所以这墓可称"刘骄墓"。在这墓西南方约 20 米的附近，有长沙王后的墓，墓中所出漆盘有"杨主家般"及"今长沙王后家般"字样。刘骄墓所出漆盘残片上亦书有"杨主家般"4字，字体与长沙王后墓所出的完全一样。因此，刘骄与长沙王后或系亲属；墓的规模如此宏大，墓主人系王族亦属可能。

二　随葬器物

（一）陶器

按照陶土质料和烧制火候的不同，墓中出土的陶器可以分为"软陶"和"硬陶"二大类。

1. 软陶

这里的所谓"软陶"，就是一般所称的泥质灰陶，为了与硬陶区别，所以姑且用这一名称。陶土不掺杂羼和料，烧制火候较低，陶胎松软。

（1）普通的灰陶　陶器表面多作灰色，少数也有呈黑灰色或棕褐色的。由于器形复杂，制法和用途各异，须加以分类。

甲、容器类：除盆、碗、盒、罐、壶、鼎等以外，姑将炉和博山炉亦列入。它们的制法多系以轮制为主，仅炉系手制。

盆　分二式。

Ⅰ式：（245∶23）器腹较深，底径较小，器壁斜度大，弧曲甚微。口径19.0厘米，底径5.4厘米，高4.8厘米（图14-1，图版24-1）。

Ⅱ式：（404∶3）器腹较浅，底径较大，器壁斜度小，弧曲较显。口径23.2厘米，底径10.1厘米，高4.2厘米（图14-4，图版24-2）。

碗　分三式。

Ⅰ式：（405∶45）平底，无圈足。口径11.6厘米，底径6.2厘米，高4.9厘米（图14-3，图版24-5）。270∶26的1件碗，亦属这一式（图14-2）。

Ⅱ式：（109∶13）底略圆，附有低矮的圈足。口径18.0厘米，圈足径8.6厘米，高6.8厘米（图14-5）。312∶2的1件碗，亦属这一式（图版24-3）。

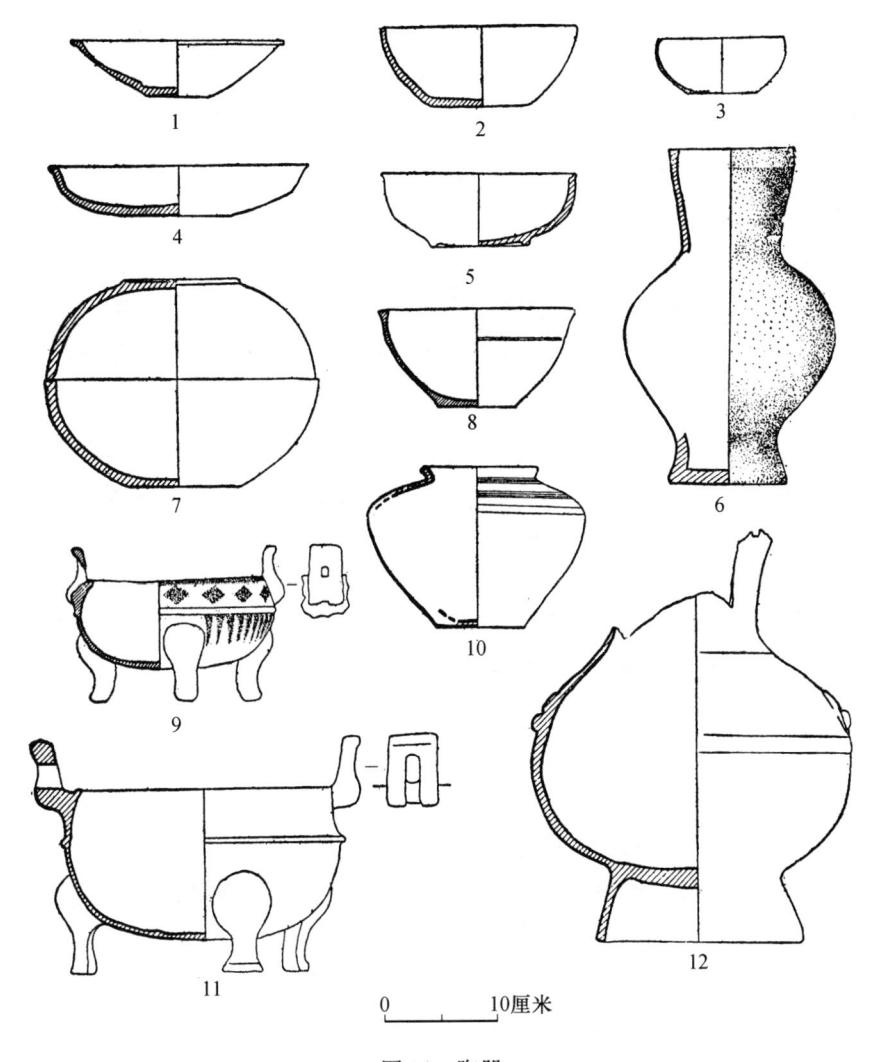

图 14 陶器

1、4. Ⅰ式、Ⅱ式盆（245:23、404:3） 2、3. Ⅰ式碗（270:26、405:45） 5. Ⅱ式碗（109:13） 6. Ⅰ式壶（244:9） 7. 盒（241:29） 8. Ⅲ式碗（357:7） 9. Ⅱ式鼎（245:31） 10. 罐:（339:24） 11. Ⅰ式鼎（203:19） 12. Ⅱ式壶（244:11）

Ⅲ式：（357:7）平底，无圈足，器腹较深；腹的上部划有一周不甚明显的凹弦纹。口径 17.8 厘米，底径 7.6 厘米，高 8.7 厘米（图 14-8，图版 24-4）。

盒（241:29） 平底，无圈足，口沿有略为凹入的一周浅缝，可以合盖。盖的形状与器身相似，但顶部有一周凸起。口径 24.8 厘米，底径 10.5 厘米，通盖高 17.5 厘米（图 14-7，图版 24-7）。

罐（339:24）　敛口，侈唇，平底，肩部饰三组不甚明显的凹弦纹。口径 10.3 厘米，腹径 19.0 厘米，底径 7.8 厘米，高 15.2 厘米（图 14-10，图版 24-6）。

壶　分二式。

Ⅰ式：（244:9）长颈，圆腹；近底处器壁收缩，初看像圈足，其实是平底贴地。口径 11.0 厘米，腹径 19.1 厘米，底径 10.7 厘米，高 28.8 厘米（图 14-6，图版 24-8）。

Ⅱ式：（244:11）腹扁圆，圜底，附圈足。腹部绕一周较宽的凸弦纹，两侧各有一不衔环的铺首。腹径 29.0 厘米，圈足径 18.6 厘米，残高 35.6 厘米（图 14-12）。

鼎　分二式。

Ⅰ式：（203:19）口部收敛较微，器腹较深，圜底；腹部饰一周凸弦纹。口径 22.9 厘米，腹径 24.8 厘米，腹深 13.0 厘米，通耳高 20.4 厘米（图 14-11）。

Ⅱ式：（245:31）口部收敛较甚，腹较浅，圆底；除腹部的一周凸弦纹外，器身饰有菱格状和锯齿状的压纹。口径 13.9 厘米，腹径 18.0 厘米，腹深 7.1 厘米，通耳高 13.9 厘米（图 14-9，图版 26-4）。

炉（203:92）　长方形，口大底小，四壁略为倾斜。口沿外折，甚宽阔。平底，底上有四条横列的细长穿孔，用以通空气，漏灰烬。器壁的两侧和一端，里外划纵列的线纹，表示炉壁亦可通风。四足分别附在两侧，作兽蹄状。这种炉当是烧炭取暖用的。口长 23.2 厘米，宽 12.4 厘米；底长 20.2 厘米，宽 9.8 厘米；高 8.2 厘米（图 15-1，图版 26-5）。

博山炉（116:22）　炉盖有山峰状的凸纹，但无气孔。炉身系圜底，附凹空的柄，下部扩大成喇叭状的圈足座，无盘。口径 7.3 厘米，腹径 9.8 厘米，足径 6.9 厘米，通盖高 14.3 厘米（图 15-2，图版 26-3）。

乙　模型类：模型类陶器是指原来并非陶器之物，而以泥塑模仿的各种明器。这里所述的有灶、仓、井、屋、猪五种，其中仓和井系轮制，灶、屋和猪则以手制为主。

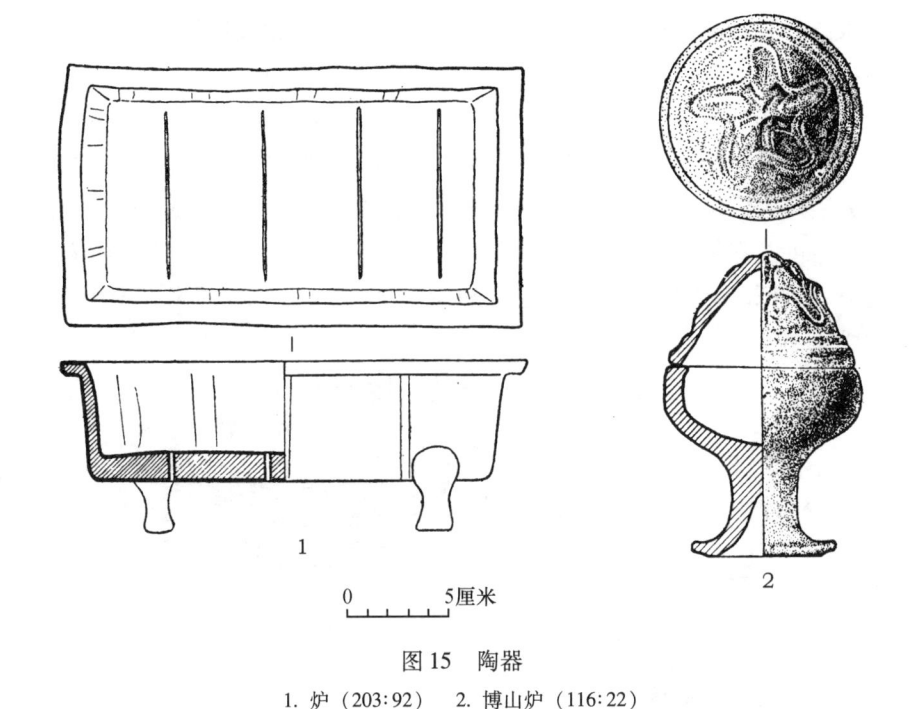

图 15 陶器
1. 炉（203:92） 2. 博山炉（116:22）

灶 分二式。

Ⅰ式：（203:93）二个釜孔。大的在前，配 1 釜 1 甑；小的在后，配 1 小釜。火门圆拱形，不通地，其上有遮檐。后端附烟突，作兽头状，但仅具形式，不穿孔。灶身长 24.4 厘米，宽 18.7 厘米，高 9.2 厘米（图16-2，图版25-2）。401:89 的 1 件灶亦属这一式，但火门之上无遮檐（图版25-4）。

Ⅱ式：（255:15）形制与Ⅰ式相似，但无烟突，亦无烟孔。火门之上无遮檐。灶身长 14.8 厘米，宽 7.5 厘米，高 4.5 厘米（图版25-3）。属于这一式的灶，有时亦附遮檐。

仓（244:19） 形如圆筒，无盖；平底，无足。器壁划有线纹，表示出一个长方形的窗口和一个阶梯。口径 11.0 厘米，腹径 12.5 厘米，底径 11.5 厘米，高 11.7 厘米（图 16-3，图版25-1）。267:6 的 1 件仓，形制与此相同，但所划线纹仅有阶梯，而无窗口（图 16-4）。

井（203:117） 圆筒形，口沿外折，平底贴地。无井架和井亭。口径 11.5 厘米，腹径 17.8 厘米，底径 18 厘米，高 13.1 厘米（图16-5，

图版25-5)。265∶15的1件井,形制与此相同,但附有1个吊瓶(图版25-6、7)。

屋(203∶94) 长方形,有底。正面有长方形的门二个,位置均称,不通地,前壁下部即成门限。屋盖悬山式,纵列瓦瓴六条,两端又各有横列的短瓴五条。制法系局部分制,互相拼合。前壁与底相接处有小孔,可以穿绳;屋盖两片在相接处亦有小孔备缚绳。长28.1厘米,宽19.2厘米,高18.3厘米;盖长34.0厘米,边宽16.5厘米(图16-1,图版25-8)。

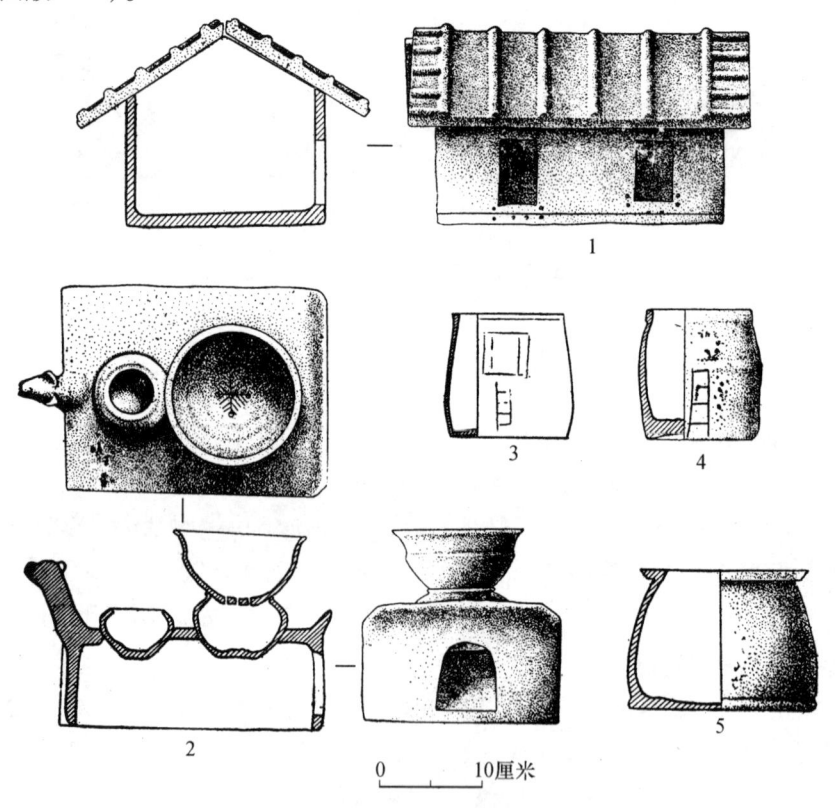

图16 模型类陶器
1. 屋(203∶94) 2. I式灶(203∶93) 3、4. 仓(244∶19.267∶6) 5. 井(203∶117)

猪(245∶26) 长10厘米,高5.8厘米(图版查原报告集)。

丙 其他:墓中所出大量的仿制的"金饼"和五铢钱亦属普通的灰陶,另有陶纺轮1件,亦在这里叙述。

"金饼"　圆形，底平齐，上面隆起作半球状。大小都仿佛，直径3.5～4.5厘米，厚2.0～2.5厘米。模制，花纹系模中印出，按纹样的不同分为二式。

Ⅰ式：（401：120）花纹系数个两端对称、卷曲甚微的云纹（图版28-10）。

Ⅱ式：（405：14）花纹系四个一端卷曲甚多的云纹，并在其间配插珠粒状纹（图版28-11）。

五铢钱　制作粗糙，有好无郭，形状欠整齐，厚薄欠均匀。直径约2.5厘米，厚约0.5厘米。模制。文字系模中印出，一般多作"五朱"，亦有少数作"五五"。虽经烧制，但极松软（图版28-1～7）。

纺轮（401：01）　圆形，边沿两侧倾斜，聚成锐角；中央有一穿孔。手制。两面各有椭圆形和圆形的凹入，作为纹饰。直径3.55厘米，厚1.25厘米，穿孔径0.85厘米（图版28-8）。

封泥（109：31）　方形，已残缺。印章系阴文，封泥上所印字样凸起。字共4个，模糊不能识，其中1字残缺较多。封泥残长1.8厘米，宽1.5厘米，厚0.7厘米。本来非陶器，因系泥质，姑附述于此（图版28-9）。

（2）银衣压纹灰陶　陶土质料和烧制火候都与普通的灰陶相同，但器物的表面涂有一层外衣，作银灰色，它们的花纹全系压划、磨平而成，所以比较特殊。这种陶器多出在203号墓内，器形有釜、甑、壶、钫、盉数种，除钫系局部手制、互相黏合成器外，其余都系以轮制为主。

釜（203：86）　器形扁圆，弇口、平底，腹的中部有凸棱一周。全器饰锯齿状和菱花状压纹。口径7.8厘米，腹径21.8厘米，底径12厘米，高16.1厘米（图17-1，图版27-2）。

甑（203：74）　器形如碗，侈口，口沿外折；平底，附圈足。腹壁中部有一周凸弦纹。此甑与上述的釜是连用的，所饰压纹在外壁亦作锯齿状和菱花状；甑的内壁亦饰压纹，作锯齿状。内壁底部有划纹，作箅状，但未划透，仅具形式。口径22.1厘米，圈足径12.3厘米，高13.9厘米（图17-2，图版27-1）。

壶　分二式。

Ⅰ式：（203：87）领圈不显，腹部欠圆；圜底，附圈足。腹的两侧无铺首。盖的里面有一圈凸起，伸入器口。口径 10.6 厘米，腹径 20.7 厘米，圈足径 11.9 厘米，通盖高 29.6 厘米（图 17-5，图版 27-3）。

Ⅱ式：（203：89）颔圈甚显，腹部圆整；底近平，附圈足。腹的两侧各附不衔环的铺首一个。盖的里面无伸入器口的凸起。口径 14.2 厘米，腹径 29.3 厘米，圈足径 14.4 厘米，通高 39.2 厘米（图 17-4，图版 27-4）。

图 17　银衣压纹灰陶
1. 釜（203：86）　2. 甑（203：74）　3. 盉（203：95）　4. Ⅱ式壶（203：89）
5. Ⅰ式壶（203：87）　6. Ⅰ式钫（203：78）

两件陶壶所饰压纹相同。盖的中心是一个柿蒂形纹，由此放射出若干条状纹。器身都系条状纹，由于互相连接，又形成锯齿状纹。

钫　分二式。

Ⅰ式：(203:78) 侧视如壶，断面作正方形。口缘部分器壁加厚成领；平底，附"方圈足"。盖作截尖方锥状。腹壁两侧各附不衔环的铺首一个。所饰压纹作长条状，互相连接成锯齿状纹。口径10.7厘米，腹径19厘米，方足宽11.5厘米，通盖高36.8厘米（图17-6，图版26-6）。

Ⅱ式：(217:39) 器形同Ⅰ式，但腹壁不附铺首。所饰压纹亦与Ⅰ式相似，仅盖上纹样作菱花状。口径8.6厘米，腹径15.9厘米，方足宽10厘米，通盖高16.1厘米（图版26-1）。

盉 (203:95)　器身扁圆，弇口、圜底，下附三个乳尖状足。流作兽头状，无孔，不能灌注，仅具形式。腹壁一侧附錾，断面成长方形。器身饰锯齿状和菱花状压纹；錾的上面饰方格状划纹，中加小点。口径7厘米，腹径：15.5厘米，高13.5厘米（图17-3，图版26-2）。

(3) 红色陶　陶土质料与上述的二种灰陶相同，但陶色则独呈土红色，所以显得比较特殊。这种红色陶仅有1件异形的罐(339:8)，一般称为"五联罐"。5个扁圆形的弇口陶罐连在一起，4个较大的在下，都系平底，底下附二个足，肩部附一个带孔的横耳；一个较小的加在它们的上面，系圜底，无足无耳。5个罐都饰紧密的弦纹。4个较大的罐，尺寸相仿，口径3.8厘米，腹径9.7厘米，高8.8厘米；1个较小的罐，口径3.8厘米，腹径6厘米，高3.1厘米；"五联罐"全体高9.5厘米（图18，图版33-2）。

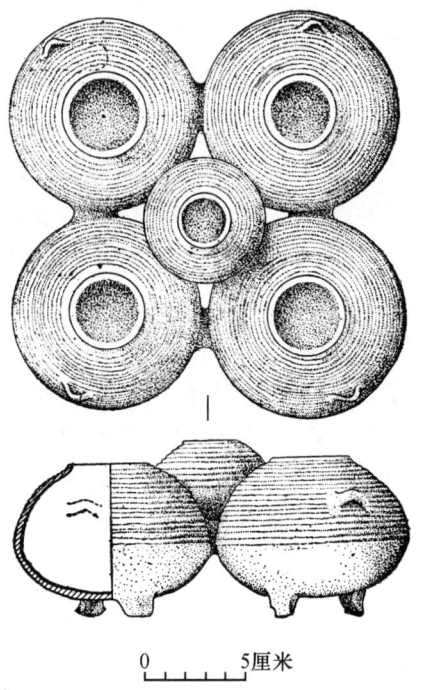

图18　陶"五联罐"(339:8)

2. 硬陶

陶土中羼入少量的细砂粒，烧制火候高，胎壁坚硬。陶器表面多烧成灰褐色，内胎呈青灰色。因器形、制法等的不同，又可以分为手制的罐形器和轮制的壶形器二种。

（1）手制的罐形器　除了口领部分用轮旋修整外，器物系以手制为主。花纹系用工具拍印，纹样以方格纹为最普通，亦有少数作叶脉状纹。在器物的外壁，主要是在口部和肩部，往往有浅绿色的釉，但施得极薄，且不均匀，亦不周遍，有时不能轻易发觉。

这种硬陶都属平底的罐形器，但它们又可以分为许多不同的型式。

Ⅰ式：（203：76）弇口、侈领，腹部长圆；花纹全为方格纹。口径13.2厘米，腹径31.9厘米，底径15.6厘米，高36.9厘米（图19-12，图版29-4）。其他属于这种形式的陶罐甚多，如218：13、218：15等件即是（图19-9、10，图版31-2、图版29-1）。

Ⅱ式：（245：18）器形和花纹都同Ⅰ式，唯器身较低，腹部显得较圆。口径11.6厘米，腹径23.8厘米，底径12.1厘米，高22.8厘米（图19-6，图版30-6）。其他属于这种形式的陶罐亦多，如212：14、212：8、218：6即是（图19-7，图版29-2）。

Ⅲ式：（109：17）器身甚长，底径较大，腹壁弧曲较微。花纹上半是叶脉状纹，下半是方格纹。口径13.5厘米，腹径24.2厘米，底径17.1厘米，高34.3厘米（图19-13，图版29-3）。

Ⅳ式：（109：5）与Ⅲ式比较起来，器身低矮，腹壁最大径较高。花纹亦是上半叶脉状纹，下半方格纹。口径11.6厘米，腹径16.8厘米，底径10.1厘米，高17.2厘米（图19-5，图版30-5）。

Ⅴ式：（259：18）器形如Ⅳ式而略矮。花纹除方格印纹外，在肩部另加弦纹及波状划纹。口径8.8厘米，腹径13.2厘米，底径7.3厘米，高11.2厘米（图19-2，图版30-3）。

Ⅵ式：（202：33）器身甚矮，腹部作扁圆形。除方格印纹外，在腹的中部加一周凹弦纹。口径9.6厘米，腹径13.6厘米，底径9.2厘米，高9.6厘米（图19-3，图版30-1）。

Ⅶ式：（401：106）器形略同Ⅵ式，但肩部附四个横耳，有孔，可以用绳穿挂。除腹的下部印方格纹外，肩部绕有弦纹三周。口径9.8厘

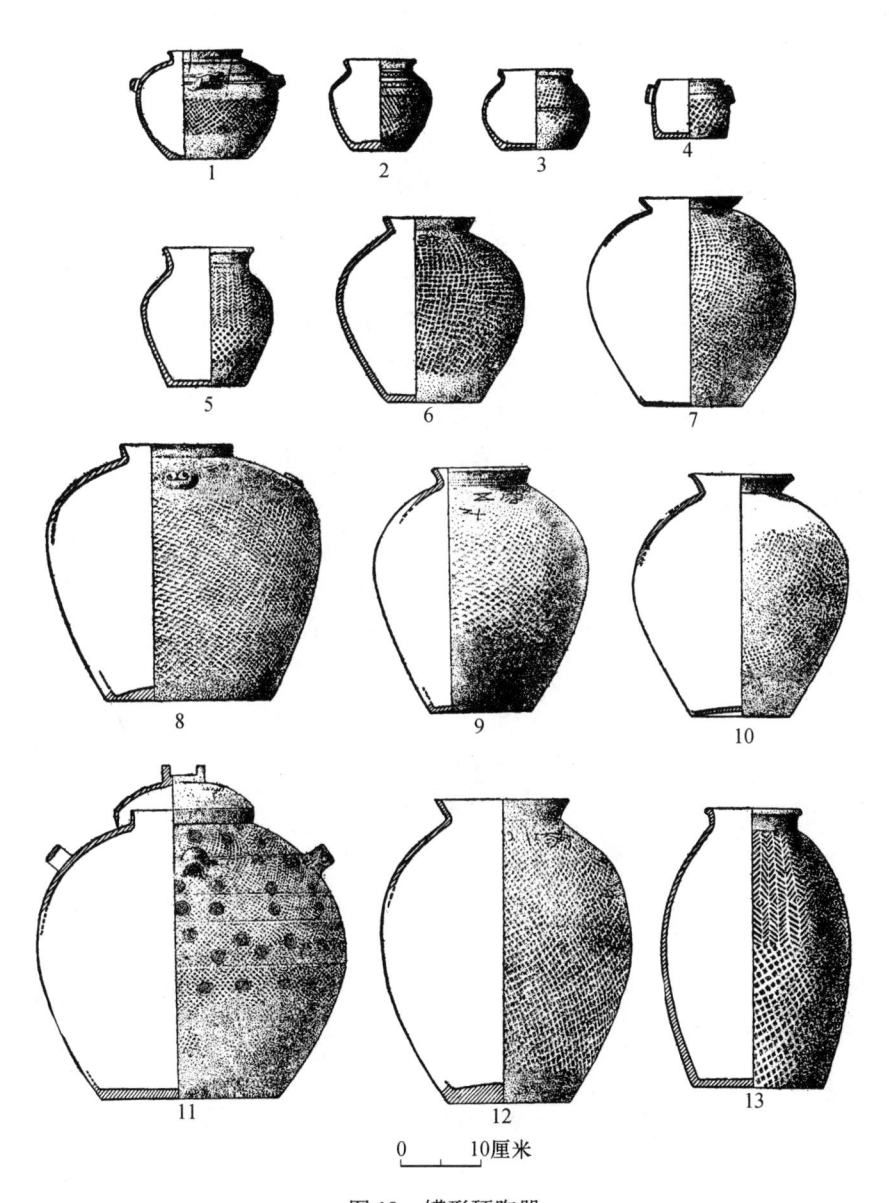

图 19 罐形硬陶器

1. Ⅶ式（401∶106） 2. Ⅴ式（259∶18） 3. Ⅵ式（202∶33） 4. Ⅹ式（214∶2） 5. Ⅳ式（109∶5） 6、7. Ⅱ式（245∶18、212∶8） 8. Ⅸ式（259∶8） 9、10、12. Ⅰ式（218∶13、218∶15、203∶76） 11. Ⅷ式（401∶83） 13. Ⅲ式（109∶17）

米，腹径 18.1 厘米，底径 10.2 厘米，高 13.2 厘米（图 19-1）。

Ⅷ式：（401：83）领垂直，腹部甚圆，底径较大。肩部附四个有孔的横耳，可以用绳穿挂。有盖，顶部有槽形钮，或系备缚绳用。花纹除方格印纹外，并加印圆形几何纹；另有凹弦纹四周，围绕在腹部。口径 14.1 厘米，腹径 39.6 厘米，底径 23.4 厘米，通盖高 35.1 厘米（图 19-11，图版 30-4）。

Ⅸ式：（259：8）器形略如Ⅷ式，但腹壁最大径较高。肩部所附四个钮饰作涡卷状，平贴在器壁上，无孔，不能穿挂。无盖。花纹全是方格印纹。口径 14.6 厘米，腹径 35.0 厘米，底径 20.9 厘米，高 30.8 厘米（图 19-8，图版 31-1）。

Ⅹ式：（214：2）器形较特殊。广口无领，器壁近直。肩部附二个纵耳，有孔，可以用绳穿挂。除方格印纹外，肩部饰弦纹。口径 8.4 厘米，底径 9.4 厘米，高 7 厘米（图 19-4，图版 30-2）。

以上所述的印纹硬陶罐，在肩部往往有文字，系陶坯初制时用棒尖等物刻划而成。文字的内容大致可以分为四类。一类是数字，如"六"、"九"、"六十"、"八十"、"百"、"七百"、"中六"、"中九"、"中廿"、"中八十"、"中九十"等。一类是物名，有"内鱼"和"水"。一类有些像人名，如"翁中"、"翁水"、"黄大"等。一类是容量，有"容五斗"和"容一石"（图 20，图版 32）。

刻有数字的许多陶罐，它们的容积和所刻数字没有必然的关系，所以这些数字的意义尚不清楚。但是，刻有容量的 2 个陶罐则具有与所刻容量相当的容积。"容五斗"的 1 件（218：13），容积约为 9750 立方厘米；"容一石"的 1 件（259：8），容积约为 19340 立方厘米。陶器系人工手制，不能严格按准确的容量制作；入窑烧过后，体积亦会改变；加之出土时已破碎，修补复原，与原来容积不免稍有出入，因此不能把它们当作推算当时容量与现今容量单位比值的标准。只是由于它们的容量比值与由嘉量推算的结果相近，所以亦可以作为一种参考（图 19-8、9，图版 31）。

203 号墓所出 10 个陶罐（Ⅰ式），都发现有木盖，其旁并有施封泥的木匣，推测当时系用绳缚盖，绳上悬木匣，施以封泥，以示慎重。

（2）轮制的壶形器　这种硬陶系以轮制为主。花纹除简单的弦纹外，有的亦系拍印的方格纹。或有施釉的，釉的颜色亦各有不同。器形都属壶形器，它们的共通之处是肩部都附有二个带孔的耳，可以用绳穿挂。

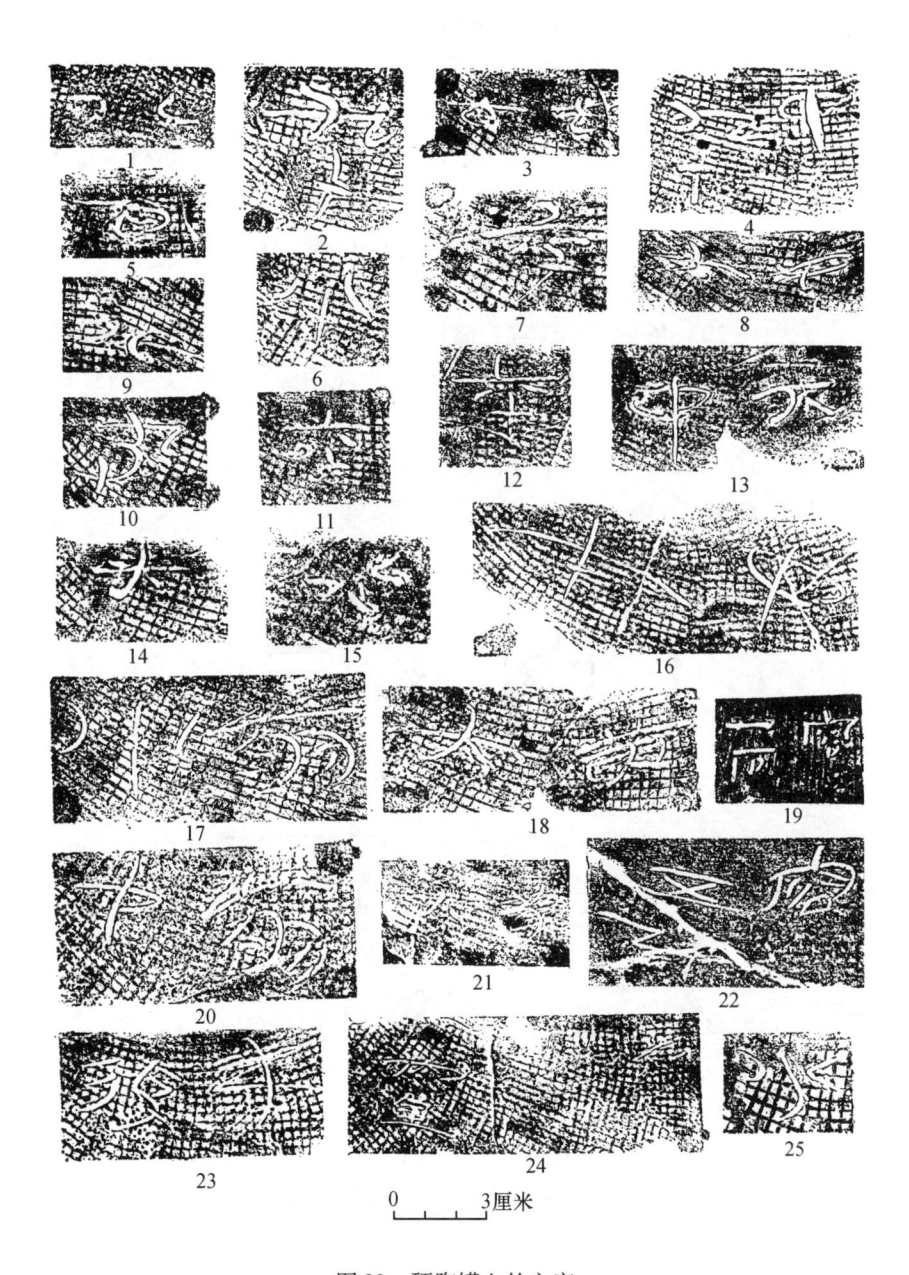

图 20 硬陶罐上的文字

原器编号依次为 239：1、239：18、334：4、203：96、334：9、212：1、235：5、212：4、202：70、226：4、267：11、267：37、211：8、241：9、405：21、239：10、203：76、239：11、259：8、405：25、401：95、218：13、203：88、241：8、240：2

Ⅰ式：（217∶1）口部有一周领圈，腹部扁圆，平底，附圈足。肩部附二个带孔的横耳；圈足近底处有两个圆孔，与肩部的耳相应，可以用绳穿贯。器身饰凹弦纹四周。腹部附着一小块绿色浓釉。口径 13 厘米，腹径 26.1 厘米，圈足径 15 厘米，高 35.7 厘米（图 21-4，图版 33-4）。

Ⅱ式：（244∶7）器形与Ⅰ式相似，但形体较小。肩部有横耳，圈足亦贯圆孔。肩部绕凹弦纹一周，腹的下部则印方格纹。无釉。口径 8.8 厘米，腹径 15 厘米，圈足径 10.3 厘米，高 18.1 厘米（图 21-1，图版 33-1）。

Ⅲ式：（203∶46）口小颈细，唇沿内缩。圜底，圈足较低。肩部附二个带孔的横耳，圈足二侧亦有二个与此相应的圆孔，可以用绳穿贯。肩腹部绕不甚显著的弦纹数周，腹的下部拍印方格纹。施有绿色釉，但甚浅薄。口径 5.1 厘米，腹径 14.6 厘米，圈足径 9.7 厘米，高 18 厘米（图 21-2，图版 33-3）。

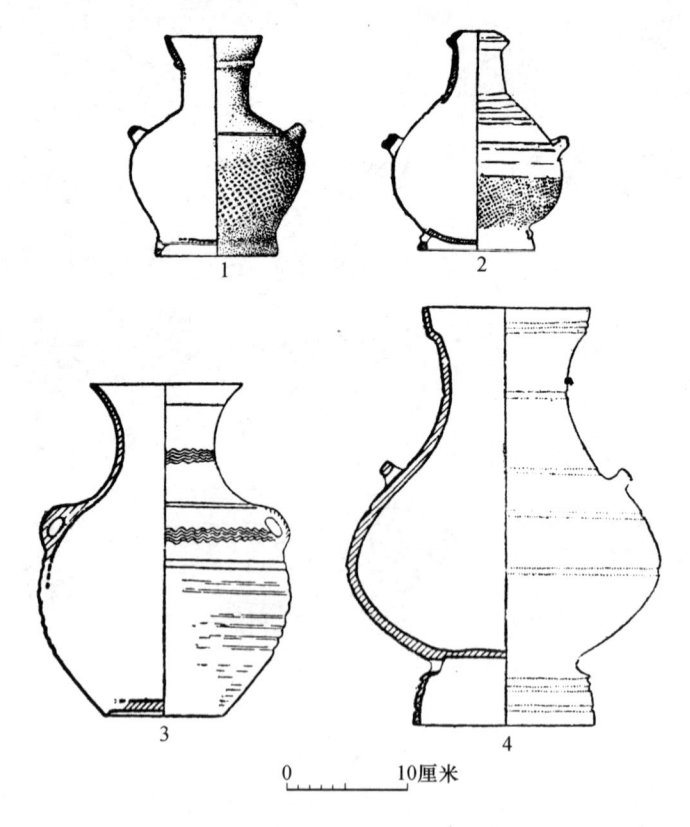

图 21　壶形硬陶器

1. Ⅱ式（244∶7）　2. Ⅲ式（203∶46）　3. Ⅳ式（244∶2）　4. Ⅰ式（217∶1）

Ⅳ式：（244:2）口侈唇薄，腹部圆整；平底贴地，无圈足。肩部所附是二个纵耳，有孔，可以穿绳。颈部和肩部有二周波状印纹，肩部并绕二周弦纹。比较特殊的是陶色紫褐，肩及腹的上部施绿色浓釉。口径12.8厘米，腹径21.2厘米，底径10.1厘米，高26.8厘米（图21-3，图版33-5）。

（二）铜器

按照器形和用途的不同，出土铜器大致可以分为容器、火具、镜及其他。

1. 容器

计有钵、盆、釜、鍪、盒、鼎、盉、钫、壶、奁等十种，虽然它们的用途仍各有差异，但为叙述方便起见，姑且都算作容器。

盆（201:1）　口沿外折，甚宽阔。腹壁上部较直，两侧二个铺首衔环，下部向里收缩甚剧。平底，底径甚小，底下起凸棱一周，略如圈足。口径44.5厘米，底径18.1厘米，高8.6厘米（图22）。

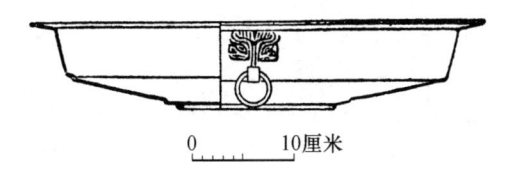

图22　铜盆（201:1）

钵（217:6）　广口、圜底。系捶打制成，外表面经磋磨，光滑发亮。器壁自上至下饰三角状、网状、花瓣状花纹四段，系器物作成后所刻划。口径20.8厘米，高18.4厘米（图23，图版36-2）。

釜（327:73）　口近直，口沿外折。器壁近口处两侧附两个耳，作环状。腹部凸起弦纹一周。平底，底下起凸棱一圈，有些像圈足。口径21.5厘米，底径10.3厘米，通耳高14.1厘米（图24-3，图版34-2）。

鍪（201:1）　侈口、短颈、扁圆腹、圜底，肩腹交界处凸起弦纹二周，两侧两个耳作绳索纽结状。口径20.4厘米，腹径26.7厘米，高21.8厘米（图24-5，图版34-4）。

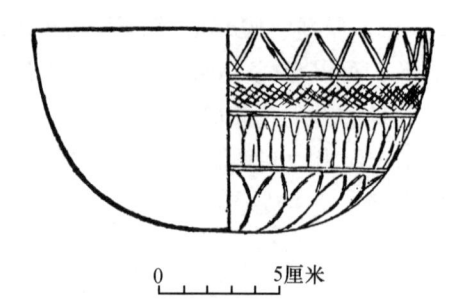

图 23　铜钵（217:6）

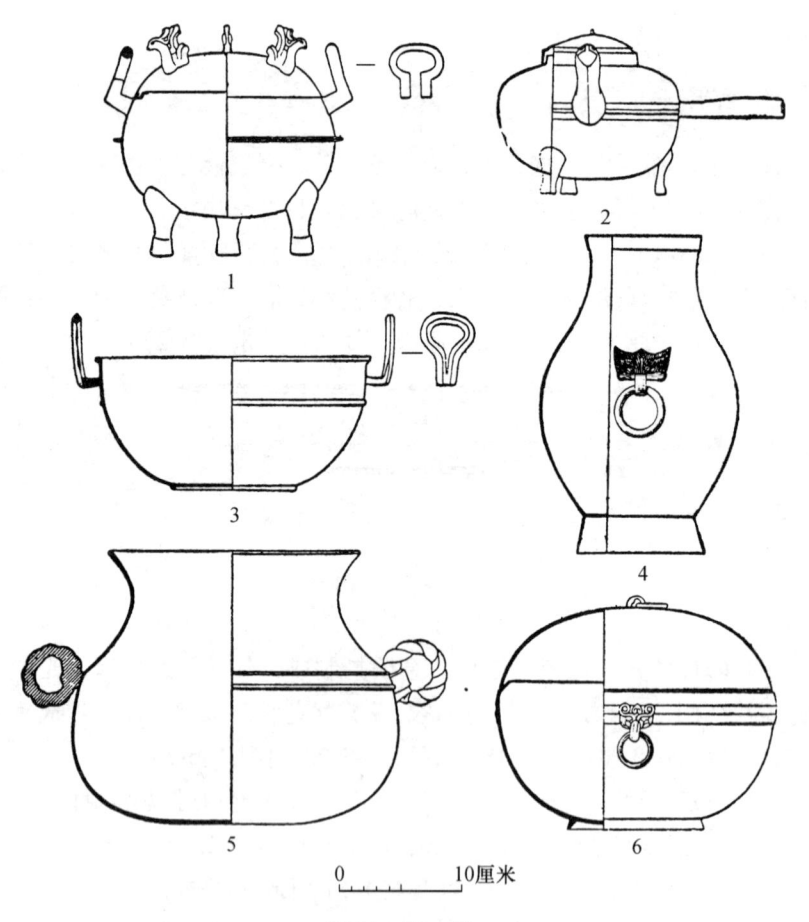

图 24　铜　器

1. Ⅱ式鼎（211:15）　2. 盉（327:69）　3. 釜（327:73）　4. 钫（327:78）
5. 鉴（201:1）　6. 盒（327:13）

270:32 的 1 件鍪（残破不能复原），在口沿外侧有铭文一周，计23个字："时文仲铜鍪一容二斗重六斤三两黄龙元年十月甲辰治"，当系汉宣帝黄龙元年，即公元前49年所制（图版34-1）。

盒（327:13）　广口、圜底，附圈足。器壁近口处绕凹弦纹二周，两侧二个铺首衔环。盖隆起甚高，顶端有钮套环。口径20.8厘米，腹径23.1厘米，圈足径11.3厘米，通盖高18.5厘米（图24-6，图版34-3）。

鼎　分二式。

Ⅰ式：（327:6）盖上钮饰作环状，上端翘起。耳和耳孔都作长方形。腹部凸起弦纹一周。圜底，所附蹄状足甚矮。口径17.8厘米，腹径23.2厘米，通盖高17.9厘米（图版35-1）。

Ⅱ式：（211:15）盖上钮饰作鸟形，中间透一小孔。耳作环状，断面成圆形。腹部一周弦纹，凸起如棱。圜底，所附蹄状足较高。口径13.9厘米，腹径18.8厘米，通盖高18.4厘米（图24-1，图版35-2）。

盉（327:69）　器口有直领，盖与器口有活栓相接，能自由开合。器身扁圆，圜底，下附三个蹄状足；器腹一侧附鋬，断面作方形。流作鸟首状，倾注时能自动张开。腹壁绕凸弦纹二周。口径7.2厘米，腹径15.5厘米，通盖高13.1厘米（图24-2，图版37-2）。

钫（327:78）　侧视如壶，断面成正方形；平底，下附"方圈足"。器腹两壁两个铺首衔环。口径9.4厘米，腹径16厘米，方足宽9.1厘米，高24.9厘米（图24-4，图版36-4）。

壶　分二式。

Ⅰ式：（327:1）盖上有钮，套一环。肩部两侧两个铺首衔环。平底，附圈足。器壁饰宽弦纹二组。口径15.9厘米，腹径29.8厘米，圈足径18.4厘米，通盖高43.6厘米（图25-1，图版35-3）。327:76 的 1 件壶，形制相似，亦属此式（图版35-4）。

Ⅱ式：（217:2）盖的顶端有一无孔的钮，盖的两侧各有一钮套环。器腹两侧两个铺首衔环，环上结链索，链索又穿过器盖两侧的环，上接一个璜形的提梁。平底，附圈足。肩腹之间饰二周宽弦纹。口径10.1厘米，腹径20.2厘米，通盖高29.8厘米（图25-2，图版35-5）。

奁　分三式。

Ⅰ式：（327:4）盖套在器口外，顶端有钮套环。器口折向内，恰

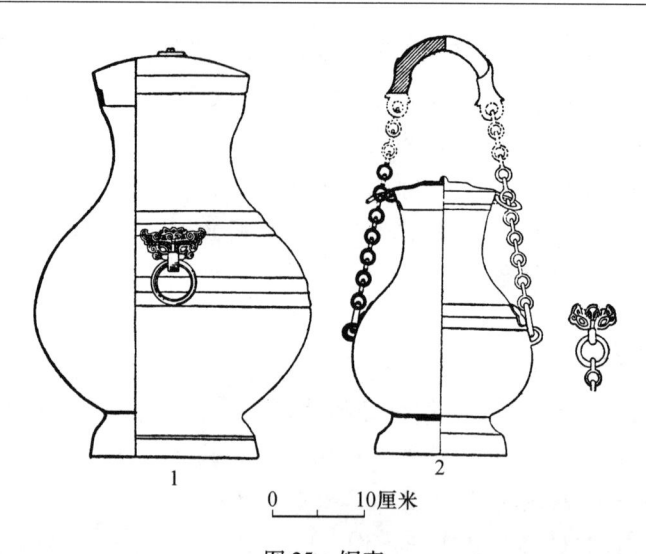

图 25　铜壶
1. Ⅰ式（327:1）　2. Ⅱ式（217:2）

能合盖。器壁两侧两个铺首衔环。平底，所附三个蹄形足在上部铸出纹样像熊。器盖及器身饰宽阔的凹弦纹。口径 19.9 厘米，腹径 20.7 厘米，通盖高 22.7 厘米（图 26，图版 36-3）。

Ⅱ式：（211:10）盖的周沿有一圈凸起，伸入器口。盖上附三个钮饰像鸟。器壁两侧两个铺首衔环。平底，所附三个足全体铸成直立的熊，有细致的纹样。器身饰三组宽弦纹。盖及器身全部鎏金，并刺刻出花纹，纹样属所谓流云纹，盖的边沿则有锯齿状纹。口径 17.8 厘米，腹径 18.4 厘米，通盖高 18.5 厘米（图 27）。

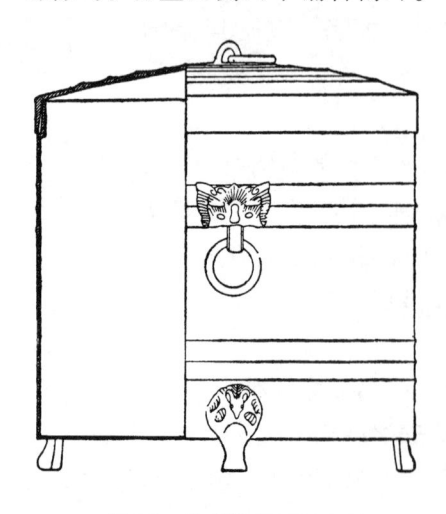

Ⅲ式：（327:9）形体远较以上二式为小，器形似Ⅰ式，唯器壁无铺首，而在一侧附一环形的耳。所附蹄形足素面无纹。口径 9.9 厘米，腹径 10.2 厘米，通盖高 10.8 厘米（图版 36-1）。

图 26　Ⅰ式铜奁（327:4）

图 27 Ⅱ式铜奁（211:10）

2. 火具

这里的所谓火具，包括烹炉、暖炉、博山炉和灯四种。

烹炉（327：20） 长方形，上部周壁有方格状镂孔，下部周壁及炉底有长条状空格。炉壁两侧近底处附四个蹄形足，下承一个侈口、平底的长方形浅盘，盘与炉可以分开。炉的底下一端附一銎套，可以纳木柄，以便执持。炉顶开口作椭圆形，上置1杯。炉长13.2厘米，宽8.2厘米，高13.2厘米；杯长16.5，宽7.5厘米，深2.9厘米（图28）。

出土时，杯即置在炉上。炉中加炭火，可以温杯中的羹，残存的炭层即是证明。推测炉与杯一同置案上供食，炉身灼热，恐伤案面，所以下承1盘，盘中盛水，即能去热，兼以受灰烬。由于这炉的用途在于温

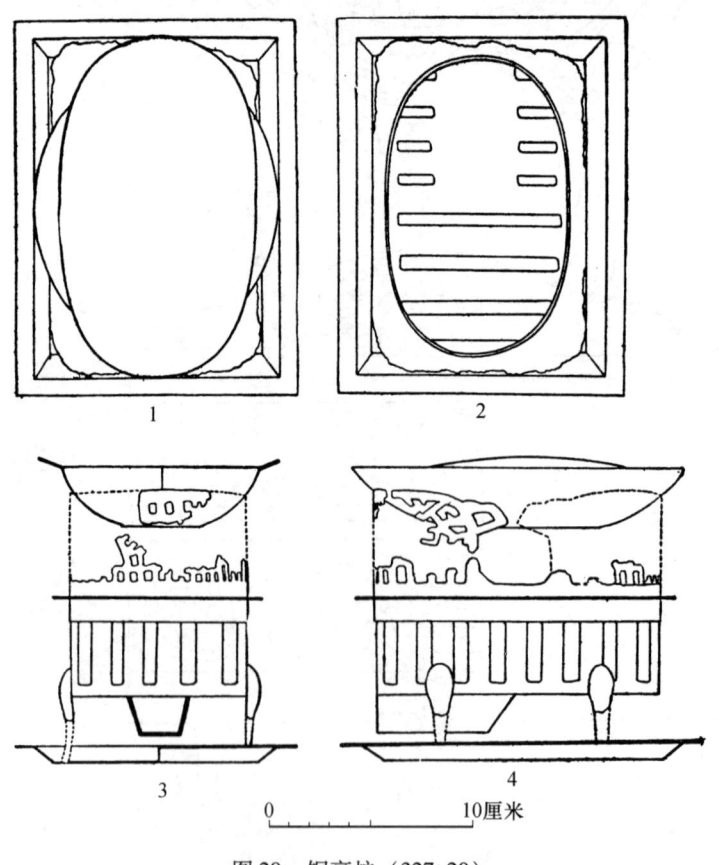

图28 铜烹炉（327：20）
1. 炉上加杯的俯视图　2. 去杯后俯视图　3. 炉上加杯的主视图　4. 炉上加杯的右视图

羹，所以暂称它为烹炉。或说它是杯的"台"或"座"，似有不妥。

暖炉　分二式。

Ⅰ式：（211:4）长方形，口大底小，四壁倾斜。平底，四足作蹄状。两端壁上附铺首，衔环。口长58.1厘米，宽34.5厘米，高18.2厘米（图29）。

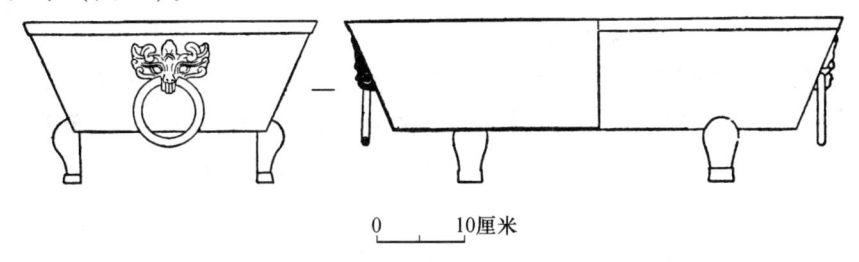

图29　Ⅰ式铜暖炉（211:4）

Ⅱ式：（401:34）形制与Ⅰ式相似，唯两端器壁无铺首，系以钮套环。口长26.8厘米，宽15.2厘米，高12.2厘米（图版38-1）。

出土时，炉内剩有木炭及灰烬的残余。由形制观之，这种炉当系烧炭以供取暖，所以暂称为暖炉。

博山炉　分二式。

Ⅰ式：（201:5）圆腹，圜底；座作喇叭状，剖面成弧形内凹，其下无盘。盖上透菱格状孔。口径6.2厘米，腹径7.6厘米，通盖高10.4厘米（图版38-5）327:15的1件博山炉，亦属此式，但已缺盖（图版38-4）。

Ⅱ式：（211:29）腹壁近底处略向内凹；座的剖面斜直而不弧曲。底下承1盘，盘与炉可以分开。盖上透孔作三角形、圆形和四瓣花形，座上亦凸出卷云状花纹。口径9.6厘米，腹径11.4厘米，通盖高19.2厘米。（图30）。

灯　分三式。

Ⅰ式：（211:6）灯盘直壁、平底，中央有锥。柄细长，接近上端处突起一节较粗；下部扩大成座，作喇叭状。盘径15.7厘米，通高43.5厘米（图31-1，图版38-3）。

Ⅱ式：（270:6）灯盘与Ⅰ式略同，但一侧有一个扁平、叶状的錾，盘下附三个蹄状足。盘径12.8厘米，通高8.2厘米（图31-2，图版37-1）。

201:1 的 1 件灯亦属此式，唯足较矮（图版38-2）。

Ⅲ式：（401:10）灯盘有錾，略如Ⅱ式，但盘中无锥。盘壁有二重，外壁较低，内壁较高，两壁之间插屏板二片，一片在外侧，一片在内侧，二者都超过二分之一个圆周，能自由转动。灯盘底下附圈足，恰能插入 1 个鼎形器的口中。鼎形器直领、圆腹、圜底，三足作蹄状，肩部伸出二个弯曲的长管。灯盘之上覆一个钵形的盖，盖顶亦接二个弯曲的长管，分向两侧，恰与鼎形器的两个长管相套合。就形制推测，鼎形器内系盛水，盖及长管供通烟。灯盘无锥，系燃腊膏，出土时盘中剩余甚多。灯盘口径9.8厘米，鼎形器腹径19.9厘米，灯通高约34.6厘米（图31-3）。

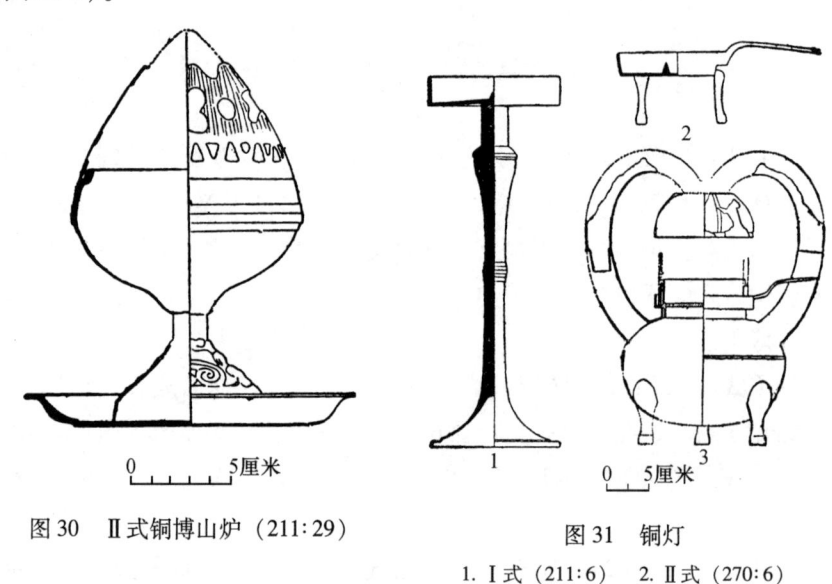

图30　Ⅱ式铜博山炉（211:29）

图31　铜灯
1. Ⅰ式（211:6）　2. Ⅱ式（270:6）
3. Ⅲ式（401:10）

3. 镜

铜镜　共16件，分别出于14个墓。按照它们的形制和花纹的差别，可以分为九式。

Ⅰ式：（339:18）三弦纹带形钮，方形钮座，匙形镜缘。花纹是四组草叶纹，并有四个乳。无铭文。此类铜镜通常称"草叶纹镜"，是从汉武帝时开始的西汉中、后期铜镜中的年代最早的。直径10.6厘米，厚0.12厘米，缘部厚0.4厘米（图版39-1）。

Ⅱ式：（405∶2）连峰式钮，钮外绕连弧纹，缘部亦系一周连弧纹。花纹主要是由较小的乳和曲线相配合的四组"星云纹"，其间又插入四个较大的乳。无铭文。此类铜镜称"星云纹镜"，亦有称"百乳鉴"的，其在西汉中、后期的制作年代仅次于"草叶纹镜"。直径 13.4 厘米，厚 0.3 厘米，缘部厚 0.65 厘米（图版 39-2）。

Ⅲ式：（255∶2、217∶14）半球状钮，圆形钮座，镜缘宽平。除了都有四个乳外，255∶2 的主要花纹是四组图案化的动物和鸟形，217∶14 的主要花纹是四个较生动的龙形。无铭文。此类铜镜可称"四螭纹镜"。255∶2 直径 10.6 厘米，厚 0.22 厘米，缘部厚 0.65 厘米；217∶14 已残破，厚 0.22 厘米，缘部厚 0.45 厘米（图版 41-1、2）。其余 211∶3、217∶14 和 270∶1 的 3 件，花纹都同 255∶2，大小、厚薄亦相仿佛。

Ⅳ式：（327∶19）半球状钮，"连珠纹"钮座，镜缘宽平。镜面分内外两圈，为铭文所占满。内圈铭文是"内清质以昭明光而日月心忽乎雍塞而不泄"，外圈铭文是"洁清白事君志欢之合明假玄锡之泽恐日忘美之窠□之□愿毋绝"。此类铜镜有称为"重圈双铭带镜"的。直径 12.8 厘米，厚 0.2 厘米，缘部厚 0.4 厘米（图版 40-3）。

Ⅴ式：（211∶32）半球状钮，"连珠纹"钮座，镜缘宽平。主要的花纹是一周由八个弧形组成的连弧纹。其外是一圈铭文，铭辞是"涑沿铅华清而明以之为镜宜文章延年益寿去不羊□□毋□而日月之光千秋万岁长生未央"。此类铜镜简称"连弧纹镜"。直径 16.3 厘米，厚 0.3 厘米，缘部厚 0.6 厘米（图版 39-3）。

Ⅵ式：（203∶2、404∶1）半球状钮，圆形钮座，缘部宽平。主要的花纹是一周连弧纹，其外绕一周铭文。203∶2 的铭文是"内清之以昭明光而象夫日月心忽而忠"，404∶1 的铭文是"见日之光天下大明"。此类铜镜有简称为"日光镜"的。前者直径 9.2 厘米，厚 0.12 厘米，缘部厚 0.3 厘米；后者直径 8.4 厘米，厚 0.15 厘米，缘部厚 0.5 厘米（图版 40-2，图版 41-4）。202∶22、240∶1 和 267∶20 的 3 件铜镜亦属此式，形制、花纹相同，前二者铭文依次为"内而清而□□明而光而象而夫而日而月"，"内清之以昭明光而象夫日月心忽而不泄"，与 203∶2 的相似；后者已残破，铭文仅见"日之" 2 字，大概与 404∶1 的相同。

Ⅶ式：（256∶3）与Ⅵ式相似，但镜缘较狭，花纹中亦无连弧纹。铭文是"内而清而□光而象夫日月心忽不泄"，与Ⅵ式的相类同。此种铜镜亦可称"日光镜"。直径7.5厘米，厚0.11厘米，缘部厚0.4厘米（图版39-4）。

Ⅷ式：（211∶20）半球状钮，柿蒂形钮座。花纹复杂，有兽头、鸟、龟及其他怪兽等纹样，并有规矩形图案。铭文在缘部，铭辞作"圣人之作镜兮取气于五行生于道康兮□有文章光象日月其质清刚以视玉容兮辟去不羊中国大宁子孙益昌黄常元吉有纪刚"。此种铜镜属所谓"规矩镜"，与西汉后期各种铜镜相比，年代最晚，可晚至新莽时期。直径18.7厘米，厚0.25厘米，缘部厚0.6厘米（图版40-1）。

Ⅸ式：（245∶5）半球状钮，圆形钮座，外绕七个乳。主要的花纹是七个动物，包括青龙、朱雀、白虎、玄武四神，其间插入七个较大的乳，乳的周围有鸟形花纹。镜缘亦有兽、鸟、鱼等花纹。无铭文。此种铜镜或可简称"四神镜"。直径18.8厘米，厚0.28厘米，缘部厚0.7厘米（图版41-3）。

4. 其他

除了以上的三类铜器之外，铜制品尚有铺首、当卢、盖弓冒、车辖和印章等。

铺首（401∶2）　兽面铸出细密花纹；鼻下垂，向后弯曲如钩，穿一环；背面附有二个"凹"字形搭扳。正面及环的全体鎏金。兽面纵长8.1厘米，横宽11.4厘米；环径8.7厘米，断面径0.95厘米（图32，图版42-6）。完全相同的铺首尚有2件，都出401号墓。推测这铺首都系附在棺材上，因墓经盗掘，数目有所短缺。

当卢（401∶59）　长叶状，周边弧曲，中间开孔。铸出细致的花纹，纹样是二条龙、二只鹰、一只凤和一匹鹿。长11.1厘米，宽3.7厘米（图33-6，图版42-7）。推测401号墓有木车模型，并有木制马俑，这当卢可能即系附在木马俑的头上。

盖弓冒　分四式。

Ⅰ式：（401∶73）平面作柿蒂形，但边缘凹曲不显。无花纹。直径2.4厘米（图33-2，图版42-3）。

Ⅱ式：（401∶49）平面呈圆形，边缘有四个圆形的凹入。无花纹。

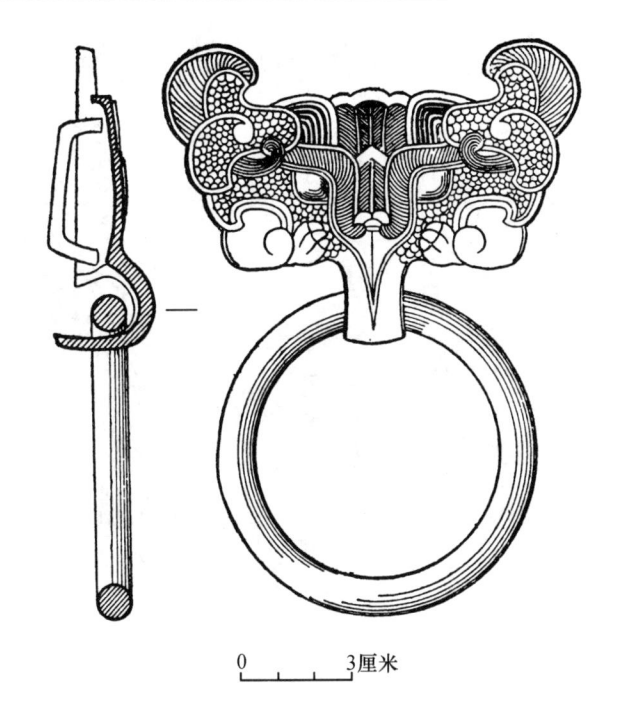

图 32　铜铺首（401:2）

直径 2.3 厘米（图 33-3，图版 42-4）。

Ⅲ式：（401:61）平面作柿蒂形。有花纹，纹样是四组不甚卷曲的云纹和互相连续的小圆点。直径 3.1 厘米（图 33-4，图版 42-2）。

Ⅳ式：（401:78）平面作柿蒂形。花纹在四边是四个卷云纹，在中心则是类似花蕊的纹样。已残缺，直径约 2.9 厘米（图 33-5）。

这些盖弓冒都出 401 号墓，原来当系装置在木车模型上。若同一个车上的盖弓冒应该相同，则四种盖弓冒的存在说明了 401 号墓至少有 4 个木车模型。

车辖（401:75）　管状中空，外端较细，往里渐粗，里端扩大。周壁绕四周凸弦纹，近里端处开一圆形小孔，用以贯辖。外端径 1.3 厘米，里端径 2.2 厘米，长 1.9 厘米。由形制和尺寸看来，这车辖亦系用在木车模型上（图 33-1，图版 42-1）。

棒状器（401:41）　圆柱形，实心。两端粗，中腰细。距较细的一端约五分之二处有一节凸起。用途欠明。长 13.8 厘米，较粗的一端直径 2.4 厘米，较细的一端直径 2.2 厘米（图版 42-5）。

图 33 铜车马饰

1. 车辖（401:75）　　2~5. 盖弓冒（401:73、49、61、78）　　6. 当卢（401:59）

印章（405:1）　　正方形，两侧各有一条凹槽。无钮。两面都有文字，一面是"熊子见印"，另一面是"熊□信印"，都系阴文。长宽各1.5厘米，厚0.6厘米（图版43-1）。

五铢钱（211:52、53）　　出铜五铢钱的墓有许多，但所出五铢钱多已锈蚀损缺，触之成粉，不能处理。独211号墓所出五铢钱保存良好。在该墓所出的完好的1784枚五铢钱中，按照钱文书体不同，可以分为二式。

Ⅰ式："五"字的中间二笔弧曲较微，近乎斜直。这种五铢钱共801枚，其中穿上有一横划的计187枚，穿下有一半圆形小疙瘩的计189枚，普通的计425枚（图版43-3~5）。

Ⅱ式："五"字的中间二笔弧曲较显。这种五铢钱共983枚，其中穿上有一横划的计236枚，穿下有一半圆形小疙瘩的计246枚，普通的计501枚（图版43-6~8）。

就钱的铸造年代而言，Ⅰ式较早，Ⅱ式较晚。

不知名器（401:31）　　平面近圆形，背面平齐，正面隆起。外表系铜，内部自背面嵌入铁。正面铸出浮雕式花纹，可以约略看出系作二兽相搏状。直径 5.2 厘米，高 2.8 厘米（图 34，图版 45-1）。

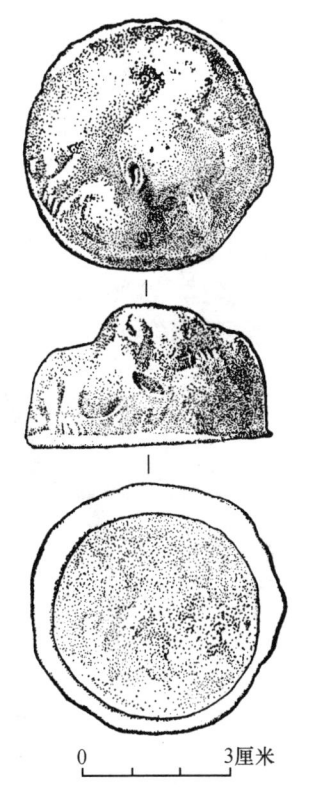

（三）其他金属器

其他金属器计有银印章、金饼、金环、铅"金饼"、铅钟和铁刀剑等，兹分述之。

银印章（401∶119） 正方形，龟钮，龟的头部指出印上文字的正方向。文字系"刘骄"2 字，刘字系阳文，骄字系阴文。长宽各 1.9 厘米，连钮高 1.42 厘米（图版 43-2）。

金饼（211∶1、401∶1） 平面成规正的圆形。正面光滑，中间凹下，有裂缝。反面凸凹不平。211∶1 的 1 件，在反面刻划有 1 个"辰"字；401∶1 的 1 件，在正面用一小印章印出 1 个凸起的"黄"字，另又刻划 3 个字，仅识其中 1 个为"君"字。前者直径 6.1 厘米，最厚 1.15 厘米，重 244.125 克（图版 44-1）。后者直径 6.3 厘米，最厚处 0.82 厘米，重 254.125 克。两者含金量都为 99.3%（图版 44-2）。

图 34　不知名铜器（401∶31）

金环（211∶78） 圆形，极细，有紧密的纹饰。直径 2.0 厘米（图版 43-9）。

铅"金饼"（401∶38） 共有 230 个，形状、大小都相仿佛。圆形，凹凸不平，往往有空缺处。直径约 5.2 厘米，厚约 0.4 厘米（图版 43-10、11）。

铅钟（401∶14） 椭圆形，柄的孔和它的断面都作长方形。钟身饰四组凸起的乳，每组各 20 个。口长 10.1 厘米，宽 8.3 厘米，身高 8.2 厘米，连柄高 11.5 厘米（图 35，图版 45-2）。同样的铅钟尚有 6 件，都系 401 号墓出土。

铁刀　分三式。

Ⅰ式：（211∶34）刀柄较细，刀身较宽。残长 22.6 厘米，背厚 0.3

厘米（图 36-2，图版 45-3）。

Ⅱ式：（255:1）刀柄较宽，刀身逐渐减细。残长 21.2 厘米，背厚 0.3 厘米（图 36-1，图版 45-4）。

Ⅲ式：（270:4）刀柄的环卷曲，柄端伸入环内。刀柄与刀身宽度略同，柄上尚剩绳索。刀背较厚。全长 26.8 厘米，背厚 0.68 厘米（图 36-3，图版 45-5）。

铁剑 （270:2）卫手系铜质，平面成菱形。柄和剑身都已断缺。残长 84.8 厘米，脊厚 0.65 厘米（图 36-4，图版 45-6）。

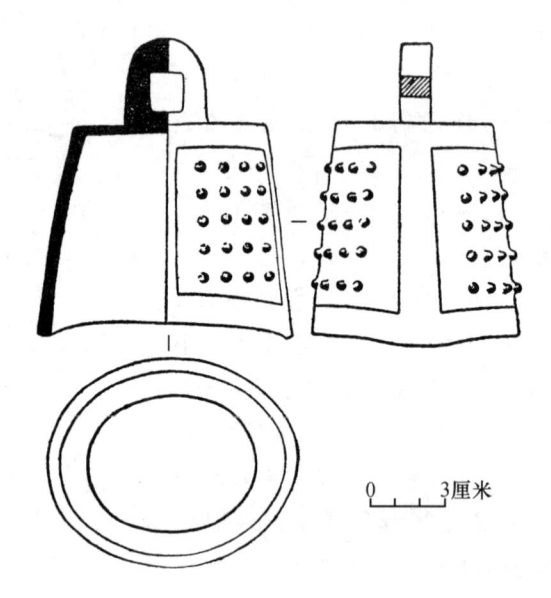

图 35　铅钟（401:14）

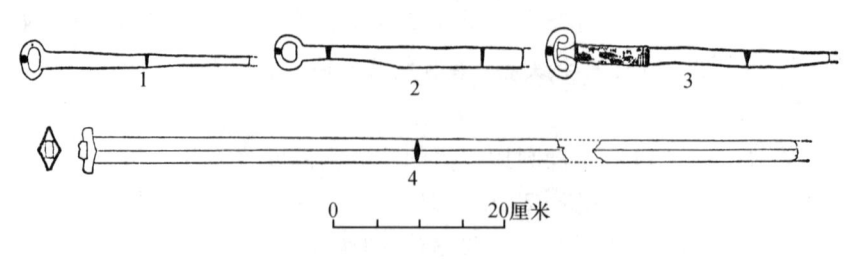

图 36　铁刀、剑

1、2、3. 刀（255:1、211:34、270:4）　4. 剑（270:2）

（四）漆器和木器

漆器和木器多已枯朽、破损，不辨器形、花纹。这里所述的是保存较好的一部分，它们都出自203和401号2个墓。

1. 漆器

杯　分二式。

Ⅰ式：（203：4、203：5）木胎，髹暗褐色漆。花纹里外都有，系用金黄色漆绘描，纹样为鸟形、花朵形和涡卷状图案。203：4的底用暗绿色漆书一"贾"字，203：5的底用同色的漆书一"青"字，前者大概是墓主人的姓氏。2件漆杯大小相同，口长16.3厘米，宽10.6厘米，连耳高4.4厘米（图版46）。

Ⅱ式：（401：44a、401：44b）已残破，仅余两侧的耳。木胎，髹暗褐色漆。耳上镶铜壳，其上鎏金。耳底用金黄色漆描花纹，纹样是涡卷状图案。401：44a耳长8.6厘米，宽1.7厘米；401：44b耳长10.1厘米，宽1.9厘米。（图版47-2、3）。

盘　分四式。

Ⅰ式：（203：24）麻胎。外面髹暗褐色漆；里面周壁髹红漆，口沿及底仍为褐色漆。无花纹。口径10.3厘米（图版48）。

Ⅱ式：（401：64、401：77）麻胎。外面髹暗褐色漆；里面周壁髹红漆，底部髹褐色漆。花纹在里面底部，系用金黄色漆绘描，纹样是三个图案化的动物。401：64底径9.1厘米，401：77底径7.2厘米（图版49-1，图版50）。

401：64的1件漆盘在外壁近底处有金黄色漆书"杨主家般"4个字。401号墓的墓主人为刘骄，在刘骄墓西边不远的长沙王后冢亦曾出土书有"杨主家般"字样的漆盘。推测长沙王后姓杨，与刘骄有一定的关系。

Ⅲ式：（203：29）麻胎。外面髹暗褐色漆；里面髹红漆，口沿髹暗褐色漆。花纹分布在里面口沿及底部，系用金黄色漆绘描，口沿上的花纹是简单的几何图案，底部的花纹是三个图案化的鸟形。口径9.4厘米，底径4.9厘米（图版49-2）。

Ⅳ式：（203：40）麻胎。外面髹暗褐色漆；里面周壁髹红漆，底部髹暗褐色漆。花纹在里面底部，系用浅黄色漆绘描，线纹极细，纹样是图案化的鸟形和怪兽。底径12.3厘米（图37，图版51）。

图37　Ⅳ式漆盘底部花纹（203:40）

盒　分二式。

Ⅰ式：（203:49）器形椭圆，直壁、平底。麻胎，外面髹暗褐色漆，里面髹红漆。花纹分布在器壁和盖面上，系用金黄色漆绘描，纹样是涡卷状的几何形、植物和动物的图案。盖的中间嵌一扁长的柿蒂形薄片，乃系银质。长11.1厘米，宽6.5厘米，高6.7厘米（图38-2，图版52）。203:7的1件漆盒已残破，仅存器腹的一部分，但也可以知道是属于这一式的。胎质、颜色和花纹都同203:49，器腹残高6.4厘米（图版53-2）。

Ⅱ式：（401:45）仅存椭圆形的盖。麻胎，外面髹紫褐色漆，里面髹红漆。花纹用金黄色漆绘描，纹样全属涡卷状图案。盖残长10.1厘米，宽6.3厘米（图38-1，图版53-1）。

方函（401:29）　仅存一个残缺的长方形的盖，推测原器是一个立体长方形的函。木胎，髹黄褐色漆。花纹系用金黄色及黑色漆绘描，纹样比较特殊，与别的器物不同。盖的一侧附一铜环，推测另一侧原来也有同样的铜环。残长11.2厘米，宽6.5厘米（图39，图版47-1）。

案 分二式。

Ⅰ式：（203：23）长方形，边缘折起，底的背面有两条横的凸起。木胎，髹暗褐色漆，正面中间漆色较浅，其上有用金黄色漆绘描的花纹，但纹样已难辨认。长44.5厘米，宽32厘米（图版54）。

Ⅱ式：（303：47）器形与Ⅰ式相同，但全体漆色不分浓淡，且无花纹。残长45.1厘米，宽31.2厘米。

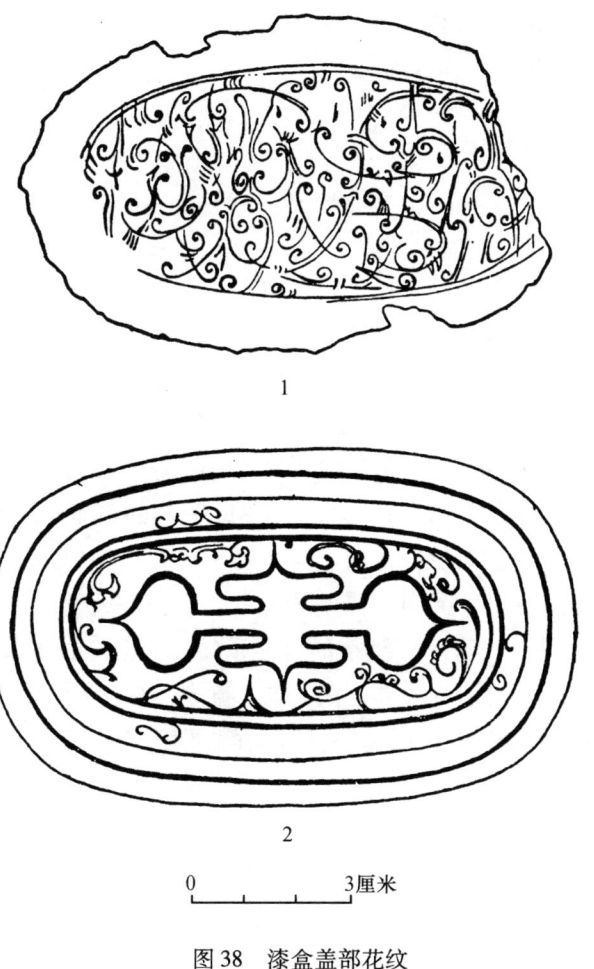

图38 漆盒盖部花纹
1. Ⅱ式（401：45） 2. Ⅰ式（203：49）

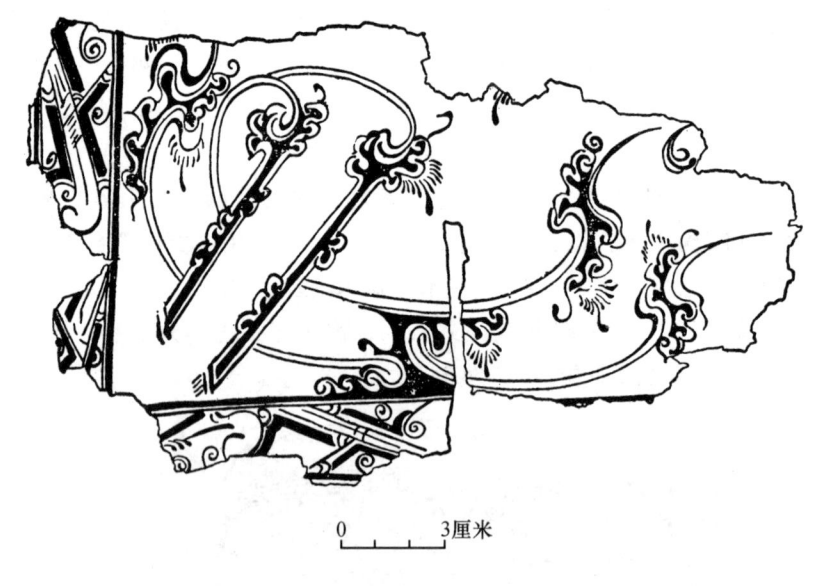

图39 漆方函（401:29）

漆器碎片（401:17、401:16） 漆器碎片甚多，但保存不好。这里的2组碎片，花纹清楚，纹样较别致。401:17的1组，木胎，外面髹暗褐色漆，里面髹黄绿色漆；花纹系用紫褐色漆绘描，纹样属几何图案。401:16的1组，木胎，里外两面髹暗褐色漆，花纹系用金黄色漆和红色漆绘描，纹样有涡卷状及锯齿状等的几何图案（图40）。

漆器上的金箔贴花（211:20） 在211号墓的漆器残余中夹杂着许多金质的贴花，它们系由极薄的金箔片剪下，其上另有细致的线纹。金箔贴花的样式很多，大致可以归纳为五种。一种是人物，计有驾车的、骑马的、骑龟的、负弩的、舞蹈的、奏乐的、表演杂技的及人形怪兽等。一种是动物，计有虎、鹿、猪、羊、兔等，亦有种属不详的。一种是飞禽，有写实的和图案化的。一种是曲线图案，它们即是一般的所谓流云纹和云气纹，与通常漆器上所绘描的花纹相似。一种是长条状、三角形和圆形，其上另有菱格状和涡卷状的线纹。这些金箔贴花当系贴在漆器上无疑，与后代的所谓"平脱"相似。由漆痕推测，原器系1个圆形的大漆盒，直径约25厘米，其中置铜镜1面。由于保存情况不好，金箔贴花多已破损，它们的排列次序亦不可知。这里只是选择一些比较完好的加以分类排比而已（图版55，图版56）。

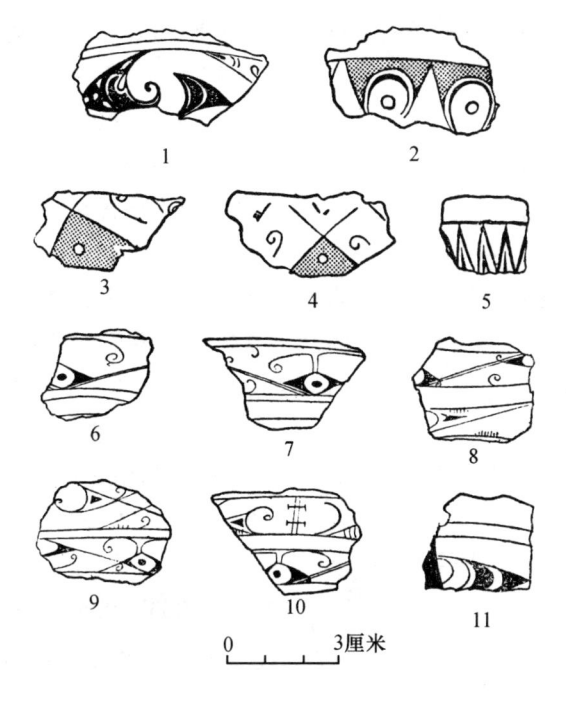

图 40　漆器碎片
1～5.（401∶16）　6～11.（401∶17）

2. 木器

保存较好的木器亦全出 203 和 401 号 2 个墓。这里所述的是完好的、有代表性的几种。

封泥匣（203∶201）　平面作长方形，侧面自中腰处起向一端倾斜，背面平齐。正面有一略成正方形的凹缺，用以嵌绳附封泥。正面倾斜处，有墨书痕迹，已极模糊、浅淡，且已残缺，但仔细辨察，仍可看出是"鱼鲊一斛"4 字。长 5.8 厘米，宽 2.05 厘米，厚 1.35 厘米；凹缺长 2.5 厘米，深 0.95 厘米（图 41，图版 57-1）。形状、大小相同的封泥匣尚有 9 个，都出 203 号墓，墨书文字已不可察。出土时，封泥匣的位置靠近 10 个带有木盖的印纹硬陶罐的附近，推测当时系悬在缚盖的绳上，绳结嵌在凹缺内，并有封泥附着。匣上所书文字，当系标明罐内所盛之物。

木札（401∶01）　长方形，扁平，上端削去两角，稍低处两侧各有一个三角形凹缺。正面光滑，有墨书"被绛函"3个字；反面粗糙，未经加工。推测这一木札系在凹缺处缚绳，并悬挂在箱函之上。长11.8厘米，宽3.1厘米，厚0.3~0.5厘米（图版57-2）。

木锥（401∶028）　上部是一个方锥体，由四面聚成尖角，甚锐利；下部是柄，末梢亦尖。由于出土时位置已经扰动，原来的具体用途不详。方锥体长5.8厘米，每边宽3.4厘米；柄径1.35厘米；全长18.4厘米（图版57-3）。

木俑　都出203号墓，其中完好的可以分为四式。

Ⅰ式：（203∶209）立体立俑，形体独大。两手置胸前，头上未显冠戴，上衣长仅及膝，裤露出在外面。高45.1厘米（图版58-3）。

图41　封泥匣（203∶201）

Ⅱ式：（203∶219、203∶258）立体立俑，形体较小。两手相握置腹部，衣长及地。203∶219的1件头上有冠戴，高15.9厘米（图版58-2）。203∶258的1件头上无冠戴，高13.4厘米（图版58-1）。其余尚有4件木俑，都出203号墓，大小、形状都同203∶258的这件。

Ⅲ式：（203∶208、203∶242）立体坐俑。两手置胸前，两足向前盘屈，衣着表现得不清楚。203∶208高28.9厘米；203∶242高27.8厘米（图版59）。

Ⅳ式：（203∶100、203∶126）扁平立俑。制作粗简，仅用一长条状木片自两侧加以割削，使略具人形而已。203∶100高35.1厘米，203∶126高34.7厘米，二者厚各为0.5厘米（图版60-5、6）。属于这一式的木俑尚有13件，都出203号墓，大小、形状都相似。

木俑持物　都出203号墓，位置在木俑附近，就其形状和大小看来，当系木俑所持之物。这些持物可以分为四式。

Ⅰ式：（203∶189）戈形，戈头弧曲；柄端削尖，稍下处有一凹槽，用以嵌入戈头。长13.7厘米（图版60-1）。这种戈形持物尚有3件，大小、形状都相仿佛。

Ⅱ式：（203∶162）叉形，叉端欠尖。长21.2厘米（图版60-3）。这种叉形持物尚有8件，大小、形状都仿佛。

Ⅲ式：（203∶196）铲形，铲头削尖，中央有一长方形小孔。长20.1厘米（图版60-2）。同样的持物尚有1件，大小亦仿佛。

Ⅳ式：（203∶186）铲形，略同Ⅲ式，但中央无孔。长19.1厘米（图版60-4）。

木车模型　共5辆，都出203号墓前室，形制各有差异。车的结构大都能够复原（详见原著附录一，第139~153页）。

木船模型　1个，出203号墓前室。船上附件甚多，除一部分不明其部位外，大概能够复原（详见原著附录二，第154~160页）。

（五）石、玉、玻璃器及其他

1. 石器

石制的器物有容器、璧和1件研石。

（1）容器　属于容器类的石器有盆、壶、扁壶、鼎和炉五种，它们的质料系石咸石，即一般所称的滑石，颜色呈棕褐色。盆、鼎和炉三者口径较大，系用整块石料琢成；壶和扁壶二者口径较小，器腹又深，系用两块石料分别琢成一半，然后互相拼合成器。

盆（109∶23）　广口、方唇，圆弧形腹壁，平底。口径18.3厘米，底径9.8厘米，高3.3厘米，壁厚0.6厘米（图版61-2）。109号墓尚有2件石盆，形状与此相同，但都比较小。

壶（202∶41）　小口、圆腹、平底；底部贴地，但初看像有圈足。腹的两侧各琢一个铺首衔环，仅具形式。口径4.4厘米，腹径11.8厘米，底径8.5厘米，高17.7厘米，壁最厚2.1厘米（图版61-1）。

扁壶（203∶3a）　短颈、圆腹、平底；底部贴地，但初看若附圈足。腹的两个阔面琢成心叶状，二个狭面琢出铺首衔环。盖的外面雕柿蒂纹，里面有凸起，伸入器口。口径4.2厘米，腹宽14.6厘米，底宽8.6厘米，通盖高15.9厘米，壁最厚1.8厘米（图42，图版61-3）。203∶3b的1件扁壶与这完全相同，但缺盖。

鼎（401∶5、401∶7）　口沿平直，底略圜。耳呈方形，无孔。足

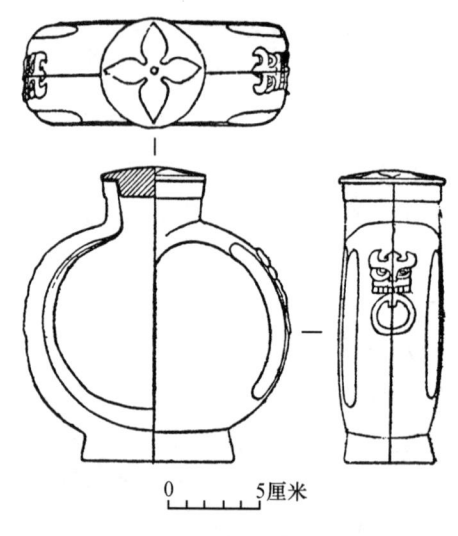

图42　石扁壶（203：3a）

粗壮，断面略作方形。401：7 的 1 件有盖，附捉手，里面有一圈凸起，伸入器口。401：5 口径 12.1 厘米，腹径 15.2 厘米，通耳高 14.1 厘米，壁最厚 1.9 厘米；401：7 口径 14.1 厘米，腹径 17.8 厘米，通盖高 24.5 厘米，壁最厚 2.4 厘米（图版 61-4、6）。另有 1 件鼎与 401：5 相同，大小亦仿佛，亦出 401 号墓。

炉（401：4）　长方形，四壁略作弧形外凸，平底，下有四个长方形足。口长 19.6 厘米，宽 12.1 厘米，底长 18.4 厘米，宽 11.1 厘米，高 7.9 厘米，壁最厚 2.2 厘米（图版 61-5）。

（2）璧　系用石咸石的石料制成，颜色黄褐，深浅各有差。圆形，好径远较肉为小。花纹都限在一面，另一面平素。纹样由刻划的细线和钻磨的圆圈组成。按照花纹布置的不同，可以分为八式。

Ⅰ式：（109：21）璧面全为圆圈纹所占满，圈与圈间有直线相连，交织成菱格状。直径 17.6 厘米，厚 0.6 厘米（图版 62-4）。属于这式的石璧尚有 1 件，同出 109 号墓中。

Ⅱ式：（339：17）璧的边缘和好的周围各有一周弦纹，在二周弦纹之间布置圆圈纹与由直线交织而成的菱格状纹。直径 14.8 厘米，厚 0.25 厘米（图版 62-2）。属于此式的璧尚有 404 号墓所出的 1 件和 271 号墓所出的 1 件。

Ⅲ式：（211：23）璧的边缘有二周弦纹，里面的一周距缘端甚远，圆圈纹和菱格状纹没有占满整个壁面。直径18.1厘米，厚0.3厘米（图版63-2）。完全相同的璧尚有1件，同出211号墓。

Ⅳ式：（245∶4）璧的边缘和好的周围各绕弦纹多周，圆圈纹和菱格状纹被限制在一个较狭的范围内。直径25.5厘米，厚0.25厘米（图版63-3）。属于此式的璧尚有1件，出在270号墓。

Ⅴ式：（265∶5）璧的边缘有弦纹一周；稍里处有弦纹二周，其间密排圆圈纹。再往里才是圆圈纹和菱格纹相交织的花纹。直径10.6厘米，厚0.3厘米（图版63-4）。完全相同的璧尚有5件，都出265号墓。

Ⅵ式：（217∶6）璧的边缘有弦纹二周。离边缘稍里处和好的周围各有一周弦纹贯圆圈纹，其间则是圆圈纹和菱格状纹相交织的花纹。直径13.0厘米，厚0.2厘米（图版63-1）。完全相同的璧尚有4件，都出217号墓。

Ⅶ式：（255∶4）璧的边缘和好的周围各有一周锯齿状纹，其间则是圆圈纹和菱格状纹。直径17.7厘米，厚0.4厘米（图版62-1）。属于此式的璧尚有3件，1件出255号墓，2件分别出于另2个墓。

Ⅷ式：（226∶21）璧的边缘有一周锯齿状纹，稍里处有一周甚为宽阔的类似流云纹的曲线图案。圆圈纹和菱格状纹，距璧的边缘较远。已残破，仅余碎片，厚0.4厘米（图版62-3）。

（3）研石（401∶33） 系页岩的石料制成，颜色紫褐。2件成一套。1件长方形，残长14.3厘米，宽6.1厘米，厚0.43厘米。1件圆形，直径3.1厘米，厚1.2厘米（图43）。

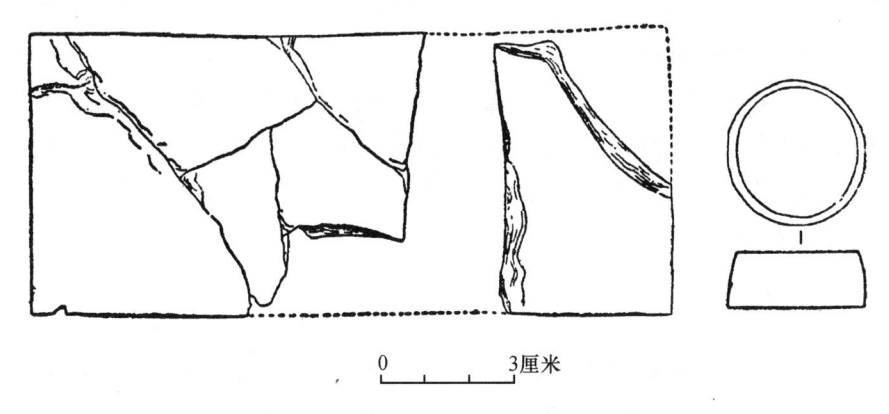

图43 研石（401∶33）

2. 玉器

玉器有璧、琀、瑱、玉块和剑鞘上所附的琫,数量不多,逐一叙述,不加分类。

璧　分二式。

Ⅰ式:(211:2)浅绿色。两面都有花纹,纹样相同。璧的边缘和好的周围各有一周弦纹,二周弦纹之间是由直线交成的菱形格,格中凸起略作圆形的谷纹。直径14.9厘米,好径3.1厘米,厚0.4厘米(图版64-1)。

Ⅱ式:(259:40)浅灰色。两面都有花纹,纹样相同。璧的边缘有一周类似流云纹的曲线图案,稍里是一周较狭的斜行栉齿状纹。再往里则是由直线交成的菱形格和格中的略呈圆形的谷纹。直径14.4厘米,好径2.2厘米,厚0.4厘米(图版64-2)。

琀(217:25)　白色,无光泽。正面呈弧形略为凸起,有线纹表示蝉的眼和翼等;反面平齐,但亦有线纹。长4.5厘米,宽2.7厘米,厚0.4厘米(图44-1,图版65-3)。

瑱(217:26)　白色,无光泽。覃形,一端较大,一端较小,中腰内凹。2件,大小、形状全同。长2.0厘米,大端径1.1厘米(图版65-1、2)。

玉块(217:24)　质料与上述同墓所出的琀和瑱相同。平面长方形,断面略作椭圆形。3件。1件较大,长4.8厘米,宽1.5厘米,厚0.9厘米;2件较小,尺寸相近,长2.5厘米,宽1.0厘米,厚0.6厘米(图版65-4~6)。

琫(240:13)　白色,无光泽。平面作长方形,剖面略呈弧形,两端向下卷曲。花纹凸起,纹样是由涡卷纹构成的图案,前端有一个兽面。反面附一长方形銎套,尚剩有铁锈。长8.1厘米,宽2.4厘米,连銎高1.6厘米(图44-2,图版65-12)。

3. 玻璃器和其他

玻璃器有杯形器的碎片、璧和仿水晶的佩珠;其他如玛瑙、鸡血石、玉髓、琥珀、水晶和绿松石等,则都系环、珠等佩饰品。

玻璃杯碎片(401:025)　蓝色、透明,有细密的暗裂纹。由碎片

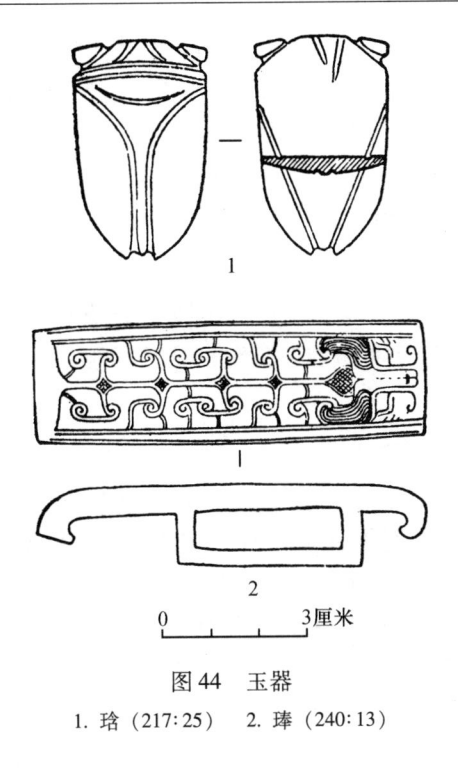

图 44 玉器
1. 琀（217:25） 2. 瑱（240:13）

的形状推测，原器可能是一个直筒状的杯，器壁饰有凹入的弦状纹。厚0.3厘米（图版66-26）。

玻璃璧　分二式。

Ⅰ式：（255:6）深绿色，半透明，两面平素无花纹。直径12.1厘米，好径2.8厘米，厚0.6厘米（图版64-3）。

Ⅱ式：（217:10）浅绿色，不透明。两面布满凸起的、六角形的谷纹。直径16.1厘米，好径2.9厘米，厚0.9厘米（图版64-4）。

玉髓环（401:30）　浅黄色，透明；圆形，断面作不等边的六角形；直径5.9厘米，好径3.3厘米，厚0.7厘米（图版65-18）。另有鸡血石珠1个，红色，半透明；半球状，径1.9厘米，有一穿孔。此珠与一皮质圆形的薄片胶着，皮上涂棕色漆（图版65-17）。出土时鸡血石珠与所附皮质薄片系加在玉髓环的孔上。

玛瑙佩珠（240:35）　紫色，并有白色纹。形状略如枣核，剖面不对称，两端截平，纵贯一孔。长5.1厘米，中腰径1.6厘米（图版65-16）。

水晶佩珠（242：1）　白色、透明，形状欠规则，周边起棱，纵贯一孔。长2.1厘米，径1.1厘米（图版65-15）。

玻璃珠（245：6）　2件，形色略同242：1的水晶珠，系水晶珠的仿制品（图版66-24、25）。另有玛瑙珠2件，形状、颜色略同240：35的1件，与2件玻璃珠同出（图版66-22、23）。

鸡血石珠　橙红色，形状分三式。

Ⅰ式：（219：1）枣核状，断面作圆形，纵贯一孔（图版65-10）。

Ⅱ式：（327：22）枣核状，但断面成八角形，纵贯一孔（图版65-11）。

Ⅲ式：（327：64）圆球状，穿一孔（图版65-13、14）。

绿松石珠（217：23）　绿色，2件。1件较大，作扁圆形，1件较小，略呈圆形；二者都穿一孔（图版65-8、9）。同时出土的还有Ⅰ式的鸡血石珠1件（图版65-7），三者在一处。

琥珀珠（211：51）　紫色，5件。2件作游禽状（图版66-16、17），1件作伏兽状（图版66-18），1件为立体长方形（图版66-19），1件为半球状（图版66-20），各有一个穿孔。出土时，与3件有穿孔的水晶珠（图版66-13～15）和1件有穿孔的异形绿松石珠（图版66-21）在一起，9件共成一组佩饰。

珠佩一组（217：23）　共12件，系由Ⅰ式的鸡血石珠3件（图版66-7～9）、Ⅱ式的鸡血石珠2件（图版66-10、11）、Ⅲ式的鸡血石珠2件（图版66-5、6）、异形的鸡血石珠1件（图版66-12）和绿色圆球状玻璃珠3件（图版66-1～3）、圆球状绿松石珠1件（图版66-4）组成，所有各种质料和形状的珠都有一个穿孔。

三　小结

这一时期的墓葬，在墓的构造上有了变化。附有墓道的墓占多数，与前此不同的是墓道几乎无不作阶梯式，除个别的例外。

在203和401号2个保存较佳的大墓里，可以看到木椁前端设有门扉的迹象。由于椁室前端设门，棺材和随葬品系由门往里送入，而不是由上往下，从顶部放入。这也就是许多墓的墓道在它的入室处高出墓底甚微的原因。在几个较大的墓里，有着安插木柱用的土穴，可以推测曾用木材来构筑墓室。

  随葬品方面,陶器的数量在墓里有了显著的增多。印纹硬陶罐和其他带釉的陶器,是这一时期的墓里才普遍起来的。灶、仓、井、屋等纯粹作为明器的陶制模型物,则为前此所未见。

  在少数的墓里发现了多量的铜器,它们往往花纹简单或没有花纹。鎏金的铜制附饰品却较前为多。铜兵器已无所见,是由铁兵器代替了它。铜镜的形制有了显著的改变,在花纹上已经取消了所谓"地纹"。

  在个别保存较佳的大墓里,有着相当多的漆器和木器。203号墓的车、船模型和401号墓的木简等,是很难得的发现。211号墓里所发现的金箔贴花,代表了一种极其精巧、细致的工艺,说明了漆器上的所谓"平脱"早在汉代已经出现了。

  石制品显著增多,除了大量的璧以外,还有新出现的壶、鼎等的容器。玛瑙、水晶和琥珀的佩珠,为前期所未见或少见。玻璃质的器物在数量和质量上都有了提高。

  货币方面,除了五铢钱和它的泥质仿制品以外,在个别的大墓里发现了金质的金饼,它的泥质仿制品更普遍并大量存在于各个墓中,这也是前此墓葬中所少见的。

(本文原载《长沙发掘报告》,科学出版社,1957年)

汉长安城城门遗址的发掘与研究

汉长安城共有12座城门，平均分布在城的四面，每面各3座城门。按史书记载，12座城门都是西汉初期惠帝在位时建造的。经1956~1957年的勘察，确认宣平门、霸城门、西安门、直城门等4座城门的遗址保存较好，而其他城门的遗迹多已破坏殆尽，甚至毫无留存。1957年年初至年末，对上述4座城门的遗址进行全面的发掘。发掘工作证明，这4座城门各有3个门道，每个门道宽约8米，减去两侧置础立柱的处所，门道的实际宽度为6米。门道地面所遗车辙表明当时的车轨宽为1.5米，每个门道的宽度相当4个车轨，3个门道合计相当12个车轨的宽度。这就是张衡《西京赋》所说"参涂（三途）夷庭，方轨十二"，是当初设定的严格规制。霸城门、西安门门道与门道之间相隔约14米，宣平门、直城门门道与门道之间相隔约4米，这可视为汉长安城城门的两种不同的形制。宣平门、霸城门两边城墙有向前的突出部分，则为长安城东面城门特有的设施，其功效或许在于增加城门的宏伟、壮观。史书记载，新莽末年或稍后，长安城发生战争。发掘工作证明，上述4座城门皆在战火中焚毁（推测其他的城门亦如此）。东汉、魏晋、五胡十六国时期乃至北周和隋初，长安仍是重要的城市，各个朝代和政权多有以长安为都城的，所以在新莽末年或稍后的战火中焚毁之后，各座城门在不同程度上经重修、改建，继续作为出入交通的通道。宣平门的3个门道都在后世被长期使用，北门道和南门道一直使用至隋代。霸城门的南门道废弃不用，但不排除中门道、北门道被继续使用的可能性。西安门西门道的情况虽不明，但东门道和中门道是继续被使用的。直城门的中门道和南门道始终废绝不用，但北门道被沿用至隋代。城门遗址的发掘工作，究明了城门本身的形制和结构，并可帮助了解自汉代至隋初的长安城的历史概况。

1956年至1962年，笔者任中国科学院考古研究所（今为中国社会科学院考古研究所）汉长安城工作队队长，与队员们一同调查、勘察汉长安城遗址，究明了城墙、城壕和全城的平面形状，城门的位置，街道的分布，长乐宫、未央宫、桂宫等主要宫殿的范围以及武库的所在（图1）。

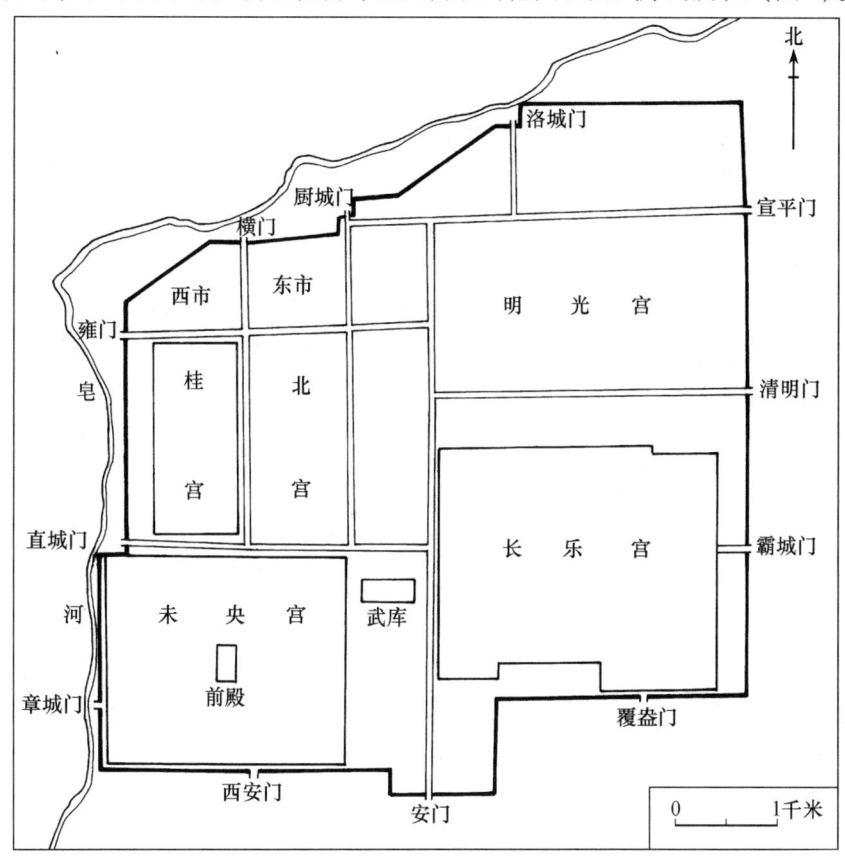

图1　汉长安城平面图

汉长安城共有12个城门，平均分布在城的四面。东面的3个城门自北而南为宣平门、清明门、霸城门，南面的3个城门自东而西为覆盎门、安门、西安门，西面的3个城门自南而北为章城门、直城门、雍门，北面的3个城门自西而东为横门、厨城门、洛城门。经勘察，可以确认宣平门、霸城门、西安门、直城门4个城门的遗迹保存较好，而其他城门的遗迹多已破坏殆尽，甚至毫无留存。于是，从1957年年初开始，对这4个遗迹保存较好的城门进行发掘，同年年末基本上结束。这里，就勘察、发掘工作的主要成果作叙述，并结合历史文献的记载作相关的考证。

一　宣平门

宣平门又称东都门，门外另有郭门，郭门亦称东都门。王莽时，改宣平门之名为春王门。关于宣平门的名称，《三辅黄图》和《水经注》有比较详细的记述。《三辅黄图》：

> 长安城东出北头第一门曰宣平门，民间所谓东都门。汉书曰，元帝建昭元年，有白蛾群飞蔽日，从东都门至枳道。又疏广太傅、受少傅，上疏乞骸骨归，公卿大夫为设祖道，供张东都门外，即此门也。其郭门亦曰东郭，即逢萌挂冠处也。

《水经注》：

> 东出北头第一门本名宣平门，王莽更名春王门正月亭。亦曰东城门，其郭门亦曰东都门，即逢萌挂冠处也。

宣平门遗址保存较好，3个门道如数存在。我们用大面积揭露的方法，全部加以发掘。从遗迹的堆积情况，并结合文献记载来看，宣平门建于西汉初期惠帝时，经西汉一代，至王莽末年或稍后在战火中被毁，而后代又迭经重修改筑，在东汉、魏晋、五胡十六国时代至北朝，以迄隋代，一直作为一个城门而继续存在，到唐代乃始废绝（图2，图版67）。

（一）西汉和王莽时的总体形制

由于宣平门在东汉、魏晋、五胡十六国时代、西魏和北周时一直作为一个城门而被继续使用，屡经重修改筑，西汉时的门道遗迹基本上已经不存在了。然而，我们可以根据西汉时所筑的夯土遗存，主要是城门两边的城墙和门道与门道之间的隔墙，究明西汉时的宣平门有3个门道，宽度各约8米（减去两侧置础立柱的处所，门道的实际宽度约为6米），门道与门道之间相隔约4米。由于城门两边的城墙宽度为16米，可以判定西汉时宣平门3个门道的纵长亦各为16米。

根据钻探，我们发现在宣平门南门道以南和北门道以北各约17米处，城墙向外（向东）突出。突出部分的宽度约为25米，其长度在南

图2 长安城宣平门遗迹平面图

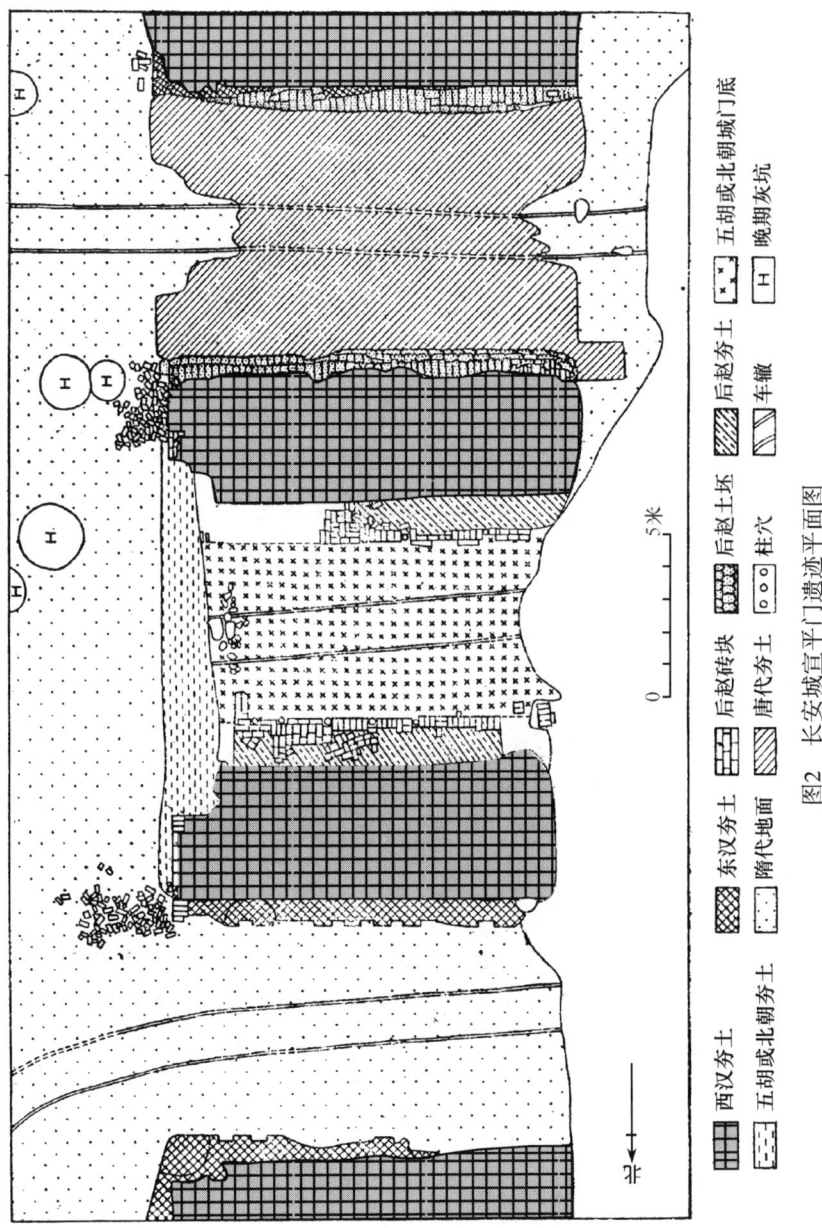

边约为35米，在北边仅存14米，但可推定其原来长度亦在35米左右。城门两边的城墙有突出部分，这种情形亦见于后述的霸城门遗址。突出部分的建置有利于城门的防守，使攻城者临近城门时三面受敌，其作用略如后世的"马面"。然而，由于这种突出部分仅存在于宣平门、霸城门等长安城东面城门，故可认为其设置主要是为了增加城门的壮观（图3）。

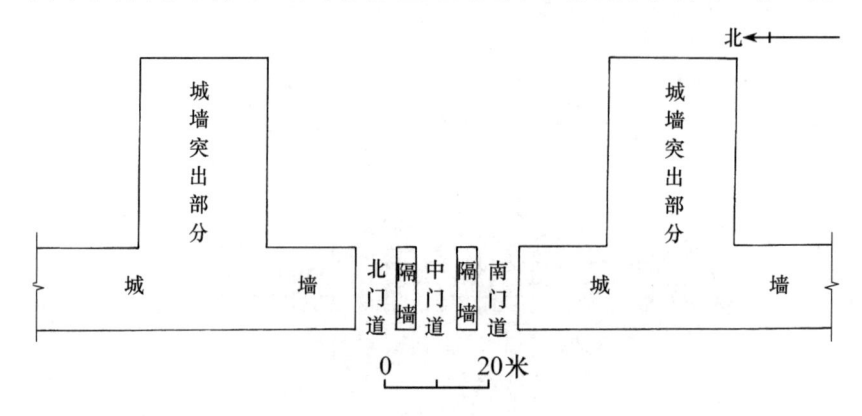

图3 西汉宣平门总平面复原示意图

文献记述，谓宣平门有郭门。宣平门两边的城墙向外突出，使人怀疑这是否即构成了郭门。但是，根据有关记载看来，郭门的位置显然不在这里。《汉书·昌邑王传》：

（刘贺）旦至广明东都门，（龚）遂曰，礼，奔丧望见国都哭，此长安东郭门也。贺曰，我嗌痛，不能哭。至城门，遂复言。贺曰，城门与郭门等耳。

《水经注·渭水》：

其一渠东迳奉明县广成乡之广明苑南，史皇孙及王夫人葬于郭北，宣帝迁苑南，卜以为悼园，益园民千六百家，立奉明县以奉二园，园在东都门。昌邑王贺自霸御法驾，郎中令龚遂参乘，至广明东都门是也。

据此，宣平门的郭门应在奉明县广明苑，而就龚遂两番劝哭的情形看来，郭门与城门之间应有一段稍长的路，绝不是近在咫尺。因此，宣平门两边城墙的突出部分与郭门无关。

宋敏求《长安志》述汉长安城的12个城门，特别指出东面的3个城门有郭门，除谓宣平门外的郭门曰东都门之外，又谓清明门外的郭门曰东平门（又曰东城门），霸城门外的郭门曰青门，而后二者的"郭门"在自汉迄唐的各种书籍中都没有任何记述。我们推想，北宋宋敏求在实地调查时看到汉长安城遗址12个城门中唯东面的3个城门在门的两边有如上所述的城墙突出部分，就将它们视为郭门，除根据记载称宣平门的郭门为东都门外，又分别以清明门的别名东城门和霸城门的别名青门附会为该二城门的"郭门"之名。如今我们仅能察见宣平门和霸城门的两边城墙有突出部分，这是由于清明门两边城墙的突出部分乃至城门本身的遗迹全已破坏无存之故。

正是由于宣平门在后世迭经重修改筑，门址中的西汉和王莽时的遗物都散见于后代的土层中。其中，铜钱有五铢3枚、小泉直一2枚、货布1枚、货泉7枚（图版68-1~5），又有铜镞2枚、铜铺首（木器上的附件）1枚（图4）。此外，还发现40余枚陶球（可能作为弹丸在城门防守上供使用），大小不等，一般直径在2厘米左右，有的带黄绿色釉，有的饰重圈纹，由于同样的陶球亦在西安门王莽末年或稍后的堆积层中被发现，可以认定它们是西汉和王莽时的产物（图5）。在许多破碎的瓦片中有着9枚瓦当的残件，计"都司空瓦"瓦当1枚、"长生无极"瓦当2枚、云纹瓦当6枚。以上各种遗物，可以补充说明西汉和王莽时宣平门的有关情况。

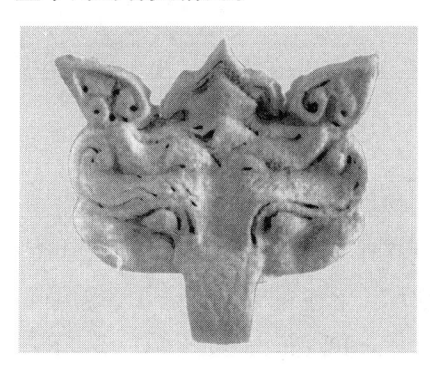

图4　宣平门遗址出土的铜铺首　　图5　宣平门遗址出土的陶质弹丸

最值得注意的是，在北门道的东汉堆积层下，发现了半截西汉的封泥，其形制属"半通印"。印文应有两个字，但只剩一个"发"字，另一字已因封泥断缺而不见。封泥宽2.5厘米，残长1.9厘米，印面宽1.2厘米，残长1.3厘米（图6）。《封泥考略》和《封泥存真》著录

"发弩"封泥，《簠斋陈氏藏印》著录"发弩"印，形制都与此大同小异，可帮助判定此半截封泥原印"发弩"二字。《汉书·地理志》：

> （南郡）有发弩官。

颜师古注：

> 主教放弩也。

可以肯定，西汉及王莽时在宣平门屯兵，城门校尉与发弩官因任务上的关系而有文书往来，所以在城门上有这封泥的遗落。考虑到南郡与长安相距甚远，往来不便，而《封泥考略》所录南郡"发弩"封泥的印文形制又与这"发弩"封泥颇不相同，推测当时除南郡以外，京师亦有发弩官，而宣平门遗址发现的这枚封泥应属京师长安的发弩官。

图6　宣平门遗址出土"发（弩）"封泥的照片和拓片

（二）东汉时的重修

在王莽末年或稍后的战争时期中，与从其他曾经发掘的城门遗址中所见到的情况一样，宣平门也遭焚毁。焚烧后所余的灰烬、炭屑和崩塌的红烧土等虽已因后世重修城门时经过清理而不存在，但仍可看到3个门道的两壁都被烧得发赤，而且有所崩坏。上述在晚期土层中发现的西汉和王莽时的铜钱以王莽的小泉直一、货泉和货布为多，也在一定程度上说明了城门焚毁的具体年代是在王莽末年或稍后。

根据发掘出来的各种现象来看，宣平门在这以后是经过多次重修和改建的，而第一次的重修是在东汉。重修的遗迹是在北门道和南门道的王莽末年或稍后被烧得发赤并有所崩坏的老壁上用细密坚实的夯土补筑，形成了门道的新壁（图2，图版67、图版69）。从北门道保存较好的处所度量，这新补的夯土厚约80厘米。北门道北侧的城墙前壁，也包上了这种新的夯土。与西汉的老夯土相比，东汉新补的夯土颜色较浅，呈淡黄色，而西汉的夯土则作黄褐色。从层位关系上考察，这修补的新夯土的筑成年代应在王莽末年或赤眉进军长安之后，在五胡十六国时代之前，换言之，是在东汉或魏晋间。因为，无论在北门道或南门道，这新筑的夯土都包住了王莽末年或稍后被烧坏了的西汉时所筑的老壁，而在北门道南壁的东端和南门道南壁的东端又被十六国时代再次修补时所用的土坯和砖所包住，年代的上限和下限都是很明确的。至于具体的修筑年份，则在东汉的初年。关于这一点，我们是根据史书的记载。《后汉书·杜笃传》：

（建武十九年）于长安修理东都城门。

李贤注：

长安外城门，东面北头第一门也。

《后汉书》的记载指明所修理的是城门，不是郭门；李贤注既说是东面北头第一门，又说是外城门，似乎略有矛盾。但是，可以肯定，东汉光武帝建武十九年（公元43年）修理的东都门应该是长安城东面北头的城门，而不是设置在奉明县广明苑的郭门。经过修理的这座城门，一直被使用到东汉末年，甚至延续到魏晋（其间或许又经过小规模的修理，但不涉及门道夯土壁的改造）。正是因为宣平门在东汉末年继续被使用，所以在有关东汉末年长安城的文献记载中此城门被多次提到。《三国志·董卓传》注及《后汉书·董卓传》注引《汉献帝起居注》：

初，天子出到宣平门，当度桥，（郭）汜兵数百人遮桥。

《三国志·董卓传》注引张璠《汉纪》：

司徒王允挟天子上宣平城门避兵。

《后汉书·董卓传》：

王允奉天子保宣平城门楼上。

《后汉书·献帝纪》及《续汉书·五行志》：

（初平二年）三月，长安宣平门外屋无故自坏。

这些记载，都说明在东汉末年汉献帝迁长安时宣平门仍然存在，而且是一座建有门楼的完好城门。

东汉时补筑的夯土壁有着许多方形的凹槽。在北门道的南壁，保存情况最好，可以数计凹槽共有6个。在北门道的北壁，凹槽只剩下2个，其余已遭破坏，但推测原来的凹槽数目可能与南壁的相等（图2，

图版69）。两壁的凹槽，大小都相仿佛，宽约40厘米，深入壁内约22厘米，而位置却并不严格对称。在南门道的南壁和北壁，东汉补筑的夯土壁虽都被十六国时代的土坯和砖包住，破坏甚多，但在个别的处所仍然可以看出有凹槽的形迹。显然，这些凹槽是为了安插建门楼用的木柱而设的。我们没有在凹槽底下发现柱础石，这可能是由于现存的门道地面已不是东汉的，而是北周至隋的。即使东汉时曾置柱础，它们也很可能已经在后世被移去了。

东汉重修后的宣平门，北门道的宽度可以精确测得为6.5米。这较之西汉时门道宽为8米要狭，但由于建楼用的木柱系安插在两壁的凹槽内，实际宽度所减不多，与西汉时实宽6米比较，相差不大。南门道由于破坏较甚，已不可能度量其宽度。应该指出的是，我们没有在宣平门中门道发现东汉修补的夯土。这可能是由于东汉时只使用北门道和南门道，而未使用中门道，也可能是使用了中门道，但中门道两壁仍西汉之旧而未加补筑，更可能是中门道两壁虽经补筑，但补筑的夯土已在十六国时代再度重修的过程中被破坏无遗了。

东汉末年，长安城战乱不绝。《三国志·董卓传》：

（李）傕质天子于营，烧城门、宫殿。

但是，在宣平门北门道和南门道的东汉夯土壁上没有发现火烧的痕迹。事实上，《三国志·董卓传》所记李傕烧城门是在汉献帝尚居留于长安城之时，而此后献帝经宣平门出长安城时宣平门犹完好，可见此城门不在被烧之列。

与东汉的遗迹相应，在宣平门门道的晚期堆积层中发现了一些铜钱，其中有五铢钱2枚，从钱文的书体看来，应该是东汉时铸造的。此外，值得注意的是有10枚形小质轻、制作陋劣的小铜钱，有的没有文字，有的铸出不规整的"五朱"字样，根据以往的考古发掘工作，可以确认它们是东汉末年的产物（图版68-6~11）。《三国志·董卓传》：

初平二年，徙天子都长安，……悉椎破铜人、钟虡，及坏五铢钱，更铸小钱，大五分，无文章，肉好无轮廓，不磨鑢。

《后汉书·董卓传》：

又坏五铢钱，更铸小钱，悉取洛阳及长安铜人、钟虡、飞廉、铜马之属以充铸焉，……又钱无轮廓、文章，不便人用。

《后汉书·献帝纪》：

董卓坏五铢钱，更铸小钱。

由于上述的这种铜钱发现在长安城的城门遗址中，这城门在董卓据长安时又确实被使用着，钱的制作和形状等又与文献记载符合，说它们为董卓时所铸，是确有可能的。

此外，在五胡十六国时代至北朝的堆积层中还发现了2枚云纹瓦当，从形制、花纹看来，应属东汉的产物。

（三）后赵时的改建

宣平门第二次改建的遗迹，存在于它的中门道和南门道。在中门道的两壁，紧挨着西汉的夯土，各有一层厚约1.3米的新的夯土。这夯土中含有一些红烧土粒和炭屑，可以推测是采用了城门附近经过焚烧的土而加以夯筑的。夯土很结实，但夯层不显。在这夯土之外，包着一层砖，形成了用砖砌成的新壁。砖的砌法是重叠，一层横铺，一层纵铺，交替而上。在南门道的两壁，则在东汉补筑的夯土之外，用土坯（其中也夹杂少许的砖）镶砌，成为新壁，土坯的砌法则是直铺、平叠。中门道的砖壁保存甚好，而南门道的土坯壁则破坏较甚。此外，在中门道和南门道两侧的城墙外壁（即门道与门道之间的隔墙的前壁），也用平叠的砖包砌，形成了砖壁，砖的形制与中门道两壁所用的砖相同（图2，图版70、图版71）。

为了究明宣平门第二次改建的年代，我们检验了上述的这些砖。砖的制作粗糙，大小甚不一致，表面往往带有不很规整的绳纹、席纹和菱格纹。重要的是有不少的砖在砖面上模印凸起的"石安田□"、"石安宋利"、"石安曹平"、"石安曹处"、"石安王苻"、"石安王承"、"石安宗成"等字样（图7、图8）。显然，"田□"、"宋利"、"曹平"、"曹处"、"王苻"、"王承"、"宗成"等为人的姓名，而"石安"则为地名，后者对判断第二次重修宣平门的年代提供了极为有利的条件。《魏书·地形志》：

（咸阳郡）石安，石勒置。

《长安志》（卷第十三）：

后赵石勒于渭城置石安县。

后赵石勒时在咸阳设置石安县，这是中国历史上咸阳地区置有石

1. "石安宋利"文字砖

2. "石安曹处"文字砖

图7 宣平门遗址出土后赵的砖

图8 宣平门遗址出土的后赵砖上的文字

安县的唯一记载。上述刻印有"石安"字样的砖在长安城遗址被发现，它们无疑是后赵时的产物。这种砖在长安城的遗址中散见甚夥，而在宣平门的遗址上则见到它们被用来修筑城门。从砖的形制、纹饰和所印文字的书体观察，其制作年代亦应在五胡十六国时代，而"石安"的文字则确定了它们是后赵时在咸阳地区制作的。《晋书·石季龙载记》：

  以石苞代镇长安，发雍、洛、秦、并州十六万人城长安未央宫。

《十六国春秋·后赵录》：

  （建武）十一年，发雍、梁十六万人成长安未央宫。

李好文《长安志图》根据这些记载，乃谓：

  汉城惠帝时筑，后赵石虎亦尝修之。

  由此可见，后赵石虎确曾大规模地修筑过长安城，虽然没有言及宣平门，但考古发掘的结果，结合历史文献的记载，可以充分证明后赵在修筑长安城的宫殿之时也修筑了长安城的主要城门宣平门。宣平门第二次重修、改建的年代问题，于此得到了具体的解决。

  在宣平门中门道的许多后赵时所用的砖块中，另有一块记有年月的砖。此砖平素无花纹，在砖面上刻有"大兴四年四（月）"六个字，其中"月"字已因砖的残破而缺失（图9）。在中国历史上，使用"大兴"年号的君主，唯有东晋元帝与北燕冯弘。东晋元帝的"大兴"共四年，相当公元318～321年；北燕冯弘的"大兴"共六年，相当公元431～436年。北燕的政治、军事势力未及于关中，当时关中地区属北魏统制，不可能用北燕的年号。东晋的大兴四年（公元321年）与前赵刘曜的光初四年（公元321年）相当。刘曜于光初二年（公元319年）始徙长安，其时距西晋覆灭不久，长安之人仍奉东晋年号，所以在砖面上刻"大兴四年"文字。东

图9　宣平门遗址出土的纪年铭砖拓本

晋大兴四年下距石虎建武十一年（公元345年）修长安城宫殿不过25年，下距石勒太和二年（公元329年）占领长安城则仅8年。我们不能判断后赵修筑宣平门的准确年份，但可断定是在石勒太和二年（公元329年）至石虎建武（公元335～348年）年间。这样，在后赵修筑宣平门时，偶然使用了大兴年间（公元318～321年）所造的砖，这也是合乎情理的。要之，大兴四年纪年砖的存在不能否定宣平门第二次改建的年代主要是在后赵时的结论。

后赵改建的宣平门，南门道的形制已因后世破坏而难于究明，甚至门道的宽度亦不能求得。然而，中门道的遗迹却保存得很好，可以精确地测量其宽度为5.3米，与西汉和东汉时的门道相比，都有所减狭。门道的砖壁每隔1.15米处设一个方形的凹槽，宽各约25厘米，深入壁内各约20厘米。北壁现存凹槽6个，南壁现存凹槽4个，这是由于两壁都受到一些破坏，砖壁损毁，凹槽的数目亦因而不全。若就门道的纵长测计，两壁原来应各有凹槽7个，位置基本上对称（图2，图70、图版71）。这些凹槽，与存在于北门道的东汉夯土壁的凹槽一样，是用以安插木柱的。在每个凹槽的底部，都垫有一块础石，础石上还往往遗有木柱炭化后的痕迹。由此可见，后赵时的宣平门仍建有门楼。

后赵宣平门门道的纵长应为13米，但中门道的西端略有损毁。在中门道北壁离门道前缘约2米处，尚遗存着一块门墩石，可见门扉即设置于此。南壁的门墩石，则已因破坏而不存。北壁的门墩石长40厘米，宽22厘米，圆形的臼窝直径12厘米（图版70）。由于臼窝中遗有铁锈的痕迹，可知门扉下部的转轴（门枢）使用了铁。在门道前缘的中央，有一块形状不甚规整的石头，它的下部深埋地下，上部露出门道地面约15厘米。这石头的设置是为了用以挡住两个门扉，使其不被过于推向外面。从门墩石的形制和这块挡门石的存在判断，城门门道的两扇门确是向内开启的。

我们推测，宣平门第二次改建虽在后赵，而改建后的城门则沿用到后赵以后。就中门道而言，两侧的砖壁是后赵时修筑的，但与砖壁相应的门道地面的最后形成则应在后赵之后。门道地面以下的"路土"厚达25厘米，应该是在后赵至后赵以后的一个相当长的时期内形成的。在中门道的地面上发现了一个车辙，车轨宽1.5米（图2）。这车辙的年代最早不超过后赵，却很可能是属于后赵之后的。中门道的砖壁有火烧的痕迹，嵌在砖壁凹槽内的木柱亦烧成了炭，而整个门道则被火烧后的灰烬、乱土和崩塌的砖块所填满。可以肯定，后赵时重修的宣平门最后被毁于火。被毁的年代，从遗迹堆积的层位关系上考察，仅能知其在后赵至北朝，而就历史事实作推测，或许是在后秦末年（公元417年）东晋大将刘裕攻长安之时。

在后赵改建过的中门道地面以下，埋有一段砖砌的水道，宽1.2米，深2.3米，砖的砌法亦为横直相间的重叠。水道底部遗有一层很薄的砂土，其上则全部填黄褐色的乱土。由于没有砖筑的券顶，推测当时可能用粗大的枋木横列铺盖。南门道亦有类似的水道，但所砌的砖已在后世被挖去。

在宣平门的北门道，没有发现后赵时改建的遗迹。但是，也没有发现后赵时将北门道填塞的情形。由于北门道在北周和隋代确被使用着，后赵时北门道被弃置不用的可能性是不大的。我们推测，由于东汉时补筑的夯土壁保存良好，后赵时可能仍加利用。若北门道亦有所改建，则主要限于城门的门楼。

（四）十六国时代至北周时的情况

我们在宣平门的南门道和北门道发现北周至隋代的地面，以及隋代地面上所遗的车辙，从而可以肯定，自后赵以后，经前秦、后秦、西魏、北周，宣平门仍然作为一个城门被使用着（图2，图版67、图版69、图版72）。这里，根据发掘工作的实况，结合文献记载作考证，可以认为宣平门在当时已改称"青门"。洪亮吉《十六国疆域志》引《十六国春秋·后秦录》：

（姚）泓计无所出，谋从青门出降于（刘）裕。

所谓青门，一般都认为是长安城东出南头的霸城门。所以，《长安县志》也就以为后秦姚泓时的青门即是汉时的霸城门。但是，应该指出，这样的认识是否正确，值得商榷。

为了将问题彻底究明，我们在这里对"青门"的名称详加考证。《汉书·王莽传》：

（天凤三年）霸城门灾，民间所谓青门也。

颜师古注引《三辅黄图》：

  长安城东出南头名霸城门，俗以其色青，名曰青门。

《水经注·渭水》：

  第三门本名霸城门，王莽更名仁寿门无疆亭；民见门色青，又名青城门，或曰青绮门，亦曰青门。

阮籍《咏怀》诗：

  昔闻东陵瓜，近在青门外。

按秦时邵平种瓜，《史记·萧相国世家》和《汉书·萧何传》皆仅谓在长安城东，阮籍诗始谓在青门外，而《三辅黄图》和《水经注》则皆谓此青门即系霸城门，是亦无可非议。

  但是，必须指出，在以后的十六国时代和北朝时，霸城门都没有又称青门的记载，而宣平门又称青门的记载却不止一处。《后汉书·袁绍传》注引《汉献帝春秋》：

  太傅袁隗、太仆袁基，（袁）术之母兄，（董）卓使司隶宣璠尽口收之，母及姊妹婴孩五十余人下狱死；卓别传曰，悉埋青城门外，东都门内。

按东都门为宣平门的郭门，而宣平门自身亦有东都门之称。《董卓别传》谓东都门内的城门为青城门，则此青城门自应系指宣平门而非指霸城门。根据《三国志》和《后汉书》的记载，东汉末年宣平门仍称宣平门不改。因此，可以认为，《董卓别传》称宣平门为青城门不是根据东汉末年的情况，而是在以后《董卓别传》著撰前宣平门才改称为青城门的。

  从考古发掘的实际情况来看，霸城门在王莽末年或稍后的战火中焚毁，至少就其南侧的一个门道而言，此后是一直废弃不用的，火烧后崩塌的乱土、碎瓦、灰烬、炭屑等填塞了整个门道而未经清除，充分说明了这一点。当然，我们不能排除霸城门的中门道、北门道（遗迹全已破坏无存）在后世经重修、改建而被继续使用的可能性。但是，如前文所详述，宣平门在新莽末年或稍后被焚毁，此后不止一次地重修改建，在五胡十六国时代仍然作为一座完整的城门而存在，这已因考古发掘工作而得到证实。所以，后秦时的青门应该是宣平门，不可能是霸城门。这与《后汉书·袁绍传》注引《汉献帝春秋》及《董卓别传》谓东都门内的城门为青城门的记述是符合的。

关于宣平门在五胡十六国时代已改称青门之事，除上述《董卓别传》以外，还有其他更为明确的记载。《后汉书·逢萌传》：

> （逢萌）解冠挂东都城门。

李贤注：

> 汉宫殿名，东都门今名青门也；前书音义曰，长安东郭城北头第一门。

《太平御览》引《汉宫殿名》：

> 长安有宣平门、覆盎门、万秋门、横门，郭门东都门今名青门。

"东都门今名青门"，《太平御览》所引与李贤《后汉书》注所见完全相同，毫无差异。按《汉宫殿名》之书，《隋书·经籍志》中未见。《旧唐书·经籍志》和《新唐书·艺文志》皆录《汉宫阁簿》二卷，其与《汉宫殿名》是否为同一书，当然很成问题。但是，除李贤《后汉书》注以外，《艺文类聚》和《初学记》亦引《汉宫殿名》，两者各撰作于唐武德、开元间，《四库全书》总目提要谓其所采多为隋以前书，而姚振宗《隋书经籍志考证》则直说《汉宫殿名》等书皆为隋以前之地记。要之，《汉宫殿名》的作者及著作的确切年代虽不明，但系汉以后、隋以前的作品，则是可以肯定的。

李贤《后汉书》注引《汉宫殿名》仅谓东都门改称青门，未说明此东都门是郭门抑或是城门，但李贤注引《汉书音义》谓系北头第一门，当系指城门。前已述及，《后汉书·逢萌传》记逢萌挂冠的东都门系郭门，《太平御览》所引《汉宫殿名》谓改名为青门者亦系郭门，而《董卓别传》所说的青城门则又应系城门。在青门为郭门抑或为城门的问题上，诸书记述似有矛盾。这是由于宣平门的郭门与城门关系密切，郭门称东都门，而城门亦有东都门之称，易于混淆之故。然而，无论如何，《汉宫殿名》与前述《董卓别传》一样，其所说的青门应是宣平门（亦称东都门），绝非霸城门。现在，宣平门遗址东面近处的村落称"青门口"、"青门口东村"、"青门口西村"，自亦应与宣平门改称青门的历史事实有关。《董卓别传》和《汉宫殿名》皆为汉以后、隋以前的书籍，说明了宣平门改称青门大致是在公元4世纪初至5世纪前期的所谓五胡十六国时代。

必须指出，在关于宣平门改称青门的问题上，王先谦《后汉书集

解》所说是有错误的。针对上述《后汉书·逢萌传》的李贤注文,《后汉书集解》引沈钦韩《汉书疏证》:

> 黄图,长安城东出南头第一门本名霸城门,民见门色青,名曰青城门,或曰青门;东出北头第一门曰宣平门,民间所谓东都门,注误。

王先谦和沈钦韩认为逢萌挂冠的东都门即系宣平门,这固然正确,但他们将《汉宫殿名》中所说的青门当作西汉和王莽时的霸城门,反而说李贤的注文有误,则是不符事实的。

究明了自五胡十六国时代以来宣平门已改称青门之后,我们就可以进而了解宣平门在北周时的情况了。在宣平门的南门道和北门道,由于北周至隋行人的出入和车辆的往来,自门道地面以下形成了一层厚达半米的"路土"。在北门道的路土层中发现了1枚"五行大布"铜钱(图版68-12),据《周书·武帝纪》记载,此钱为北周武帝建德三年(公元574年)所铸造,证实了北周时宣平门的北门道和南门道仍然在通行,这与文献记载是完全符合的。《周书·武帝纪》和《北史·周本纪》:

> (建德六年五月)青城门无故自崩。

《隋书·五行志》:

> 后周建德六年,青城门无故自崩;青者东方色,春宫之象也。

《周书·宣帝纪》:

> (大象元年三月)帝亲擐甲胄,入自青门,皇帝衍备法驾从入,百官迎于青门外。

这些记载,与考古发掘所见的现象结合起来,都能说明以上的事实。但是,这里也还存在着一个应予解决的问题。《资治通鉴》:

> (陈太建十一年,即周大象元年)三月庚申,天元还长安,大陈军伍,亲擐甲胄,入自青门。

胡三省注:

> 青门,汉长安城东出南头第三门也,门色青,故名青门。

显然,与王先谦、沈钦韩误将《汉宫殿名》中的汉以后、隋以前的青门认作霸城门一样,胡三省也错误地将《周书》和《北史》中所载的、从而也见于《资治通鉴》的青门误作霸城门了。这不仅无视《董卓别传》和《汉宫殿名》中的记述,而且与现今宣平门遗址东面近处的村落各称"青门口"、"青门口东村"、"青门口西村"的显明事实不相符合。发掘工作证实,霸城门南门道于王莽末年或稍后焚毁之后,始终是废绝的。中门道、北门道纵使在后世经重修、改建而被继续利用,但作为一座城门,形制不整,规模甚小,北周的皇帝是不会"大陈军伍,亲擐甲胄",由此门进入长安城的。要之,北周时的青门与后秦时的青门一样,不可能是长安城东面南头的霸城门,而应该是东面北头的宣平门,而当时宣平门已改称为青门。庾信《哀江南赋》有"践长乐之神皋,望宣平之贵里"之句,则只是表追怀古昔之情而已。事实上,根据考古发掘,可以知道宣平门一直被使用到隋代,而隋代亦称其为青门。《隋书·宇文化及传》:

　　大业初,炀帝幸榆林,化及与弟智及违禁与突厥交市,帝大怒,囚之数月,还至青门外,欲斩之而后入城。

所谓入城,自系指新都大兴城,而青门则应指长安宣平门的故址。

(五)废弃的年代

前面已经说过,宣平门中门道的焚毁可能是在后秦末年。我们发现,在焚毁了的中门道的前端,筑有一堵宽约1.7米的土墙(图2,图版71)。这土墙为版筑,夯层明显,墙的外壁甚为整齐、光洁。筑墙的目的,似乎在于杜绝中门道而一任焚毁后的乱土、灰烬等堆积在门道内。这土墙压住了后赵以至十六国时代后期的车辙,包住了后赵时所砌的砖壁,可证它是中门道焚毁以后才筑的。另一方面,土墙之外为隋代的地面,而土墙所压则为后赵以至十六国时代后期的门道地面,可见此墙筑于隋以前。可以认定,在十六国时代后期焚毁之后,中门道被筑墙堵塞。到了北周和隋代,改称为青门的宣平门实际上只有南门道和北门道,由于两个门道位置对称,修筑整齐,仍不失其为一座壮观的城门。

在南门道和北门道的隋代地面上,清楚地遗有两条车轨宽为1.3米的车辙,其年代亦应该是在隋代(图2,图版67、图版69、图版72)。在北门道的东部入口处,发现了一枚铸有"五铢"字样的铜钱,紧贴在地面上。这五铢钱直径稍小,周郭甚宽,"五"字的中间两笔斜直,近穿孔处有一直道,显然是隋代所铸(图10,图版68-13)。《隋书·食货志》:

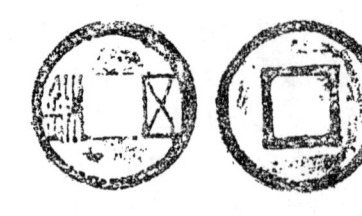

图10 宣平门遗址出土的隋五铢钱

高祖既受周禅，以天下钱货轻重不等，乃更铸新钱，背面肉好，皆有周郭，文曰五铢，而重如其文。

由此可知，隋文帝即位之初便新铸五铢钱，通用全国，而两《唐书》则记唐高祖武德四年（公元621年）废五铢钱而改用"开元通宝"钱。这枚隋代所铸五铢钱的存在，说明了发掘出来的门道地面和地面上所遗车辙的具体年代。

在北门道和南门道的隋代地面以上，填有唐代的夯土。这夯土夯打结实，层次显明，由于其中夹杂着不少红烧土粒，可见是采用了城门附近经过焚烧的土。夯土中还夹有自西汉以迄唐代的碎瓦片，其中有唐代的瓷片。夯土中除了有货布、货泉和东汉末年的小铜钱外，尚有一枚上述唐高祖武德四年始铸的"开元通宝"铜钱（图版68-14）。根据夯土的层位关系和其中的包含物，可以判断这夯土筑于唐代无疑。推测隋迁都城于大兴，唐代仍以大兴为都城并改其名为长安，而以汉代以来的长安城故址为禁苑的一部分，城门已失去作用，乃作有计划的填塞。填塞的夯土，无论在门道的前端或后端，都与原来的城墙取齐，很是整齐。不难理解，填塞的意义在于杜绝北周、隋代以后的城门门道，使其不复交通，同时亦在于修整两汉以来的城墙，继续利用而作为禁苑的围墙。在实行填塞的时候，南门道的隋代地面和地面上所遗车辙受到了一定程度的破坏，唐代夯土深入隋代地面以下约半米（图2，图版67-2）。

如前所述，与北门道和南门道的情况不同，宣平门的中门道可能早在后秦末年被焚毁，门道内填满了乱土和灰烬等，由于现存的门道只是门道的下部，所以没有发现唐代的夯土，但不能认定在门道的上部（在乱土和灰烬等之上）没有填唐代的夯土。今日的地表耕土层以下，在南门道为唐代的夯土，在北门道和中门道却都另有一层灰褐色土，其中发现"圣宋元宝"、"元丰通宝"等铜钱（图版68-15），可见此土层是宋代以后形成的。在北门道，可以明显地看出所填唐代的夯土受到了宋以后的破坏。因此，可以认为，在中门道上部亦填有唐代的夯土，只是在宋以后被破坏而已。

汉长安城的地理位置在关中，其与外地的交通以关东方面为主要。

宣平门作为长安城东面北头的城门，位置重要，出入经由，十分频繁。汉以后的各代多仍有以长安城为都城的，宣平门的重要性不减当初，故屡经重修、改建。与其他的城门相比，此城门的使用延续最久，其在文献记载中之被述及亦最多。可以说，宣平门的存在与自汉迄隋的长安城相始终，这不是偶然的。

二 霸城门

霸城门又称青门，王莽更名仁寿门。关于霸城门的名称，《三辅黄图》和《水经注》各有较为详细的记述。《三辅黄图》：

> 长安城东出南头第一门曰霸城门，民见门色青，名曰青城门，或曰青门；门外旧出佳瓜，广陵人邵平为秦东陵侯，秦破后为布衣，种瓜青门外，瓜美，故时人谓之东陵瓜。庙记曰，霸城门亦曰青绮门。

《水经注》：

> （自北而南）第三门本名霸城门，王莽更名仁寿门无疆亭，民见门色青，又名青城门，或曰青绮门，亦曰青门；门外旧出好瓜，昔广陵人邵平为秦东陵侯，秦破为布衣，种瓜此门，瓜美，故世谓之东陵瓜，是以阮籍咏怀诗曰，昔闻东陵瓜，近在青门外。

应该指出，霸城门又称青门的记述最初见于《汉书·王莽传》之谓"（天凤三年）霸城门灾，民间所谓青门也"，这当然是确实无疑的。但是，《三辅黄图》和《水经注》只是追记西汉和王莽时的旧称，不能据以认为南北朝时代长安城犹有别名为"青门"的霸城门的存在。阮籍的《咏怀》诗为《水经注》所引用，又为《昭明文选》所收录，诗中的"青门"虽为霸城门的别名，亦不能由此认定三国魏时长安城仍有别名为"青门"的霸城门继续作为一个完好的城门而供出入交通。如前章所述，《董卓别传》、《汉宫殿名》等书籍记五胡十六国时代后期及北朝时称为"青门"的城门不是指霸城门，而是指两汉以来被长期沿用的宣平门。这里，我们先将问题说清楚，以免引起误会。

（一）西汉和王莽时的总体形制

在前章叙述宣平门的形制时，曾述及宣平门南边和北边城墙各有向东的突出部分。应该着重指出，霸城门在形制上亦有相似的情状。只是，如以下所述，与宣平门两边城墙的突出部分相比，霸城门两边城墙的突出部分长度稍增，宽度大减，不无差异。

经过勘察、发掘，可以究明，霸城门南边城墙的突出部分保持着原来的宽度为10米，但长度已残缺不全；北边城墙的突出部分虽然亦有残缺之处，却保持着原来的宽度为10米，又保持着原来的长度为40米。霸城门的北门道和中门道的遗迹已完全破坏无存，但南门道遗迹保存较好，可测得其宽度为8米（减去两侧置础立柱的处所，实际宽度为6米），而南门道的南壁与其南边的城墙突出部分相距为20米。经发掘，霸城门附近的城墙宽度为16米，从而可以推定霸城门南门道的东部（前部）虽残缺，门道原来的纵长亦应该为16米。这样，按照对称的原则，我们可以复原西汉和王莽时霸城门的总体平面图（图11）。

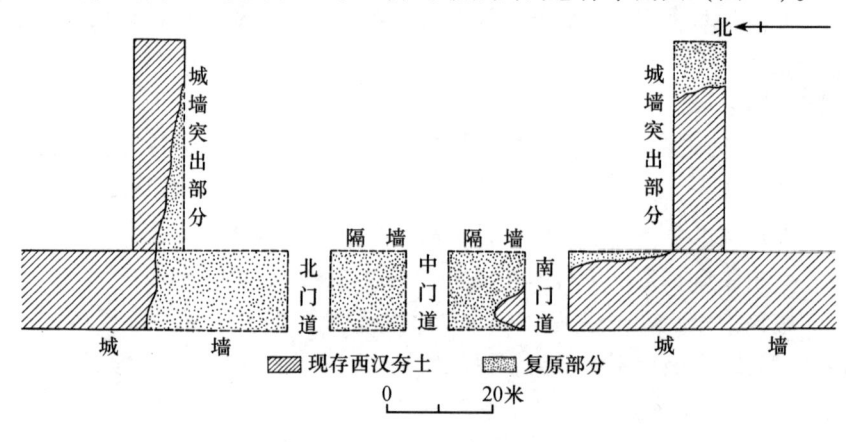

图11　西汉霸城门总平面复原图

如图所示，霸城门3个门道的纵长各为16米，横宽各为8米，这与宣平门是相同的。但是，与宣平门不同的是，霸城门的门道与门道之间相隔14.5米，而宣平门的门道与门道之间相隔为4米。门道与门道间隔增大，可显示整个城门的宏伟、壮观，这可能是因霸城门的位置正对准着长乐宫的东阙之故。

在霸城门两边城墙的突出部分与城墙本身之间稍有隙缝，可以察见城墙本身的表面有着许多排列紧密的圆形小夯窝，如后文所述，它们显然具有装饰意义（图13）。因此，可以判定，城门两边的城墙最初是没有这种突出部分的，而是经过一定的时日之后才加以增筑的。

《汉书》及《三辅黄图》、《水经注》等许多史书、文籍皆记宣平门外有郭门，但宣平门两边的城墙突出部分与郭门无关，已如前述。《汉书》及《三辅黄图》、《水经注》等皆不记霸城门外有郭门，可见霸城门外根本没有郭门的设置，霸城门两边的城墙突出部分当然与郭门毫不相干。撰作于北宋的《长安志》谓霸城门的外郭门曰青门或青城门，这只是出于宋敏求个人的理解，不足为信。关于这一点，我们在前章述及宣平门的郭门时已有过较详的说明。

　　我们发掘了霸城门南边城墙突出部分的北拐角和南拐角，也发掘了北边城墙突出部分的北拐角（南拐角已因破坏而不存在）。在各个拐角的接近汉代地面处，各有一块大型的板瓦，紧贴在夯土壁上，凹面向外（图版73）；在北边城墙突出部分的北拐角，板瓦之下的地面还积有许多碎瓦片（图12）。按照我们的理解，这是为了把沿着墙的拐角流淌下来的雨水导入地下。在板瓦之上，原来或许还有其他如水管之类的装置，但已无痕迹可寻。

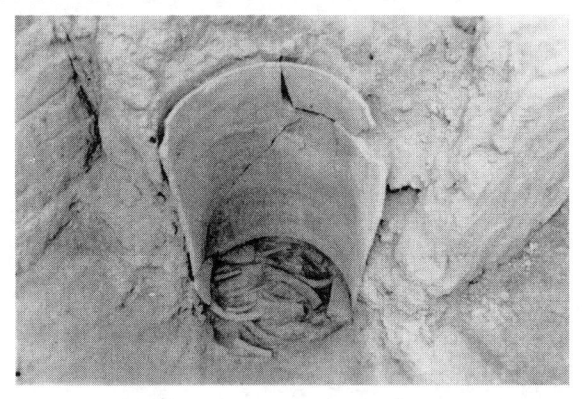

图12　霸城门北边城墙突出部分拐角处的瓦片设施

　　据发掘所见，在南门道附近，城墙前壁有保持着原来的墙面的，墙面上都打印有许多排列紧密的圆形小夯窝。这些夯窝直径约4厘米，夯杵的头部应为半球状，其与夯筑城墙用的夯杵头部之为扁平的圆形、直径皆为7厘米者显然不同。十分明显，在城门近处的城墙表面用夯杵打印这许多排列紧密的圆形小夯窝，其作用不在于增强城墙墙体的坚固，而在于为城门外表作装饰。经观察判明，在杵打之前，曾经用水浇刷，以求墙面平整、光滑，从而使这许多小圆窝更能显示其装饰效果（图13）。《水经注》在述及汉长安城的城门时，有"隐以金椎，周以林木"

之语（亦见《三辅黄图》所引《三辅决录》）。所谓"周以林木"，是指在城门附近多植树木；所谓"隐以金椎"，则应该是指在城门两边近处的城墙（包括门道与门道之间的隔墙）表面用铁杵打印圆窝，有如上述。

图13　霸城门附近城墙表面所饰小夯窝

（二）南门道的形制和结构

如前节所述及，霸城门北门道和中门道的遗迹已经完全破坏无存。因此，这里只能仅就南门道的形制和结构加以叙述。

霸城门南门道的东部（前部）因破坏而缺失，门道的纵长残存为10.5米。根据门道南侧附近发掘所见城墙宽度之为16米，又根据后述直城门保持完整的门道纵长皆为16米判定，霸城门3个门道的纵长亦各为16米。由于南门道的东部（前部）遗迹缺失在5米以上，我们对于这个门道的形制、结构的了解也是不够完全的。特别是门道前端（东端）的情形，如门扉的设置等，就无从得知了。

前面已经说过，南门道的宽度，按其两侧夯土壁的距离计算，约为8米，减去置础立柱的处所，门道的实际宽度为6米。门道两侧的石柱础都铺列在门道地面上，这与后述西安门和直城门门道中的石柱础都嵌入门道地面以下的夯土内相比，有着明显的不同。由于门道的东部（前部）已破坏，南侧的一排石柱础残留14块，北侧的一排石柱础残留12块，推测当初整个门道的石柱础应为两侧各20块左右。石柱础形状不整齐，大小多有差异。最大的一块长度、宽度各约 80 厘米，最小的一块长约 80 厘米，宽约 20 厘米。要之，石柱础大小的差异只表现在它们的宽度上，而它们的长度一般都在 80 厘米左右，所以排列时是按长度取齐的，而它们的厚度皆约为 20 厘米，无甚差异，有利于铺列的齐平。这些石柱础排列在门道两侧，有的排得很紧，有排得较疏，相互之间有空隙。由于石柱础系放置在门道的地面上，所以要在它们的外面涂上一层泥，以填塞各础之间的隙缝，并包住整排的础石，使其不显露于外（图14，图版74、图版75）。

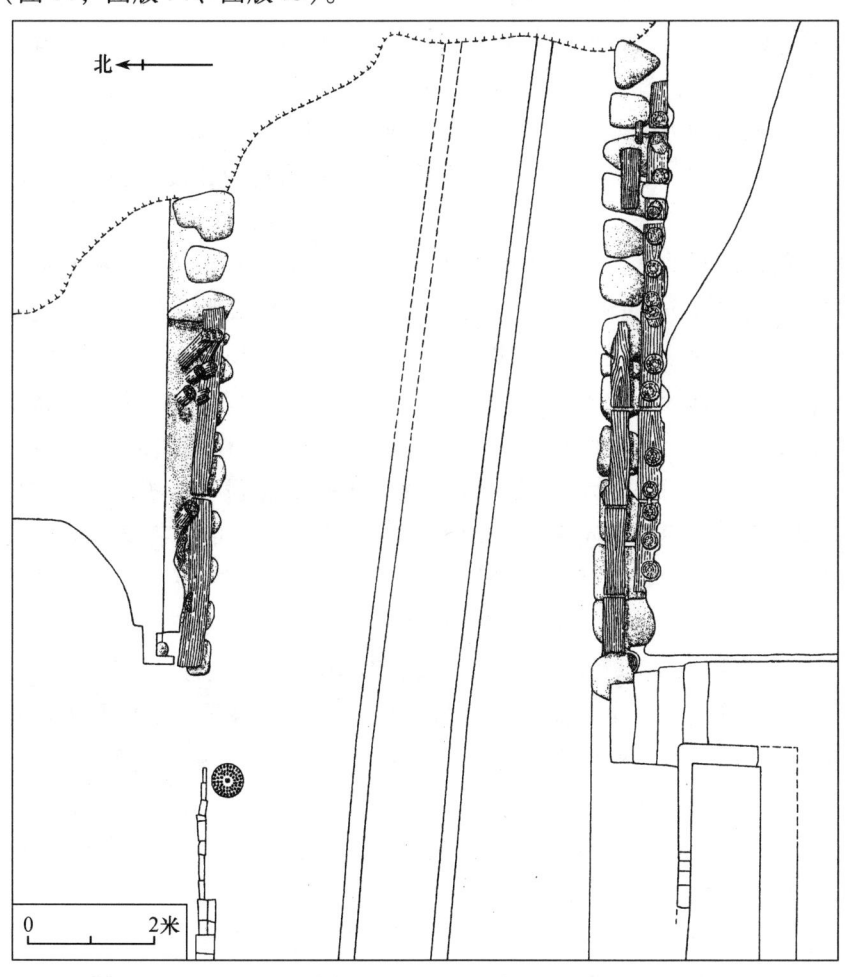

图 14　霸城门南门道遗迹平面图

在门道南侧和北侧的整列础石之上，各置有二排木条，姑且称之为"枕木"（建筑考古学上或称"地栿"）。这些长条状的枕木虽然已被烧成炭，但基本上保持着原来的形体，断面作长方形。它们一般都长约1.4米，只北侧的二条各长达2.7米；宽度都相等，计35厘米；厚度亦相等，计20厘米。由于木材烧成炭，形体收缩，所以枕木的原来的长、宽、厚度要比上述的数字稍大。在内侧的一排枕木上，置立着木柱。由于木柱系置立在枕木上，每块具体的础石不是单独地对每个具体的木柱负重。所以，础石的数目不必与木柱的数目相等或相应，础石的大小不必都一致，础石的排列亦可不必十分紧密、整齐。木柱直接置立于枕木之上，没有任何榫头、卯眼之类的装设。

木柱断面为圆形，大小都相等，直径皆为30厘米。由于已被烧成炭，形体收缩，估计原来的木柱还要更粗些。木柱的数目，在门道的北侧因保存情况不好，已不能清数，其在门道的南侧则残存15个。估计整个门道原有的木柱应为两侧各20个以上，共计40余个。木柱与木柱的间距一般在20厘米左右，个别处所的木柱排得较紧或较疏。与这些木柱的位置相应，在门道南侧的夯土壁设有圆弧形的凹槽，以嵌入木柱，但凹槽甚浅，凹入于夯土壁内仅约5厘米，所以木柱的大部分露出在夯土壁之外。在门道北侧的夯土壁上，则没有这样的凹槽（图14）。由于后述西安门和直城门门道的西汉夯土壁上也都没有凹槽，我们推想霸城门南门道南侧夯土壁上的凹槽是新莽于火灾后重修霸城门时添设的。《汉书·王莽传》记"天凤三年（公元16年）霸城门灾"，已如前述。然而，必须说明，这只是一种猜测，未必准确。

说到这里，顺便插入几句话。我们不厌其烦地详细叙述霸城门南门道两侧设置础石、枕木和木柱的具体情状，是为了阐明西汉时是如何建造城门的门楼的。霸城门南门道遗迹保存较好，特别是遗迹年代久远，其在古建筑学的研究上颇具价值，这是不言而喻的。在考古学的用语上，这样的础石和木柱多称为"排叉柱"，它在后世被长期沿用，而础石和枕木等的具体形状、规制则有所改变，各有不同。

在整个现存的南门道内，满满地填着焚烧后垮塌的夯土，堆积高达2.5米，而原来的高度还应该更大。这些垮塌的夯土，全部被烧得红透。我们推想，这大量的夯土块纵然有一小部分是从两壁倾倒的，但大部分应该是从门道顶部直塌下来的。因为，相对而言，两壁的夯土在焚烧时受热不是太大，表面固然要被烧红，但不至于被烧得如此深入、红透，而被烧之后也不会大量倾倒。所以，可以认定，在门道顶部必然有一层很厚的夯土，焚烧后全部下塌。我们推测，当时是在门道顶部用许多长而且粗的大木杠横架在门道两壁所立的木柱上，其余端插入夯土壁内，在这许多紧密铺排的木杠上筑成一个厚实的夯土台基，在台基上建造城门的门楼。这样，毫无疑问，城门门道的顶部不是圆弧形，而是平形的。这与近世有些用砖筑成的城门门道之为圆弧形券顶比较，是大不相同的。

值得重视的是，在南门道的地面上，遗留着一条明显的车辙，车轨宽度为1.5米，与前述宣平门隋代门道地面上所遗车辙之轨宽为1.3米相比，是有着较大宽度的。从遗迹的层位关系可以判定，这车辙的年代与城门焚毁的年代一样，是在新莽末年或稍后（图14、图版74）。如前所述，汉长安城共有12个城门，平均分布在城的四面，每面各3个城门。我们在本章第一节《西汉和王莽时的总体形制》中早已叙明，霸城门与长安城其他的城门一样，有3个门道。每个门道宽度为8米，减去两侧置础立柱的处所，实际宽度为6米，正与4个车轨的宽度相当，这不是偶然的。张衡《西京赋》：

    观其城郭之制，则旁开三门，参涂（三途）夷庭，方轨十二。

薛综注：

    一面三门，门三道，故云参涂（三途），涂（途）容四轨，故方十二轨。

霸城门南门道地面所遗新莽末年或稍后的车辙，进一步证明了《西京赋》及其注文所述之确切、真实。

发掘工作发现，在南门道后端（西端）的南侧，紧靠着城墙的内壁，设有用夯土筑成的台阶，宽2.2~2.8米，残存4级，每级高约20厘米（图14、图15）。可以肯定，城门守卫人员是经由这个台阶登上门楼的。

此外，在南门道与中门道之间的隔墙的后方，还可能建有供城门守卫人员居住的房舍，只因遗迹破坏过甚，难以察知其详情。房舍近处遗有一个圆形的石磨盘，直径52厘米，形状规整，制作良好，当为城门守卫人员生活上所用之物（图14、图16）。

图 15　霸城门内侧的夯土台阶

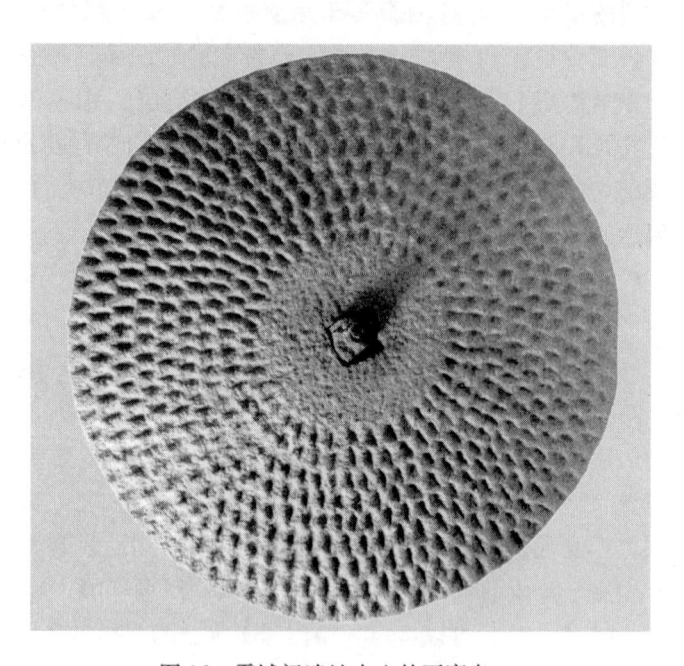

图 16　霸城门遗址出土的石磨盘

（三）城门毁弃的年代

霸城门南门道内的土层堆积情况，与宣平门相比，可谓极为简单。在现今的地表土下，除个别处所有一层厚约 20 厘米的黄褐色土（其形成年代应在宋代以迄近代）之外，大部分处所则是现今的地表土层（厚约15厘米）直接压住厚达2.5米的烧土堆积层（图17）。这烧土堆积层主要是从门道顶部塌下来的碎乱夯土，都被火烧得发红、发紫，其中夹杂灰烬、炭屑、碎瓦之类。在这烧土堆积层之下，便是城门门道的地面，这地面的年代下限与门道被焚毁的年代是一致的。在烧土堆积层中所含和门道地面上所遗的器物中，凡属可以判定年代的，例如铜钱，都是西汉的五铢和新莽的大泉五十、货泉、货布及布泉。瓦当大多数为云纹瓦当，也有个别"永奉无疆"、"都司空瓦"的文字瓦当（图18）。特别是在一些板瓦的碎片上犹可察见残存的"都建平四年"、"居摄二年"、"始建国五年保城都司空"等纪年文字的戳印（图19）。这些遗物都足以证明霸城门南门道的焚毁年代是在新莽时期。

使人很感兴趣的是，我们发现了一面铜镜。它已碎成9片，其中5片包含在门道的烧土堆积层内，4片遗落在门道的地面上，当系城门守卫人员所用之物，城门焚烧时从门楼掉落下来而被崩塌的坚硬夯土块砸碎。9个碎片互相拼合，可以测得镜的直径为15厘米，厚约0.3厘米，缘部厚0.5厘米。镜钮呈半球状，钮座为四叶形，座外有方框。方框之外为主要花纹区，其间有鸟形（朱雀）和兽形（青龙、白虎）的纹样，并置乳状突起八个及L·T·V形符号各四个。在主要花纹区之外，绕有一周铭文，文字因锈蚀而不可识，再外则是一周栉齿状纹。缘部里边是一周锯齿状纹，外边是一周流云状纹（图20）。凡是对中国古代铜镜有所研究的人，一眼便可认知此镜通常称"方格规矩镜"，或称"博局纹镜"，是新莽时期最为盛行的铜镜。我们判定霸城门南门道的毁弃年代在新莽末年或稍后，也可以从这面铜镜的出土得到证明。

图17 霸城门南门道被焚烧崩塌的夯土块填塞的情状

图 18　霸城门遗址出土瓦当的拓片

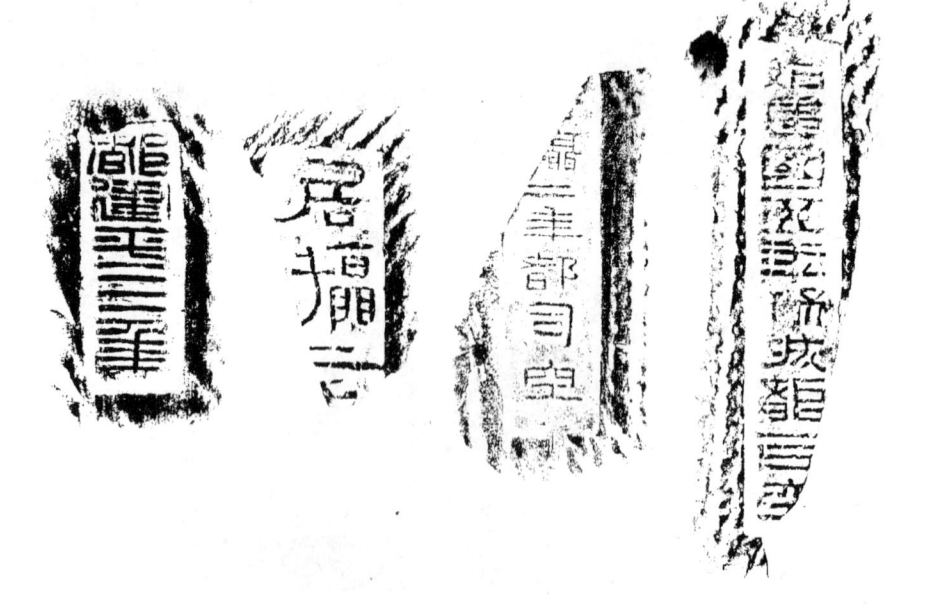

图 19　霸城门遗址出土板瓦上的纪年文字

图 20　霸城门遗址出土的铜镜

此外，要加说明的是，在南门道的烧土堆积层中发现了 10 余枚铜镞，大小和型式与后述西安门中门道、东门道地面及烧土堆积层出土的铜镞相同，亦有助于判定它们的制作年代主要在新莽时代而不可能是在此后的东汉。

王莽末年（地皇四年，公元 23 年），刘玄攻入长安城；此后一、二年，赤眉又进军长安，长安城发生战争。可以认定，汉长安城 12 个城门之被焚毁都是在王莽末年或稍后的时候。但是，《汉书·王莽传》：

（天凤三年）七月辛酉，霸城门灾，民间所谓青门也。

由于王莽天凤三年（公元 16 年）霸城门遭到一次火灾，要判断我们发掘出来的霸城门南门道内烧土堆积层的形成究竟是在天凤三年的火灾中，抑或是在地皇四年以后刘玄、赤眉攻长安城时的战火中，这就成为一个不易解决的问题了。

在烧土堆积层内和门道地面上发现的许多西汉和新莽的铜钱，包含着新莽的货泉和货布。据《汉书·王莽传》记载，货泉、货布这两种铜钱皆为王莽地皇元年（公元 20 年）所始铸。但是，按照《汉书·食货志》记载，货泉与货布的始铸年代则在于王莽的天凤元年（公元 14

年)。如若《汉书·王莽传》的记载正确,《汉书·食货志》的记载错误,那就可以确切地判定,虽然在天凤三年遭受过一次火灾,但发掘出来的南门道烧土堆积层是在此后王莽末年或稍后的战火中形成的。然而,货泉和货布究竟是始铸于天凤元年,抑或是始铸于地皇元年,这是古钱学上久已存在的问题,虽然经过有关学者们的争议和讨论,却未能得到彻底地解决。所以,我们不能依据货泉、货布这两种铜钱的铸造年代来判定霸城门最后焚毁的年代。反过来说,如果我们能确实断定发掘出来的烧土堆积层是天凤三年的火灾中形成的,则货泉和货布就应该始铸于天凤元年,而不可能始铸于地皇元年。但是,对于霸城门南门道内烧土堆积层的形成,我们不能作这样的判断,所以关于货泉和货布的铸造年代问题也不能贸然信从《汉书·食货志》的记载而否定《汉书·王莽传》记载的正确性。

　　无待于言,《汉书·王莽传》"(天凤三年)霸城门灾"的记载是确切可信的。然而,霸城门有三个门道,门道与门道之间相隔达14.5米,天凤三年火灾的焚烧程度如何,以及是否烧及南门道,这些都是问题,从南门道的遗迹看来,此门道是否在这次火灾中被烧及,亦属疑问。天凤三年距王莽灭亡的地皇四年尚有7年之久,其时正属新莽政权的盛期,城门因火灾而焚烧,按理是要重修的。在当时,长安的城门象征国都,且不论其在防卫以及交通等方面的重要性如何,即使仅就观瞻而言,亦不可不加以修缮。特别是王莽为维护其统治地位,必须高度崇尚礼制、仪典,不能置都城城门之被焚烧毁坏于不顾。王莽于地皇元年(公元20年)距灭亡不远之时尚且大兴土木,营造九庙,天凤三年正当其统治之盛世,当然要妥善修理在火灾中被烧坏的霸城门。要之,不论天凤三年霸城门的火灾是否严重延烧及于南门道,我们发掘出来的南门道烧土堆积层不是天凤三年火灾所形成,而是与其他许多城门门道中的烧土堆积层一样,是在地皇四年(公元23年)刘玄攻长安或次年赤眉进军长安城时于战火中焚毁而形成的。这样,货泉和货布若系天凤元年所铸,固然可出现于烧土堆积层中,若系地皇元年所铸,也同样可于烧土堆积层中存在。对于这两种新莽铜钱的铸造年代问题,这里只能继续作为悬案而加以保留,尽管笔者个人倾向于认为它们是始铸于地皇元年的。

　　我们在前节曾经指出,霸城门南门道两侧的础石置于门道的地面上,与后述西安门、直城门的础石之被埋入门道地面以下的夯土内不同，从而推测这是由于霸城门南门道在天凤三年的火灾中遭焚毁，重建时改变了原来的设计。按此推测，南门道重建的年代应在天凤四年以后，最早亦不能早于天凤三年七月。但是，如前所述，在门道烧土堆积层出土的碎瓦中有打着"都建平四年"（公元前2年）、"居摄二年"（公元7年）、"始建国五年"（公元13年）的戳印的（图19）。这些早于天凤三年而制作的板瓦之被继续使用于南门道的门楼上，说明南门道的门楼不曾在天凤三年的火灾中被严重焚毁。

总之，我们的发掘工作证明，在王莽末年或稍后的战火中焚毁之后，霸城门的南门道始终是废弃、堵塞的。至于北门道和中门道，它们在后代是否经过修理而被继续使用，则因遗迹全遭破坏而无法究明。就文献方面而言，我们没有见到任何足以说明霸城门在后世经过重修、改建而被继续使用的记载。霸城门在西汉和新莽时俗称"青门"，这是事实。但是，魏晋以后、隋以前的许多书籍记述中的"青门"不是霸城门的俗称，而是宣平门的改名，则是毋庸置疑的。

三　西安门

西安门又称平门，王莽更名信平门。关于西安门的名称，《三辅黄图》记述甚详：

> 长安城南出第三门曰西安门，北对未央宫。一曰便门，即平门也，古者平、便皆同字。武帝建元二年初作便门桥，跨渡渭水上以趋陵，其道易直。三辅决录曰，长安城西门曰便门，桥北与门对，因号便桥。王莽更名曰信平门诚正亭。

《水经注》记西安门北对未央宫，本名平门，王莽更名信平门诚正亭，而未谓西安门又称便门。《三辅黄图》引《三辅决录》谓长安城西门曰便门，已如上述。据查证，《黄图》引《三辅旧事》亦谓西面南头的章城门又曰便门，可见便门是长安城西面南头章城门的别名。西安门又称平门是实，但未必又称便门。

与汉长安城的其他各个城门相同，西安门建造于西汉惠帝时，经历二百余年，始终是一座重要的城门。王莽灭亡之后，赤眉军进攻长安，西安门焚毁于战火。发掘工作判明，在东汉以至北朝的长时期中，也可能是在其中的某一时期内，西安门作为一个城门，经过重修，其门道被继续使用于出入交通，到唐代才被全部填塞。

（一）西汉和王莽时的总体形制

参照前述宣平门、霸城门及后述直城门的情状，并根据历史文献的记载，可以确认西安门与汉长安城的各个城门一样，设有3个门道。我们在发掘工作中只发现2个门道的遗迹，另1个门道的遗迹则因遭受破坏而全然无存。经勘察究明，这一受到破坏的门道位置在现今的路沟中，它是西安门的西门道，而我们在发掘工作中发现的2个门道则为西安门的东门道和中门道（图21）。

中门道的北端（后端）保存较好，而南端（前端）缺损甚多，门道纵长残存12.6米；东门道南端（前端）受破坏，北端（后端）亦有所损缺，门道纵长残存12.1米。参照前述宣平门、霸城门西汉时门道纵长应为16米，尤其是根据后述直城门保存完整的门道纵长之为16米判断，西安门门道原来的纵长亦应为16米。经精确度量，按门道两侧夯土壁之间的距离计算，东门道和中门道的宽度各约为8米，减去两侧置础立柱的处所，门道的实际宽度各约6米，这与前述霸城门的南门道及后述直城门的中门道、南门道是完全相同的。

尤其值得重视的是，西安门东门道的西壁与中门道的东壁相距为14.5米，证明了我们在前章复原西汉霸城门的总体形制时所作霸城门门道与门道的间距为14.5米的结论是正确无误的。西安门西门道的遗迹虽因破坏而无存，但可判定其与中门道之间的距离亦为14.5米无疑（图21）。与宣平门门道与门道之间相隔4米相比，霸城门、西安门门道与门道的间隔增大，可显示整个城门的宏伟、壮观，这或许是由于霸城门西对长乐宫，西安门北对未央宫之故。

我们曾在前章详述宣平门和霸城门两边城墙各有向前（向东）的突出部分，并推断清明门两边城墙本来也有这样的突出部分，只因遭到破坏以致遗迹无存而已。我们又指出，根据历史文献记载，宣平门外确有郭门，但城门两边城墙的突出部分与郭门无关。历史文献不记清明门外和霸城门外有郭门，可见霸城门两边城墙的突出部分与所谓郭门毫不相干。撰作于北宋时代的《长安志》称宣平门、清明门、霸城门三个城门在门外设郭门，这是由于作者宋敏求在考察汉长安城遗址时误认城

汉长安城城门遗址的发掘与研究

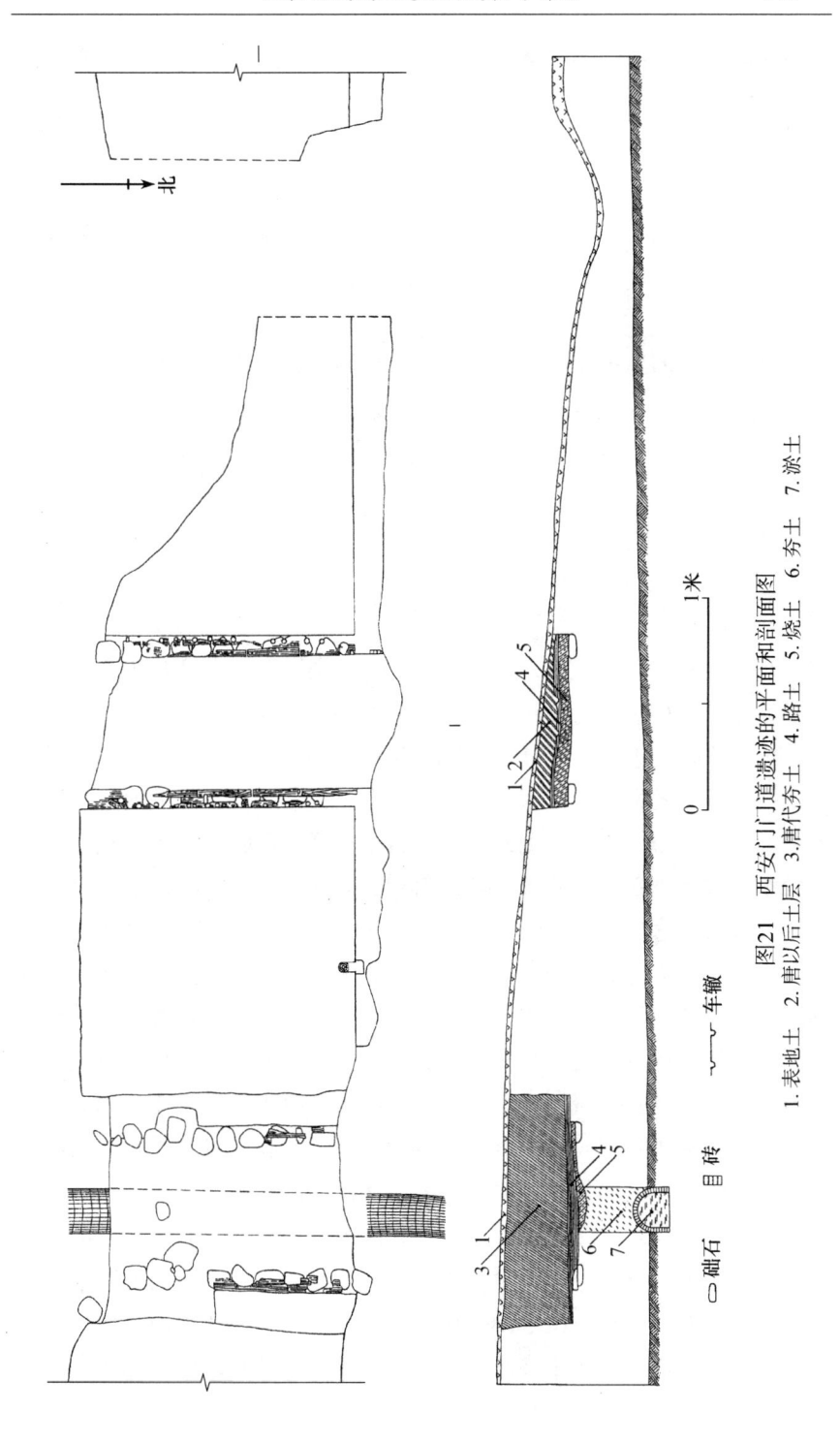

图21 西安门门道遗迹的平面和剖面图
1.表土 2.唐以后土层 3.唐代夯土 4.路土 5.烧土 6.夯土 7.淤土

门两边的城墙突出部分为郭门之故（北宋时，清明门遗迹可能保存尚好）。宋敏求《长安志》仅谓上述长安城东面的三个城门于门外设郭门，不谓包括西安门在内的其余九个城门在门外设有郭门，与此相应，我们在勘察发掘工作中没有发现西安门两边的城墙有类同于宣平门、霸城门那样的突出部分。应该说，在城门的总体形制上，这是西安门等长安城的许多城门与宣平门、霸城门等城的东面三个城门的重大差异之所在。

汉长安城的地理位置在关中，其与全国各地的交通要以函谷关以东的中原以及其他各地区为主要，这或许是长安城东面三个城门之所以在门的两边城墙设上述那样的突出部分以增强其在形制上的宏伟、壮观之故。

（二）东门道、中门道的形制和结构

我们在前节已经说明，西安门东门道和中门道的宽度各为8米，减去两侧置础立柱的处所，门道的实际宽度各为6米。东门道、中门道的纵长分别残存为12.1米，12.6米，而原来的纵长应各为16米。

在门道内的两侧，紧密地排列着许多巨大的石块，作为门道内所立木柱的础石。中门道的东侧残存础石10块，西侧残存础石11块；东门道的东侧残存础石11块，西侧残存础石9块。应该说明，东门道南部两侧的础石经过后世的扰动，不在原来的位置上。按门道原来的纵长为16米估计，东门道两侧和中门道两侧原有的础石应各为15~16块，与霸城门南门道两侧的础石相比，数目稍小。础石的形状不规整，大小亦不一致。最大的一块长140厘米，宽100厘米，最小的一块长60厘米，宽50厘米，一般多为长约100厘米，宽约80厘米，显然要比霸城门南门道的础石为大。础石的厚度一般为30~35厘米，亦超过霸城门南门道础石的厚度。必须指出，中门道的全部础石和东门道未经后世扰动的一部分础石都埋入在门道地面以下的夯土内，础石的表面与门道的地面取齐。这与后述直城门中门道和南门道的情状相同，而与前述霸城门南门道的情状有异。正是由于础石埋入门道地面以下的夯土内，所以它们的形状可以不规整，大小亦可以不一致。这样的础石虽然不能完全排除其对所立木柱有一定的防潮之类的作用，但最主要的功效则在于为其所置立的木柱奠基，以免木柱因负很大重量而逐渐陷入门道地面以下的夯土内，从而影响城门门楼的牢固（图21、图22）。

与霸城门南门道一样，在门道两侧的础石上，各铺列着二排枕木，而在里边的一排枕木上置立木柱。通过枕木，几块础石集体地负担着几根木柱共同承托的重量，而不是每一块具体的础石单独地对每一根具体的木柱负重。如下文所述，木柱的数目远较础石的数目为多，也说明了这一问题。就遗迹保存情况最好的中门道而言，门道两侧残存木柱各为15~16个，估计门道两侧原有木柱应各为23~24个，合计将近50个，与霸城门南门道相比，差别不是很大。木柱直接置立于枕木上，没有任何榫头、卯眼之类的装置，与霸城门南门道的情状完全相同。枕木的长度各有差异，最长的为2.6米，最短的为1.3米，宽度基本上一致，一般都在35厘米左右；枕木的断面成长方形，厚度都为20厘米。木柱断面为圆形，保存较好的直径为30~35厘米。由于枕木和木柱都被焚烧成炭，可以认为它们原有的长、宽、厚度和直径等都要比上述的数字为大（图22）。

以上所述西安门门道的情状，都与西汉和新莽时的霸城门、直城门门道所见的情状相似、相同。我们在前章述及霸城门南门道的结构时，曾就门道内因焚烧而崩塌的夯土堆积作推论，认为在门道两侧所立许多木柱的顶端横架木梁，在紧密排列的木梁上筑夯土台基，而城门的门楼即建造在这夯土台基之上。西安门门道内所填因焚烧而崩塌的大量夯土块虽在后世重修时被移除，但我们仍然判断其门楼的结构应与霸城门相同。

在城门内侧（北侧）中门道与东门道、中门道与西门道之间的长约14.5米的隔墙的后面（北面），紧靠着城墙的内壁，筑有房舍，应为城门守卫人员的居住处。在中门道与东门道之间的隔墙后面，尚可见到一块础石和其上所立的一根木柱的残余，它们便是房舍的构件（图21）。由于绝大部分遗迹已经破坏无存，所以不能究明房舍的形制。

在门道地面及烧土堆积层中发现了许多铁钉，当系用于钉合城门建筑上的木结构。但是，应该说明，有些铁钉则是用以钉入若干筒瓦脊部的圆孔内，以固定其在城门楼顶所铺的位置，以免移动、滑落。

与其他城门遗址一样，西安门遗址出土许多瓦当，主要可分为云纹

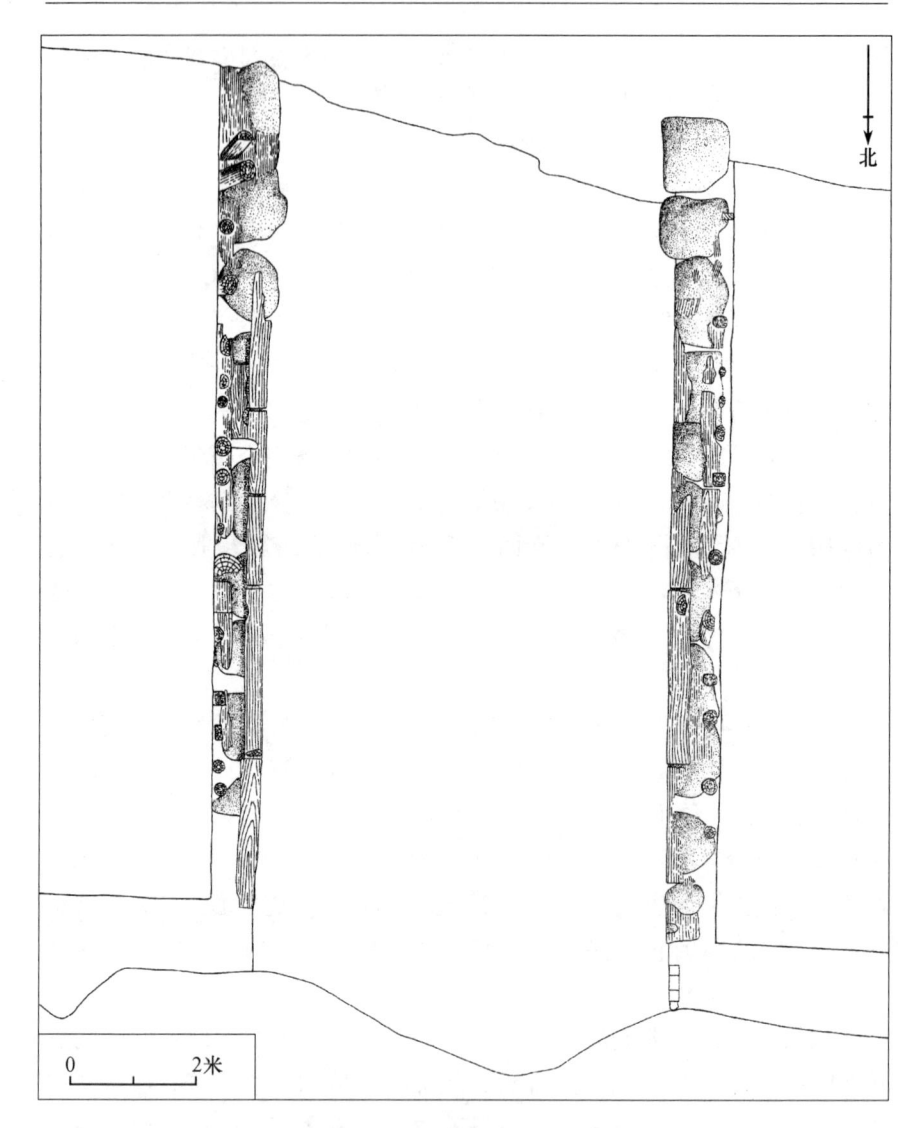

图22　西安门中门道遗迹平面图

瓦当、文字瓦当两大类。云纹瓦当的纹样虽大致相似，但仔细区分，多有差异。文字瓦当则有"长乐未央"、"长生无极"、"都司空瓦"等类别（图版76）。与宣平门、霸城门遗址的瓦当一样，这许多附在筒瓦前端的瓦当应该是在城门焚毁之前皆被使用于城门的楼顶等处的。这说明，在西汉末年至新莽时期，同一座城门所使用的瓦当是多种多样的。我们推想，西汉初期惠帝始建城门时，所用瓦当的种类是比较一致的。

然而，在以后的长时期中，城门的门楼、房舍几经翻修，瓦当亦不免除旧添新，以致各种不同类型的瓦当混杂在一起。"长乐未央"瓦当的存在，表明了这种瓦当的使用不限于长乐宫和未央宫。"长乐未央"四字属一般的吉祥语，不是专指汉初所建的长乐、未央两宫。此乃常识，无须多言。

在东门道底下深处，埋有一段用砖筑成的水道，北自城内，南至城门之外，延伸甚长（图21，图版77）。我们在门道南端切取了水道的断面，量得水道下部宽1.65米，顶端高1.32米。水道的砌筑是在两侧用长方砖重叠，砖长28厘米，宽13.5厘米，厚6厘米，一层横铺，一层直铺，交替铺叠高至58厘米时，由两侧往上券筑顶部。券顶的砖长26厘米，宽19厘米，一边厚3厘米，另一边厚5厘米，断面成楔形，而砖的前端和后端又各设半圆形的榫头和卯眼，可互相接合（图23）。水道的底是自然的黄土（生土），经过平整，但没有铺砖。据探测，水道的底面在北部稍高，在南部略低，有着微小而明显的倾斜度，从而可证水道的功效在于将城内的雨水或生活用水等水流导向城外，淌入城壕。长期以来，由于水流中沙土的沉积，加上雨水带着泥沙从砖缝中浸透，水道已全部被淤积的泥土所填满，无层次可分。

图23　西安门东门道底下水道所用的楔形砖

勘察发掘工作究明，水道埋入城门门道底下的过程是先自门道地面向下掘一条沟，宽2.3米，深4.6米，由沟底向上砌筑水道，筑成之后用土将沟填平，所填之土经夯打，很结实，但不显层次，与版筑的城墙夯土有明显的区别。

应该指出，我们在后述直城门北门道的发掘工作中也发现了这种砖筑的水道，而根据钻探、勘察，在清明门和雍门的门道底下亦有类似的水道。除清明门门道下的水道或许是供明渠出城之用以外，《水经注》记长安城附近水流未曾谓有通过西安门等城门的。因此，可以进一步推定，这些砖筑的水道是专供由城内向城外排水之用的。对于一座四周筑有高大城墙的大城市来说，如何排除城内的积水是一个十分重要的问题。在西汉初期建筑城墙时，已经考虑到这个问题而作了诸如在城墙下部埋置断面成圆形或五角形的陶质水管之类等措施，但仍然不够充分、完善，所以又不得不建造更多、更大的水道以排水。这些砖筑的水道必须穿城而出，而城墙既厚且高，穿凿不易，从而选择了在城门门道底下掘沟以埋置水道的这一办法。

（三）西汉和新莽时的遗物

王莽末年或稍后，与长安城其他各城门一样，西安门亦在战火中焚毁。在门道的烧土堆积层中，以及被烧土堆积层压住的门道地面上，遗留着各种器物，其种类包括兵器、工具、文具、生活用具、车辆构件及货币。从器物的形制看来，它们的制作年代早则在于西汉中后期，晚则在于新莽时期。应该说明，制作于西汉中后期的器物寥寥无几，制作于新莽时期的器物则占绝大多数。不论制作年代或早或晚，在城门焚毁之前，所有这些器物都是被使用着的。兹按器物的类别分别叙述于下。

铜镞　25枚，大小、形状多有差别。值得注意的是，这许多铜镞与霸城门遗址出土的各种铜镞相比，几乎完全一致（图版78-1）。

铁镞　3枚，与霸城门遗址出土的铁镞相比，形状、大小亦无差异。须加说明的是，其中一枚铁镞粗大，且附有很长的铁杆，估计须用强弩才能发射（图版78-2）。

以上许多铜镞及少数铁镞，虽不完全排除其为攻城者所射入的可能性，但主要应为守城方面积存于门楼上备用，城门焚毁，箭杆烧失，铜镞、铁镞坠落于门道地面或夹入烧土堆积层。

铁戟 1件，出中门道地面。筒部圆柱形，有銎以纳木柄。叶部扁，中间厚而不显脊，两侧渐薄而成刃，两刃向前聚成尖锋。叶部下方一侧突出勾刺，弯曲而尖锐。全长48.5厘米，筒部长21.2厘米，叶部长27.4厘米（图24）。

铁刀 1件，出中门道地面。已残缺，仅存柄部，柄端附环。柄的断面与刀身断面一样，呈三角形。残长11.3厘米，估计原来的长度为20～30厘米。此刀形体不大，但亦可作为武器被使用。

铁铠甲 1件，出中门道地面，由许多小铁片缀合而成，已残缺。每个铁片长各4.8厘米，宽3.5厘米，厚0.2厘米，平面作长方形，而其中一个短边及其两角弧曲。铁片上有两个小孔，用以穿细绳，将许多铁片缀合成铠甲（图版78-3）。

石研 研盘和研具各1件，出中门道地面。研盘圆而扁平，直径13.7厘米，厚2.4厘米。研具圆柱状，长4.1厘米，上端直径4.4厘米，下端直径5.3厘米。上端圆面刻一"张"字，当为使用者的姓氏（图25）。

图24 西安门遗址出土的铁戟

图25 西安门遗址出土的石研

陶球和石球　共35件，其中石球仅1件，出中门道地面和烧土堆积层中。浑圆形，无纹饰，陶球直径1.7~2.4厘米不等；石球较大，直径2.6厘米。与前述宣平门遗址发现的40余件陶球一样，这些陶球和石球可能被作为弹丸而在城门防卫战中使用。

铜镜　1件，出中门道地面，只剩3个碎片，犹可察知镜的缘部饰流云纹，其内侧又饰锯齿纹；钮座为圆形，其外有方框，方框外有"T"形图案，主要花纹区设乳状突起。可以判定，此镜与霸城门遗址出土镜同属新莽时期最为流行的"方格规矩镜"（图26）。

图26　西安门遗址出土的铜镜

铜盖弓帽　2件，出东门道烧土堆积层。圆筒形，中空成銎，上部突出一钩。1件顶端平素，另1件顶端饰作半球状，长度各为4.5厘米、6.2厘米。二者大小、形状虽有差异，但不排除其为同一车盖上所使用的可能性（图27）。

铜钱　共85枚，计有半两、五铢、大泉五十、小泉直一、货泉、货布、布泉等7种（图版79）。兹分别叙述如下。

半两　1枚，出中门道地面，直径2.5厘米，重1.7克。查史书记载并结合考古发掘出土实物例，这种"半两"钱以铸于西汉文帝时期

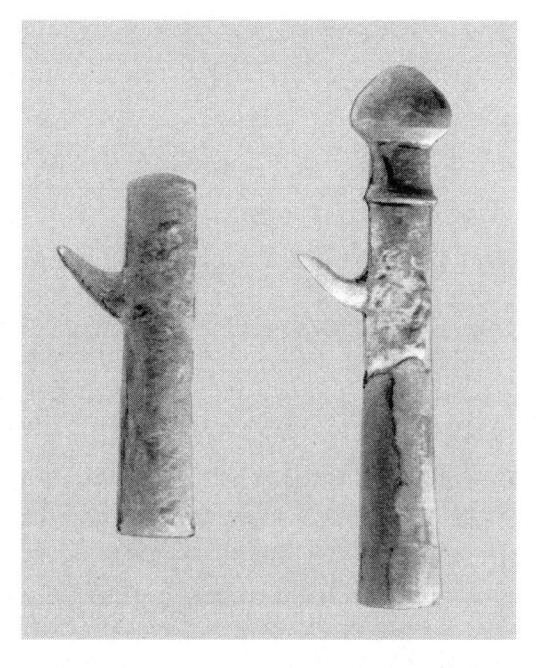

图27　西安门遗址出土的铜盖弓帽

的可能性为大。鉴于此钱制作粗劣,甚为轻薄,亦不排除其为"榆荚钱"之类的私铸品的可能性。

五铢　8枚,4枚出中门道地面,2枚出东门道唐代夯土,2枚出东门道地表土。其中5枚"五"字中间二笔斜直,"铢"字的朱字头方折,直径2.5厘米,铸造年代应在西汉中期;另3枚"铢"字的朱字头方折,而"五"字的中间二笔弧曲,直径2.6厘米,铸造年代以在西汉中后期的可能性为大。

大泉五十　32枚,12枚出中门道地面及烧土堆积层,18枚出东门道地面及烧土堆积层,1枚出东门道唐代夯土,1枚出东门道地表土。直径2.6~2.9厘米,重3.9~8.8克不等。据《汉书·食货志》记载,应始铸于王莽摄政时的居摄二年(公元7年)。

小泉直一　2枚,出中门道地面和烧土层中。直径1.5厘米,重1.4~1.5克。据《汉书·食货志》记载,应始铸于王莽始建国元年(公元9年)。

货泉　35枚,出东门道、中门道的地面和烧土堆积层及东门道的唐代夯土中,可分四种不同的型式。Ⅰ式9枚,直径2.3~2.4厘米,重2.6~3.4克；Ⅱ式7枚，直径2.4~2.5厘米，重4.4~6.4克；Ⅲ式9枚，直径2.6~2.7厘米，重10.5~11.6克；Ⅳ式10枚，直径2.8~3.0厘米，重15.5~18.8克。Ⅰ式9枚的大小、重量基本上与《汉书·食货志》记载符合，其他Ⅱ式、Ⅲ式、Ⅳ式共26枚的大小、重量都在不同程度上超过《汉书·食货志》所记。

货布 4枚，1枚出中门道地面，2枚出东门道地面，1枚出东门道东汉至隋的路土层中。通长5.8~5.95厘米，重17~18克。据《汉书·食货志》记载，货泉和货布始铸于王莽天凤元年（公元14年），但《汉书·王莽传》则记货泉和货布始铸于王莽地皇元年（公元20年），我们的发掘工作不能判断两种不同的记载孰是孰非。

布泉 3枚，2枚出东门道地面和烧土堆积层，1枚出东门道唐代夯土。直径2.6厘米，重3.0~3.2克。《汉书·食货志》、《汉书·王莽传》皆未记新莽时期新铸铜钱有称为"布泉"的，而《周书·武帝纪》则记周武帝保定元年（公元561年）更铸铜钱，文曰"布泉"。《周书·武帝纪》的记载虽无可非议，但如学术界所普遍认同，新莽所铸各种铜钱中应包含布泉在内，我们的发掘工作也为这一定论增添新证。

在上述西安门遗址发掘出土的多达85枚的铜钱之中，除半两1枚、五铢8枚之外，其余大泉五十、小泉直一、货泉、货布、布泉等新莽时期所铸铜钱达76枚之多。由此可见，王莽罢西汉五铢钱而改用各种新钱，虽然种类繁多，规制复杂，使用极为不便，却凭借其统治权势，强力推行，其在首都长安城尤其如此。

（四）城门焚毁的年代及后世继续利用的情况

根据上述的遗物，特别是各种铜钱，可以确断西安门的焚毁当在新莽末年或稍后。《后汉书·隗嚣传》：

（隗）嚣与数十骑夜斩平城门关，亡归天水。

李贤注：

三辅黄图曰，长安城南面西头门。

按隗嚣与刘玄决裂，自长安城出走天水，事在汉光武帝刘秀的建武元年（公元25年），此时西安门尚完好，可见西安门之焚毁不能早于建武元年。但是，在城门门道地面和烧土堆积层出土的85枚铜钱中，铸造年代最晚的为各种新莽钱，其数量计76枚之多，则又可证城门之被焚毁决不会距建武元年过久。从历史事实出发作考证，我们认为西安门之被焚毁是在建武二年赤眉军进驻长安城之际，或其后与邓禹的军队交战之时。

城门焚毁之后，灰烬、炭屑、碎瓦以及大量崩塌的烧土块等应该满满地堆积在门道内，霸城门南门道堆积厚达2.5米，直城门中门道和南门道堆积厚达2.9～3.9米，便是实证。然而，西安门中门道堆积厚仅70厘米，东门道堆积厚仅30厘米，这显然是由于后世在继续利用西安门的门道时将灰烬、炭屑、碎瓦及大量崩塌的烧土块等加以清除之故。

后世继续利用西安门的门道，可以从门道中残存的烧土堆积层上有一层"路土"而得到证实。中门道的路土厚约25厘米，东门道的路土厚约60厘米，它们的形成当系由于在一个较长的时期内，城门门道曾经行人和车马出入的结果（图21）。特别有意思的是，在中门道的路土层上还可以隐约地看出有一个车辙的痕迹，车轨宽为1.7米，我们在绘制的中门道堆积的剖面图中有如实的表示，读者们细察此图，必能知悉。这路土层压住了城门焚烧后形成的烧土堆积，而东门道的路土层又被唐代的夯土所压住。因此，我们可以确认这路土层的形成年代的上限在东汉，下限在隋代，可能是在东汉至隋的长时期中形成的，更可能是在东汉至隋的某一时期中形成的，但具体的年代则因文献记载不足，又因路土层中的遗物缺乏而不能考定。在东门道的路土层中，出土西汉至新莽的铜镞和铜钱，它们显然是从路土层下面的烧土堆积中翻混上来的，不足以成为判断路土层形成年代的依据。

发掘工作证明，西安门东门道在后世曾被从新开劈，以致门道两侧夯土壁之间的距离增至11.8米，大大超过了西汉和新莽时两侧夯土壁之间的宽度为8米。上述门道内东汉至隋的路土层伸延到门道的新开劈部分，即可判断重新开劈的东门道的年代亦应在东汉至隋代（图21，图版77）。当然，这只是从遗迹的层位关系上判定的年代上限和下限，至于开劈的具体年代如何，则因相关的遗迹、遗物欠缺而无从得知。

在东汉至隋代的长时期中，长安城虽已不如西汉和新莽时那样的昌盛、繁荣，但仍不失为一个重要的都市，而且有不少朝代在此建都。因此，西安门门道之继续被利用意味着这里仍然是一座城门之所在。我们在发掘工作中仅发现门道内东汉至隋代的路土层乃至路土层表面所遗的车辙，而没有发现与此相应的城门及其门道的建筑遗迹，这可能是由于后世的西安门在建筑规格上比较简陋，而更重要的原因则或许在于相关的遗迹受到了破坏，所以不能充分发现。

与前章所述宣平门的情况一样，到了唐代，西安门的门道亦被有计划地填塞，在东门道还存在着唐代填塞门道时所筑的坚实夯土，至今厚达3米（图21）。这夯土的层次分明，每层厚度约10厘米，其中夹杂一些红烧土粒，与宣平门的完全相同。夯土内包含着西汉和新莽时的铜钱和铜镞等，它们无疑是从新莽末年或稍后的门道地面和地面上的烧土堆积层翻腾上来的。东门道南部（前部）西汉和新莽时的地面受到破坏，门道两侧的石柱础亦被翻动，可能都是唐代填塞门道时之所致（图版67）。唐代夯土中还夹有1枚开元通宝铜钱（图版79-15），与宣平门的情况相比，既为偶然的巧合，亦属当然的事实。我们估计，中门道在唐代亦经用夯土填塞，只因门道遗迹自现今地面以下保存甚浅，唐代所填夯土受到破坏，所以未有遗留。至于西门道，则如本章开头时所叙明，全部遗迹已遭破坏，毫无留存，所以不再作相关的推论。

四　直城门

直城门本名直门，王莽更名直道门。关于直城门的名称，《三辅黄图》、《水经注》先后作叙述。《三辅黄图》：

> 长安城西出第二门曰直城门，汉宫殿疏曰西出南头第二门也，亦曰故龙楼门，门上有铜龙，本名直门，王莽更曰直道门端路亭。

《水经注》：

> （西出）第二门本名直门，王莽更名直道门端路亭，故龙楼门也，张晏曰门楼有铜龙；三辅黄图曰，长安西出第二门，即此门也。

直城门本称直门，王莽更名为直道门端路亭，这是确实无疑的。但是，《三辅黄图》引《汉宫殿疏》谓此门为故龙楼门，门上有铜龙，《水经注》亦称直城门为故龙楼门，并引张晏之言而谓门楼有铜龙云云，则是以讹传讹，必须纠正的。《汉书·成帝纪》：

> 帝为太子，初居桂宫，上尝急召，太子出龙楼门，不敢绝驰

道，西至直城门，得绝，乃度。

《汉书·成帝纪》的这项记载表明，龙楼门为桂宫的南门，门外有一条东西向的大街，通往直城门。与长安城内的各条大街一样，此街分成三股，中间的一股为"驰道"，专供皇帝通行，虽贵为皇太子亦不得穿越，故太子出龙楼门之后，沿北侧的一股道路向西行至直城门，由此转入南侧的一股道路向东行至未央宫北阙，乃得入宫。然而，《三辅黄图》、《水经注》等书籍作者误解《汉书·成帝纪》的记述，将桂宫南门龙楼门与长安城西面城门直城门相混淆，宋敏求《长安志》亦从其说，这显然是错误的。应该说明，《陕西通志》、《长安县志》以及王森文所作之图皆已就此问题作了正确的叙述。我们为郑重起见，在这里再作说明，以纠正《三辅黄图》、《水经注》等的虚假、不实之词。

直城门遗址保存情况甚好，3个门道的遗迹各有不同程度的存在。发掘工作证明，与长安城其他城门一样，直城门建于西汉惠帝时，王莽末年或稍后焚毁于战火。此后，直城门的中门道和南门道完全废绝不用，一任火焚后崩塌的大量烧土和灰烬、炭屑等堆塞在门道内而不加清除。与此相反，北门道经过清理、改修，在五胡十六国时代至隋代仍被作为出入交通的通道而继续利用，与西汉和新莽时期相比，虽然形制简陋，规模大减，犹不失其为长安城的一个城门之所在（图28，图版80）。

（一）西汉和新莽时的总体形制

如上文所述，与汉长安城其他各个城门一样，直城门共有3个门道。每个门道的宽度，以两侧夯土壁之间的距离计算，各为8米左右，减去置础立柱的处所，实际宽度各约6米。值得重视的是，直城门中门道前端（西端）遗迹保存非常完善，而后端（东端）遗迹有所损缺，南门道的前端（西端）遗迹有所缺失，而后端（东端）遗迹保存极为良好。这样，以中门道前端和南门道后端为准，我们得以精确度量直城门门道的原有纵长为16米，与近处城墙的宽度一致。北门道经后世修改，遗迹多有破坏，但仍可推定其在西汉和新莽时的原有纵长亦为16米（图28）。我们在前章曾详细述及，宣平门门道与门道之间的隔墙长约4米，霸城门、西安门门道与门道之间的隔墙长皆为14.5米。发掘

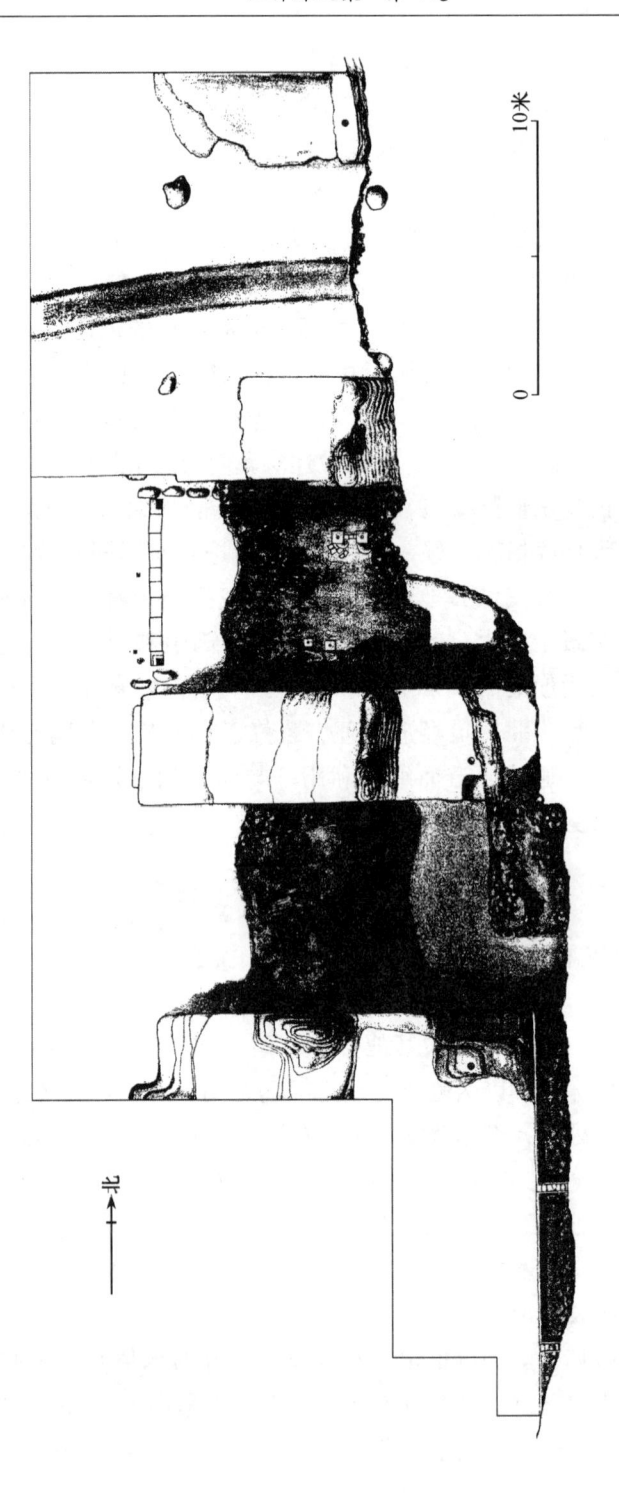

图28 直城门平面图

工作表明，直城门门道与门道之间的隔墙长约4米，与宣平门相同，而与霸城门、西安门有异。按照我们的推想，这是由于霸城门西对长乐宫，西安门北对未央宫，而宣平门、直城门则不与城内重要宫殿相对之故。

我们在前章叙述西汉和新莽时期西安门的总体形制时曾强调指出，根据我们的勘察、发掘，作为汉长安城东面的城门，宣平门和霸城门在门的两边城墙各有向外（向东）的突出部分，清明门可能原来亦有类似的突出部分，因遗迹全遭破坏而无存。宋敏求《长安志》谓汉长安城东面的三个城门皆设郭门，就是指上述3个城门在门的两边城墙有这种突出部分而言的。但是，我们仔细查考史书、文籍，确认在汉长安城的12个城门之中，唯独宣平门在门外设郭门，而郭门与城门相距较远，可证宣平门两边城墙的突出部分与郭门无关。史书、文籍皆不记清明门和霸城门在门外建有所谓郭门，更可确认这2座城门两边的城墙突出部分与所谓郭门毫不相干。宋敏求《长安志》不记西安门、直城门等长安城南面、西面乃至北面的九个城门设郭门，而我们在勘察、发掘工作中亦全然没有发现西安门、直城门的两边城墙有类同于宣平门、霸城门那样的突出部分，从而可证勘察、发掘工作与文献记载相对应，明确、切实地究明了相关的问题。

附带说明，直城门南侧附近的城墙折而向西，接着又折而向南（图1），这与前述宣平门、霸城门两边城墙的突出部分是完全不同的。

（二）城门门道的形制和结构

直城门中门道和南门道纵长皆为16米，横宽各约8米，减去两侧置础立柱的处所，实际宽度为6米，这与宣平门、霸城门、西安门等已经发掘的城门门道完全一致，已如前述。

根据我们的勘察，直城门中门道和南门道两侧所置础石埋入门道地面以下的夯土内，其表面与门道地面取齐，这也是与西安门的情况相同的。应该说明，中门道和南门道所用础石一般长为75~85厘米，宽40~50厘米，较西安门的础石为小，故采用门道两侧各铺二列础石以置枕木，在枕木上立木柱的办法。直城门北门道所用础石长90~110厘米，宽80~100厘米，形体较大，故与霸城门、西安门一样，在门道两侧各铺一列础石以置枕木，立木柱。

直城门中门道内和南门道内满满地堆积着王莽末年或稍后因焚烧而崩塌的大量被烧得发赤、发紫的夯土块，其中夹杂灰烬、炭屑、碎瓦之类（图28，图版80-1）。我们考虑到西汉和新莽时期长安城城门门道本身的建筑结构已可由霸城门南门道、西安门中门道和东门道的发掘得到了解，为了节省劳力和经费，尤其是为了保留一座遗迹相当完整的城门遗址以供将来的考古学者们再度发掘，重新检验，决定将这大量厚实的烧土堆积层保持原状，不予移动、去除。我们的考虑出于顾全大局，应该是值得肯定的。当然，由于烧土堆积层不曾清除、移去，我们不能得见西汉和新莽时的门道地面的全貌，亦无从进一步细察门道两侧所铺础石以及础石上所置枕木和枕木上所立木柱的详情。然而，我们深信，除了上述中门道、南门道两侧所铺础石形体较小，从而采取各铺二列础石以置枕木、立木柱以外，直城门门道的建筑结构是不会与霸城门南门道、西安门中门道和东门道等有较大的差异的。

如前所述，宣平门、霸城门、西安门的门道遗迹保存情状有的较好，有的甚坏。保存甚坏者自不待言，保存较好者亦缺西汉和新莽时门道前端与装置门扉有关的设施遗存，这是令人遗憾的。然而，值得庆幸的是，在直城门中门道的前端（西端），有关遗迹的保存情状特别完好，可凭以了解城门门道前端特有的设施，尤其是有关如何安置门扉的状况。兹详述其具体的情形如下，以明究竟。

在直城门中门道的前端（西端）有着10个经过修磨、形状规整的石块，由北而南（亦可说是由南而北）作齐正的排列。它们埋入门道地面以下的夯土内，其表面与门道的地面取齐（图29，图版80-1）。其中8个石块作长方形，长度各有差异，最长为76厘米，最短为54厘米，宽度基本上相同，为46~50厘米，厚度亦大体上一致，为49~52厘米。这8块长方石横铺在门道的前端，犹如一条门槛，却没有任何高出地面之处，以免妨碍出入交通，尤其是无阻于车辆的行驶。在这条"门槛"的北端和南端，各置一块曲尺形石。北端的一块长60厘米，宽50厘米，厚51厘米，南端的一块长53厘米，宽45厘米，厚49厘米。可以判断，这两块曲尺形石被置于"门槛"的左右两侧，显然与安装门道前端的两扇门扉有关，从而可称之为门墩石（图29，图版81-4、5）。从门墩石凹曲的部位看来，城门的门扉应是向内开启的。

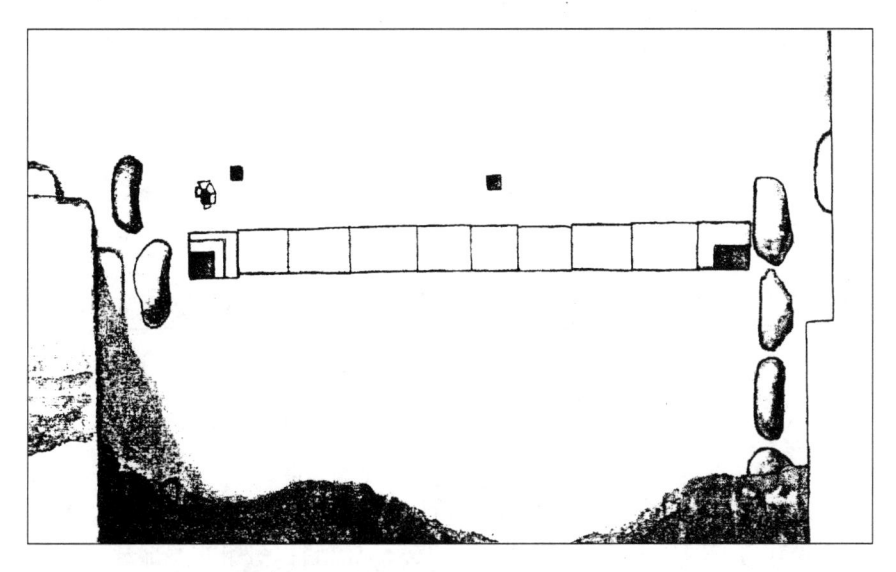

图29 直城门中门道前端的石"门槛"

在直城门的北门道，我们发现门道地面以下亦埋有水道，其构筑可谓是砖石并用。埋入的方法与西安门东门道一样，自门道地面向下掘一条沟，在沟内筑造水道，筑造完毕，用土将沟填平。所掘之沟宽1.1米，深1.9米，在沟底平铺一层石板，宽约1.1米，厚约18厘米。在这层铺底的石板两侧，各竖立着石板，高45厘米，厚16厘米，构成水道的下半部，而水道的上半部则是在石板上用长方砖平叠，叠至自沟底高约90厘米处，乃由两侧向上券筑顶部（图30，图版81-6）。水道宽1米，比西安门的为狭，顶部已坍塌，但可估计自底部高约1.4米，与西安门的相仿。水道的构筑是砖石并用，而券顶之砖不是带有榫头、卯眼的楔形砖，这是其与西安门东门道底下水道的不同处。经观察，水道的下部积有一些淤土，由于顶部坍塌，沟内所填之土显得松乱，不能判明当时是否经过严密的夯打。从层位关系上考察，直城门北门道在王莽末年或稍后被烧毁之后，经后世修理而继续被使用，但门道底下深处的水道实为西汉至新莽时期所筑造。可以认定，水道的效用亦在于自城内向城外排水，与西安门东门道底下所埋水道相同。

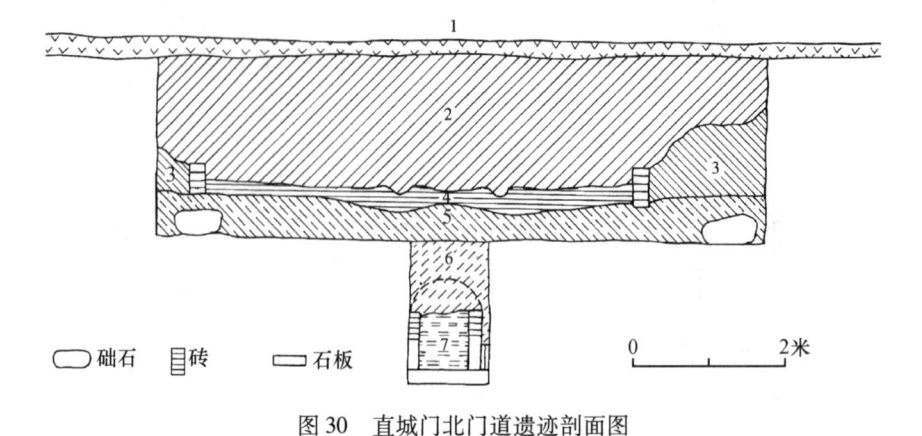

☐础石　🗐砖　☐石板　　　0　　　2米

图30　直城门北门道遗迹剖面图
1. 地表土　2. 唐代夯土　3. 后赵夯土　4. 路土　5. 烧土　6. 填土　7. 淤土

在直城门南门道后端（东端）的南侧，紧靠着城墙的内壁，自北而南残存着三间房屋，相互之间用土坯叠成隔墙；房屋的大部分遗迹已受到破坏，仅存其西部宽约1米的处所。第一间房屋长4.5米，第二间房屋长5.6米，第三间房屋破坏之余，残存长度不足2米。三间房屋的西壁，都是利用城墙的内壁，在壁面上涂草泥，并刷白灰，以资修饰（图28，图版81-1）。屋内的居住面高出城门门道地面约60厘米，故由南门道后端向南进入第一间房屋须经由一条长约2.6米的斜坡式甬道，逐渐升登。在斜坡式甬道的起点，亦即南门道后端南侧拐角处，遗有一个圆形的双扇石磨盘，直径51厘米，一扇完整，一扇残缺，分别斜靠在城墙内壁的壁面上，这与前章所述霸城门的情状十分相似（图31，图版81-1）。如同前章对霸城门南门道、西安门中门道和东门道内侧房屋遗迹之所述，直城门南门道内侧近处的房屋亦应为城门守卫人员的居住之处。

在直城门南门道南侧的第二间房屋内，有着1件铁戟，平贴在屋内居住面上（图版81-2），全长41厘米。戟的上部用以刺杀，相当于矛的叶，长22.5厘米，宽2.1厘米，中间较厚而不显脊，两侧渐薄而成刃，两刃向前聚成尖锋；中部一边有垂直的突出部分，长16厘米，宽2.7厘米，用以钩劈，有如戈的援，其锋、刃等的作成与上部的叶相似；下部略如戈的胡，长18.5厘米，宽2.6厘米，一边较厚，一边较薄，断面成三角形，以便插入木柄，而木柄则枯朽无存（图32）。

在第二间房屋，还遗留铁刀1件，平贴在屋内居住面上，与上述的

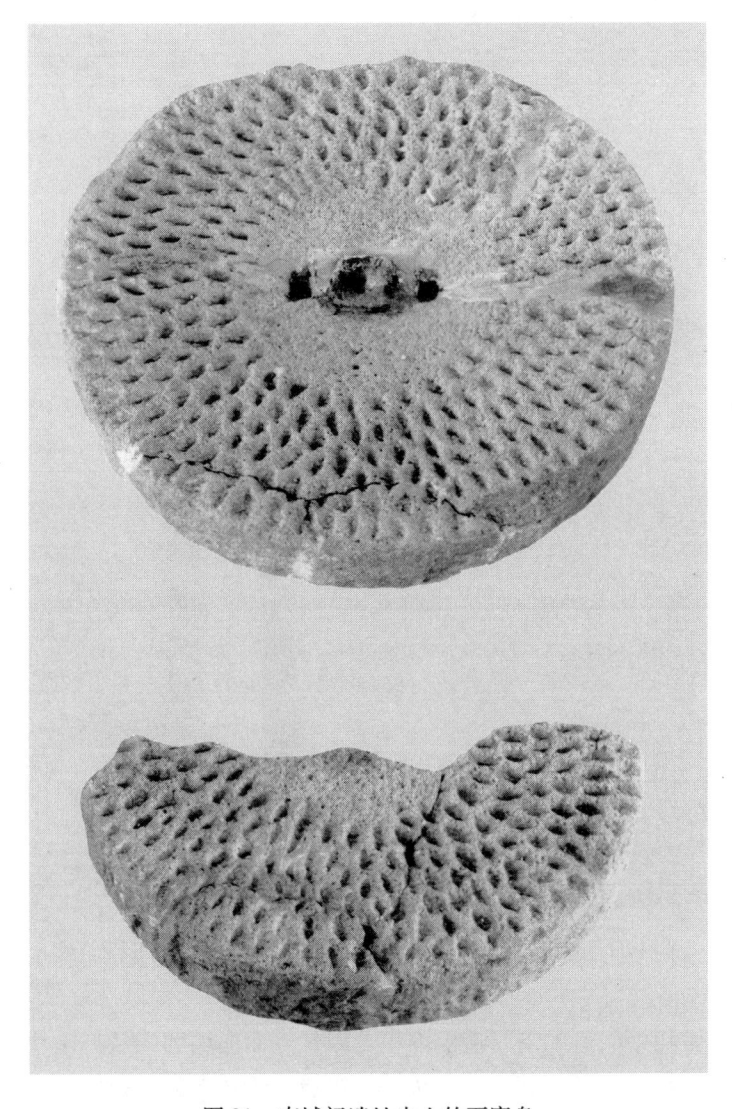

图31 直城门遗址出土的石磨盘

铁戟靠近,两者相距不过30厘米。刀背平直,无弯曲;刀刃亦平直,只是在最前端处弧曲而与刀背聚成尖锋,长42厘米,宽2.8厘米(图32)。刀身末端齐平,不附环,估计是嵌入木柄中,用绳缚紧,既便于执握,又可增加刀的长度,只因木柄枯朽,不留痕迹,不能察知其长短。无待于言,与铁戟一样,这铁刀亦属城门守卫人员所用的武器。

图32 直城门遗址出土的铁戟与铁刀

（三）城门焚毁的年代及后世继续利用的情形

直城门中门道和南门道内堆积着因焚烧而崩塌的大量夯土块，它们被烧得发红、发紫，其中夹杂灰烬、炭屑、碎瓦之类，我们称为"烧土堆积层"，已如前述。这样的烧土堆积层，在南门道厚3.9米，在中门道厚2.9米，足证门道焚毁之后，始终是废弃不用的。参照霸城门、西安门等的情况，焚毁的年代应在新莽末年或稍后，焚毁的原因则在于战火。

如前文所述，我们有意保留中门道和南门道内的大部分烧土堆积层而不予移除。然而，我们在中门道和南门道的前部地面及地面上的堆积层乃至其他各处土层中犹得发现半两、五铢、大泉五十、货泉、货布等西汉和新莽的铜钱10余枚，而以新莽铜钱的枚数为多。在瓦件方面，主要是各式云纹瓦当和"长乐未央"、"长生无极"、"都司空瓦"等文字瓦当（图33），而最重要的则是我们在许多板瓦碎片中发现有3片分别打着"始建国四年保城都（司空）"、"始建国天凤四年"、"保城都司空"字样的戳印（图34）。十分明显，这些都充分说明直城门作为汉长安城的一座城门，其南门道和中门道的使用年代下限在新莽时期。

直城门北门道在新莽末年或稍后亦被焚毁，门道的两壁被烧得发赤，门道的地面还遗留着一些红烧土，足可为证。但是，与中门道、南门道不同的是，北门道所遗烧土层厚仅50厘米左右，这显然是由于火烧后崩塌的大量烧土块等已在后世被清除，而清除的目的则在于继续利用这一门道。

经考察，我们确认直城门北门道在后世曾经改建。改建的遗迹主要表现在门道的两侧各有后世所筑砖壁的残余（图28、图30）。砖壁由长方砖平叠而成，现存高度仅剩20~50厘米，在其与西汉的夯土壁之间用土填实，并经夯打加固。砖的形制与前章所述后赵时宣平门中门道所用之砖相似，有些砖还印有"石安田黑"、"石安宗□"、"石安曹□"等文字，足证它们是五胡十六国时代后赵的产品（图35）。因此，我们认为，直城门北门道的改建遗迹是属于后赵的，而门道的使用期限则可下延至更晚。按两侧砖壁之间的距离衡量，经过后赵时改建的直城门北门道的宽度为5.6米（图28、图30）。门道前端砖壁的部位视西汉和新莽时中门道和南门道前端的夯土壁要后缩约2.5米，倘若门道的后端（遗迹已破坏）仍保持在西汉和新莽时的原来部位，则后赵改建的北门道的纵长应为13.5米。这与前章所述后赵时宣平门中门道的宽度和纵长基本上相同，或许不是偶然的。

与后赵改建的砖壁相应，在北门道王莽末年或稍后堆积起来的、经过以后清理而残留的红烧土层之上有着一层厚约35厘米的路土，应该是因后赵以来经常有行人、车马在门道出入交通而形成的。最引人注目的是，在这路土层的表面遗有一条车轨宽为1.3米的车辙。由于路土层的表面和表面上所遗车辙都直接被唐代的夯土所压住，推测其年代属于隋代。车轨的宽度与前述宣平门南门道、北门道地面所遗隋代车辙的车轨宽度同为1.3米，亦可作为佐证（图28，图版80-2）。

图 33 直城门遗址出土瓦当

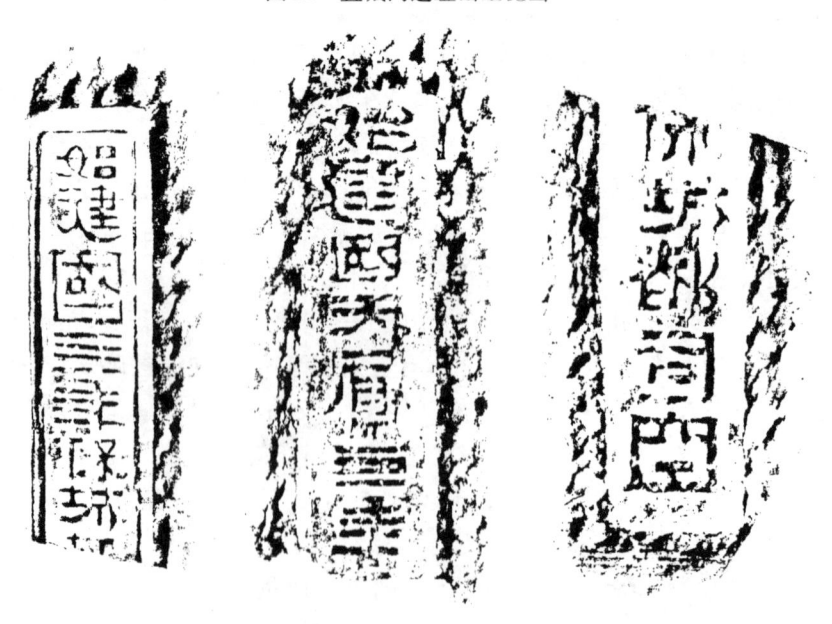

图 34 直城门遗址出土瓦片上的文字

图35　直城门遗址出土后赵砖上的文字

到了唐代，北门道被填塞了。填塞所用的土经过夯打，情形与宣平门、西安门的完全相同。此外，应该指出，南门道和中门道在王莽末年或稍后因焚毁而废弃，一任大量崩塌的夯土块等堆积在门道内，但在门道的前端亦稍作清除，另用新的夯土填补，并筑成整齐的墙面。由于新夯土内存在着唐代的瓦片，可见是唐代所筑的。十分明显，与北门道之被用夯土填塞一样，唐代用夯土填塞中门道和南门道不仅是为了杜绝通路，而且亦借以修整城墙，把它当作禁苑内相关处所的墙垣。

堆积在中门道内的新莽末年或稍后因火焚而崩塌的红烧土层，其顶部在唐代经过平整而建有小型的房舍，附近地表土层中出土的1枚开元通宝铜钱亦可帮助表明其年代。由于离现今的地表过浅，房舍遗迹大部分已被破坏，却仍遗有两对门墩石。门墩石各约40厘米见方，厚约12厘米，中央有圆形臼窝，直径约8厘米（图28，图版81-3）。这房舍建筑在禁苑的墙垣上，只因遗迹破坏过甚，文献上又无记载，不能考明其性质。

（本文原载《考古学集刊》第17集，2010年）

渤海上京龙泉府遗址的调查发掘

唐代渤海国首都上京龙泉府遗址，在今黑龙江省宁安县境内，其位置在县城西南约35公里处，东距东京城镇（以往亦称世环镇）约3公里（图1）。在古城范围之内，则有渤海镇（原名东京城镇）及其所属土台子、白庙子、彦家街、双庙子、后西地、前西地等6个村落（图2）。东

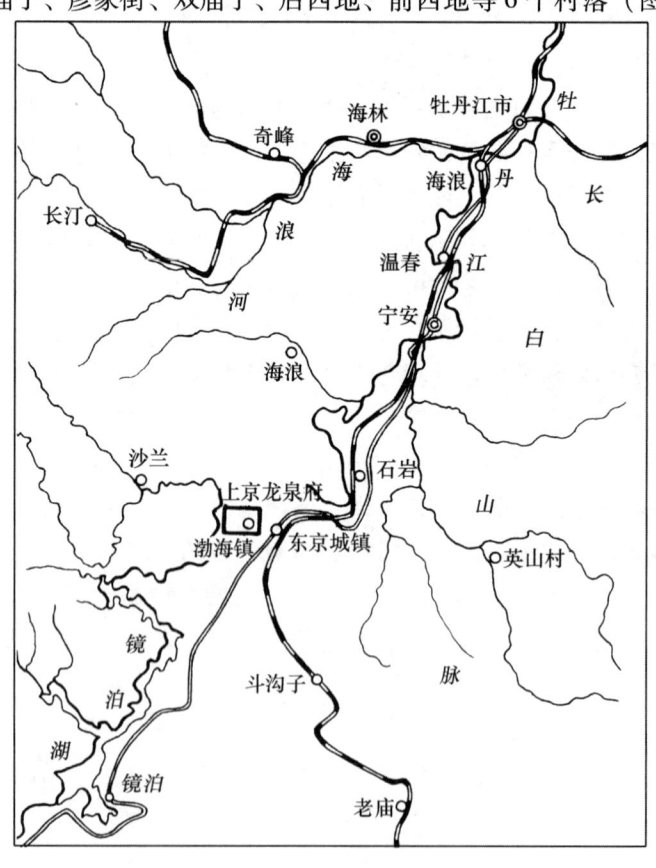

图1 渤海上京龙泉府遗址位置示意图

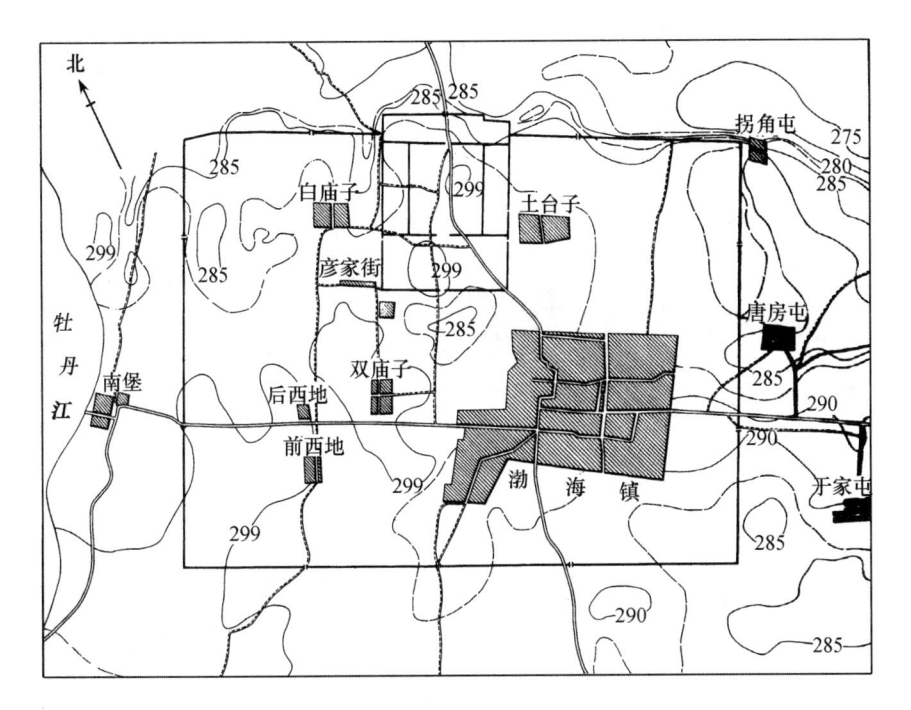

图 2　渤海上京龙泉府遗址地形图

京城镇与渤海镇皆因上京龙泉府古城而得名，而古城遗址则坐落在渤海镇的境域内。

以古城所在处为中心，周围数百里，为一盆地，地势平坦。牡丹江出镜泊湖，自西南流来，在古城西墙外约 1 公里处经过，然后转折向东，南距古城北墙亦不足 3 公里。这里土地肥沃，灌溉方便。远处则群山环抱，形势险要。渤海国在此建都实非出于偶然。

都城自建置以来，至今已历千余年，而城郭、宫殿，形迹可辨。解放前，此地经盗掘，破坏严重。解放后，有关部门在当地群众的支持和协助下，多方注意保护。1961 年，国务院颁布第一批全国重点文物保护单位名单，此城遗址即被列为其中之一。1963 年黑龙江省文化局在城址内设文物保管所，进一步加强了城址的保护工作。

中国科学院考古研究所东北考古工作队第二队于 1963 年 10 月 20~26 日在宁安县渤海镇上京龙泉府遗址进行调查，并在城西约 2 公里的大朱屯试掘了 2 座渤海墓。1964 年 6 月 9 日，又开始在这里进行正式的发掘，至 7 月 18 日暂告一段落；同年 8 月 25 日再度发掘，至 10 月 17

日工作全部结束。在发掘的同时,还在全城范围内及城外近处作了进一步的勘察和钻探。

壹 城的建制和布局

渤海首都上京龙泉府城址遗迹丰富,通过地面的勘查和地下的钻探,基本上究明了外郭城的范围和城门的位置,宫城、皇城的形制,街道、坊市的规划,以及宫殿、官署、寺庙等建筑物的分布,从而对都城整体的建制和布局有了全面的了解。

一 外郭城

(一) 城墙

外郭城的平面形状基本上呈横长方形(图3)。由东面城墙、南面城墙、西面城墙和北面城墙组成。城垣保存情况一般尚好,倾圮之余,残墙犹高出现今地面约2~3米(图版82),唯南面城墙破坏较甚,残存高度不足1米,个别地方则几乎夷平。

东面城墙长3358.5米。城墙基本上成一直线,方向2度。东面南头城门以南的一段城墙微微偏折,方向3度。在北段城墙的外侧,可以看到城壕的遗迹。

南面城墙长4586米,全部成一直线,方向271.5度。自南面西头城门以东,沿城墙外侧有一条东西向的水沟,宽6~7米,现深约2米,是解放前开凿的。估计这水沟可能是原来的城壕遗迹掘深而成的。

西面城墙长3398米,全部成一直线,方向2度。城墙北段的外侧有城壕遗迹(图版82-1)。

北面城墙全长4946米,其西端接近城的西北角处的一小段是偏斜的(图版82-2),中段当宫城的北面外围,城墙曲折向北凸。城墙的方向,主要是93.5度。城的外侧始终有断断续续的城壕遗迹,宽约3米,现深不及1米。

外郭城的周长,即四面城墙长度的总和为16288.5米。

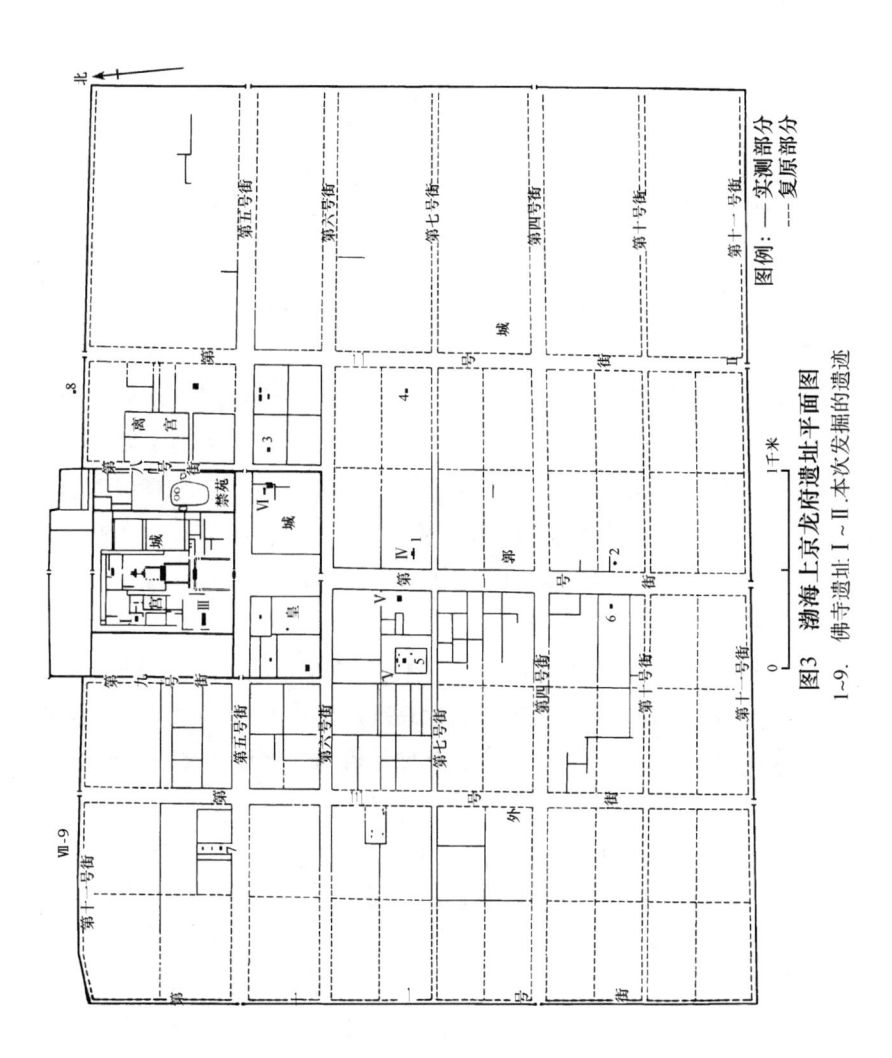

图3 渤海上京龙泉府遗址平面图
1~9. 佛寺遗址；Ⅰ~Ⅱ.本次发掘的遗迹

城墙崩塌后的石块堆积在城墙基部的里外两侧，使得现存的城墙遗迹宽 8~10 米。根据对南面东头城门的发掘，得知该城门近旁的城墙实宽为 2.0~2.4 米，是用石块掺土筑成的。城墙底下筑有夯土的墙基。

（二）城门

外郭城共有 10 个城门，东面和西面各 2 个城门，南面和北面各 3 个城门。除个别城门例外，都有一定的遗迹存在，可以依靠钻探，确定它们的位置。除南面居中城门和北面居中城门以外，其余的城门都是 1 个门道，有的能判明门道的宽度。南面东头城门进行了发掘。

东面北头城门在外郭城东北角以南 805.5 米处，南距东面南头城门 1468.5 米。附近的城墙遗迹保存较好，门址成一豁口，一条现代的大车路由此经过。据钻探了解，此门的门道宽约 5 米。东面南头城门在渤海镇东面约 1000 米处，南距外郭城东南角 1084.5 米。自东京城镇通往渤海镇的公路在门址以北约 100 米处经过。钻探以后得知，门道的北部已被一条近代的水渠所破坏，仅存其南部，残宽约 2 米。门道中有瓦片、烧土和灰烬等的堆积。

南面东头城门在渤海镇南面约 1000 米处，东距外郭城的东南角 1402.5 米。自渤海镇通往大荒地村的公路在门址以西约 20 米处经过。附近城墙残迹低平，但仍可看出门道所在处显得略为凹洼。此门经过发掘，门道宽 5.4 米。南面居中城门在南面东头城门以西 1091.5 米处，西距南面西头城门 1066 米。附近城墙几乎夷平，门址破坏严重，不能得知门道的数目及其宽度。南面西头城门在前西地村南面约 700 米处，西距外郭城的西南角 1026 米，一条现代的大车路在门址所在处通过。门址附近地面上散见少量的瓦片，门道的宽度已不能探明。

西面南头城门在外郭城西南角以北 1122.5 米处，北距西面北头城门 1528.5 米。附近城墙保存较高，门址成一豁口，自渤海镇通往牡丹江边的公路由此经过。据钻探了解，门道的北部已被公路破坏，仅余其南部，残宽约 2.5 米。门道中有瓦片、烧土、灰烬的堆积。西面北头城门在白庙子村西面约 1100 米处，北距外郭城的西北角 755 米。门址所在处亦形成一豁口，地面上散见少量的瓦片。钻探结果，得知此城门的门道宽约 5.5 米。门道中探出碎瓦片和木炭屑等。

北面西头城门在白庙子村北面约500米处，由门址至外郭城西北角的城墙长1081.5米。门址所在处成一豁口，现代的大车路由此经过，附近农民并以此豁口作为稻田排水之处。地面上可以看到一些零星的渤海瓦片，钻探工作中发现地面以下有烧土和灰烬，但门道的宽度已难确切探明（图版83-1）。北面居中城门与"五凤楼"及"五重殿"遗迹对直，其与北面西头城门之间的城墙长1272.5米，与北面东头城门之间的城墙长1236米。自渤海镇至三灵屯的公路由此通过，城门础石露出在公路两侧的地面上。此门门道的数目与门道的宽度不详。北面东头城门在土台子村偏东约500米处，东距外郭城的东北角1358.5米。门址亦成一个豁口，一条现代的大车路由此经过，附近的稻田亦由此排水。地面上散见瓦片。门道的宽度未经探明。

外郭城的10个城门，其位置是互相对称的：东面的2个城门分别与西面的2个城门对直，南面的3个城门分别与北面的3个城门对直；南面居中城门和北面居中城门的位置基本上各在南面、北面的东头城门和西头城门之间的正中（图3）。

在外郭城的10个城门之中，南面东头城门、南面西头城门、北面东头城门和北面西头城门是过去所未发现的。曾有人猜测过这4个城门的位置，但并不准确[1]，通过这次钻探究明了它们的确切位置。

二　宫城

宫城的位置在上京龙泉府城的北部居中，平面形状呈规整的长方形。四面宫墙系用大小、形状不同的石块砌筑而成，保存情况良好。残墙高出现今地面往往有3米左右，有的甚至高达4米。东面宫墙和西面宫墙各长720米，南面宫墙和北面宫墙各长620米，周围总长为2680米。宫墙的东面、西面和北面，有禁苑等宫城的附属部分，各附属部分除借用宫墙以外，另筑围墙，形成了宫城的外围。计外围东面长900米，南面长1050米，西面长940米，北面长1096米，四面总长3986米（图3，图4）。

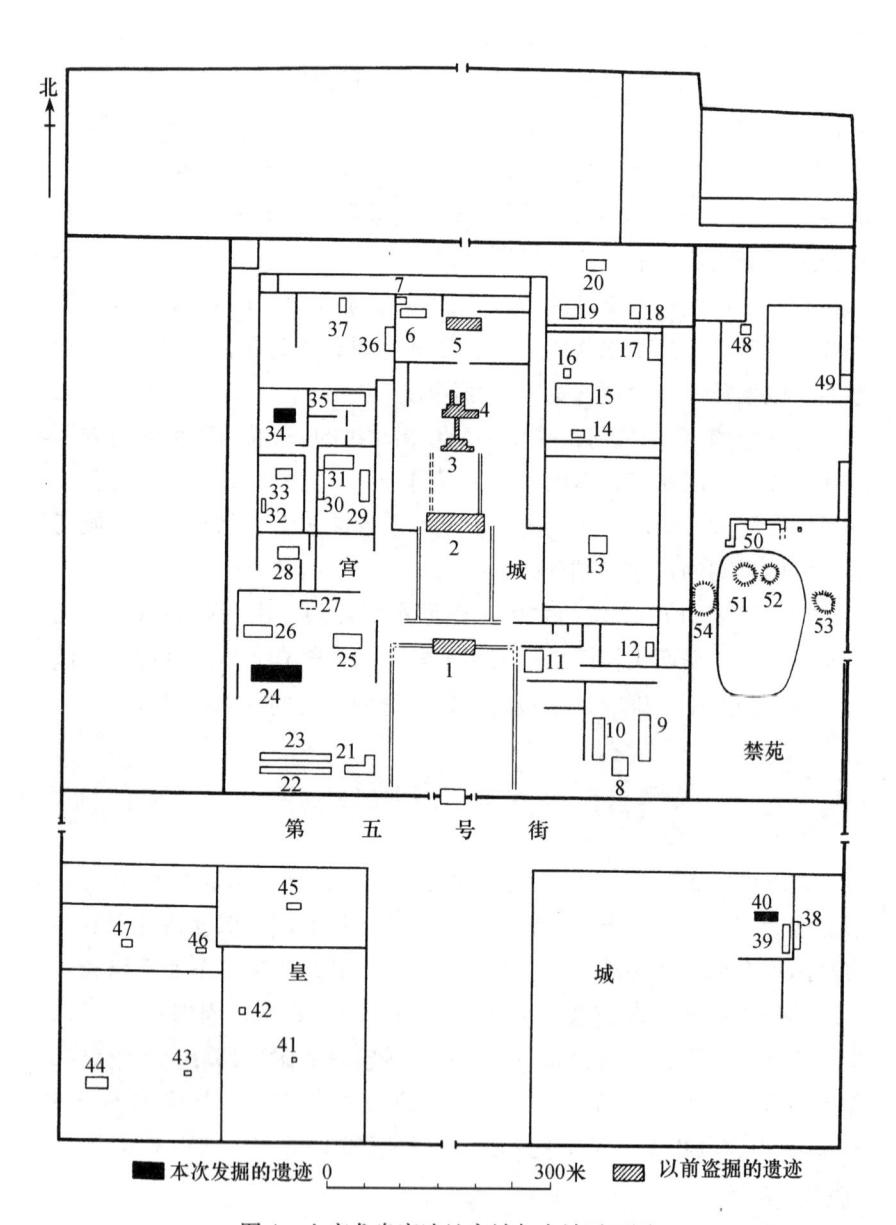

图 4 上京龙泉府遗址宫城与皇城平面图

（一）门址

宫城的门址，现仅知南门和北门2处。估计必有东门和西门，但限于时间，未能详加勘察。

《宁安县志》所称之"五凤楼"，实为宫城的南门，其位置居南面宫墙的正中。此门南对皇城南门，通过第一号街（朱雀大街）而与外郭城南面居中城门遥相对直，是宫城的正门。门的台基保存良好，高出现今地面约4~5米，台基上巨型础石排列整齐，可以想见当日的规模和形制。过去有人认为这里是一处殿址，未必妥切[2]。

宫城的南面宫墙保存甚佳，残高3~4米，除现代公路和道路通过之处外，未有断缺，唯"五凤楼"左右两侧各有一缺口（图版83-2）。经详细钻探，在缺口底下发现有大量的瓦片、烧土和灰烬等的堆积，可以判断这两个缺口应系宫城南门的2个侧门[3]。根据缺口现状，并参考钻探情况，得知2个侧门的宽度为5~6米

宫城的北门址在北面宫墙正中，现今的公路由此通过，遗迹多遭破坏，未能详细探明。

（二）区划和殿址的分布

宫城可以划分为东区、中区、西区三个部分，东区和西区各宽157米，中区宽180米。中区的东、西两侧各有南北向的墙垣，与东区西侧、西区东侧的南北向墙垣形成通道，通道宽20~25米。各区内部又由东西向或南北向的墙垣分成若干部分或院落，有的又分隔成若干小院落。根据地面上的勘察和地下的钻探，在宫城内共发现37处殿址和其他建筑物遗址，其在中区的凡7处，在东区的凡13处，在西区的凡17处。估计还会有些遗漏，但比较主要的建筑物遗址基本上都勘探出来了。

1. 中区

有7处殿址和房屋遗址，分别编为1~7号。1~5号殿址即《宁安县志》所称的"五重殿"。5殿在一条直线上，与宫城南门和北门对直，往北又与外郭城的北面居中城门对直，往南通过朱雀大街与外郭城南面

居中城门对直，是全城中轴线的所在。这5个殿址是整个宫城中最重要的建筑物，特别是1号和2号殿址，规模宏大，当系朝会和典礼的场所。全区划分为四个部分：1号殿址及其两侧回廊所形成的范围为第一部分，2号殿址及其两侧回廊所形成的范围为第二部分，3号殿址和4号殿址所在的范围为第三部分，5号殿址所在的部分为第四部分。第四部分是一个院落，在它的西北角有6号、7号2处建筑遗址，规模较小（图4）。1~6号遗址已被盗掘，叙述从略。7号遗址是这次新发现的，房基面积为15×9米（自东至西为15米，自南至北为9米，后述各遗址的面积所示数字都同此例）。

在2号殿址的东侧，还实测了《宁安县志》所称的"八宝琉璃井"。井壁用玄武岩的石块砌成。井口呈八角形，系近代重修。自井口深约2米处，井的断面略呈八角形，径约0.66米。自此以下，井的断面呈圆形，直径逐渐增大；深约4米处直径最大，约为0.99米。往下略为收缩，井底直径约为0.82米。自现存井口至井底深约5.6米（图5，图版84）。

2. 东区

分为4个院落。各个院落的北墙或南墙，与相邻院落的南墙或北墙形成东西向的通道。自南至北第1院落与第2院落之间的通道宽20米，第2院落与第3院落之间的通道宽18米，第3院落与第4院落之间的通道宽8米。

第1院落又分成4个小院落。东南部的小院落较大，8号，9号，10号房屋遗址即在其中，面积分别为20×25米，16×58米，18×51米。11号遗址在西北部的小院落中，其面积为25.5×27.5米。12号遗址在东北部的小院落中，其面积为12×18米。在西南部的小院落中未发现房屋遗址。

第2院落中未发现墙垣，从而不分小院落。13号遗址居整个院落的正中偏南处，面积24×24米。此院落中可能还有别的建筑物遗址，但未探出。

第3院落亦未分成小院落，其中探出4处建筑物遗址。14号遗址在南部偏西处，面积16×7米。15号，16号遗址在中部偏西处，面积各为52×24.5米，9×11.5米。17号遗址在东北角，面积11×41米。

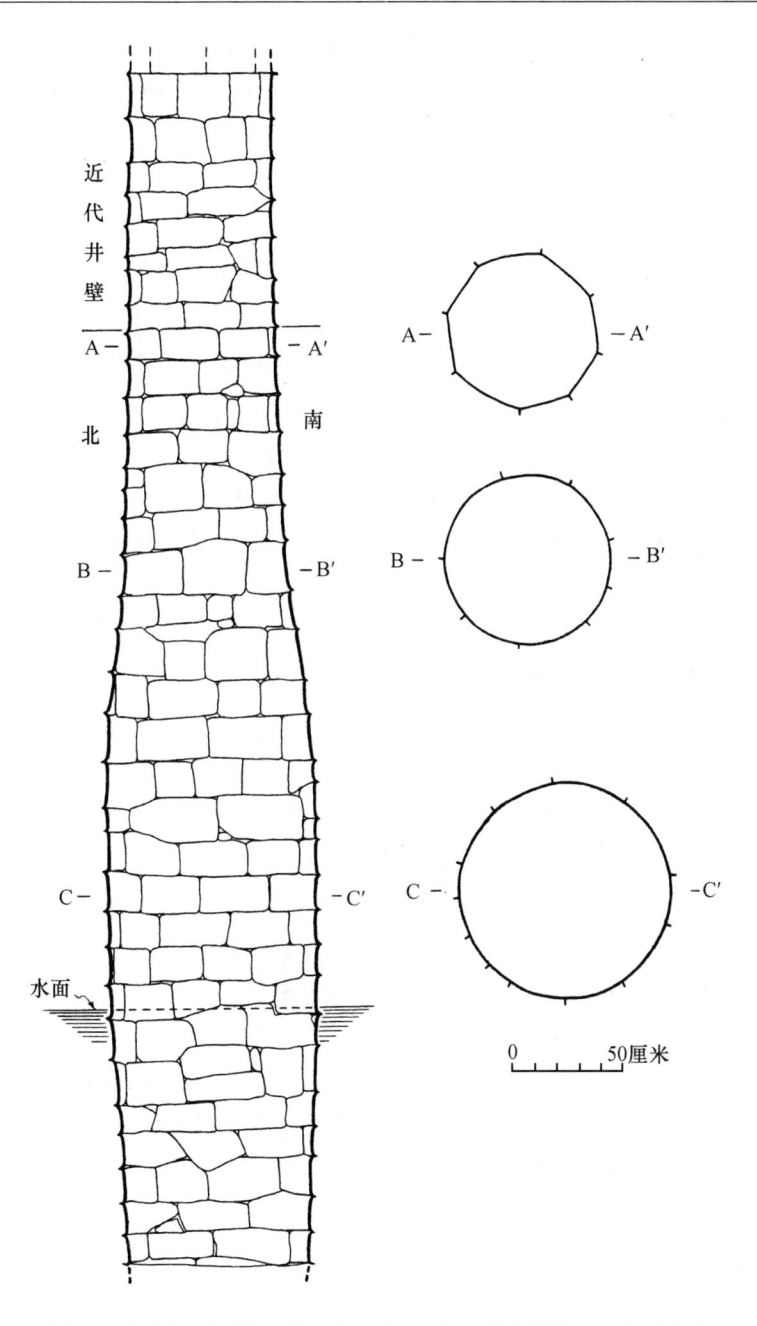

图5　上京龙泉府遗址宫城东侧水井（"八宝琉璃井"）平、剖面图

第 4 院落在全区的最北面，其中有 3 处遗址。18 号遗址在南部偏东处，面积 13×18 米。19 号遗址在西南部，面积 24×18 米。20 号遗址在北部偏西处，面积 26×13 米（图 4）。

3. 西区

分为 3 个院落。各院落之间以单墙隔开，没有像东区那样的通道。

自南而北第 1 院落范围甚大而未见有墙垣分隔成若干小院落。在整个院落中共探出 7 处遗址。21 号遗址在东南角，形状独呈曲尺形（前述和后述所有遗址都为长方形或正方形），面积 40×12 米 + 13×13 米。22 号遗址在南端，面积 96×9.5 米。23 号遗址在 22 号遗址之北，面积 96×10 米。24 号遗址在中部偏西处，面积 66×20 米（此遗址已经发掘，发现大量陶器，可能当时是一处"堆房"）。25 号遗址在北部偏东处，面积 40×19 米。26 号遗址在北部偏西处，面积 34×14.5 米。27 号遗址在北端中部，仅探得其东西长度为 20 米，南北宽度不详。

第 2 院落内部垣墙纵横，分隔成 6 个小院落。在东南部的 1 个院落中未发现房屋遗址。在西南部的小院落中，有 28 号遗址，面积 29×16.5 米。中部偏东的 1 个小院落，共有 3 个遗址，呈"品"字形排列，分别编为 29 号、30 号、31 号，面积各为 14×40 米，9×39 米，34×19 米。中部偏西的小院落有 32 号，33 号遗址，面积各为 6×18 米，20.5×12.5 米。西北部的小院落有 1 处遗址，编为 34 号，面积 28.95×17.31 米（此遗址已经发掘）。东北部的小院落中有 35 号遗址，面积 42×24 米。第 2 院落内部小院落特多，房屋遗址分布较密，可能都是寝殿，34 号遗址的发掘亦可以为证。

第 3 院落在整个西区的北部，似可分为 2 个小院落。东侧的小院落较大，有 2 个遗址，36 号在东，37 号在北，面积各为 14×32 米，11.5×19 米。西侧的小院落较小，未发现建筑物的遗址（图 4）。

（三）宫城附属部分（禁苑及其他）

宫城东面的附属部分自南至北长 722 米，自东至西宽 213 米，当系禁苑。其北部（南北长 203 米）约占总面积的三分之一弱，被墙单独隔成 1 个院落。其中又由墙垣分隔成 3 个小院落。西北角院落南北长 100

米，东西宽67米，其外有48号遗址，面积13×13米。西南角院落南北长103米，东西宽35米。东南部院落南北长125米，东西宽98米。其外东南部有1遗址，编为49号，面积约18×13米。其南部占总面积的二分之一，有水池、假山等遗迹。其东墙南段长180米的一段为夹墙，两墙间宽为3.8米，现有大车道从中穿行。水池平面呈椭圆形，南北长约190米，东西宽约110米，深约1.5米。池内偏北处有2个建筑物遗址（亭子？），编号为51号、52号。水池的北岸有1处较大的建筑物遗址，编为50号，两侧有曲廊。水池偏北的东、西两侧，有2座假山（53号、54号），应系当时用挖池掘出的土堆成的。东假山（53号）略呈东西向椭圆形，长约40米，宽约30米，高4~5米。西假山（54号）呈南北向椭圆形，南北长50米，东西宽30米，高4~5米。地面上发现少量的瓦片。禁苑中的建筑遗迹，过去都被盗掘，遭到严重破坏[4]。在禁苑东墙距南端192米处，钻探中发现有红烧土、木炭屑等遗物，估计是1座门址，宽约9.3米，出门便是街道，即第八号街（图3）。

宫城西面的附属部分，南北长722米，东西宽220米，与宫城东面的附属部分对称，范围、大小几乎完全相同。内部地面平坦，未见瓦片等遗物，亦未能看出有墙垣、房基等遗迹。

宫城北面的附属部分，东西长847米，南北宽215米，其西面和北面系借用外郭城的城墙，在靠近东端处有一道南北向的墙垣。另外，在这一部分的东面，又有一近方形的区域，东西长204米，南北宽172米，北面和东面系借用外郭城的城墙，内部偏南处有两道东西向的墙垣。由于未曾进行钻探，未发现任何建筑遗址，地面上又没有瓦片等遗物，难于判断其在当时为何种场所（图4）。

三　皇城

皇城在宫城之南，由于建制、布局与唐长安城和洛阳城中的皇城十分相似，故假称其为"皇城"。皇城与宫城相隔一街（即第五号街中段）。此街宽约92米，穿过皇城的东门和西门，直达外郭城的东门和西门（即东墙和西墙的北门），有如唐长安城宫城、皇城之间的"横街"。

皇城平面形状为横长方形，东面长447米，南面长1045米，西面长454米，北面长1050米，四面总长2996米（图4）。东、南、西三面围墙多已夷平，但仍有残迹可寻；北面围墙保存较好，系用石块砌成，如同宫城的围墙。

（一）门址

皇城共有3个门，即东门、南门与西门。

东门在皇城东面围墙的北端，与外郭城东面北头城门对直，其间贯通大街，已如上述。此门遗迹保存较好，经钻探了解，门道为一个，宽约5.2米，门道中有瓦片、烧土等的堆积。

西门在皇城西面围墙的北端，西与外郭城西面北头城门对直，其间贯通上述宽为92米的大街。此门在钻探工作中发现有瓦片、烧土和炭屑等，但由于破坏较甚，门道宽度已不能探明。由于此门与东门位置对称，估计门道亦应为一个，宽度应与东门的门道相等或相近。

南门在皇城南面围墙的正中，过去已被盗掘，据说有3个门道[5]。此门为皇城正门，北对宫城南门，南对外郭城南面居中城门，有最宽广的"朱雀大街"贯通其间。

（二）区划和房屋的分布

皇城可分为东区、西区和中区三个部分。东区与中区之间，西区与中区之间，各有1道石筑的南北向墙垣相隔。在东区和西区，共发现10处（38~47号）房屋遗址（图4）。

东区东西长413米，南北宽355米。在它的东北部，发现3道残存的石砌墙垣，互相交接，其中1道作东西向，2道作南北向，当系其内部各院落之间的隔墙。在这些墙垣附近，发现3处房屋遗址，分别编为38号、39号、40号，面积各为9×26.5米，10×30米，31×11.5米。其中40号遗址已被发掘。除东北部以外，东区的大部分地段已被开垦为水稻田，遗迹遭到破坏，且无从进行钻探，所以情况不明。

西区与东区位置对称，范围大小亦与东区相等。发现5道石砌墙垣，其中2道为南北向，3道为东西向，将此区分隔成5个大小不等的院落。东南部的院落中有41号、42号遗址，面积各为7×6米，8×8米。西南部的院落中有43号、44号遗址，面积各为8×7米，32×19米。45号遗址在东北部院落中，面积20.5×10.5米。46号、47号遗址在西北偏南的院落中，面积各为12.5×7.5米，14.5×10米。在西北部的院落中未发现房屋遗址。在这些院落中，估计还有更多的遗址，但未能一一加以探明。

中区在东区与西区之间，东西宽222米，范围较狭。此区现为旱田，地势平坦，地面上不见有瓦片等遗物，地面以下亦未探出建筑物的遗迹，颇疑当初为一广场，兼为宫城南门与皇城南门之间的通路。

从所处的位置及其区划来看，皇城应系渤海国中央级政府机构的所在地。上述在东区和西区发现的建筑物遗址，应属当时的官署。

四　街道

在勘察工作中，共发现9条街道，5条为南北向的，4条为东西向的，都是全街呈一直线，没有任何偏斜和曲折（图3）。街道的宽度，计有110米，92米，78米，65米，28~34米等五种。所有的街道都系土筑，由于行人和车马的践踏、碾压，路面形成一层坚硬的"路土"，一般厚约5厘米。街道两侧是否有排水沟，未能探查清楚。兹将各街道的位置、经由及形制等分述如下。

第一号街

自外郭城南面居中城门通至皇城的南门，全长2195米。南北向，方向3度。除街的南端以外，两侧里坊的墙垣保存良好。街的宽度以两侧坊墙之间的距离计算，为110米。此街居全城中央而略为偏西，将全城划分为东、西两半。此街可称"朱雀大街"。

第二号街

自外郭城南面东头城门通至外郭城北面东头城门，全长3400米。南北向，方向3度。与朱雀大街（第一号街）完全平行，两者相隔二列坊，相距1000米。此街两侧里坊的墙垣多已破坏，幸北段两侧的坊墙偶有遗存，得以计算街的宽度为78米。

第三号街

自外郭城南面西头城门通至外郭城北面西头城门，全长3450米。南北向，方向2度。与朱雀大街平行，两者相隔二列坊，相距1000米。此街两侧里坊的墙垣亦多破坏，但街的北段两侧坊墙有得到保存的，得以测知此街宽为 78 米，与第二号街的宽度正相等。

第四号街

自外郭城东面南头城门通至外郭城西面南头城门，全长 4598 米。东西向，方向 272.5 度。此街与第一号街、第二号街、第三号街垂直相交，形成 3 个十字路口。街的两侧坊墙亦多已破坏，但在与第一号街（朱雀大街）相交的十字路口的两侧，坊墙保存尚好，测得街的宽度为 78 米，与第二号街、第三号街完全相等。

第五号街

自外郭城东面北头城门通至外郭城西面北头城门，全长 4620 米。东西向，方向 272.5 度。与第四号街完全平行。此街自外郭城东面北头城门起，往西与第二号街相交，形成十字路口，又往西与宫城、皇城东墙外的南北向街道（第八号街）相交，形成十字路口；然后穿入皇城东门，经过宫城南门前，穿出皇城西门，与宫城皇城西墙外的南北向街道（第九号街）相交，形成十字路口；再往西与第三号街相交，形成十字路口，直至外郭城西面北头城门。街的中段两侧坊墙保存良好，因而测得街的宽度为 92 米。此街穿入皇城范围内的一段，长 1050 米，其宽度亦为 92 米，已如前述。

以上 5 条大街，3 条为南北向的，2 条为东西向的，都贯通外郭城的城门，可称为城中的主干大街。其中朱雀大街（第一号街）为全城中轴所在，自外郭城南面居中城门通至皇城正门，最显重要，故最为宽广。第五号街穿入皇城，在宫城正门前经过，亦显得特别重要，其宽度仅次于朱雀大街。其余 3 条主干大街，地位相当，一律宽为 78 米，居第三位。

第六号街

位于皇城南门前，紧靠着皇城的南面城墙，往东往西分别通至外郭城的东面城墙和西面城墙而止，全长 4610 米。东西向，方向 272.5 度。与上述第五号街完全平行，两者相隔一排坊，间距 360 米。此街与第二号街、第三号街垂直相交，形成二个十字路口；在皇城南门前则与朱雀大街相交，形成一个丁字路口。街的西段两侧、皇城南面里坊的坊墙保存较好，能明确测定街的宽度为 65 米。这条大街，横贯全城，虽不通至外郭城的城门，但在皇城南门前经过，亦显重要。街的宽度为 65 米，差于上述贯通外郭城城门的 5 条主干大街，居第四位。

第七号街

在第六号街以南500米（其间有二排坊），全长4605米。东西向，272.5度。与第六号街完全平行。此街与包括朱雀大街在内的3条南北向主干大街垂直相交，形成三个十字路口。街的中段和西段两侧坊墙保存最好，明确测得街的宽度为28米。在所发现的9条街道之中，此街宽度居于最末。

第八号街

在宫城和皇城的东墙外，全长1300米。南北向，方向3度。往北通抵外郭城的北面城墙，往南与第六号街垂直相交，形成丁字路口而止。其在皇城东门外，则与第五号街相交成丁字路口。街的两侧宫墙与坊墙遗迹清楚，可以确知街的宽度为34米。

第九号街

在宫城和皇城的西墙外，全长1290米。南北向，方向2度。往北抵外郭城的北面城墙，往南与第六号街相交成丁字路口而止。在皇城的西门外，则与第五号街相交成丁字路口。此街与第八号街对称，但据街的两侧宫墙和坊墙测量，其宽度为28米，较第八号街略窄，而与第七号街的宽度完全相同。

从以上所发现的9条街道看来，上京龙泉府全城街道的设置为东西对称。南北向的街道和东西向的街道垂直相交，将全城分划为若干规整的区域，其间设置里坊。从全城的规划看来，除了这9条街之外，在第四号街之南约500米处应该还有一条横贯全城的东西向大街，可编为第十号街，其宽度应与第七号街相当。但是，由于城的南部地势低洼，且多被开垦为水稻田，遗迹破坏，难于探查，未能发现这条应有的街道。另外，在外郭城四面城墙的里侧，紧靠着城墙，可能有"顺城街"，它的长度应为外郭城的周围长度减去宫城的北面外围长度，计14920米。若"顺城街"算作一条街，可编为第十一号街。以上的推测如果成立，则全城应有11条主要的街道（图3）。

除了这11条街以外，在宫城、皇城、里坊的内部和相互之间，当然会有许多道路相通，但由于路的数量多，又狭小，与城的布局关系不大，故未加探查。

兹将全城各主要街道的编号、方向、长度、宽度，以及街道的经由和位置分项列成渤海上京龙泉府遗址街道登记表（表），以供查对。

表　渤海上京龙泉府遗址街道登记表　　　　单位：米

编号	方向	长度	宽度	经由或位置
第一号街	南北	2195	110	外郭城南面居中城门至皇城南门
第二号街	南北	3400	78	外郭城南面东头城门至北面东头城门
第三号街	南北	3450	78	外郭城南面西头城门至北面西头城门
第四号街	东西	4598	78	外郭城东面南头城门至西面南头城门
第五号街	东西	4620	92	外郭城东面北头城门至西面北头城门
第六号街	东西	4610	65	外郭城东城墙至西城墙，经皇城南门
第七号街	东西	4605	28	外郭城东城墙至西城墙，第六号街之南
第八号街	南北	1300	34	宫城和皇城东墙外
第九号街	南北	1290	28	宫城和皇城西墙外
第十号街	东西	4600	28	外郭城东城墙至西城墙，第四号街南
第十一号街	环城	14920	?	环绕全城城墙的里侧，北面至宫城外围墙而止

五　坊市

坊的遗迹，主要是墙垣，有的在地面上尚有残留，有的则完全埋没在地下。总的说来，在城的中部，靠近宫城、皇城和朱雀大街的各坊遗迹保存较好；在城的边侧，特别是靠近东面城墙、南面城墙和西面城墙的各坊遗迹多已破坏。以朱雀大街为分界线，西半城各坊遗迹远较东半城各坊遗迹的保存情况为好（图3）。

（一）坊制概况

上京龙泉府的坊制相当规整。根据勘探出来的完整的和基本上可以复原的许多坊的情况看来，各坊都呈长方形，四面有围墙，在坊的内部又有墙垣将全坊分隔成若干部分或若干院落。

各坊自东至西的长度大致相等或相近，为465～530米；自南至北的宽度则基本上可分大、小二种，大的为350～370米，小的为235～

265米。因此，按照坊的南北宽度的不同，可以将全城的坊分为"大坊"和"小坊"。宫城、皇城以东、以西的各坊都属"大坊"，朱雀大街以东、以西的各坊都属"小坊"。不论"大坊"或"小坊"，自东至西的长度都比自南至北的宽度为大。

宫城以东、以西的各坊，有的三面临街，有的两面临街。皇城以东、以西的各坊，有的四面临街，有的三面临街。朱雀大街以东、以西的各坊，都是两面临街。各坊不临街的一面或两面，以单墙与邻坊隔开。

为了了解各坊围墙的结构，对西半城东起第一列北数第二坊的北墙和西墙进行了发掘。该坊的围墙系用大小、形状不同的自然石块砌叠，并在其间掺土筑成。墙的宽度为1.1米，其基部的里外两侧又各加铺一排石块，使其宽度增至约1.8米。根据地面观察和地下钻探所知，其他各坊的围墙应与此相同或相似。

（二）西半城的坊

1. 坊的排列

西半城各坊的遗迹保存甚好，勘探出来的完整的及可以复原的坊共有20个，根据它们的排列规律，得以恢复西半城的全部坊制。为了叙述方便起见，南北排列的各坊称列，东西排列的各坊称排。可以判断，西半城共有41个坊，以列计算为4列，以排计算为11排（图3）。

以列计算，东起第1列共8个坊，都在朱雀大街以西，属小坊，自东至西的长度都为475米左右。第2列共11坊，北起第1、第2坊在宫城以西，属大坊；第3坊在皇城以西，属大坊；第4坊至第11坊在朱雀大街以西，属小坊。大坊和小坊自东至西的长度都约为530米。第3列亦11个坊，情况与第2列相同，自东至西的长度都为465米左右。第4列坊的遗迹保存极差，但可以判断其情况与第2、第3列相同，自东至西的长度约为500米左右。

以排计算，北起第1、第2排各3个坊，在宫城以西，属大坊，自南至北的宽度都约为360米~370米。第3排3个坊，在皇城以西，属大坊，自南至北的宽度为360米。第4排至第11排各4个坊，在朱雀大街以西，属小坊，自北至南的宽度依次各约为240米、260米、235米、250米、

240米；其中第9排至第11排各排坊因未探出坊墙遗迹，具体宽度不明，但根据第四号街与外郭城南面城墙之间的距离，并参考其他各排坊的宽度，特别是第8排坊的宽度，可以估计它们各宽240米左右。

2. 各坊的具体形制和内容

在西半城的41个坊中，遗迹保存最好的有7个坊（图3），可以作为典型。兹分别叙述其具体形制和内容如下。

东起第1列北数第2坊　为小坊，自东至西长475米，自南至北宽260米。东临朱雀大街，南临第七号街。全坊被一道南北向的墙均分为东、西两半。西半坊为5号佛寺所独占。东半坊的东部偏北处有一建筑遗址，东西长30米，南北宽25米，规模较大；西北部有两个院落，平面各呈正方形和长方形。

东起第1列北数第3坊　为小坊，自东至西长475米，自南至北宽235米。东临朱雀大街，北临第七号大街。坊内墙垣纵横交错，形成8个大小不同的长方形院落。

东起第2列北数第2坊　为大坊，自东至西长522米，自南至北宽365米。东临第九号街，南临第五号街，西临第三号街。坊的北部有一条东西向的通道，宽62米。坊的中部有一条东西向的墙，将全坊均分为南北两半。北半坊被两条南北向的墙划分为3个大小不同的正方形和长方形的院落。

东起第2列北数第3坊　为大坊，自东至西长530米，自南至北宽360米。东临第九号街，南临第六号街，西临第三号街，北临第五号街。全坊被一道东西向的墙和一道南北向的墙平均划分为4个部分。西南部分被一道南北向的墙均分为东、西两个院落。西北部分的南部有一道东西向的墙。

东起第2列北数第4坊　为小坊，自东至西长533米，自南至北宽245米。北临第六号街，西临第三号街。全坊被一道南北向的墙平均划分为东、西两半。西半坊又被一道东西向的墙均分为南、北两个部分。东半坊在靠近南面围墙处有一道东西向的墙，与围墙组成了一条通道，宽约20米。

东起第2列北数第5坊　属小坊，自东至西长533米，自南至北宽260米。南临第七号街，西临第三号街。全坊平均划分为东、西两半。

西半坊又被一道南北向的墙均分为东、西两半,在北部又有一道东西向的墙将其各分成大小不同的两个院落。东半坊被三道东西向的墙分隔成4四个狭长的长方形院落,自南至北第 1 个院落与第 2 个院落大小相等,第 3 个院落与第 4 个院落大小相等。

东起第 3 列北数第 2 坊　为大坊,自东至西长 460 米,自南至北宽 365 米。东临第三号街,南临第五号街。坊内有一条东西向的墙横贯,将全坊平均划分为南、北两半。南半坊的中部有 7 号佛寺遗址。

(三) 东半城的坊

东半城的坊,遗迹保存情况很差,但紧靠朱雀大街的西起第 1 列和西起第 2 列的少数坊略有遗迹。由于东半城朱雀大街与第二号街的距离同西半城朱雀大街与第三号街的距离相等,可以根据西半城的坊制来复原这 2 列坊。

西起第 1 列应与西半城东起第 1 列相同,共 8 个小坊,自东至西的长度都约为 498 米左右,自南至北的宽度与西半城东起第 1 列的相应各坊相同或相近。

西起第 2 列应与西半城东起第 2 列相同,3 个大坊,8 个小坊,共 11 个坊。但由于北数第 1、第 2 个大坊所居的位置被离宫(或为高级贵族的邸宅)所占据,实际上只有 1 个大坊和 8 个小坊,共 9 个坊。各坊自东至西的长度都为 500 米左右,自南至北的宽度与西半城东起第 2 列的相应各坊相等或相近。

西起第 2 列北数第 3 坊(其北 2 个坊的位置被离宫所占,实际上是第 1 坊),遗迹保存独好。属大坊,自东至西长 500 米,自南至北宽 350 米,大小、形状几乎与西半城东起第 2 列北数第 3 坊完全相等。坊内形制亦与西半城东起第 2 列北数第 3 坊相似,全坊被一条东西向的墙和一条南北向的墙平均划分为四个部分。在东北部分发现 3 处建筑物遗址,面积分别为 29.4×17.5 米,21.2×13.5 米,28.5×20.2 米。在西北部分,有 1 处佛寺遗址。

东半城自第二号街至外郭城的东面城墙之间的广大地区,坊的遗迹已无,偶有个别残垣被发现,但不能由此窥见坊的排列规律。根据西半城东起第 3 列坊和第 4 列坊的情况,这里似亦应有 2 列坊,每列 3 个大坊、8个小坊，计11个坊。但是，西半城第三号街至外郭城的西面城墙之间的距离为1095米，恰能容2列坊，而东半城第二号街至外郭城的东面城墙之间的距离则为1410米，较之西半城的上述地区多出315米，这使得东半城不能按照西半城的情况来复原坊制。因此，在东半城的这一范围内，究竟是2列坊还是3列坊，各列坊的自东至西的长度又如何，皆不能遽加判断。另外，这一地区坊的遗迹全无，是完全由于破坏之故，抑或是当时并未全部设坊所致，也是值得考虑的。

（四）市的位置和形制

在西半城东起第3列北数第4坊的东南部和第5坊的东北部，有一处东西长190米、南北宽110米的长方形区域，四面有墙。在这一区域内钻探出5处房屋遗址，规模不大，面积各为12×6米，32×10米，17.5×6米，19×9米，12.5×6米。地面上瓦片少，未见瓦当。由于此区域居2个坊之间，情况甚为特殊，使人想到这里可能是"西市"的所在（图3）。但是，由于未经发掘，证据不足，加之在东半城未能发现与此相应的"东市"，所以这只能是一种猜测，有待将来进一步工作时加以证实或否定。

过去曾有人对上京龙泉府东市和西市的位置作过推测，但欠缺根据[6]。

六 离宫（或高级贵族邸宅）

在宫城禁苑之东，有一长方形的区域，自东至西宽500米，自南至北长780米，四面筑围墙（北面围墙已破坏殆尽），东面临第二号街，南面临第五号街，西面临第八号街，北面邻顺城街（图3）。

此区域内部有一道南北向的墙将全区域平均分隔为东、西两半部，东半部又分成北院和南院，二者之间有一通道，宽35米。通道往东通至第二号街，应为东门址的所在。南院有3处房屋遗址，1号遗址居于中间偏北处，2号遗址位于北侧中部。其面积各为30×35米，23×9.5米；其北部另成一长方形小院落，中心处有3号房屋遗址，面积13.5×13米。北院的东南角有一小院落，其中有4号、5号、6号3处遗址，面积各为14.5×13.5米，7×8.5米，8×12米（图6）。

西半部亦可分为南院和北院，其间有一条宽为25米的通道。通道往西通至第八号街，应为西门址的所在。南院近正方形，西南和西北有7号，8号，9号3处遗址，面积各为20×10米、42×24米、38.5×13米。北院呈长方形，中间纵贯一墙，分隔成东、西2个院落。东侧的1个院落在中部和东南部有5处房屋遗址，编号为10~14号，面积各为13×15米，25×10.5米，23×11米，8×6.8米，13×11.5米。西侧的1个院落在中部靠近西面围墙处有15号遗址，面积18米×15米。北院以北，犹有院落，但遗迹保存不佳，未能探明（图6）。

各个院落中的房屋遗址，面积不小，其中如东半部南院的1号遗址和西半部南院的8号遗址，规模相当大。遗址上瓦片、烧土、灰烬、炭屑等堆积物也相当丰富。

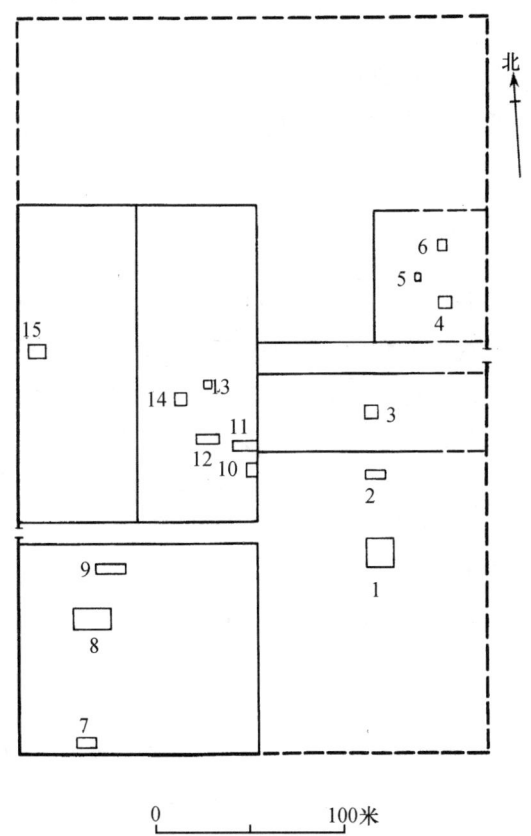

图6　上京龙泉府遗址离宫（或高级贵族邸宅）平面图

如前所述，这一区域本为东半城西起第 2 列坊中的北数第 1 坊和第 2 坊的位置所在。但是，就其形制和区划看来，显然与一般的坊不同。平面布局复杂而不失规整，规模较大的房屋遗址已发现的达 15 处之多，非一般坊中所能见，而可以与宫城中的情况相比拟。因此，推测这里可能是一处离宫。也可能本来为 2 个大坊，因其接近宫城，统治者扩张宫室，遂加以改建。当然，它也可能是高级贵族的邸宅。

七　佛寺

上京龙泉府城内、城外佛寺甚多，已发现的计 9 处，其中 7 处在城内，分布在 7 个不同的坊中；2 处在城外，各在北垣东门和北垣西门的西北方（图 3）。

1 号佛寺址

在东半城西起第 1 列北数第 2 坊中的西部，南临第七号街，西临朱雀大街。寺的范围及其内部布局，因限于工作时间，未能探查清楚，其正殿则已经发掘。殿的规模大，形制复杂，营造工整，就勘察所知，除宫城中的 1 号、2 号宫殿外，全城建筑物无可与之相比者。

2 号佛寺址

今称"南大庙"，在东半城西起第 1 列北数第 6 坊中，西面临朱雀大街。所遗石灯 1 座，造型优美，雕琢精细，堪称渤海文化遗物中之珍品（图版 85-1）。解放前，"南大庙"中有 1 泥佛像，为近代所塑。解放后，泥塑剥落，露出真相，乃是 1 具石佛，足证《白云集》、《扈从东巡日录》等记载不虚[7]。此石佛像系坐像，下设莲座。像高 2.45 米，座高 0.9 米，通高 3.35 米。该佛像早已被损坏，面目、衣纹俱已不清，并多破裂，但体态身段之间犹显当时的作风，不难判断其为渤海时期的作品，与石灯同为该寺的遗物（图版 85-2）。

3 号佛寺址

在东半城西起第 2 列北数第 1 坊中的西北部，寺的范围与布局未探查清楚，仅测得其正殿东西长 20 米，南北宽 18 米，略近正方形。此殿过去已被盗掘[8]。这次除采集些许瓦片外，并捡得小型泥佛像残片 2 件。

4 号佛寺址

在东半城西起第 2 列北数第 4 坊的东部，东临第二号街，南临第七号街。范围及内部布局未探查。仅知其主殿作长方形，东西长25米，南北宽10米。此殿过去被盗掘[9]，地面上散见瓦片、瓦当残片，并有小型泥佛像碎片。

5号佛寺址

在西半城东起第1列北数第2坊的西半部，南临第七号街。该坊西半部自东至西长242米，自南至北长260米，寺址坐落其中，略偏西南。寺有围墙，经探明东面和西面围墙各长160米，南面与北面围墙各长130米，全寺平面呈规整的长方形，其南面围墙距坊的南面围墙约30米。正殿居全寺中间偏北处，东西长28米，南北宽18米，过去被盗掘[10]，地面上散见瓦片、瓦当甚多，小型泥佛像残片亦为数不少。正殿之北靠近寺的北面围墙处亦有一房屋基址，作长方形，探得其东西长18.3米，南北长13米。在正殿的东北面和西北面，各有一房屋基址，都呈正方形，四边长各约6米。正殿的东南面又有一房屋基址，作长方形，东西长8米，南北长12.8米。看来在正殿的西南亦有一房屋基址，与正殿东南面的房屋基址对称，但遗迹保存不好，已不能钻探明白。此寺的范围和内部布局清楚，甚为难得。

6号佛寺址

在西半城东起第1列北数第6坊的东部，东临朱雀大街。范围和布局不明，其正殿过去被盗掘[11]，地面上犹存墙皮、础石等遗迹，瓦片、瓦当碎片散杂其间。

7号佛寺址

在西半城东起第3列北数第2坊的南半部正中，南临第五号街。四面有围墙，其南面系借用坊的南面围墙，北面系借用坊的中部隔墙。寺的东面和西面围墙各长177米，南面围墙和北面围墙各长56米，全寺平面呈狭长的长方形。探出殿址3处，位置在寺的中间，作自南而北的排列。南面的殿址东西长约20米，南北宽约15米；居中的殿址东西长约21米，南北宽约11米；北面的殿址东西长约15米，南北宽约6.5米。此寺址的布局与上述西半城第1列第2坊中的寺址有所不同，属另一类型。

8号佛寺址

位于外郭城北面东头城门的西面偏北约250米处，南距外郭城北面城墙约50米。寺的范围和布局未经勘探，仅发现一处殿址，东西长约

14 米，南北宽约 10 米，地面上散布瓦片和烧土。捡得泥像残片 2 件，足证此处为一处佛寺遗址。

9 号佛寺址

在外郭城北面西头城门的西北约 250 米处，南距外郭城的北面城墙 68 米。寺的正殿已发掘，规模较大，其形制与上述东半城第 1 列第 2 坊寺址中的正殿不同。由于工作时间的限制，寺的范围及内部布局未曾勘探。

贰 各种建筑物的形制、结构和内涵

在上京龙泉府的外郭城、宫城、皇城、城内各里坊和城外的近处，选择发掘了各种保存较好并有代表性的建筑物遗存。在外郭城的城门中，选掘了南垣东门；在宫城内的数十处殿址和其他房屋遗址中，选掘了西区第 2 院落中的一处寝殿和第 1 院落中的一处"堆房"；在皇城的各个官署遗址中，选择发掘了东区的一个官署；在城内和城外的多处佛寺中，选掘了东半城第 1 列第 2 坊中的佛寺（即 1 号佛寺）和外郭城北垣西门外的佛寺（即 9 号佛寺）；在各个里坊中，选掘了西半城第 1 列第 2 坊的围墙。

一 外郭城南垣东门

（一）地形、地层及工作情况

此城门遗址在今渤海镇南面约 1 公里处，东距外郭城的东南角 1402.5 米（图 3-Ⅱ）。自渤海镇通往大荒地村的公路在门址以西约 20 米处经过。门址南面，沿着城墙，有一条现代水渠，宽约 6.5 米，可能是就城壕遗迹开掘的。附近农田多植水稻，门址南面有 7 座近代墓。门址附近的城墙遗迹高出现今地面不足 1 米，已成为道路。门址所在处稍显凹窪，有一条南北向的大车路在此通过。门址及其近旁散见少量渤海时期的瓦和瓦当的碎片（图版 86-1）。

发掘工作自 1964 年 6 月 26 日开始，7 月 15 日基本结束，历时 3 周。开探方 25 个，编号为 64NTT201~225。各探方的面积都为 5×5 米，发掘总面积为 625 平方米（图 7）。

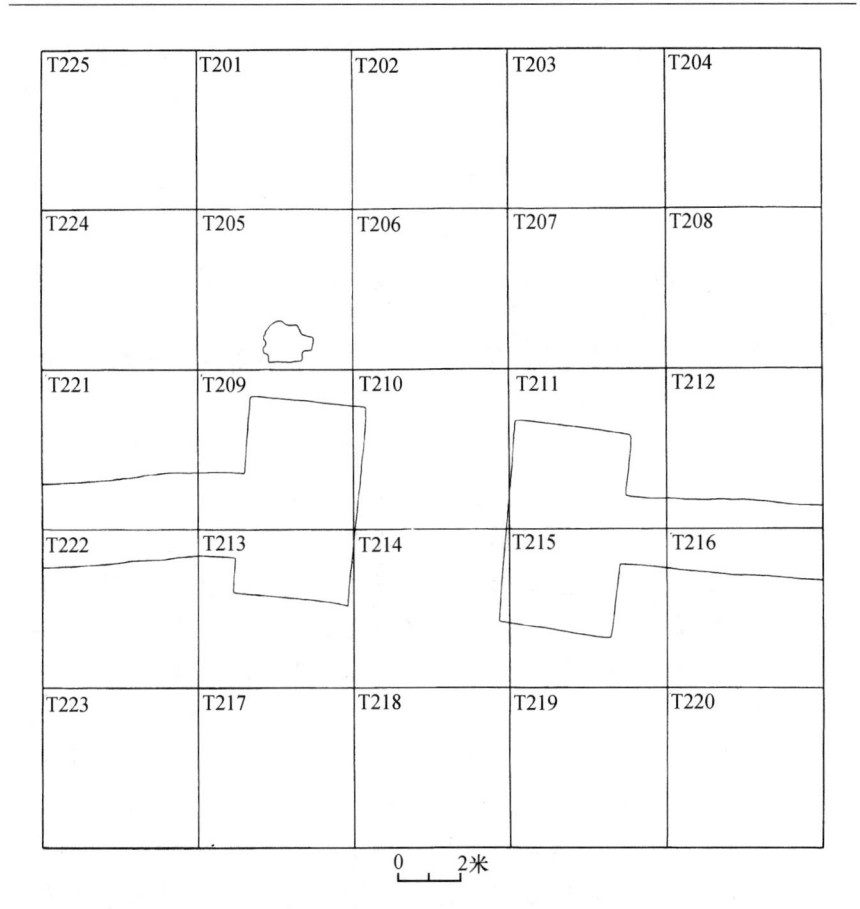

图 7　上京龙泉府外郭城南垣东门遗址探方分布图

门址地层堆积单纯。表土厚 0.1~0.2 米，呈灰黑色。揭去表土层，即露出城门门墩的台基和城门两侧城墙的近基部处，在门道及其附近则为城门毁弃后所形成的堆积层。堆积层厚 0.1~0.2 米，为红色烧土，其间夹杂灰烬和炭屑；渤海时期的遗物，主要发现在这一层中。堆积层之下，即为当时的门道及其附近的地面。发掘工作一般到此为止，但为了了解门道的地基，选择位置在门道范围内的一个探方（T214）继续下掘，直至生土。

（二）城门的形制和结构

此城门为单一的门道，方向 185 度。门道两侧设门墩，整个城门即由1个门道及其两侧的2个门墩组成。发掘工作中揭露出来的是门道的地面、门墩的台基，以及城门两侧的城墙近基部处各一段（图8，图版86-2）。在城门以内，还发现1口水井。

1. 门道

门道的长度，即门道的纵深，在东侧为6.4米，在西侧为6.1米。门道的宽度，在南端为5.5米，在北端为5.4米。

门道的地基系用土夯筑。夯土呈黄灰色，甚坚实，自门道地面下深1.2米。门道地面未曾砌砖、垫石，亦未见铺沙的迹象。由于长时期行人和车马的践踏、碾压，其表面成一层"路土"，灰黑色，厚约0.2米。

门道的东、西两侧，沿着门墩的台基，各埋置1排垫石，长约6.4米，宽约0.75米。每块垫石大小、形状不一，互相拼砌，较平的一面都向上。在这2排垫石上铺"地栿"，在"地栿"上立柱。门道西侧的"地栿"已烧成炭，保存较好，可以看出是2条相并，自南而北纵铺。紧靠门墩台基的1条甚完整，长6.5米，宽0.35米；另1条仅存长约2米的一段，其宽度为0.3～0.35米。木炭残存厚约0.15米，可以看出"地栿"的断面呈长方形。门道东侧的"地栿"保存不好，仅见其朽余的遗迹，残长约1米，但可判断"地栿"的大小、形状和数目应与门道西侧的相同。在门道西侧"地栿"的南端，尚遗一炭化了的木柱，断面呈方形，长宽各约13厘米（图8）。推测"地栿"上应立较多的木柱，即是所谓"永定柱"，只是其遗迹已不可见而已（图版87-1）。

上述门道的宽度为5.4～5.5米，系以东西两侧门墩台基之间的距离计算。门道西侧的两条"地栿"所占的位置共宽0.7米，估计门道东侧"地栿"所占位置的宽度亦应为0.7米左右。这样，门道的实际宽度应为4.0米左右。

2. 门墩

门墩的位置在门道的东侧和西侧，紧靠门道。发掘出来的是它的台基。台基作长方形，四边用形状、大小不同的石块砌垒，石块较为平直的一面都向外，使得台基的四壁显得整齐。其内部则用乱石充填，并掺以浅黄色的土。台基残高0.3～0.4米，台面（即门墩内的地面）已破坏。

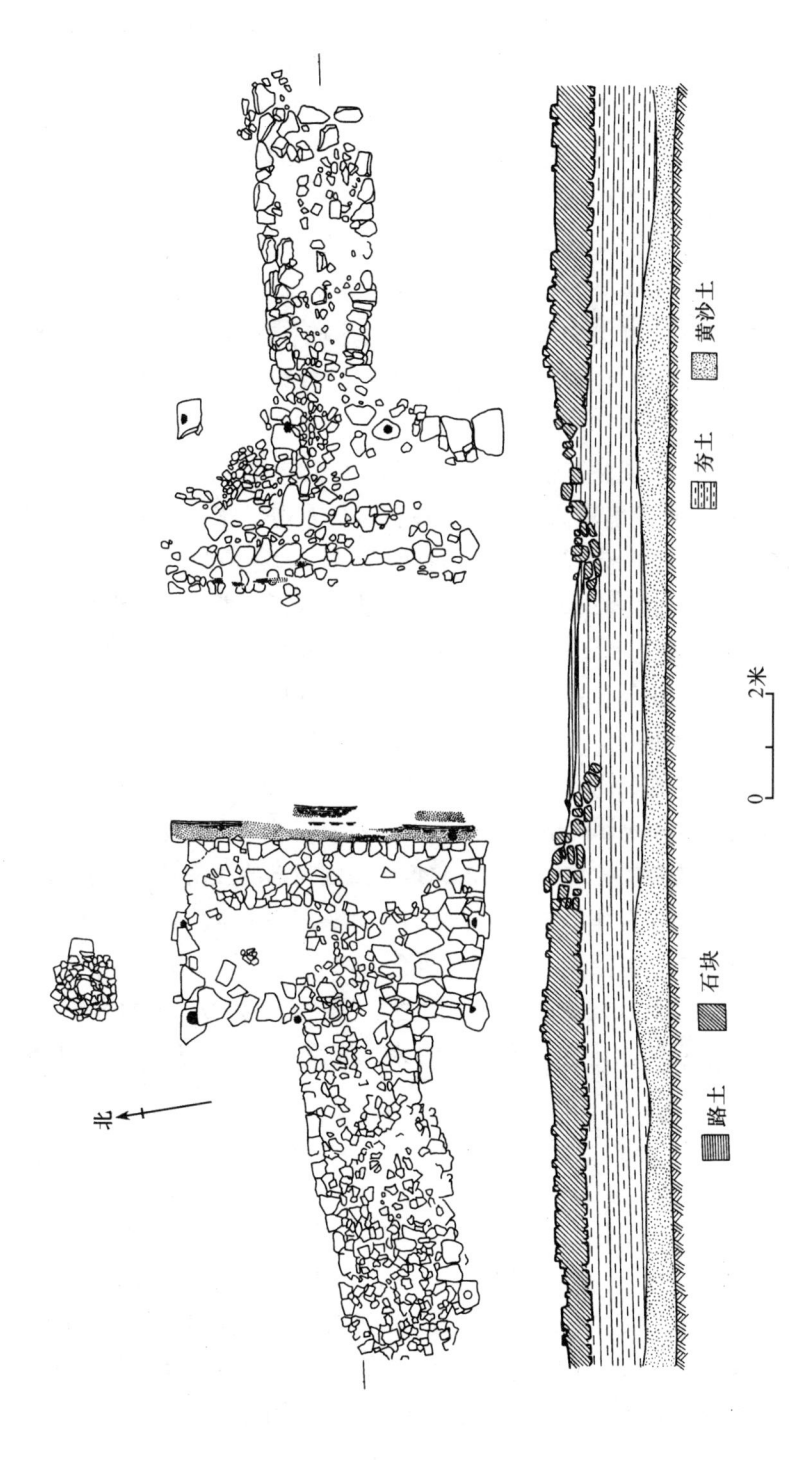

图 8 上京龙泉府外郭城南垣东门遗址平、剖面图

西侧门墩的台基保存较好，自南至北长6.1米，自东至西宽3.6米。在台基的西边，有4块础石，自南而北，排列在一条直线上，其间距分别为2.1米，1.7米，2.1米，最南的1块础石和最北的1块础石各居台基的西南角和西北角。在台基南边和北边的居中处，亦各有1个础石，与西南角的础石和西北角的础石相距各为1.8米。这6块础石，形状不规则，较为平直的一面都向上；础石的大小亦不一致，最长处为0.46~0.72米，最宽处为0.36~0.58米。础石上大多遗有木柱被烧后的炭，保存较好的可以看出其横断面呈方形或长方形，每边最长的约0.3米。台基的东边没有础石和柱痕，推测门墩的东面系借用门道西侧立在"地栿"上的柱子。

东侧门墩的台基保存情况较差，但仍可量得其自南至北的长度为6.4米，自东至西的宽度为3.2米。在台基的东边，亦有4块础石，其间距为2.1米，2.0米，2.1米。础石的形状、大小略与西侧门墩的相同。础石上所遗木柱烧成的炭，断面亦作方形或长方形，每边最长的约0.3米。台基的南边和北边，由于破坏之故，未发现础石和柱痕，估计原来应与西侧门墩台基的南边和北边相同，各在居中处有1个木柱及础石。至于台基的西边，则和西侧门墩台基的东边一样，本来就不置础立柱，而是借用门道东侧"地栿"上所立的柱子。总之，从台基的遗存看来，东侧门墩和西侧门墩的形制、结构是相同的（图8）。

由东侧门墩台基的东南角、东北角和西侧门墩的西南角、西北角所限定的一个长方形范围，自东至西长12.3米，自南至北宽6.1米，即是整个城门建筑（包括1个门道和两个门墩）的面积。城门面阔5间（2个门墩各占2间，居中的1间为门道），进深3间，从门道两侧采用在"地栿"上立"永定柱"的做法看来，应系一种在中层架平座的楼阁式建筑。

3. 城门两侧的城墙

在城门东侧和西侧，各发掘出一段城墙，皆长约6.7米，残高0.6~1.2米，是城墙的接近基部处（图版87-2）。城墙的里面和外面，用大小、形状不同的石块砌叠，石块平齐的一面都向外，使得城墙的墙面比较整齐，其内部则用较小的乱石充填，其间掺以浅黄色的土，筑法略如上述门墩的台基。城墙的宽度在各处略有出入，约为2.0~2.4米。

城墙的底下筑有夯土墙基，深入地下1.0~1.3米。夯土系由一层灰黑色土与一层黄褐色土交替筑成，每层厚5~8厘米不等。

4. 城门内的水井

在西侧门墩台基的北面偏西约1.8米处，发现了1口水井，系用不规则的石块砌成（图版87-3）。井的口径0.56米，往下略大，径0.6米。井口周围又铺石块，其范围南北长1.2米，东西宽1.05米。在井口东面，另有1块较大的石板，长0.5米，宽0.32米，或系为汲水方便而设。此井是在城门烧毁的同时被崩塌的墙土和瓦砾等填塞的。井口往下掘深1.35米即出水，不知当时井深浅如何（图8）。

（三）出土遗物

1. 陶器

生活器皿128片。主要发现在门道北部和水井附近，有的能看出是盆、罐、壶、瓮的碎片，但都不能复原。1件瓮的碎片上刻有"章"字。1件不知名器发现在门道西侧城墙的北面。

建筑材料3种。板瓦分二式，Ⅰ式有大型与小型两种，Ⅱ式均属大型。筒瓦完整的仅1件，系普通筒瓦，属大型。瓦当共采集14件，其中B型Ⅵ式12件、B型Ⅹ式2件，都属大型。

2. 铜器

2种。扣1件，发现在门道东侧城墙的北面。钉有Ⅱ式2件，发现在门道的北面。

3. 铁器

13种。镰1件，发现在西门墩台基的西北角。刀1件，发现在门道之北。矛1件，发现在西门墩台基的北面。镞7件，包括Ⅳ式3件、Ⅴ式1件、Ⅵ式1件、Ⅶ式2件，其中4件发现在西门墩台基和西侧城墙的北面，3件发现在西侧城墙的南面。车辖1件，发现在西门墩台基的北面。门鼻7件，发现在西门墩台基及其北面。合页1件，发现在西门墩台基之北。环 2 件，分别发现在东门墩台基和西门墩台基之北。钉 174 件，包括 I 式 168 件、II 式 2 件、IV 式 3 件、VI 式 1 件。八角形铁片 1 件，发现在门道北部。锥形器 1 件，发现在门道北部。盔顶（?）1 件，发现在西侧城墙的北面。铁条 4 根，发现在西侧城墙的西南面。

4. 玉石器

2 种。玛瑙珠 1 件，发现在西门墩之北。石丸 1 件，发现在门道北面。

二 宫城西区的寝殿

（一）地形、地层及工作情况

此寝殿遗址位于宫城西区第 2 院落西北部的小院落内（图 3-I）。此寝殿早已成为废墟。遗址的东部开垦为农田，其西部则杂草丛生，并有 3 座近代墓打破了遗迹。由于地形较高，地面上又多瓦片，可以判明这里是一处建筑物遗址。

发掘工作自 1964 年 6 月 11 日开始，至 7 月 15 日基本结束，历时 35 天。同年 9 月 5 日、6 日，又对殿的北面东侧的烟筒进行了补充发掘，此殿址的发掘工作乃告全部结束。

经过钻探，确定了发掘的范围为东西长 30 米，南北宽 20 米。在这一范围内，划分成 24 个探方（自南而北分作 4 排，每排自西至东各 6 个探方），分别编号为 64NTT101～124（图版 88）。北面西侧和东侧的 2 个烟筒，按其外形规定发掘范围，各成一个探方，分别编号为 64NTT125，64NTT126。T101～124 的面积各为 5×5 米，T125 的面积为 13×10 米，T126 的面积为 11×8 米 + 4×5.25 米。在发掘过程中，T101、T107、T113、T119 各向西扩 1.5×5 米，T106 向东扩 1.3×2.4 米，T121 向北扩 2×5 米，T122 向北扩 2×4 米。这样发掘总面积为 890.12 平方米（图 9）。

地层大体上分为表土层和文化层二层。表土层厚 10～20 厘米，个别地方厚达 70 厘米。其下为文化层，厚 30～50 厘米，个别地方厚仅 10 厘米，堆积主要是红色的烧土，其中夹杂墙皮、瓦片和其他各种遗物。文化层之下，即为殿内和殿外的当时地面。

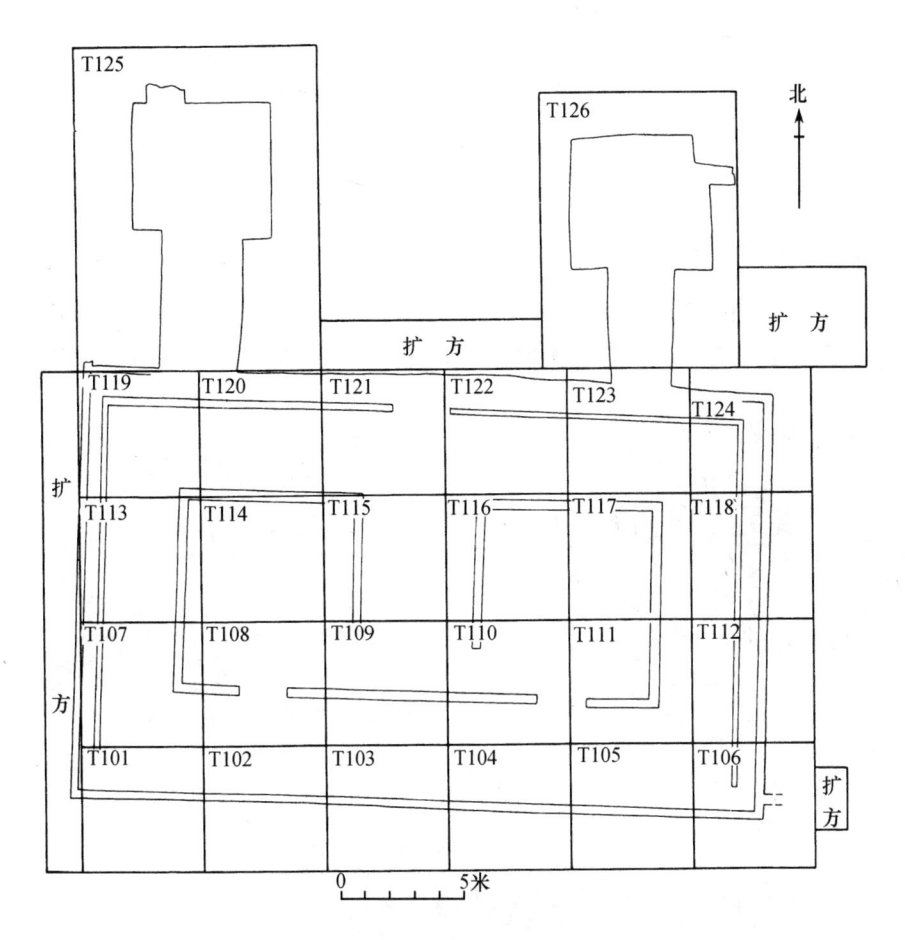

图9 上京龙泉府宫城西区寝殿遗址探方分布图

(二) 寝殿的形制和结构

此寝殿为建立在台基上的瓦顶建筑物，方向为182度18分。房屋分为3间，自东至西互相连接，周有回廊。在台基南面的东部和西部，各有一个铺砖面，略如台阶；在台基的北面正中，则有一条通路，通往后院（图10，图版89、图版90）。除南面以外，其他三面的廊都有墙，墙面涂白灰，洁白、光滑。3间房屋的墙壁亦涂白灰，并有彩绘，显得美观。3间房屋共有6个门。东屋和西屋除各在南面设1门以外，并各在其与中屋相隔的隔墙上设1门。中屋南面无门，而在北面设门，其内部又有隔墙，将屋分为南、北两部分，此隔墙上亦设1门。此外，在北廊的正中，亦设1门，与中屋的北门对直。3间房屋和西廊、北廊均设灶和火炕。火炕往往由两条烟道组成。烟道延至屋外，通入北面的烟筒。台基和烟筒基座的周围，设有散水。兹将台基和散水、廊和房间、灶和火炕等分别叙述如下。

1. 台基和散水

台基呈长方形，东西长28.95米，南北宽17.31米，系用沙土和黄褐土交叠夯打筑成，夯土厚40厘米，深入当时地面以下25厘米，台基

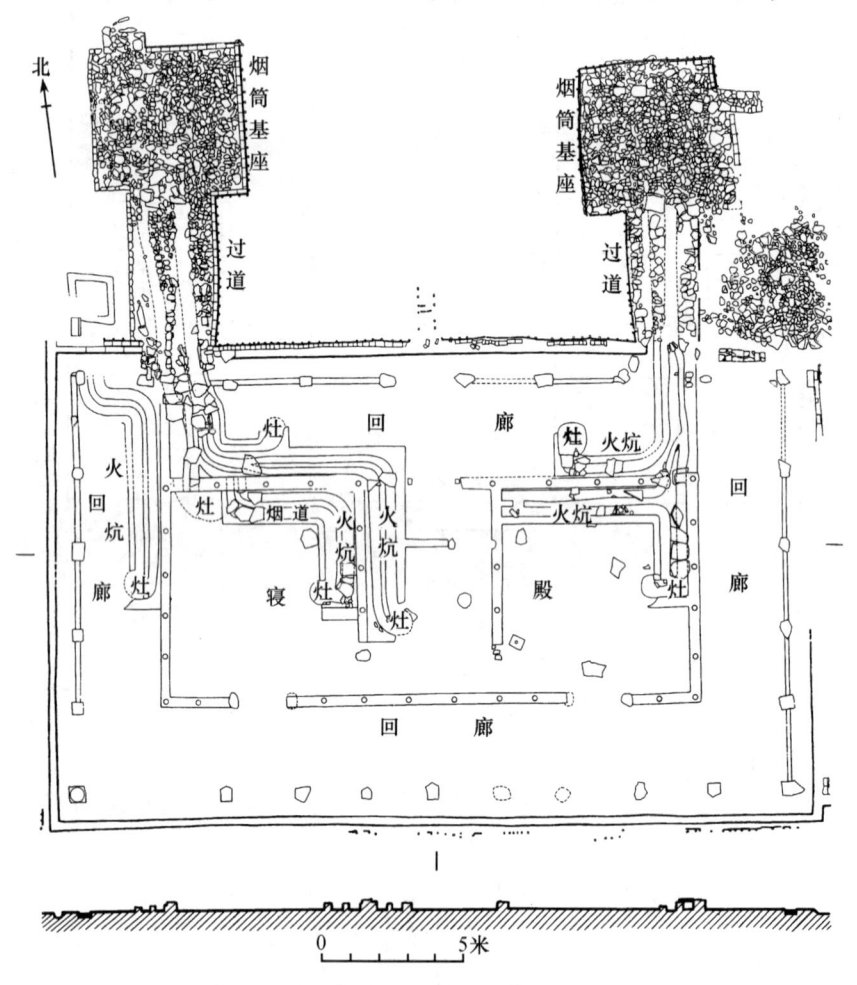

图10　上京龙泉府宫城西区寝殿遗址平、剖面图

高出当时地面15厘米。台基的表面铺一层沙土，即为屋内的地面。台基的四周边缘用规整的长方形石条镶砌，如同所谓"土衬石"。"土衬石"仅在台基的东面和北面略有遗存，每块长约62厘米，宽约22厘米，厚36厘米（图版91-2）。其余大部分"土衬石"都已缺失，但遗有清楚的印迹。

台基南面的东侧，与东屋的南门相对处，有一个铺砖面，所铺的砖虽已无存，但遗有加固用的"砖钉"，可以得知此铺砖面宽约1米。估计在台基南面的西侧，与西屋的南门相对处，亦应有同样的铺砖面。这两个铺砖面，作用略如台阶。在台基的北面正中，与北廊的门相对处，则有一条砖铺的路，砖已无存，但两侧的"砖钉"尚在，可测得路宽约0.5米（图10，图版92-3）。

在台基和烟筒基座的周围设有用砖铺砌的"散水"。台基的北面和烟筒基座的周围，散水保存甚好。其余各处散水多已破坏，但仍有印迹，有些地方还遗有为加固散水所用的"砖钉"。散水紧贴台基和烟筒基座的壁面，用砖平铺，然后在外侧又用砖横立，形成了小水槽，里侧高15~18厘米，外侧高约3厘米，在两块横立的砖之间，用"砖钉"扣实加固。所用的砖，每块长29.8~33.4厘米，宽15~16.4厘米，厚5~5.6厘米。散水的宽度即相当于一块砖的宽度（图版92-3）。散水距殿的廊柱约1.1米，其位置当与檐头取齐，自檐头落下的雨水正好落在散水中。散水作槽状，汇集其中所积雨水，最后排在西侧烟筒的北面和其他的地方。

2. 廊和房间

东廊和西廊各长约15米，南廊和北廊各长约26.7米，四廊各宽约3米。廊柱的础石排列整齐，个别础石已缺失，但遗有清楚的印痕，因此可以确知东廊和西廊各6个础石，南廊和北廊各11个础石，四廊共30个础石（四角的础石作为相邻的廊所共有计算）。各础石的间距为2.3~3.0米。东廊和西廊的础石位置对称，南廊和北廊的础石位置对称。础石埋入台基的夯土中，其表面大致与台基的夯土面取齐。础石系玄武岩作成，形状欠规整，大小亦不甚相同，举其中的3个为例，长宽各为40×50厘米，42×48厘米，48×60厘米。西南角的1个廊柱础石，形制与众不同，呈长方形，长67厘米，宽62厘米，厚20厘米；其上有一圆形凸起，直径54厘米，厚5厘米，加工较细致（图版91-4）。

东廊、西廊和北廊的各个础石之间，有墙的遗迹，宽15~20厘米，残高5~10厘米，壁面涂白灰，灰皮厚约1厘米。由于系廊的墙，推测应属一种矮墙（图版92-2）。北廊居中的2个础石之间无墙的遗迹，可以判断此处设门，其位置与中屋的门及台基北面的通路对直。南廊所有各础石之间都无墙迹，可见南廊与其余三面的廊不同，是敞开的。

房间共3间，相互之间有隔墙。3间屋的南墙和北墙互相连接，即为整个房屋的前檐墙和后檐墙，自东至西长各为19.5米。东屋和西屋自东至西宽度相等，各为6.95米；中屋较狭，宽为4.75米。3间房屋自南而北的进深都为7.55米（图10）。

檐墙、山墙及屋内的隔墙保存较好，残高30~50厘米。墙的宽度40~42厘米，比廊的外侧的矮墙宽度大两倍以上。各墙（遗留的部分是墙的下部接近墙基处）系用土坯横直相错砌叠而成，用细泥沙土抹缝。土坯呈黄褐或灰黑色，系草泥土制成，长方形，一般长29厘米，宽15厘米，厚5厘米。墙面涂抹一层细泥沙土，再刷上一层厚1~2厘米的白灰。白灰皮上有彩绘的痕迹。

在墙壁间发现了许多柱洞，排列整齐。柱洞的数目，南墙为14个，北墙为12个，东墙和西墙各为6个，两道隔墙各为4个，各柱洞的间距为1.7米，但南墙柱洞的间距则较小。柱洞中有木柱被烧后的炭痕，东南角的柱洞中所遗炭痕保存较好，径约15厘米。各柱洞底下，置有础石（图10，图版92-1）。

设门之处墙迹中断，而门柱的础石犹在，故得明确测知门的宽度。东屋和西屋的南门各宽2.3米，中屋的北门宽1.9米。中屋与东、西两屋相通的2个门，及中屋隔墙上所开的另1个门，宽度都为1.65米左右。在东屋的西南部，靠近通往中屋的门旁，有1块方形的石块，中穿一孔（图版91-3）。

3. 灶、火炕和烟筒

整个寝殿共设7个灶，4个在屋内（东屋和中屋各1个，西屋2个），3个在廊间（西廊1个，北廊2个）。灶坑呈圆形，直径0.75~1.1米不等（图版91-1）。坑底内凹，积满炭灰。自灶口至灶的后部，坑底逐渐稍为增高，其后壁与烟道相连。灶坑内往往遗有兽骨和贝壳。

烟道都紧贴墙壁而与之平行，其与灶坑相接处则成直角而稍显弧曲。所有的烟道都系用土坯砌成。以保存较好的中屋烟道为例，高约0.3米，内宽0.4米，外宽0.6~0.7米。有的烟道可以看出系用四层土坯砌叠而成，内壁涂一层厚约5厘米的草泥土，外壁涂5厘米厚的细泥黄沙，再用白灰刷抹，厚约1厘米。烟道的内壁都已熏黑，底部积满烟灰（图版93-2）。

除北廊东部和西部的2个灶的烟道系单独一条以外，其余的烟道都是2条相并，形成了炕，宽1.2~1.4米（图版92-1）。炕顶用石板铺盖，但遗留者寥寥无几。东屋和西屋的炕所盖的石板遗留稍多，大小不等，形状不甚规整，而表面都甚光滑。最大的1块石板长78厘米，宽69厘米，厚12.5厘米；其余的石板的长度和宽度都稍小，厚约10厘米。

在殿的北面，有2个烟筒，1个在东侧，1个在西侧（图版90）。东屋和北廊东部的灶的烟道，汇合后通往东侧的烟筒；中屋、西屋和北廊西部的灶的烟道汇合后通往西侧的烟筒。西廊的灶的烟道，如何与烟筒相通，情况不明（图10）。2个烟筒，位置对称，大小、形状和结构亦相仿佛。因此，以西侧的烟筒为代表，加以介绍。

烟筒的前部有过道，长约5.2米，宽约3.2米，系用夯土筑基，东、西二壁涂白灰。过道高1.0~1.4米，其基部前端高约0.4米，后端高约0.8米，呈斜坡状；其上用石块砌成2条烟道，宽0.4~0.5米，深约0.6米（图10，图版93-1）。在过道南端的烟道上，发现有用板瓦覆盖，然后再用石板铺盖的结构。

烟筒的基座近方形，南北长5.3米，东西宽5.0米，底部系土筑，其上用石块砌叠，底下较大，往上逐渐收缩。烟筒的上部已崩坏，仅知其残高为1.7米。

东侧烟筒的过道长4.6米，宽2.45米，高1~1.4米；烟筒的基座南北长5.45米，东西宽5.5米；烟筒残高1.7米。其形制和结构同西侧的烟筒，叙述从略。

台基北面的西端，有1个略呈方形的遗迹，每边长约1.68米，用土坯砌墙，墙宽0.2~0.25米，残高约0.33米。其内部除倒塌的土坯外，还有一些木炭灰。由此看来，此遗迹可能是1个小烟筒，但由于其上部已完全崩坏，不能作明确的判断。

在台基北面的东端，有一东西长约 5.7 米，南北宽约 4.3 米的石堆，系用三、四层石块砌叠而成，底部较大，往上逐渐收缩。石块之下，则为黄褐色沙土，其中夹杂一些炭屑和烧土。此石堆的原状及其性质亦不能究明（图 10）。

（三）出土遗物

1. 陶器

生活器皿 415 片。其中能复原的有 7 件。盆有 II 式 1 件，出在东侧烟筒附近。碗 1 件，出在北廊西部。钵有 II 式 2 件，出在中屋。侈口罐 1 件，出在东屋。瓶 1 件，出在中屋。器盖有 II 式 1 件，出在东烟筒的东侧。另有陶网坠 1 件、陶丸 12 件。

建筑材料 8 种。砖类有素面方砖 4 件，宝相花纹方砖 2 件，发现在殿址东北角及烟筒附近；长方砖 403 件，砖钉 173 件，发现在台基及烟筒四周。瓦类都属大型，在各个探方中都有发现。板瓦采集完整的 35 件，包括 I 式 29 件、II 式 6 件。筒瓦采集完整的 53 件，扣脊瓦采集 4 件。瓦当采集 85 件，包括 A 型 19 件，B 型 I 式 26 件、II 式 20 件、III 式 7 件、IV 式 5 件、VI 式 1 件、VII 式 4 件，C 型 I 式 2 件，D 型 1 件。另有 B 型瓦当残片 55 件，由于过于残破，无法确定其为何式。

2. 铜器

8 种。钉 22 件，包括 I 式 16 件、II 式 6 件。钉垫 12 件，包括 I 式 9 件、II 式 3 件。合页 2 件，出在西廊和南廊西段。镊 1 件，出在中屋。勺 1 件，出在西廊。环 1 件，出在中屋。饰片 2 件，出在东屋和南廊。另有残铜片 2 件。

3. 铁器

11 种。镞 2 件，包括 IV 式、VII 式各 1 件，出在北廊。甲片 46 件，出在各屋、北廊及东、西 2 烟筒附近。钥匙 1 件，出在东烟筒附近。钉 383 件，包括 I 式 348 件、II 式 29 件、V 式 3 件、VI 式 3 件。钉垫 2 件，出在北廊和东廊。环 1 件，出在北廊东段附近。门鼻 2 件，出在中屋。合页 5 件，出在东屋、西屋和东烟筒附近。车辖 2 件，出在北廊东段。铁条 1 根，出在北廊东段。另有铁片（块）41 件。

4. 其他

3 种。石球 1 件，石丸 27 件，骨笄（？）1 件。

三 宫城西区的"堆房"

（一）地形、地层及工作情况

在宫城西区自南而北的第 1 个院落中，南距宫城的南面围墙约 150 米（图 3-Ⅲ）。附近皆农田，遗址上种植蔬菜，地面上散布陶器碎片甚多。

发掘工作自 1964 年 8 月 28 日开始，9 月 10 日暂告一段落，10 月 9 日继续发掘，10 月 14 日结束，前后共历时近 3 周。开探方 11 个，编号为 64NTT301～311；探方面积各为 5 米×5 米，发掘总面积为 275 平方米。据钻探了解，此"堆房"的范围甚大，自东至西长约 66 米，自南至北宽约 20 多米。已发掘的只是堆房的东部，不足全部面积的四分之一。

遗址的地层堆积情况如下：表土为灰黑色耕土，一般厚 0.15～0.2 米。其下即为渤海时期的堆积层，为灰褐色或黄褐色土，厚 0.3～0.5 米，其中夹杂无法计数的大量陶器碎片。再下层的土色灰褐，厚约 0.3 米，表面厚约 0.15 米的一层土较坚实，系长期践踏所致，为当时的房内地面。

（二）遗迹

发掘出来的遗迹有石墙一道，灶址 3 个，窖穴 1 个（图 11）。此遗址遗迹保存欠佳，而且发掘面积不到整个遗址的四分之一，不能明确判断其在当时属何种场所。但是，由于遗址全部为渤海的陶器碎片所堆满，数量惊人，绝非一般的房屋，所以推测是一个"堆房"。

1. 石墙

1 道，位于 T301～304 的中部，主要系"堆房"的东墙。已揭露的

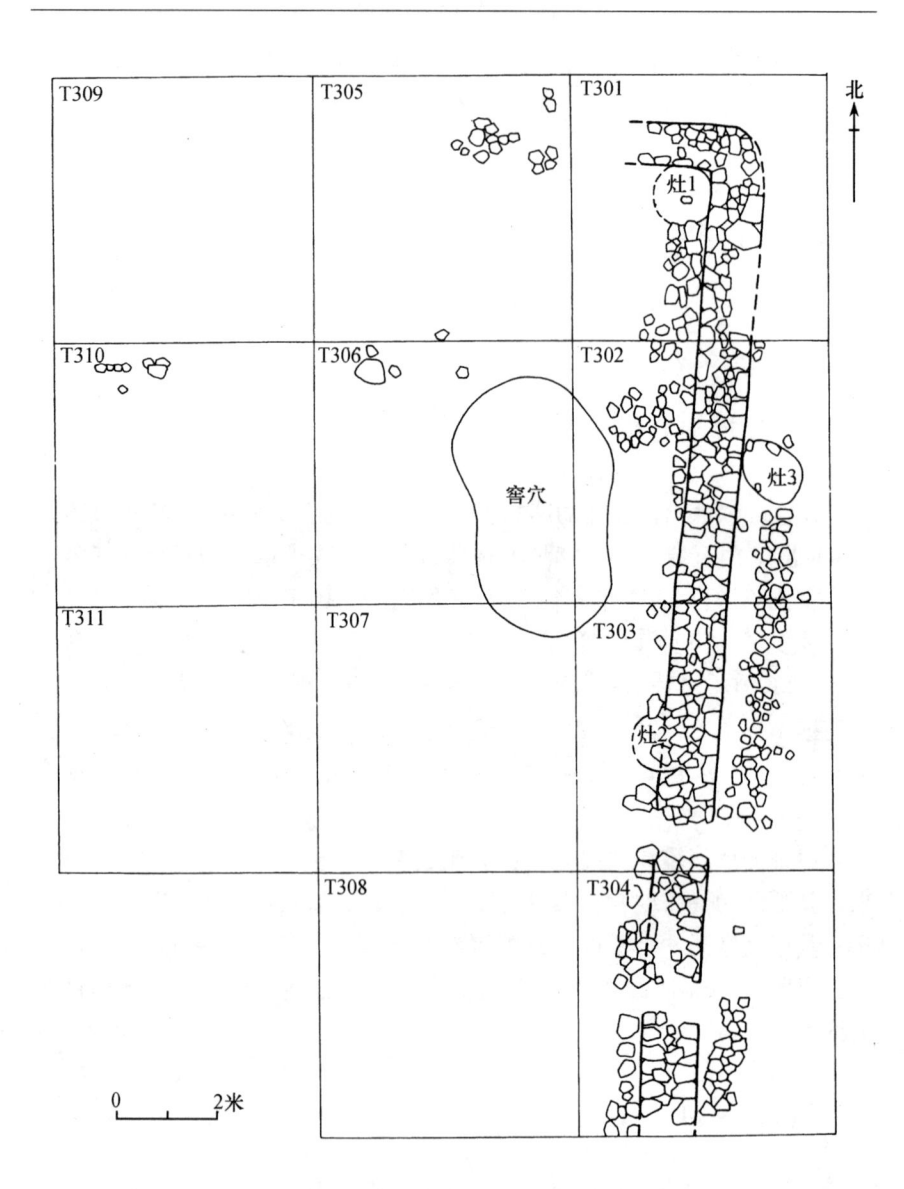

图 11　上京龙泉府宫城西区"堆房"遗址遗迹东部及探方分布图

部分自南至北长 19 米，其北端与北墙相接，南面未到尽头。方向 2 度，墙宽约 1.1 米，残高 0.3～0.6 米。内、外两壁用大小、形状不同的石块砌叠。各石块较平直的一面都向外，中间用较小的石块充填，并掺以灰褐色的土（图 11，图版 94-1）。在墙基的里外两侧又各加铺了一排石块,宽约0.4米,残高0.3米左右,但大都已遭破坏。在墙的南部,有2个缺口,宽各0.6米左右,是否为门或通道难以判断。北墙仅露出一小段,自东至西长约5米,保存不好,仅存个别石块,墙的宽度不能确切求明。

2. 灶

3个,分别编为1号、2号和3号,都系利用上述的石墙(东墙)作为灶的后壁,左右两侧则另用石块砌叠,围成1个灶坑,略呈圆形,前面开灶口。1号灶在石墙的北端,2号灶在石墙的中部偏南处,都系筑在石墙以内,灶口向西(图11,图版94-2、3)。3号灶在石墙中部偏北处,筑在墙外,灶口向东。3个灶的灶坑,直径分别为0.8米,1.0米,1.1米左右。在灶坑内,遗有烧土、灰烬和木炭,灶壁上都有烟熏的痕迹。2号灶的烟道保存较好,用石块筑成,由灶的后壁穿过石墙,沿着墙的外壁折向北面,长约5米。烟道外宽0.6米,内宽0.25～0.3米,顶部或系用砖铺盖,但遗存的砖只见1块,系方砖,长宽各29厘米,厚6厘米。

3. 窖穴

1个,位置在整个"堆房"的东北部,东距东墙约1.2米,北距北墙约4.3米。口部平面形状略呈银锭形,穴深1.7米,口部长4.9米,宽2.6～3.2米。此窖穴主要位于T302和T306之间。窖穴内堆满了陶片,并夹杂有猪、马、狗等的头骨、下颌骨和鱼鳞、鱼鳃片等。编号为T302:30～105和T306:115～301的出土遗物均为该窖穴所出。

(三)出土遗物

1. 陶器

生活器皿 残片数量极大,无法统计。其中可复原的686件,有盘、云形盘、盆、碗、钵、小盂、敛口罐、双耳罐、壶、瓮、甑、三足器、器盖、砚台等种。盘412件,包括Ⅰ式279件、Ⅱ式133件。盆18件,包括Ⅰ式10件、Ⅱ式8件。碗74件,包括Ⅰ式64件、Ⅱ式9件、

Ⅲ式1件。钵30件,包括Ⅰ式24件、Ⅱ式5件、Ⅲ式1件。器盖117件,包括Ⅰ式13件、Ⅱ式97件、Ⅲ式5件、Ⅳ式2件。此外,有云形盘1件,小盂2件,敛口罐7件,双耳罐11件,壶1件,瓮2件,甑2件,三足器4件,砚5件。

建筑材料 7种。砖类有素面方砖、花纹方砖、"角砖"和"砖饰"各1件,花纹长方砖3件。瓦类有残板瓦数片,还有瓦当25件,包括B型Ⅱ式14件、Ⅶ式3件、Ⅷ式1件、Ⅸ式1件,C型Ⅱ式3件、Ⅲ式3件。瓦的数量如此之少,使人怀疑此"堆房"是否有屋顶;若有屋顶,亦似未曾充分铺瓦。

2. 釉陶器

生活器皿 7种。可复原13件,其中盘5件,盆1件,双耳罐1件,三足器1件。还有器盖5件,包括Ⅰ式1件、Ⅱ式3件、Ⅲ式1件。此外,尚有壶和砚台的残片,但都不能复原。

建筑材料 1种。施绿或黄色釉残瓦当3件。

3. 瓷器

2种。有青、白瓷碗残片各1片,不能复原。

4. 铜器

6种。有带扣1件,铐Ⅰ式和Ⅱ式各1件,钉Ⅱ式1件,钉垫Ⅰ式1件,饰片4件。另有铜片(块)6件,器形不辨,不知为何物。

5. 铁器

12种。镞3件,包括Ⅲ式2件、Ⅳ式1件。甲片15件,其中大型的8件、小型的7件。钉57件,包括Ⅰ式43件、Ⅱ式14件。还有钥匙1件,盆1件,带铐2件,车辖3件,门枢1件,门鼻1件,环1件,铁条9件。另有铁片(块)35件,不知其为何物。

6. 玉石器

2种。水晶珠2件,石圈足器1件(已不能复原)。

四 皇城东区官署

(一) 地形、地层及工作情况

在土台子村西南约500米，其位置在皇城东区的东北部，西北距宫城南门455米，东距皇城东面围墙100米（图3-Ⅵ）。在遗址西面约180米处，有一条现今的公路通过。近处耕田多植蔬菜和豆类。北面为近代墓地，土冢垒垒。在遗址上亦有1墓，棺穴打破了遗迹。遗址地面上散见瓦片，个别础石亦已露出。

发掘工作自1964年9月23日开始，10月14日结束，历时3周。在发掘过程中，先开探方8个（T601～608），后又陆续增开探方13个（T609～621），为弄清遗址的范围，又在其北、西侧扩方1.5～2米。共开探方21个，编号为64NTT601～621。探方面积不尽相同。T601～604、T609、T610各为5×6.5米，T613为6.5×7米，T614为5×7米，T615为4×7米，T616～621各为4×5米，余皆为5×5米，发掘总面积为573.90平方米（图12）。

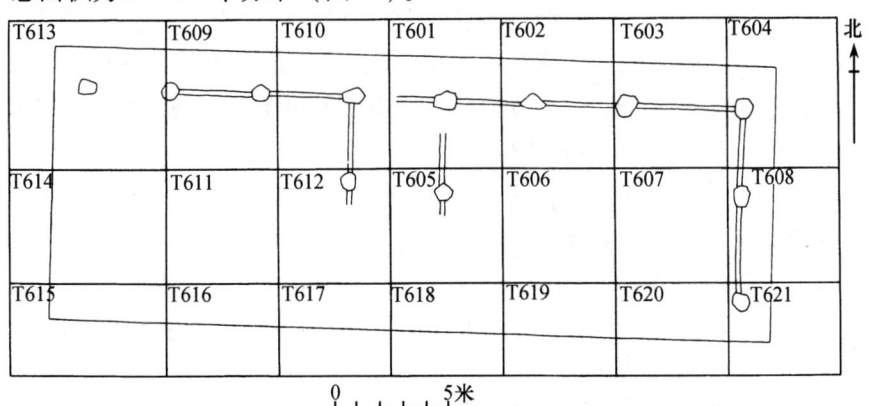

图12 上京龙泉府皇城东区官署遗址探方分布图

此遗址的建筑遗存可分为前、后两次，第一次建筑毁后，在废址上进行第二次建筑。堆积不厚，但层次清楚。表土是灰黑色耕土，厚10～25厘米。其下为一层烧土堆积，厚5～20厘米，系第二次建筑被毁后所形成，各种遗物以出在这一层的为多。第三层厚5～10厘米，土色灰褐或黄褐，土质坚实，是第二次建筑时为屋内铺地而垫的。第四层为黄褐色土，厚5～10厘米，是第一次建筑时的屋内铺地。

（二）建筑的形制和结构

1. 第一次建筑

房屋的台基呈长方形，自东至西长31.0米，自南至北宽11.5米，高出当时地面0.24米，系用灰褐色和黄褐色土夯筑。夯土厚0.47米，深入当时地面以下0.23米。

台基上共有础石46块，自南而北分为5排。第1排、第2排、第4排、第5排各有11块础石，第3排只有2块础石。第1排的第4、第7和第11块础石，第2排的第6、第8和第9块础石，第4排的第6块础石，第5排的第5和第9块础石（各排础石都系自东往西数），都已无存，可能是在第二次建筑时就被移走的，但有些础石在台基的夯土上遗有痕迹，可以得知其确切位置。5排础石的间距，自南而北依次为1.5米，2.5米，2.5米，1.5米，第3排础石适居正中。第1排，第2排，第4排和第5排的11块础石，其间距自东而西依次为3.1米，3.0米，2.4米，2.5米，2.6米，2.3米，2.5米，2.6米，3.0米，3.1米；第3排的2块础石，1块在东，1块在西，其位置分别与其余4排中的第1块、第11块础石相当（图13）。

础石的形状都不规则，向上的一面较为平直。第1排和第5排的础石较小，以第1排东数第1块础石为例，长宽各为0.54米，0.4米。第2排、第3排和第4排的础石较大，以第2排东数第5块础石为例，长宽各为0.94米，0.78米。础石都埋入台基的夯土中，其表面略与夯土面取齐（图版95，图版96）。

从础石的排列情形可以知道，房屋面阔10间，中间的6间较狭，为2.3～2.6米；两侧的4间较宽，为3.0～3.1米。进深4间，中间的2间较深，为2.5米；前后的2间较浅，为1.5米。整个房屋自东至西长27.1米，自南而北宽8.0米。房屋的方向为182度。

房屋四面有墙。不论东、西二面的山墙和南、北二面的檐墙，墙基和墙的下部筑法和规格都是一致的。墙基系用大小、形状不同的石块铺

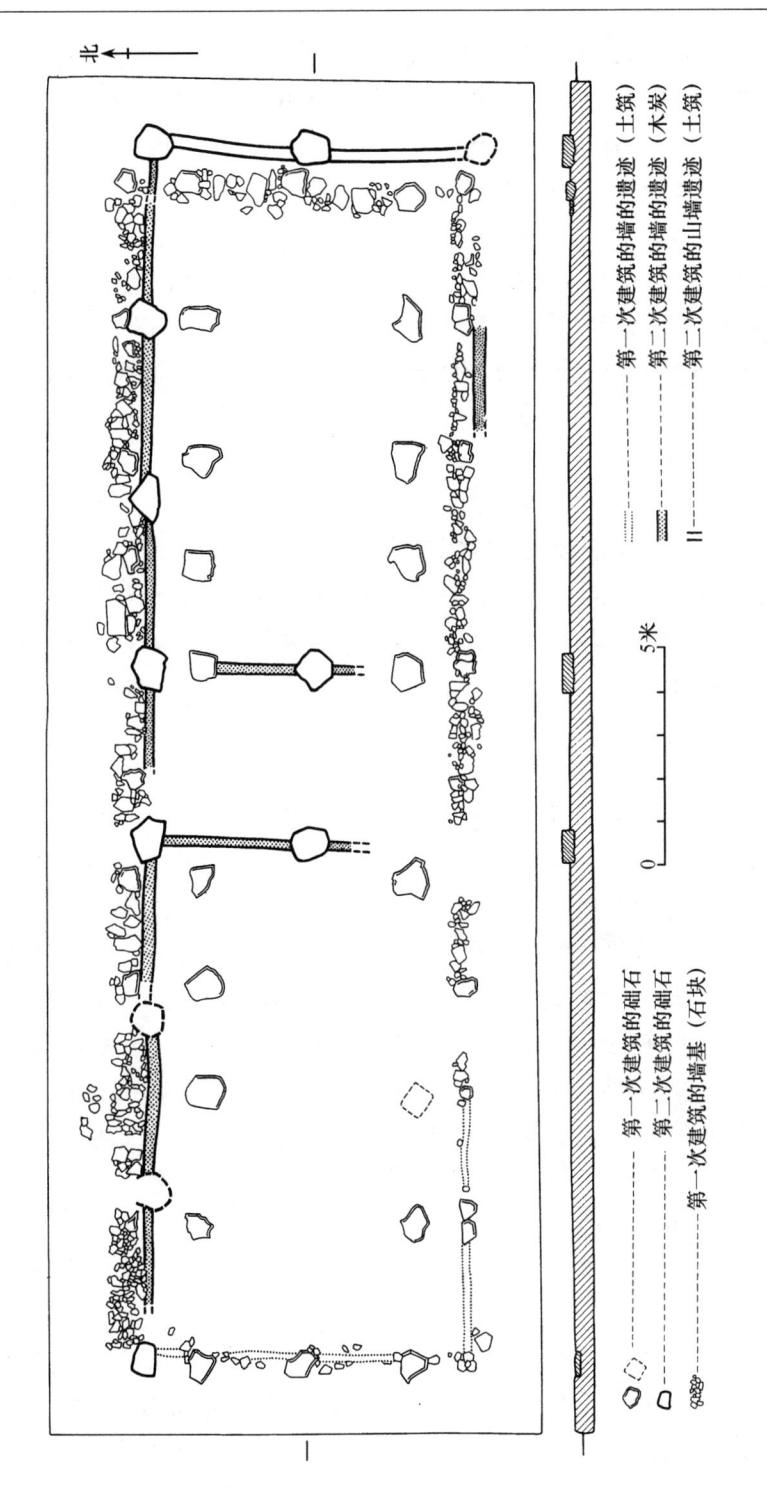

图 13 上京龙泉府皇城东区官署遗址平、剖面图

砌。东墙、南墙和北墙的墙基保存较好，各宽约80厘米；西墙的墙基多已破坏，但估计其宽度应与其余三面墙的墙基相等。墙已毁坏，仅西墙和南墙的西段略有遗迹，残高约5厘米，可以由此得知墙系土筑。墙厚18厘米，墙的表面涂白灰，在倒塌墙的白灰皮上有时可以看到朱绘的痕迹。

门的遗迹未发现，但估计应开在南面，窗户亦应设在南面。这样，在房屋南面发现的墙的痕迹应系"槛墙"。

上述第2排和第4排的第1至第9块础石，不在山墙和檐墙的沿线上。可以判断，在房屋内部有2排内柱，每排各9个柱。在内柱之间，没有发现隔墙的遗迹。

房内的铺地，比较特殊。在台基的夯土面上，先铺垫一层碎瓦片（图版97-1）。这些瓦片和其他各处遗址中发现的瓦片相同，个别瓦片还带着渤海瓦上常见的戳印文字。瓦片都被砸得相当小，铺垫时瓦的背面一律向上。在这层碎瓦片之上，再盖上一层灰黄色的土，便成为屋内的地面，相当结实。

2. 第二次建筑

第二次建筑系沿用第一次建筑的旧台基，未加改筑。只是在第一次建筑的地面上再加铺一层土，厚5~10厘米，将第一次建筑所遗的础石和墙基等完全盖没。

属于第二次建筑的础石应有20块，自南而北分为3排，第1排和第3排各8块础石，第2排4块础石。第3排8块础石的间距，都为4.0米，其中自东往西数的第6、第7块础石已不存在，但痕迹显明，可以确知其位置。第1排础石全已无存，但自东而西第1块础石痕迹清楚，按建筑上的规律，可以判断全排亦应有8块础石，相互之间的距离亦应与第3排的相同。第2排的4块础石，全数存在，位置各与第1排及第3排中的第1，第4，第5，第8块础石相当，其间距为12米，4米，12米。第1排和第2排础石之间的距离为4米，第2排和第3排础石之间的距离为3.7米（图13）。

除第二排的第四块础石（该排最西的一块）似系借用第一次建筑的旧础石以外，其余的础石都是新置的。础石的形状不规则，但向上的一面都较平直、光滑。础石的大小，以第三排东数第一块础石为例，长宽各为0.9米、0.85米。与第一次建筑不同的是，各础石多露出在地面之上（图版97-1）。

从础石的排列情形可以知道：房屋面阔七间，每间宽度相等，各为4米；进深二间，南面的一间较深，为4米；北面的一间较浅，为3.7米。整个房屋自东至西长28米，自南至北宽7.7米。房屋的方向与第一次建筑相同。

墙垣直接建立在台基的夯土上，没有像第一次建筑那样的石砌墙基。东面和西面的山墙系土筑。东面山墙遗迹保存较好，残高约10厘米，可以测知墙厚30厘米，表面抹一层草泥，并涂白灰。南面和北面的墙的遗迹，是东西横列的木条，已烧成炭，断面呈长方形，其下部嵌入台基的凹槽中。北面的木炭条保存较好，宽约20厘米（图版97-1）；南面的木炭条仅在其东部残留一小段。由此可见，房屋前后二面的檐墙不是土筑的。

第二排四块础石中的第二和第三块础石，位置在屋内的中部。从这两块础石分别往南、往北，有二道南北向的隔墙，将整个房分隔为东屋、中屋和西屋。东屋和西屋各阔三间，中屋只阔一间。隔墙的遗迹亦为木炭条，宽约20厘米。

第二次建筑虽系沿用第一次建筑的旧台基，但房屋的位置略有改变。东墙比第一次建筑的东墙偏东约80厘米，南墙和北墙各比第一次建筑的南墙和北墙偏南约20厘米，唯西墙与第一次建筑的西墙位置相同。

从墙壁等遗迹和烧土、灰烬的堆积看来，第二次建筑显然被毁于火。第一次建筑因何而废，则难于明确判断。

此遗址位于皇城之内，应为当时的官署。房屋的结构和形制，似亦与官署相称。

（三）出土遗物

1. 陶器

生活器皿　289片。绝大部分器形不辨，少数能看出是盆、罐和砚台，但亦不能复原。

建筑材料　3种。板瓦包括Ⅰ式、Ⅱ式，都属大型。筒瓦较完整的仅1件，属大型。瓦当采集20件，都属大型，包括B型Ⅱ式1件、Ⅵ式3件、Ⅶ式2件、Ⅸ式1件、Ⅹ式13件。

2. 釉陶器

28片。绝大部分器形不辨，少数能看出是盆、罐、器盖和砚台。

3. 铜器

7种。带銙与铊尾各1件，发现在西屋西南部。管2件，发现在东屋东南部。饰片4件，发现在东屋东南部。钉有Ⅱ式10件，钉垫有Ⅰ式1件。此外有残碎的铜片（块）65件，都已不辨器形，不知其为何物。

4. 铁器

11种。数量较多。铲1件，发现在东屋的东北部。镞有Ⅳ式3件，发现在东屋。锸1件，发现在中屋的南墙外。镯1件，发现在东屋。门枢1件，发现在西屋的南墙附近。桩2件，发现在东屋的东南部。环1件，发现在东屋。泡1件，发现在东屋。铁条8件，东屋和西屋各发现4件。还有钉111件，包括Ⅰ式104件、Ⅱ式6件、Ⅴ式1件。另有残碎的铁片（块）210件，器形不辨，不知其为何物。

五 东半城1号佛寺

（一）地形、地层及工作情况

此寺址在今渤海镇的西面约400米处。其位置在上京龙泉府东半城西起第一列北数第二坊的西南部，南临第七号街，西临朱雀大街（图3-Ⅳ）。发掘只限于寺的正殿。附近农田多值高粱、玉米和豆类。殿址所在处既地形高，又多瓦砾，故未开垦。在殿址的南部，有近代墓8座，其棺穴打破了部分遗迹。

发掘工作自1964年9月11日开始，10月14日结束，历时近5周。开探方47个，编号为64NTT401~447。探方面积T407、T414各为5×4米，T401、T408各为5×3.5米，T425、T436各为5×6米，T437~446各为5×5.7米，T447为6×5.7米，其余都为5×5米。发掘总面积为1204.2平方米（图14）。

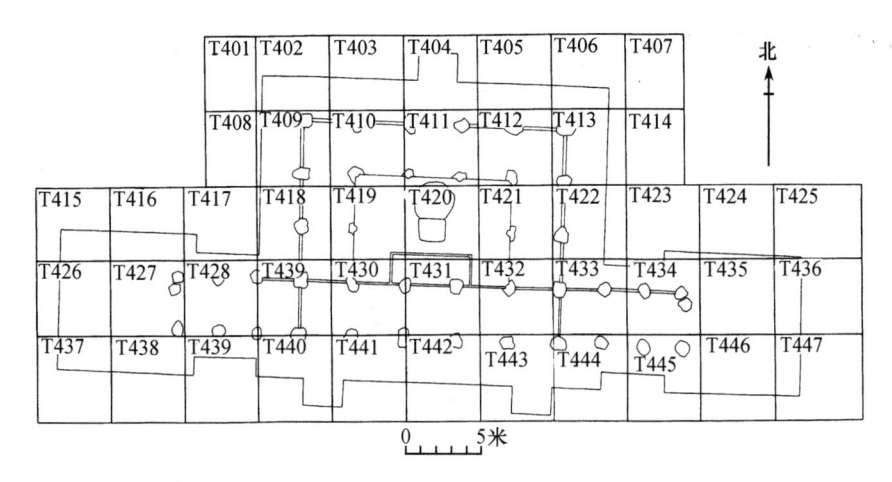

图14　上京龙泉府东半城1号佛寺正殿遗址探方分布图

地层堆积情况单纯。表土灰黑色，厚0.1～0.3米。揭去表土层，即为一层烧土，厚0.05～0.2米，其中夹杂灰烬、炭屑等，系此殿焚毁后所堆积，绝大部分遗物都发现在这一层中。烧土堆积之下，便是殿堂内外的当时地面。

（二）正殿的结构和形制

1. 台基和台阶

此正殿可分为主殿及其两侧的两个室，三者的台基相连，平面略呈"凸"字形（图15，图版98）。整个台基自东至西的长度，在南部为50.66米，在北部为23.68米；自南至北的宽度，在中部为20米，在东部和西部为9.23米。台基系用黄褐色土夯筑而成，其中夹杂碎瓦、炭屑和石灰粒等。夯土共厚1.45米，深入当时地面以下0.25米，高出当时的地面1.20米，方向2度。

台基的四壁用大小、形状不同的未加修琢的石块砌叠加固，形成石壁，厚约15～20厘米。在台下周围，用整齐的长方形石条连续铺列，便是所谓"土衬石"，保存情况良好，除主殿的东北面、西北面和南面中段各石有所缺失外，其余绝大部分都存在原位。"土衬石"的下部埋入地下，上部露出地面高约14厘米，宽约35厘米，其外侧沿边稍为减薄，形成一条宽约7厘米的边缘。在"土衬石"之上，是否还有"陡

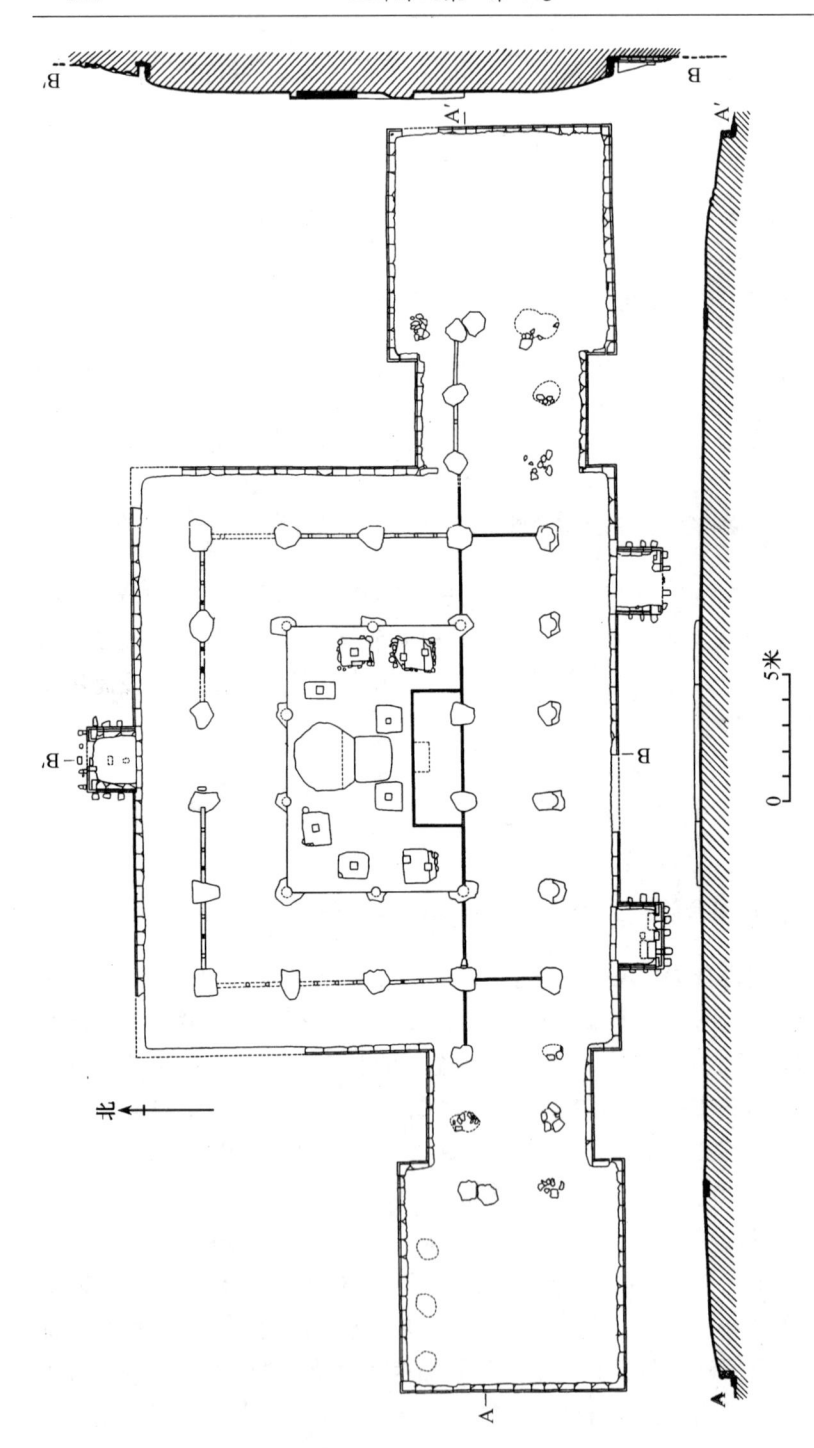

图 15 上京龙泉府东半城 1 号佛寺正殿遗址平、剖面图

板石"相叠，不得而知。由于"土衬石"的里侧沿边多有破缺，若上面不再用"陡板石"砌叠，则台基的四壁可能要比现存的四壁稍为向外，以便盖住"土衬石"的破缺处。在台基的转角处，"土衬石"都呈曲尺形。

在主殿南面的东、西二侧，匀称地各设一台阶，分别称为东台阶和西台阶（图版99）；在主殿的北面正中，又设一台阶，称为北台阶。三个台阶形制相同，宽各为1.9米左右，长各为2.7米左右。台阶的周围亦有"土衬石"，其宽度与台基周围的"土衬石"略等，唯形制有异。台阶两侧的"土衬石"起棱脊，台基前端的"土衬石"设凹槽，以便铺设"象眼"和"副子"。"副子"大约由三、四块石板拼成，西台阶右侧的"副子"尚遗有其最下端的一块，宽为35厘米（图版100-1）。从台基前端"土衬石"上的凹槽看来，东台阶和北台阶的"副子"宽度应与此相同。"象眼"亦系由三、四块石板拼合。东台阶右侧的"象眼石"尚遗有其最下部的一块，尖角为30度（图版99）。整个台阶的坡度应与此相同。台阶内部填夯土，表面铺石级。从台阶前端"土衬石"上的凹槽看来，在各台阶的中央应有一条用石板铺成的斜坡道，其宽度与两侧的"副子"相等。此斜坡道有些像后世宫殿台阶上的"御路"，将台阶分隔成左、右两半部。级石已不存在，仅西台阶遗留左半部最下的一级，长0.67米，宽0.32米，厚0.1米。西台阶右半部最下一级和左半部自下而上第二级的级石虽不存在，但在夯土上留有痕迹，可以测得其长度、宽度与左半部最下的一级相等（图版100-1）。台阶都用"石桩"加固。台阶两侧"石桩"各三个，台阶前端"石桩"为五个，各石桩深入地下，紧贴台阶的"土衬石"。

2. 主殿及佛坛

主殿的台基呈长方形，自东至西长23.68米，自南至北宽20米。在台基上共有大型础石28个，自南至北分为五排，各排的间距相同，都为3.58米左右。第一排、第二排、第四排、第五排各6个础石，各个础石之间的距离都相等，亦为3.58米左右；第三排4个础石，位置各与其余四排中的第一，第二，第五，第六块础石相当，其间距为3.58米，10.74米，3.58米（图版98）。

础石都系玄武岩，形状不规则，向上的一面较平。南起第一排东数第1块础石有两个圆弧形凸起（图版100-2），同排东数第2至5块础石各有一半圆形凸起（图版100-3）。础石的大小颇有出入，最大的一块础石长1.2米，宽1.14米；最小的一块础石长0.78米，宽0.72米。础石都埋入台基的夯土中，其表面略与夯土面取齐，南面一排础石的圆弧形和半圆形凸起则露出地面。

从础石的排列情形可以知道：主殿面阔五间，进深四间。各间的宽度和深度一律为3.58米左右。殿的前、后二面自东至西长17.9米，两山自南至北宽14.32米。檐柱和角柱18个，内槽柱10个，共28个柱，分为五排，每排6柱，中间一排减2柱，属"减柱造"建筑。内槽前、后二面长10.74米，两山宽7.16米；外槽四面宽度相等，各为3.58米。

内槽的础石多遗有木柱痕迹，呈规整的圆形，直径一律为40厘米左右，估计檐柱和角柱的直径亦应与此相同或相近。上述南数第一排东起第一块础石，系东南角角柱的础石，由于该础石上有两个相连的圆弧形凸起，主殿的四角似乎系用"双柱"；但由于东北角、西北角和西南角的础石都无此种凸起，东南角的础石上的双圆弧凸起应系出于偶然，与"双柱"的做法无关。

东、西二面的山墙和北面的后檐墙，都有遗迹，系土筑，保存较好处残高约10厘米，厚15厘米，里、外两面涂白灰。以每两个檐柱（或角柱）之间为一段，每一段墙内匀称地埋置3个小础石（个别小础石缺失），其上立小木柱。小木柱已烧成炭，个别保存较好的可以看出其断面作长方形，长约9厘米，宽约6厘米。山墙和檐墙都较薄，这些嵌在墙内的小木柱应系为加固墙壁而设的"木骨"。

在主殿南面各檐柱和角柱的础石之间，未发现墙的遗迹，这可能是由于破坏之故，但更可能是殿的南面本来就没有前檐墙。从同时期的一般佛殿的形制看来，殿的正面应全部敞开，每间开一门，共五个门；至少亦应在当心间和两侧的二次间设门，共三个门。在殿的北面正中，后檐墙中断，可以确知在北面的当心间设有一门。

在殿堂内部，各内槽柱之间没有墙壁，内槽柱和檐柱之间也没有隔墙的遗迹。但是，在内槽的东南角础石与相邻的檐柱础石之间，及内槽西南角础石与相邻的檐柱础石之间，各有一条宽为8厘米的木炭遗迹，其下部稍稍嵌入地面，底下垫有一层碎瓦片，当系"地栿"。在内槽南面居中的两个础石之间，亦有同样的"地栿"遗迹。由此可见，在内槽的南面，应该有"截间板帐"或"格子"的装修。

主殿的内槽全部为佛坛所占，各内槽柱的下部一半外露，一半嵌入坛内，在坛壁上遗有清楚的柱痕。佛坛作长方形，长度和宽度即与内槽相等。坛的南面中间凹入，形成一长为5.3米，宽为1.95米的长方形空隙，当为礼拜之处（图15，图版101，图版102）。

佛坛系土筑，土质杂乱，其中包含烧土、墙皮、碎瓦等。由此看来，此佛殿也许是灾后重修的。在坛的四壁和坛面，则用含沙的细泥涂抹，然后再用白灰粉刷。在坛的南壁发现有"护板"的遗迹。

在佛坛上共有9个塑像的石基，从它们的排列情况看来，9个塑像应系1佛、2弟子、2菩萨、2天王、2力士。佛像石基在坛的北部居中，是一块不规整的多边形大石块。左、右两侧两石基略作方形或长方形，应属2弟子的塑像所立处。再两侧的两石基略近方形，位置稍偏南，应系2菩萨像所立处。佛像南面左、右两石基，各近方形，应立2天王像。最南面的左、右两石基，形状甚不规则，应系2力士像所立处。除佛像系坐像外，其余8个塑像应系立像。2弟子、2菩萨、2天王像的石基各有一方形孔穴，左侧菩萨像基座的孔穴中尚遗有木棒烧成的炭，断面呈方形，宽约14厘米，当系泥塑像的骨干，其余端插入基座的孔穴中，以求稳固。有的基座，在孔穴中遗有铁钉，亦系为稳固所立塑像之用。2力士像的基座，孔穴各有两个，可以想见力士像是两足分开、侧身而立的。塑像的台座建立在石基之上，系泥筑，全已崩坏，但所遗残片较多，可以得知台座上刷白灰，并有彩色绘画。泥塑像亦全已毁坏，但遗有手指、脚趾和发髻等的残片。此外，在佛坛上还发现许多泥质装饰残件，看来也是属于塑像的台座、背光或塑像本身的。

殿堂的铺地，是在台基的夯土面上涂抹一层白灰，灰面虽已多碎裂、损坏，但可以想见当日的光洁。

根据殿堂的平面形状和柱础的排列，可以判断主殿的屋顶系单檐的"庑殿式"或"歇山式"。正脊两端的鸱尾、正脊中间的宝珠和各个垂脊（或戗脊）前端的兽头，都有遗存。由于主殿附近所发现的兽头在四个以上，估计当时应有八个兽头，故屋顶应系"歇山式"。所发现的全部板瓦、檐头筒瓦（附瓦当的）和大部分筒瓦都是灰色的，而一部分筒瓦则施绿釉，鸱尾、宝珠和兽头亦施绿釉（部分兽头施紫色釉）。

由此可见，屋顶的铺瓦系采用绿边灰心的"剪边"作法。

3. 东、西二室（附廊）

东、西二室都呈正方形，大小完全相等，台基长宽皆为9.23米（图15，图版98）。台基的上部已被破坏，铺地面已不存在，大多数础石亦已不见。但是，由于东室和西室各有1个础石尚在，东室的另外两个础石和西室的另外3个础石遗有明显的迹印，可以推断二室各有础石12个。12个础石分为四排，各排的间距约为2.3米。南面的一排和北面的一排各4个础石，各排相邻两个础石的间距都约2.3米；中间二排各两个础石，一个在东，一个在西，其位置与第一、第四排的东头1个础石和西头1个础石相当。础石比主殿的础石略小，形状不规则，向上的一面平直，没有圆形或半圆形的凸起。

从础石的排列情形可知，二室四面各长6.9米，自东至西面阔各三间（每间宽各2.3米），自南至北进深亦三间（每间深各2.3米）。角柱各4个，檐柱各8个，没有内柱。屋顶以系"四阿式"或"四角攒尖式"的可能性为大。垂脊前端的兽头残片发现在二室台基的附近。

按照同时期佛寺的"左钟右藏"的规制，推测东室为悬钟之处，西室为藏经之处。这样，东室和西室可能是双层建筑，即是钟楼和藏经楼。

东、西二室各有廊与主殿相通，分别称为东廊和西廊。二廊形制相同，长各8.4米，宽3.6米。廊的南侧和北侧各有础石一排，每排4个础石；东廊西端的2个础石和西廊东端的2个础石系借用主殿的角柱和檐柱的础石，东廊东端的2个础石和西廊西端的2个础石则分别与东、西二室的2个檐柱础石相并。有的础石已不存在，但都有明显的迹印。础石的形制与东、西二室的础石相同，大小亦相仿佛。东廊北侧自东而西第一至第三个础石之间，有墙的遗迹，系土筑，厚约15厘米，里、外两面涂白灰，与主殿的檐墙和山墙相同。第3个础石与主殿的檐柱础石之间，则有一条"地栿"的遗迹。两廊与主殿相接处，亦各有一条"地栿"遗迹。廊内地面虽已破坏，但灰皮碎片颇有遗留，可以判断亦曾涂抹白灰。从廊的平面和础石排列情况看来，廊上的屋顶应系"人"字形的。

东、西二室及廊的附近所发现的板瓦和筒瓦，都较主殿附近发现的为小。全部板瓦、檐头筒瓦和大部分筒瓦是灰色的，一部分筒瓦和兽头残片则施绿釉。可以想见，东、西二室和廊的屋顶铺瓦，亦系采用"剪边"的做法。

（三）出土遗物

1. 陶器

生活器皿　16片。发现在主殿、西室及其附近。少数可知其为壶、罐和器盖，但已不能复原。

建筑材料　6种。板瓦采集完整的48件，Ⅰ式、Ⅱ式皆有大型和中型两种；大型的前者发现在主殿及其附近，中型的发现在东、西二室及廊的附近。筒瓦有"普通筒瓦"和"檐头筒瓦"两种，后者又可分为Ⅰ式和Ⅱ式，都有大型的和中型的；大型的发现在主殿及其附近，中型的发现在东、西二室及廊的附近。还有扣脊瓦1件。瓦当共采集151件，包括B型Ⅲ式8件、Ⅵ式33件、Ⅶ式80件、Ⅷ式12件、Ⅸ式18件，其中Ⅶ式与Ⅷ式各有大型和中型的两种。鸱尾已残破，能基本复原的仅1件，属Ⅱ式。兽头至少有13件，4件以上发现在主殿及其附近，其余发现在东、西二室的附近，已复原的2件，属Ⅰ式和Ⅱ式。宝珠仅余残片，不能复原，件数不详。

2. 釉陶器

建筑材料　3种。绿釉筒瓦系"普通筒瓦"，采集完整的24件，有大型和中型之分；大型的发现在主殿及其附近，中型的发现在东、西二室及廊的附近。鸱尾已残碎，能复原的1件，属Ⅱ式。兽头至少有13件，已复原2件，属Ⅰ式和Ⅱ式。兽头4件以上发现在主殿及其附近，余皆发现在东、西二室的附近。

3. 瓷器

2种。黑瓷罐1件，发现在西台阶附近。白瓷碗残片2件，发现在东廊附近。

4. 铜器

3种。数量甚微。钉有Ⅱ式2件，分别发现在主殿及东室西北部台基下。饰片4件，发现在主殿东面和北面台基下。小型铜佛的手1件，发现在主殿佛坛上。

5. 铁器

8种。甲片1件，属大型，发现在主殿东北角台基下。锁簧1件，发现在主殿西北角台基下。碗2件，分别发现在主殿的南面和西室的西面台基下。合页19件，分别发现在主殿及东廊。环2件，分别发现在主殿和东室。钉565件，其中Ⅰ式540件、Ⅱ式21件、Ⅲ式4件。八角形铁片1件，发现在主殿北面台基下。铁条4根，发现在主殿及西室的西部。另有残铁片（块）31件，已不能辨别其为何物。

6. 泥塑

3种。皆为残片。一种是塑像的残片如发髻、手、足、胫和衣裙残片，一种是塑像及其背光饰件的残片，一种是塑像台座的残片，主要发现在主殿上，尤以佛坛及其附近为多。

六 城北9号佛寺

（一）地形、地层及工作情况

此寺址在白庙子村西北约600米处，其位置在外郭城北面西头城门的西北约250米，南距外郭城的北面城墙约68米（图3-Ⅶ）。发掘的是寺的正殿，其台基高出地面约1米（图版103～图版105）。四周皆农田，唯殿址所在处因地势高，瓦砾、础石又多，未被开垦。长期以来，农民们在犁地翻土时捡出形状、大小不同的石块（可能是砌筑寺的围墙所用），数量甚多，都集中堆放到殿址上。因此从外表看来，殿的遗址是一个高约2米的石头堆。

发掘工作于1964年5月22日开始，7月15日结束。开探方4个，编号为64NTT001～T004，面积各为11.5×9.5米，11.5×9.0米，11×9.0米，11×9.5米，发掘总面积为416.25平方米（图16）。

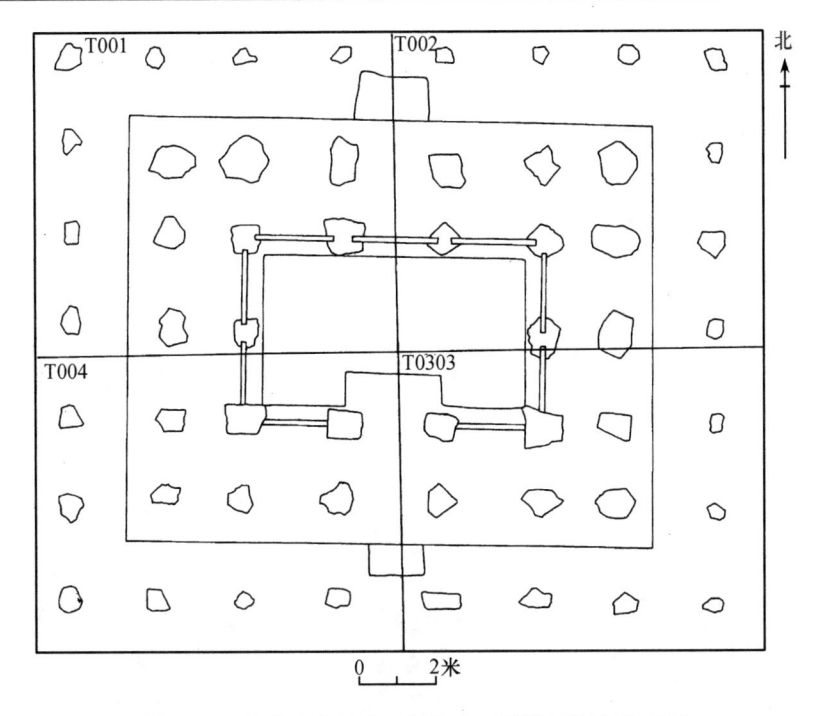

图16 上京龙泉府城北9号佛寺正殿遗址探方分布图

上述殿址上的石块堆积，最厚处约0.75米。揭去全部石块之后，则是一层表土，土色灰黑，厚0.1~0.35米。表土层之下是烧土堆积，其中夹杂灰烬和炭屑等，系此殿焚毁后所形成的堆积，各种遗物以发现在这一层的为多。烧土堆积层之下，便是殿堂内外的当时地面。发掘工作一般到此为止，但为了了解殿堂台基的结构，又于9月1日至9月5日在台基的中部开掘探沟，直至生土。

（二）正殿的结构和形制

1. 台基和台阶

台基呈长方形，自东至西长16.6米，自南至北宽13.2米，高出当时的台下地面1.0米，系夯土筑成。夯土厚1.25米，深入台下地面0.25米。夯土可分上、下二大层，下层厚0.85米，土色灰褐，其中夹有砾石五、六层；上层厚0.4米，纯系黄褐色土，不含砾石（图17）。

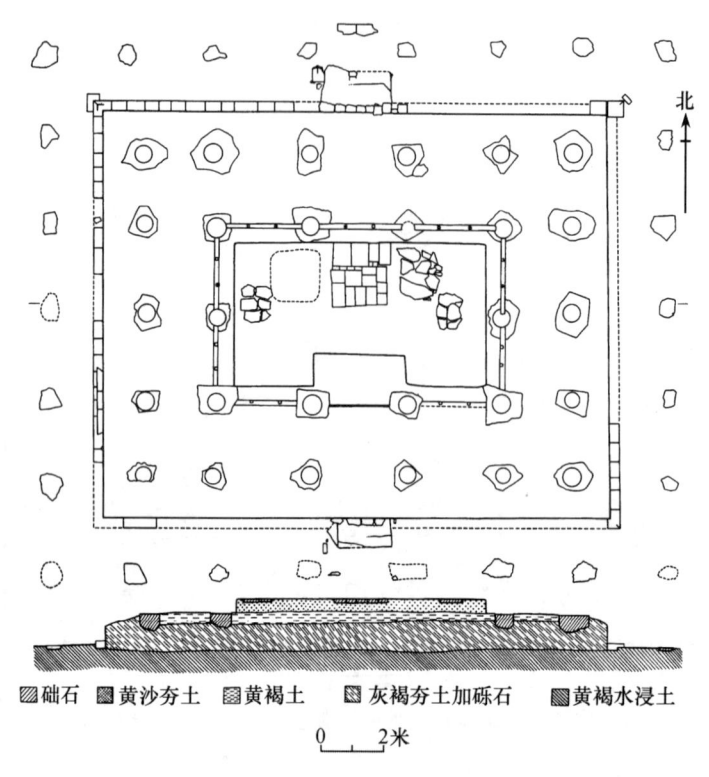

▨ 础石　▨ 黄沙夯土　▨ 黄褐土　▨ 灰褐夯土加砾石　▨ 黄褐水浸土

图 17　上京龙泉府城北 9 号佛寺正殿遗址平、剖面图

　　台基的四壁用整齐的长方形石条砌叠。最下的一层系平铺的"土衬石"，在台基的西壁和北壁的西部保存较好，在台基东壁的南部亦稍有遗留，各石露出在台基夯土外的宽度均为 0.3 米，露出台下地面的厚度均为 0.1 米左右。在台基的东北角、东南角和西北角，"土衬石"呈正方形或曲尺形（图版 106-3），故称为"角石"。西南角的"角石"已不存在；东北角的"角石"和西北角的"角石"，各用一块长方形和曲尺形的石块顶住，其作用如同"石桩"。在台基西壁的南部，在"土衬石"之上，遗留着一层横立的石条，计三块，高 0.3 米，宽 0.2 米，即是"陡板石"（图版 106-1）。"土衬石"被"陡板石"压住，露出部分宽 0.1 米。可以判断，在台基的四壁，应普遍有"陡板石"，而且估计"陡板石"应有三层，每层高 0.3 米，共高 0.9 米，加上"土衬石"高出台下地面 0.1 米，共高 1 米，恰与台基的高度相等。由于"角石"的对角线上起棱脊，推测相邻两壁的"陡板石"在相接时可能是各以 45 度角拼合成直角的。

在台基的南面和北面的正中，各设一台阶，已破坏。应有的"副子"、"象眼"和踏级之类的石块和石条都已不见，仅存其内部的夯土和台阶上部所垫的一排不规整的石块，使得台阶的具体形制无法究明。但是，根据所遗夯土，可以约略估计南台阶和北台阶应各宽约2.5米。北台阶前端尚遗有"土衬石"的残余，从而可以知道台阶的长度为2.75米。

2. 殿堂

在台基上共有大型础石28个，形状不规则（图版103～图版105）。础石的大小亦不甚一致。最大的长为1.40米，宽1.42米；最小的长0.76米，宽0.79米。所有的础石都有一个扁平的圆形凸起，甚规整，直径都在0.47米～0.62米之间（图版106-2）。础石都埋置在台基的夯土中，唯圆形的凸起部分露出地面。在有些础石上，遗有木柱痕迹，都作圆形，直径0.37米～0.43米。

这些础石，排列整齐。自南而北，分为五排，各排的间距依次为2.35米，2.7米，2.7米，2.35米。第一排、第二排、第四排、第五排各6个础石，其间距自东而西依次为2.25米，3米，3米，2.25米。第三排4个础石，位置分别与其余四排中的第1，第2，第5，第6个础石相当，其间距为2.25米，9.0米，2.25米（图17）。

从础石的排列可以知道：殿堂面阔五间，中间的三间（当心间及其左、右的次间）宽各3米，两侧的两间（梢间）宽各2.25米。进深四间，中间的两间（内槽）各深2.7米，前、后的两间（外槽）各深2.35米。殿堂的前、后二面自东至西长13.5米，两山自南至北宽10.1米。檐柱和角柱18个，内槽柱10个，共28柱，分为五排，每排6柱，中间一排减2柱。内槽前、后两面自东至西各长9米，两山自南至北各宽5.4米；外槽东、西两面各宽2.25米，南、北两面各宽2.35米。

在檐柱和角柱的础石之间，由于破坏，未发现墙垣、门槛和"地栿"的遗迹。因此，除了殿堂的前、后墙和山墙的形制、规格不明以外，门的数目亦不能明确得知。但是，从殿堂的本身形制，并参考同时期的一般佛殿样式，此佛殿应与上述东半城1号佛寺的主殿相同，在殿的南面设门五个或三个。由于殿堂北面亦有台阶，可知北面也应有门，由于东半城1号佛寺主殿北面开门为一个，此殿的北面亦以开一个门的可能性为大。

在内槽的10个柱础之间，有墙的遗迹，残高5厘米，厚15厘米，系用黄土筑成，里、外两面涂白灰。以二柱之间为一段，每一段墙内各埋入2块小础石，在小础石上立小木柱，作为墙壁的"木骨"；小木柱已烧成炭，断面呈长方形，保存较好的可测得长约15厘米，宽约10厘米。要之，殿的内槽自成一室，广三间，深二间；南面正中设一门，宽约2.3米，"地栿"已烧成炭，痕迹明显。佛坛即设在内槽的室内。

殿堂的铺地是在台基的夯土面上涂白灰，共二层，每层厚约0.5厘米，可能是第一次所涂灰面损坏后，再涂第二次。

从殿堂的平面形制，特别是根据所发现的脊兽数目为8个，可以判断其屋顶应系单檐"歇山顶"。正脊两端各设一鸱尾，四个戗脊和四个垂脊的末端各置一兽头；所发现的鸱尾和兽头都施绿釉。所有的板瓦都系灰色，大部分筒瓦和全部檐头筒瓦亦系灰色，但有一部分筒瓦施绿釉（遗存绿釉筒瓦共70块）。因此，可以推测，屋顶的铺瓦系采用绿边灰心的"剪边"作法。

综上所述，此殿的结构和形制，与东半城1号佛寺的主殿基本相同。

3. 佛坛

佛坛设在殿堂的中央，占满了整个内槽。坛高0.43米，自东至西长8米，自南而北宽4.4米，系用黄沙土夯筑，四壁涂白灰。坛的南面中间凹入，使得在坛前有一长2.9米，宽1米的长方形空隙处，以便礼拜（图17，图版103～图版105）。

坛上有5个塑像的石基。居中的石基最大，长1.9米，宽1.78米，系由21块大小不等的石板铺砌而成，形状整齐（图版106-4）。东侧的一个石基较小，长约1.55米，宽约1.3米，由12块大小不等的石板和石块铺成，形状欠规则。西侧的1个石基所铺石板和石块已不存在，但痕迹明显，可以得知其大小略与东侧的石基相当。东侧偏南和西侧偏南处的两个石基最小，长约1.1米，宽各为0.75米、1.0米，各用6块大小不等的石块铺成，形状亦不甚整齐（图17）。从这5个塑像石基的排列情形可以判断，5个塑像应系1佛，2弟子，2菩萨。塑像的台座建立在石基上，系泥塑，全已崩坏，但从所遗残片上可以看出台座表面涂白灰，并有彩绘痕迹。塑像已毁坏殆尽，仅余个别装饰件的残片。

4. 台基下的础石

在正殿的台基下，四面各有一排础石，有的础石已缺失，但迹印清楚，可以得知共有 26 块础石。础石大小各有出入，以南面一排东数第 2 块础石为例，长 68 厘米，宽 62 厘米。础石的形状不规则，向上的一面平直，没有圆形凸起。南面的一排和北面的一排各 8 个础石，各础石的间距自东至西依次为 2.6 米，2.6 米，3 米，3 米，3 米，2.6 米，2.6 米；东面的一排和西面的一排各 7 个础石（南端和北端的础石亦即南面一排和北面一排的东端和西端的础石），各础石的间距自南而北依次为 2.6 米，2.6 米，2.7 米，2.7 米，2.6 米，2.6 米。各排础石与正殿台基的四壁相距各约 1.5 米，与殿上檐柱（或角柱）的础石相距约 3 米（图 17，图版 103～图版 105）。

从上述排列情形看来，这四排础石与正殿本身应有密切的关系。但是，由于时间仓促，发掘面积受到限制，未能究明在这四排础石的外围是否还有础石存在。因此，目前尚不能从建筑上说明这些础石的性质。

（三）出土遗物

1. 陶器

生活器皿 1 片。为器底，已不能复原。

建筑材料 3 种。都属大型。板瓦采集完整的 26 件，其中 I 式 22 件、II 式 4 件。筒瓦分"普通筒瓦"与"檐头筒瓦"，后者又有 I 式、II 式。瓦当共采集 120 件，其中 A 型 15 件，B 型 IV 式 3 件、VI 式 17 件、VIII 式 41 件、IX 式 7 件、XI 式 11 件，C 型 II 式 26 件。

2. 釉陶器

建筑材料 3 种。绿釉筒瓦都系"普通筒瓦"。鸱尾 2 件，复原 I 式 1 件，施黄绿釉。兽头 8 件，复原 III 式 2 件，施黄绿釉。

3. 铜器

1 种。为宝相花镜残片 1 件，发现在正殿东面。

4. 铁器

7 种。刀 1 件，发现在正殿的东南部。镞有 I 式 3 件，发现在正殿的西北面。门鼻 1 件，发现在台基下东南角。钩 1 件，发现在正殿上。钉 101 件，包括 I 式 97 件、II 式 1 件、V 式 3 件。铁条 5 件，分别发现在台基上和台基下，另有残铁片 1 件。

5. 泥塑

2 种。小型塑像的发髻残片 1 件，塑像上璎珞或项饰残片 2 件，都发现在正殿佛坛的附近。

6. 其他

2 种。有料珠和石球各 1 件，都发现在正殿的西北部。

七　西半部第一列第二坊的围墙

（一）地形、地层及工作情况

此坊东临"朱雀大街"，南临第七号街（图 3-V）。所发掘的是坊的北面围墙（亦即第 1 列第 1 坊的南面围墙）和西面围墙（亦即第 2 列第 5 坊的东面围墙）。墙已坍圮，仅存墙基和接近墙基处，埋没在地下。

表土为黑灰色耕土，厚 0.12~0.35 米。揭去表土，即露出石墙。墙的两侧则为一层黄褐土，厚 0.3~0.65 米，其中夹杂一些石块，当系墙坍后所堆积。黄褐色土之下，即为当时的地面。发掘工作于 1964 年 9 月 21 日开始，9 月 26 日结束，历时 6 天。开探方 3 个，编号为 64NTT501~T503。T501、T502 开在北面围墙上（图 18），T503 开在西面围墙上（图 19）。3 个探方面积各为 5×5 米，发掘总面积为 75 平方米。

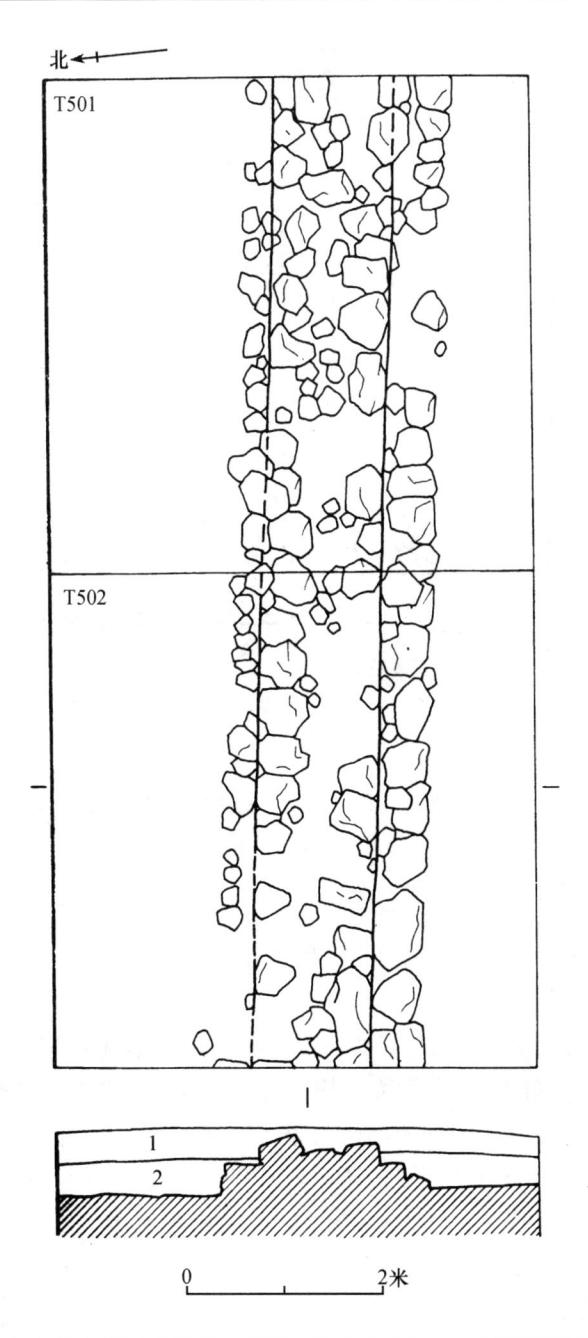

图 18 上京龙泉府西半城第一列第二坊北墙遗迹平、剖面及探方分布图
1. 黑灰色耕土　2. 黄褐土

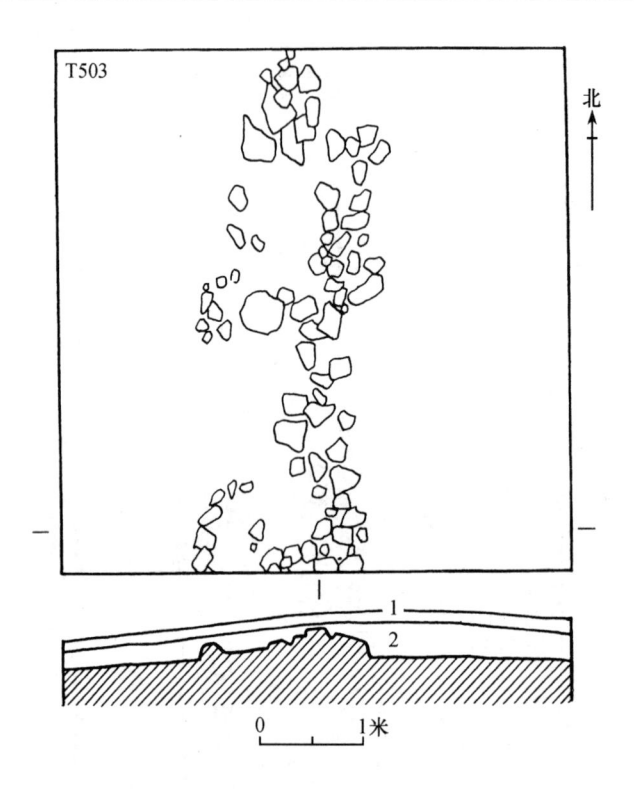

图 19　上京龙泉府西半城第一列第二坊西墙遗迹平、剖面及探方图
1. 黑色耕土　2. 黄褐土

（二）围（坊）墙的形制和结构

　　北面围墙揭露出长 10 米的一段，高出当时地面 0.45～0.6 米，方向为 272 度。墙的里、外两面，用大小、形状不同的石块砌叠，石块较平直的一面都向外，使得墙面较为整齐。墙的内部则用黄褐色土填实，其间夹杂一些小的石块。墙的本身宽度约 1.1 米。墙基的里、外两侧，又各加铺一排石块，宽 0.3～0.6 米，高出当时地面 0.15～0.35 米。其总宽度约为 2.1 米（图版 97-2）。在石墙的南、北两侧，是第 1 列第 1 坊、第 2 坊的居住面，但第 1 坊的居住面比第 2 坊的居住面低 0.2 米左右。

　　西面围墙揭露出长 5 米的一段，高出当时地面约 0.2 米，基部宽约 1.7 米，方向为 2 度。保存情况不好，但可判断其结构和筑法应与北面围墙相同。

（三）出土遗物

1. 陶器

生活器皿　2种。钵复原Ⅲ式1件，另有陶鸭头1件。其余都是器皿的残片，不能复原。

建筑材料　2种。板瓦和筒瓦都系残片。

2. 瓷器

白瓷碗1件。

3. 铁器

3种。有镞Ⅱ式1件，门鼻1件。钉4件，包括Ⅰ式3件、Ⅱ式1件。

叁　结语

渤海上京龙泉府的建设有高度的计划性。都城面积广大，周围筑城墙，规模宏伟。全城以"朱雀大街"为中轴，分为东半城与西半城，城门、街道、里坊都采取了左右对称的体制。街道宽广平直，里坊排列整齐，全城区划作棋盘状。宫城在城的北面居中，皇城在宫城之南，二者都有高大的围墙，使得宫室、衙署与居民区严格分开。佛寺甚多，分布在城内和城外，城内的佛寺有的占了半个坊的面积。

各种建筑物在形制、结构和设备上各有特点。城门采用在"地栿"上立"永定柱"的作法，以便筑楼。寝殿墙壁厚实，并多设火炕，以便保温取暖。佛殿规模宏大，营造工整，台基高，柱子大，墙壁和地面洁白，绿边灰心的大瓦屋顶饰鸱尾与兽头，显得极为雄壮、美观。特别是鸱尾，已经复原，是研究当时建筑样式的不可多得的实物资料。

各种建筑物的毁弃都在渤海的末年或稍后，但兴建年代则有所不同。宫城西区的寝殿和外郭城北面西门外的佛寺建筑在前，皇城东区的官署（第二次建筑）和东半城 1 号佛寺系重建，年代可能较晚。这为研究建筑材料的形制和样式的演变提供了线索。

瓦的形制和纹饰，与敦化发现的已有显著的差别。所发现的大量瓦当，都饰莲花纹，而细部的变化相当复杂，可以看出其演变的序列。

铁器数量多，种类复杂，既有生产工具和武器，亦有生活用具和建筑材料，说明当时铁的冶铸工业已高度发达，铁器已被广泛应用到农业、手工业、军事、营造和日常生活的各个方面。铜制品往往鎏金，少数装饰件上有细致的花纹，显示了工艺技巧的熟练程度。

通过所发现的成批的陶器，可以全面地了解当时的制陶业。陶器的形制，除了有与敦化发现的个别陶器相似的以外，又有了许多新的发展。绝大部分陶器发现在宫城内，为当时宫廷中所用。除了灰陶以外，还有不少的釉陶，其中包括三彩器，制作精致而美丽。此外，瓷器的发现，也是值得重视的。

陶砚台残片上所刻的人像，是迄今所发现的罕见的渤海人像之一，可以由此了解当时统治阶级服饰的一斑。

注　释

[1]　东亚考古学会：《东京城》地图第 2，1939 年。

[2]　东亚考古学会：《东京城》第 14～15 页，地图第 3A，插图第 7，图版第 13，东京，1939 年。

[3]　这一推测已被考古发掘所证实，详见黑龙江省文物考古工作队：《渤海上京宫城第 2、3、4 号门址发掘简报》第 52 页～61 页，《文物》1985 年 11 期。

[4]　东亚考古学会：《东京城》第 27～30 页，插图第 25，地图第 2-Ⅱ，图版第 50，东京，1939 年。

[5]　东亚考古学会：《东京城》第 11～13 页，插图第 5，地图第 2-Ⅲ，图版第 9～12，东京，1939 年。

[6]　东亚考古学会：《东京城》第 11 页，东京，1939 年。

[7]　张贲：《白云集·东京记》载："城南有古寺，镂石为大佛，高丈有六尺，风雨侵蚀，苔藓斑然，而法相庄严，镂凿工巧，今堕其首，好事者装而复之，前有石浮屠，八角形。"转引自王世选等：《宁安县志》卷三《古迹·古城条》，1924 年铅印本。高士奇：《扈从东巡日录》卷下转引吴兆骞：《天东小记》则云："禁城外有大石佛，高可三丈许，莲花承之，前有石塔，向东小欹。"《辽海丛书》第一集，辽海书社铅印本，1932 年。

[8]　东亚考古学会：《东京城》第 36 页，地图第 2-Ⅺ，东京，1939 年。

[9] 东亚考古学会:《东京城》第36~37页,插图第41-1,地图第2-Ⅷ,东京,1939年。
[10] 东亚考古学会:《东京城》第37~38页,插图第41-2,地图第2-Ⅺ,东京,1939年。
[11] 东亚考古学会:《东京城》第34~36页,插图第37、第38,地图第2-Ⅶ,东京,1939年。

(本文原载《六顶山与渤海镇——唐代渤海国的贵族墓地与都城遗址》,中国大百科全书出版社,1997年)

编　后　记

2011年，社会科学文献出版社与中国社会科学院考古研究所协商，决定合作编辑、出版著名考古学家王仲殊先生的作品集。为此，考古所组建了"《王仲殊文集》编委会"，考古所所长王巍任主任，副所长白云翔、陈星灿任副主任；编辑委员会下设编辑工作组，由姜波（组长）、顾智界、李淼组成，具体负责《文集》的编辑工作。社会科学文献出版社宋超编审为责任编辑，同时邀请考古杂志社的顾智界担任特约编辑。

经过一段时间的酝酿，编辑组确定了《文集》的基本框架，将《文集》分为4卷，总字数约160万字。各卷的主题依次为："考古学通论及考古学的若干课题"、"中日两国古代铜镜及都城形制的比较研究"、"古代中国与日本等东亚诸国的关系"和"中国古代遗址、墓葬的调查发掘"。经过一年多的努力，到2012年11月，《文集》的样稿基本成型。

王仲殊先生治学严谨，著述丰厚，《文集》共收入其代表性的著作等84篇，几乎涵盖了王先生学术研究的各个领域。简言之，《文集》有以下几个特点：1. 涉猎广泛，举凡都城、墓葬、出土文物（铜镜、玺印、碑铭、钱币、玻璃器等）等皆有涉及，其中尤以中日古代文化交流史为重点；2. 时空范围广，其研究时代从战国、秦汉一直延续到明代；研究地域不仅限于中国，还及于日本、韩国、琉球等，甚至远及阿尔巴尼亚、墨西哥等国的古代文化。

王仲殊先生曾发表日文、英文学术专著多部，考虑到体例和篇幅方面的原因，本《文集》一概没有收入。

《文集》所收篇章发表的时间跨度很长，最早的一篇发表于1954年，最晚的一篇则面世于2012年。各篇的体裁也有很大的不同，既有研究论文，也有田野考古报告，甚至还选录了数篇学术价值很高的考古访问笔记。正因如此，《文集》的编辑工作颇有一定的难度。编辑组的顾智界为整齐篇目、统一体例、校勘文字付出了很多心血；李淼承担了《文集》插图审查工作；姜波协助王仲殊先生进行稿件的收集，编排篇章的顺序，并翻译了《文集》的英文目录（参考了以前莫润先的翻译）。王仲殊先生本人也反复审读校样，一字一句，反复推敲，确保了文稿的质量。

考古所领导王巍、齐肇业、刘政、白云翔、陈星灿十分关心《文集》的编辑工作，提出了许多具体的指导性意见。科学出版社的宋晓军、孙莉和考古杂志社的施劲松，为了《文集》的编辑出版，提供了部分文稿的电子版，为《文集》的编辑出版节省了宝贵的时间。

由于编者水平有限，鲁鱼亥豕之误在所难免，敬请读者谅解。

编　者
2012年12月12日

图版1

1. 南区墓地发掘的情形

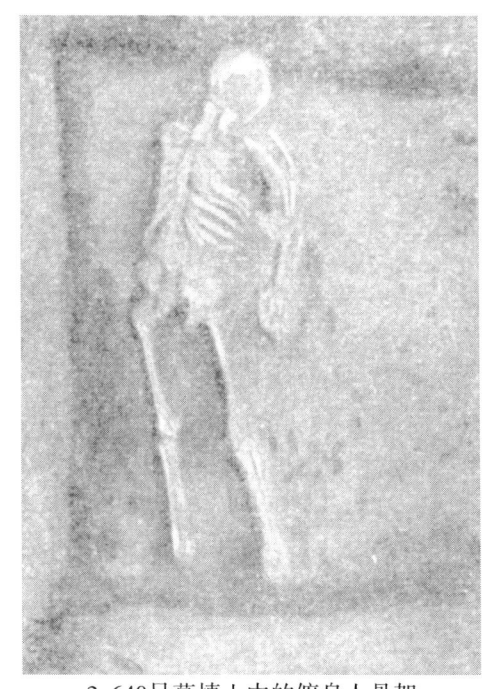

2. 640号墓填土中的俯身人骨架 　　　3. 竖穴墓墓底情形（623号墓）

洛阳烧沟附近的战国墓

图版2

1. 壁龛中的随葬陶器（604号墓）

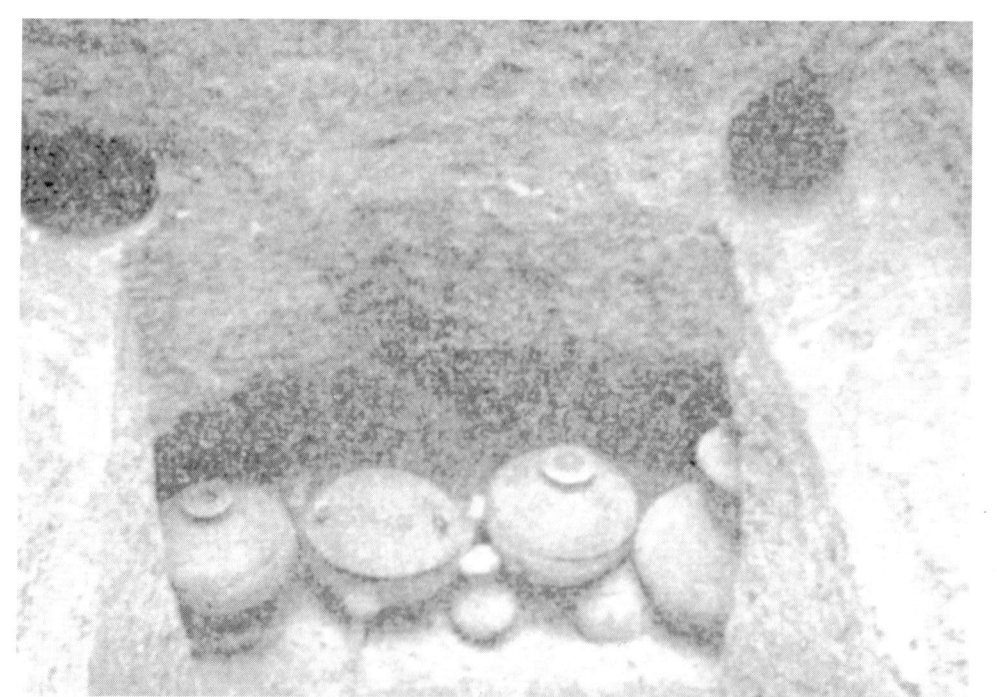

2. 壁龛中的随葬陶器及台阶四隅的洞穴（642号墓）

洛阳烧沟附近的战国墓

图版3

洛阳烧沟附近战国墓出土陶器

1. Ⅰ式小壶（637：24） 2. Ⅱ式小壶（636：6） 3. Ⅱ式盒（44：7） 4. 双耳盒（44：3）
5. Ⅰ式盒（635：2） 6. Ⅱ式罐（622：4） 7. Ⅰ式碗（643：4） 8. Ⅱ式碗（640：5）
9. Ⅲ式碗（622：3）

图版4

洛阳烧沟附近战国墓出土陶器

1. I式罐（44：3） 2. 盆（643：6） 3. 彩绘壶（612：7） 4. 鼎（613：4）
5. V式鼎（635：4）

图版5

洛阳烧沟附近战国墓出土陶器

1、2.豆（620∶4、613∶2） 3、4.壶（644∶2、610∶4）

图版6

1a

1b

2

3

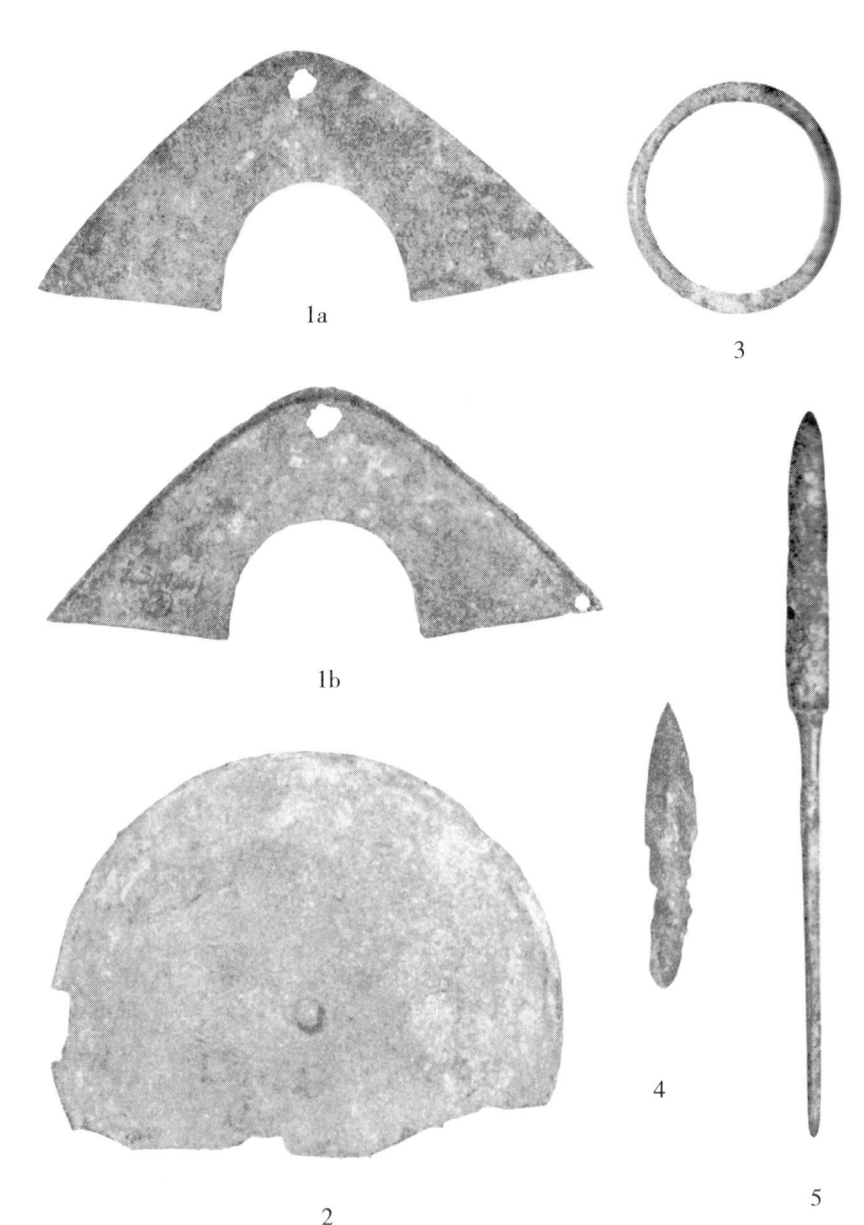

4

5

洛阳烧沟附近战国墓出土铜器

1. 璜形饰（641：3） 2. 镜（623：1） 3. 游环（659：9）
4、5. 矢镞（629：11、44：10）

图版7

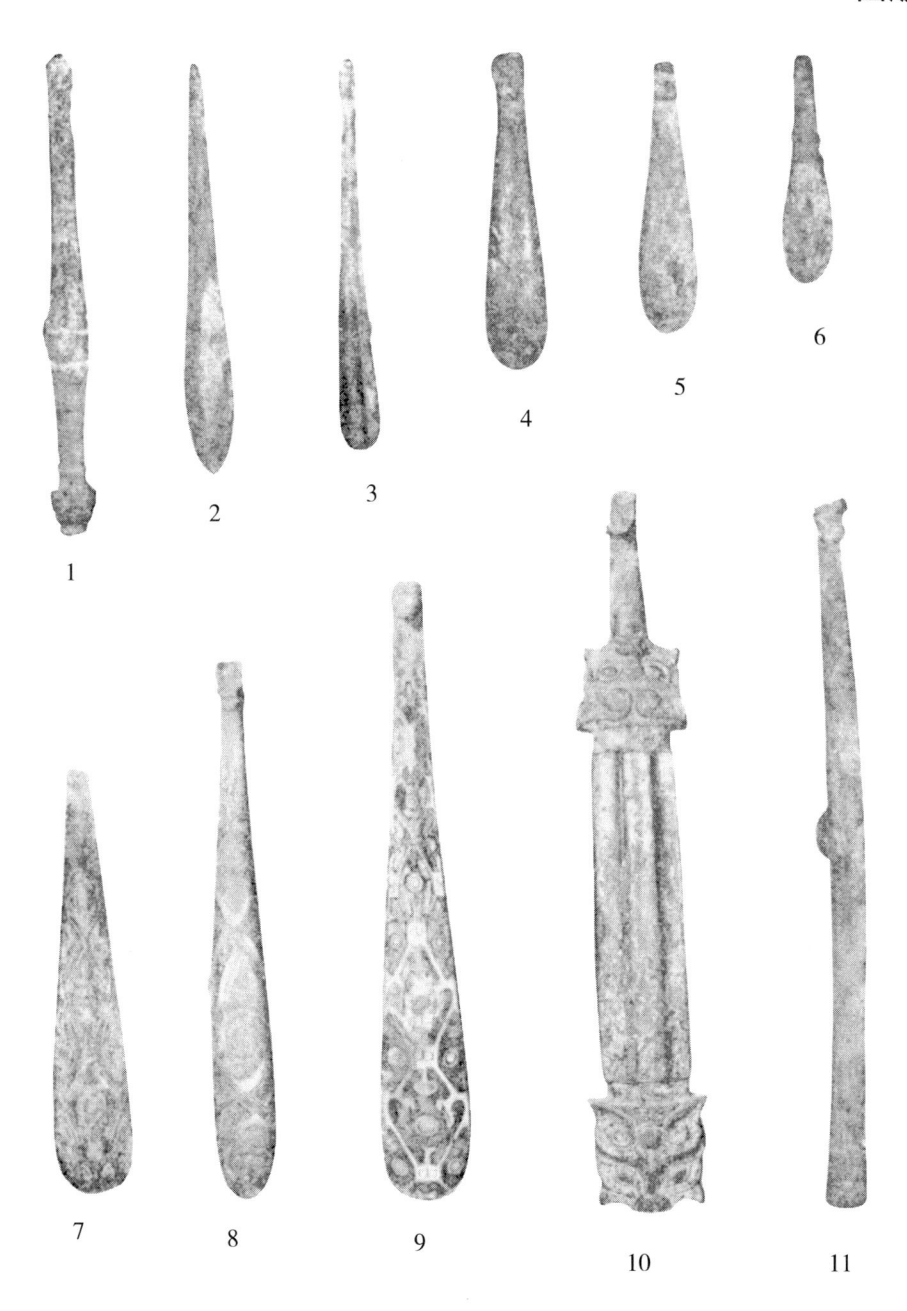

洛阳烧沟附近战国墓出土铜带钩

1. 601:9   2. 44:1   3. 659:8   4. 624:5   5. 611:2   6. 609:8   7. 631:1   8. 612:13
9. 650:5   10. 651:9   11. 636:8

图版8

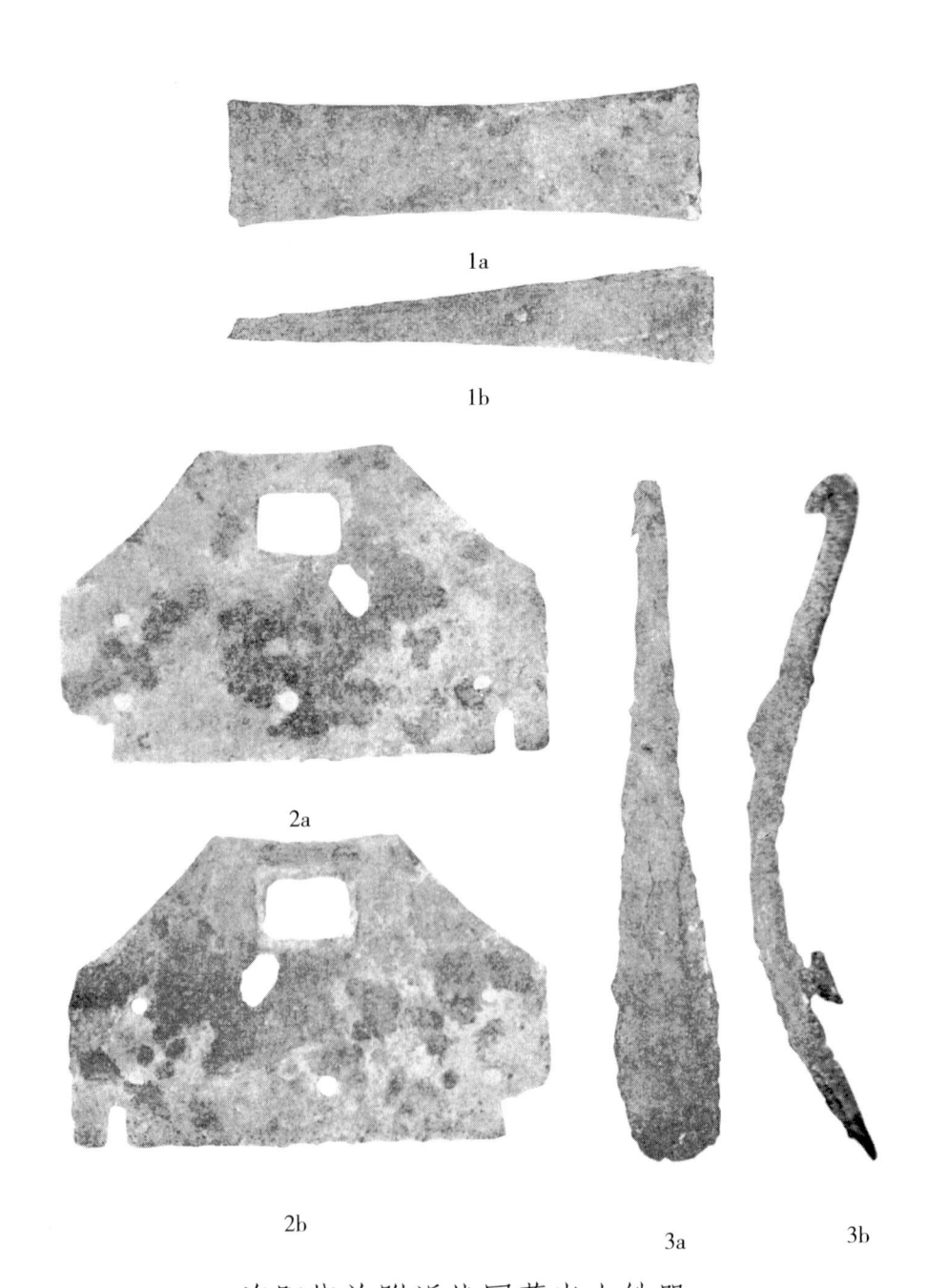

1a

1b

2a

2b

3a 3b

洛阳烧沟附近战国墓出土铁器

1.锛（612:14） 2.锄（612:15） 3.带钩（654:1）

图版9

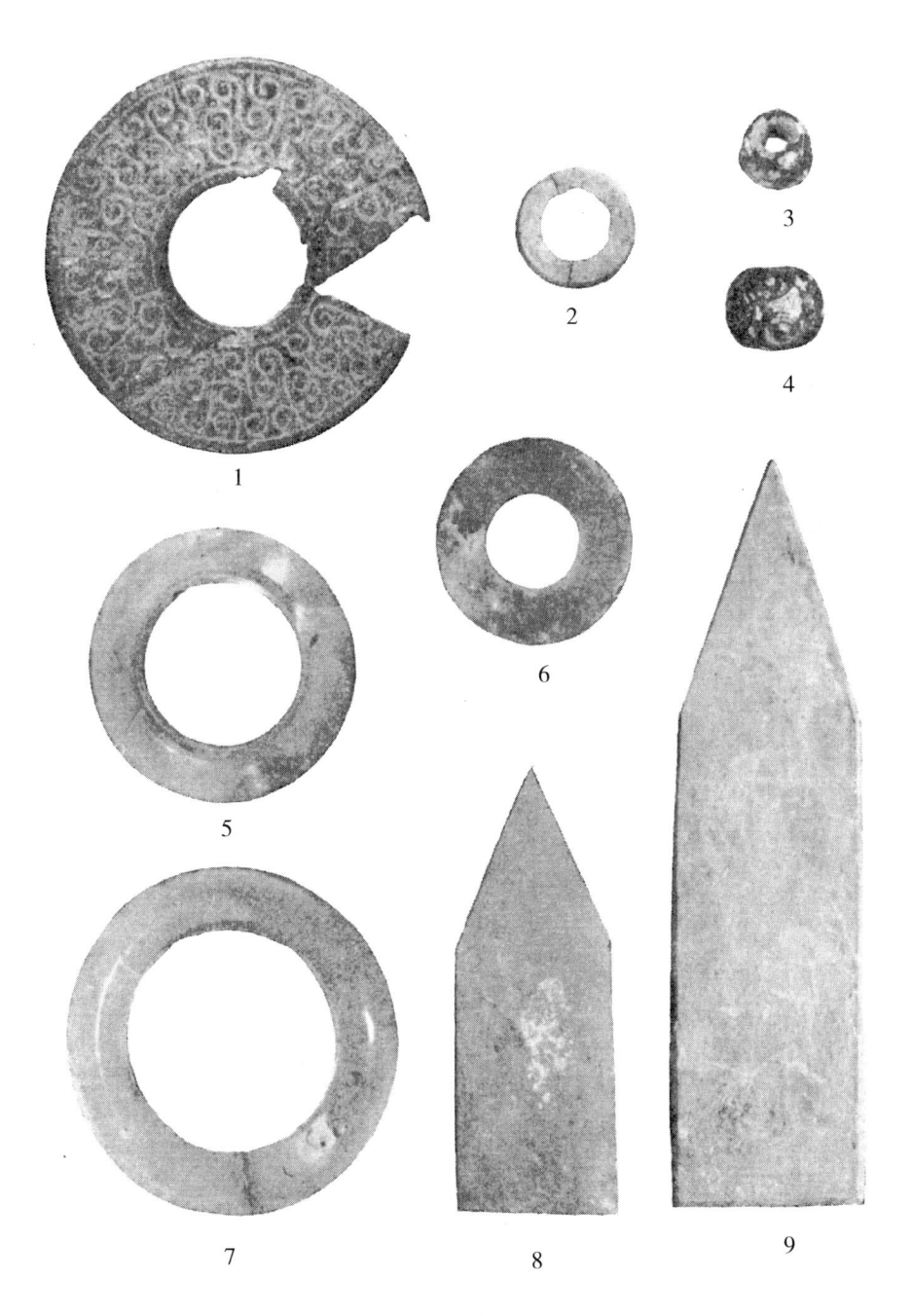

洛阳烧沟附近战国墓出土珠、环、璧、圭

1. 石璧（619：7） 2. 骨环（44：9） 3、4. 料珠（619：10、641：2）
5. 玉髓环（641：1） 6. 玉璧（619：9） 7. 玉髓环（639：5）
8、9. 石圭（607：7、631：2）

图版10

1

2

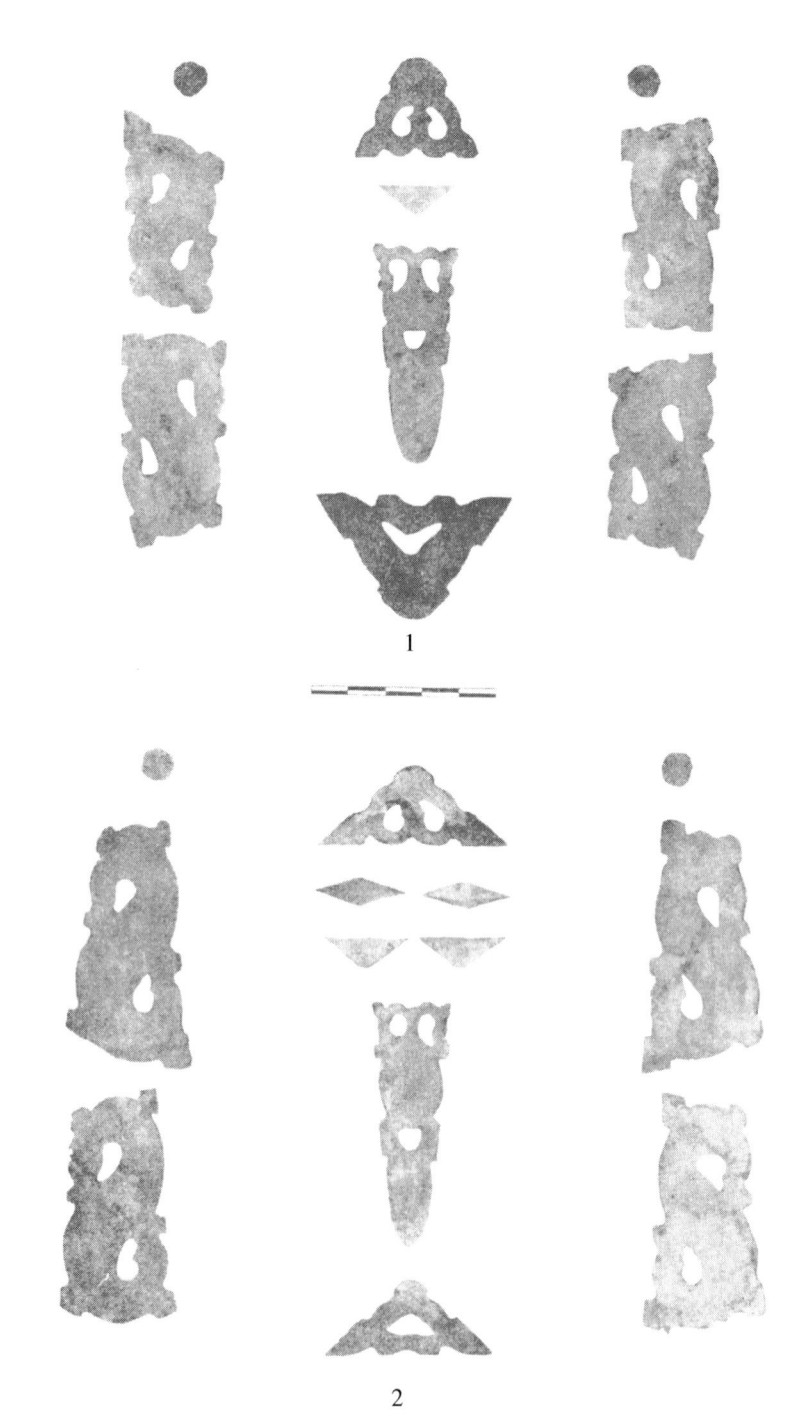

洛阳烧沟附近战国墓出土玉饰

1. 637∶9　2. 651∶11

图版11

1. 132号墓主室前段与耳洞

2. 109号墓墓室及第二次埋葬时所挖的洞

3. 153号墓墓室及封门砖

4. 135号墓墓室及砖椁

辉县琉璃阁汉墓

图版12

1

2

3

4

5

辉县琉璃阁汉墓出土陶器

1.鼎135:11　2.鼎135:14　3.鼎112:22　4.Ⅰ式瓿154:25　5.Ⅱ式瓿132:2

图版13

辉县琉璃阁汉墓出土陶器

1. Ⅰ式壶135：17　2. Ⅱ式壶109：39　3.博山炉132：27　4. Ⅲ式壶149：12
5. Ⅳ式壶142：18

图版14

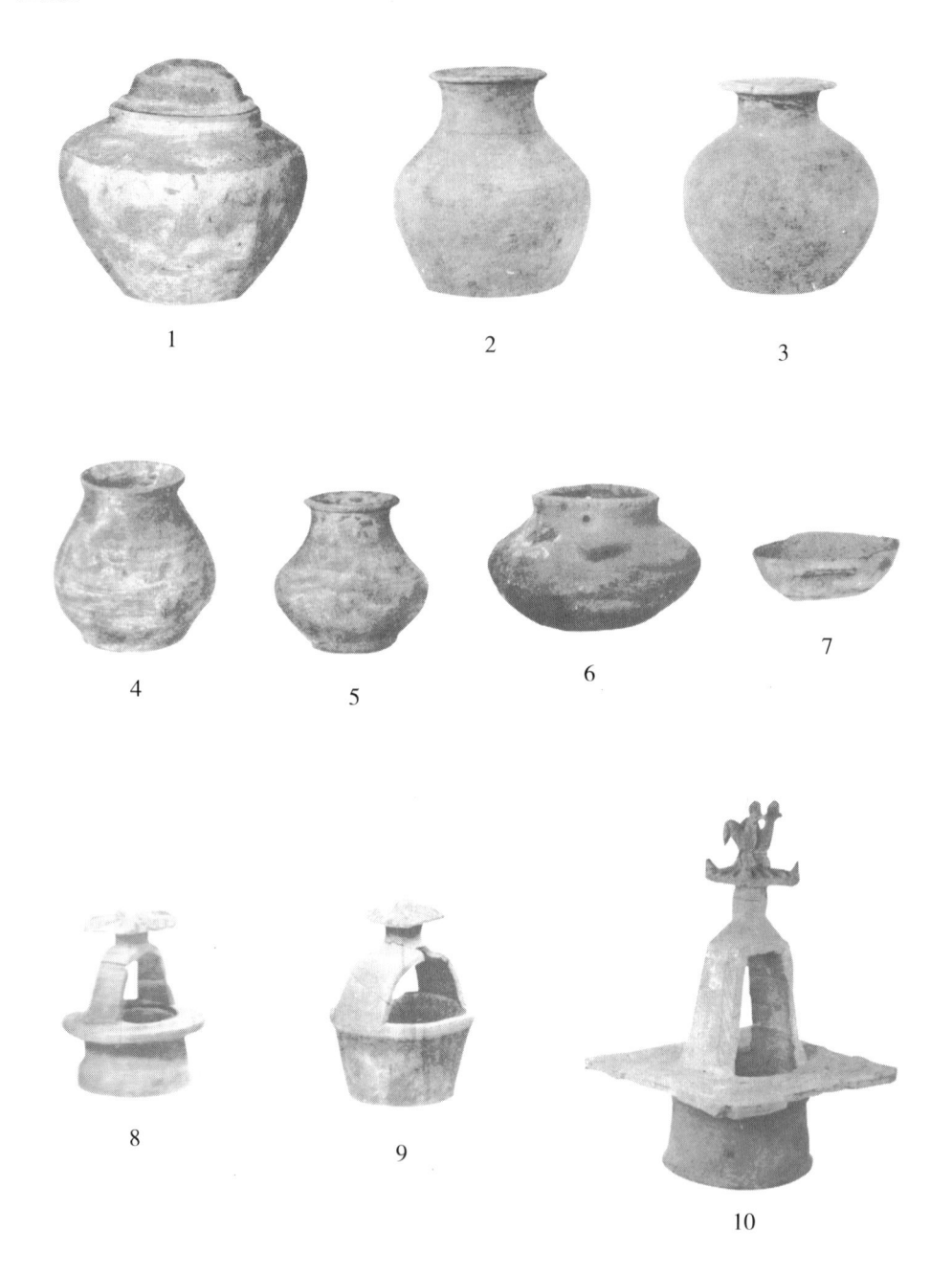

辉县琉璃阁汉墓出土陶器

1. 罐213：24　　2. Ⅰ式瓶154：23　　3. Ⅱ式瓶153：8　　4. 小瓶154：22　　5. 小瓶154：4
6. 小瓶152：8　　7. 耳杯112：18　　8. Ⅰ式井142：24　　9. Ⅱ式井153：10　　10. Ⅲ式井132：34

图版15

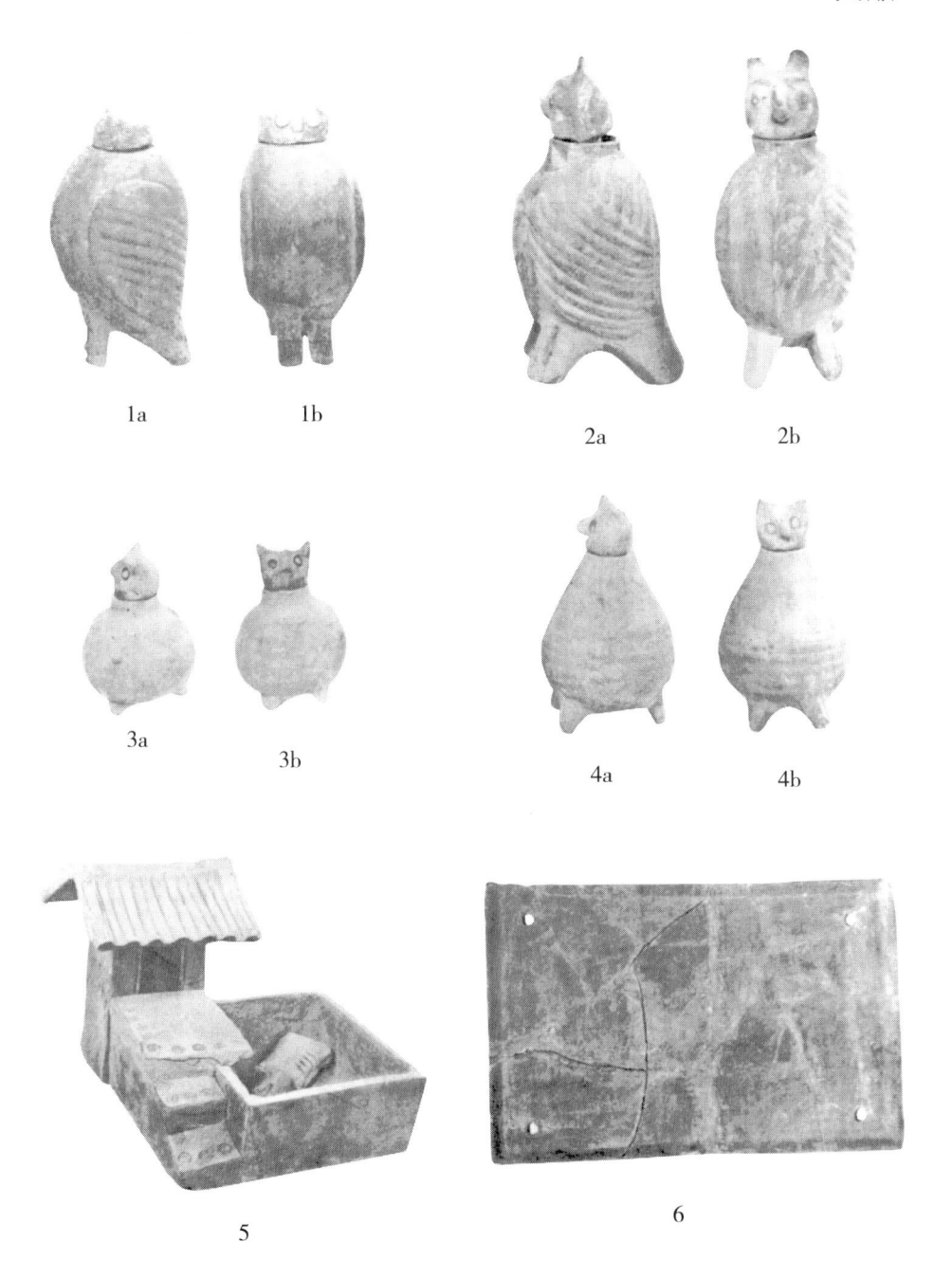

辉县琉璃阁汉墓出土陶器

1. Ⅰ式枭形瓶216：10 2. Ⅰ式枭形瓶109：36 3. Ⅱ式枭形瓶153：9
4. Ⅱ式枭形瓶213：7 5.猪圈和屋132：16、17 6.案132：36

图版16

1

2

3

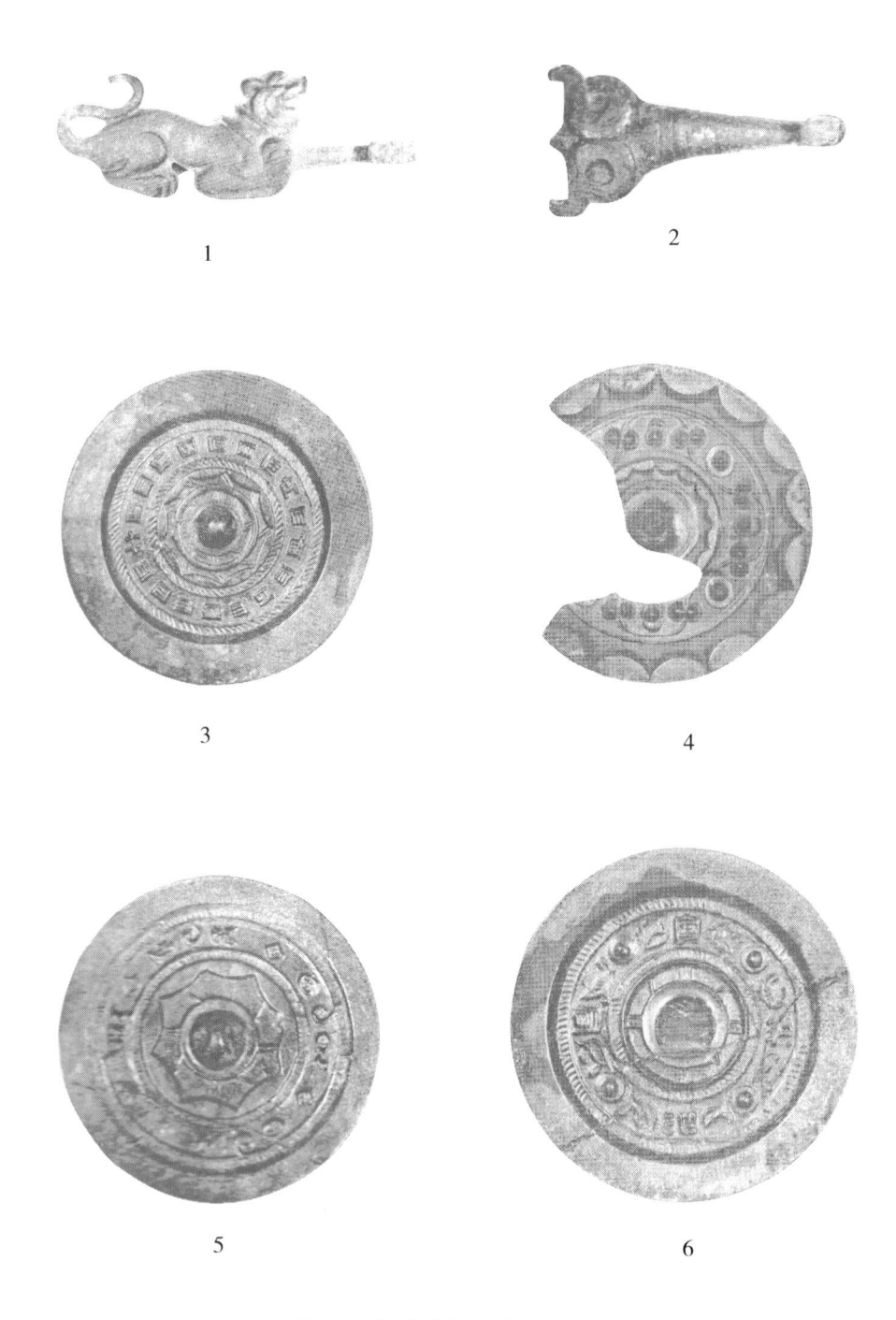

4

5

6

辉县琉璃阁汉墓出土铜器

1.带钩152∶9　2.带钩216∶38　3.镜132∶46
4.镜216∶39　5.镜213∶21　6.镜213∶22

图版17

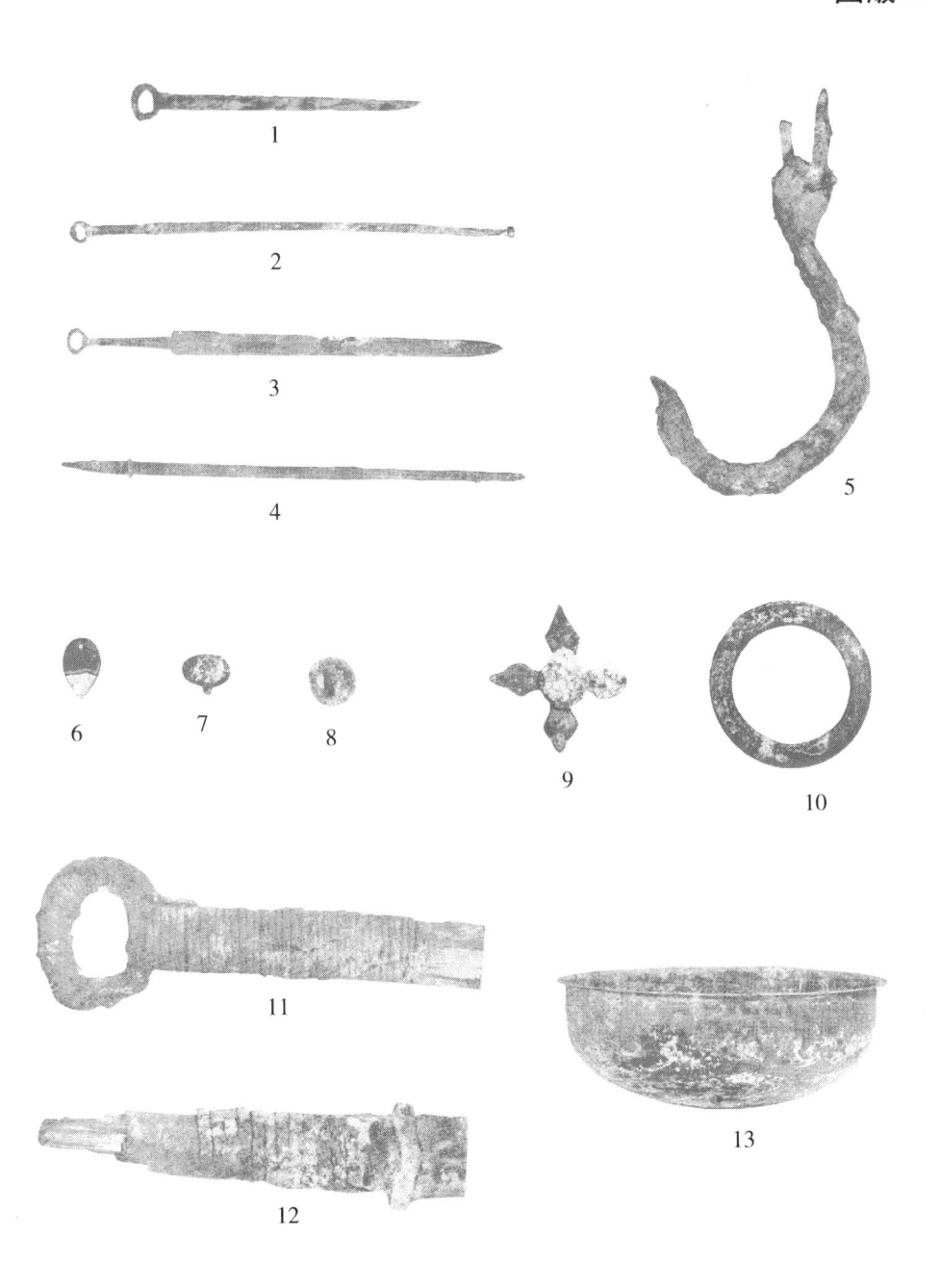

辉县琉璃阁汉墓出土铜器、铁器及其他

1.铁刀216∶40 2.铁刀213∶23 3.铁剑135∶32 4.铁剑216∶41 5.铁悬钩132∶19
6.玛瑙耳坠153∶25 7、8.鎏金圆形小铜泡216∶43 9.鎏金柿蒂形铜泡216∶43
10.铜环216∶42 11.铁刀柄部216∶40 12.铁剑柄部216∶41 13.铜洗216∶37

图版18

1. 墓室构造

2. 同前（前室去盖后）

3. 前北室的随葬陶罐

4. 前南室的情况（由西向东）

长沙西汉后期203号墓的墓室和随葬物

图版19

1. 前南室的车子（第4号车）和木船
2. 同上（俯摄） 
3. 前南室的车子（第2号车）近摄 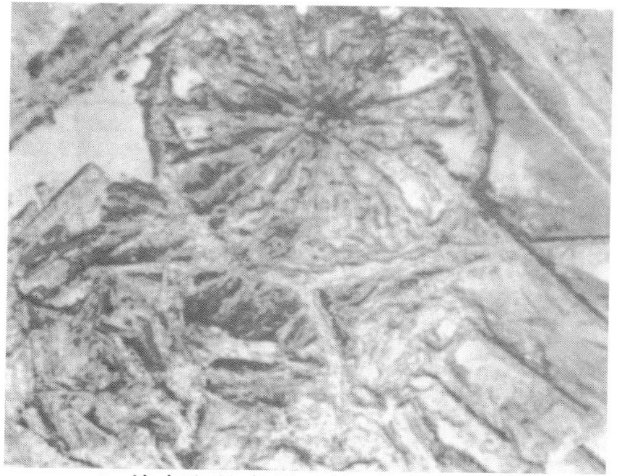
4. 前南室的车子（第2号车） 

长沙西汉后期203号墓的随葬木车和木船

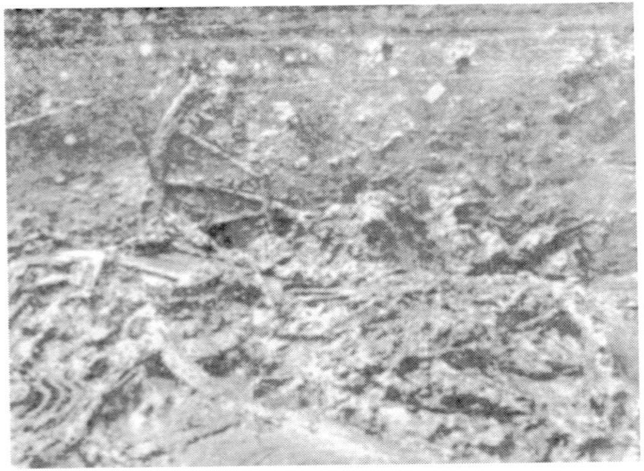

图版20

1. 前南室的车子（第4号车）
2. 前南室的车子（第2号车） 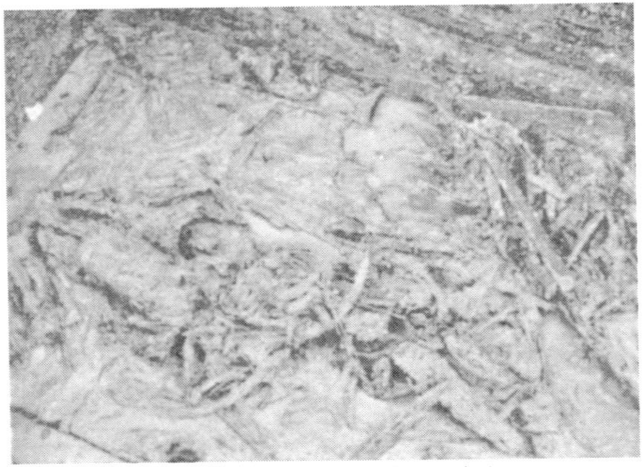
3. 前北室西端的木俑 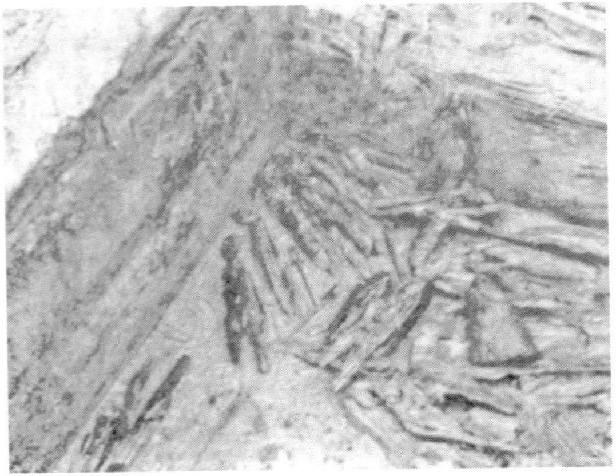
4. 主室和它的随葬品的一部分 

长沙西汉后期203号墓的随葬品

图版21

1. 211号墓（由南往北）

2. 267号墓（由西往东）

3. 218号墓（由东往西）

长沙西汉后期各墓的墓室和随葬物

图版22

1. 墓室北部及随葬物（由南往北）

2. 墓室东部及随葬物（由西往东）

3. 墓道及墓室（由东往西）

长沙西汉后期的327号墓

1. 坟堆及发掘情形（由西往东）

2. 墓底情形（由南往北）

长沙西汉后期401号墓

图版24

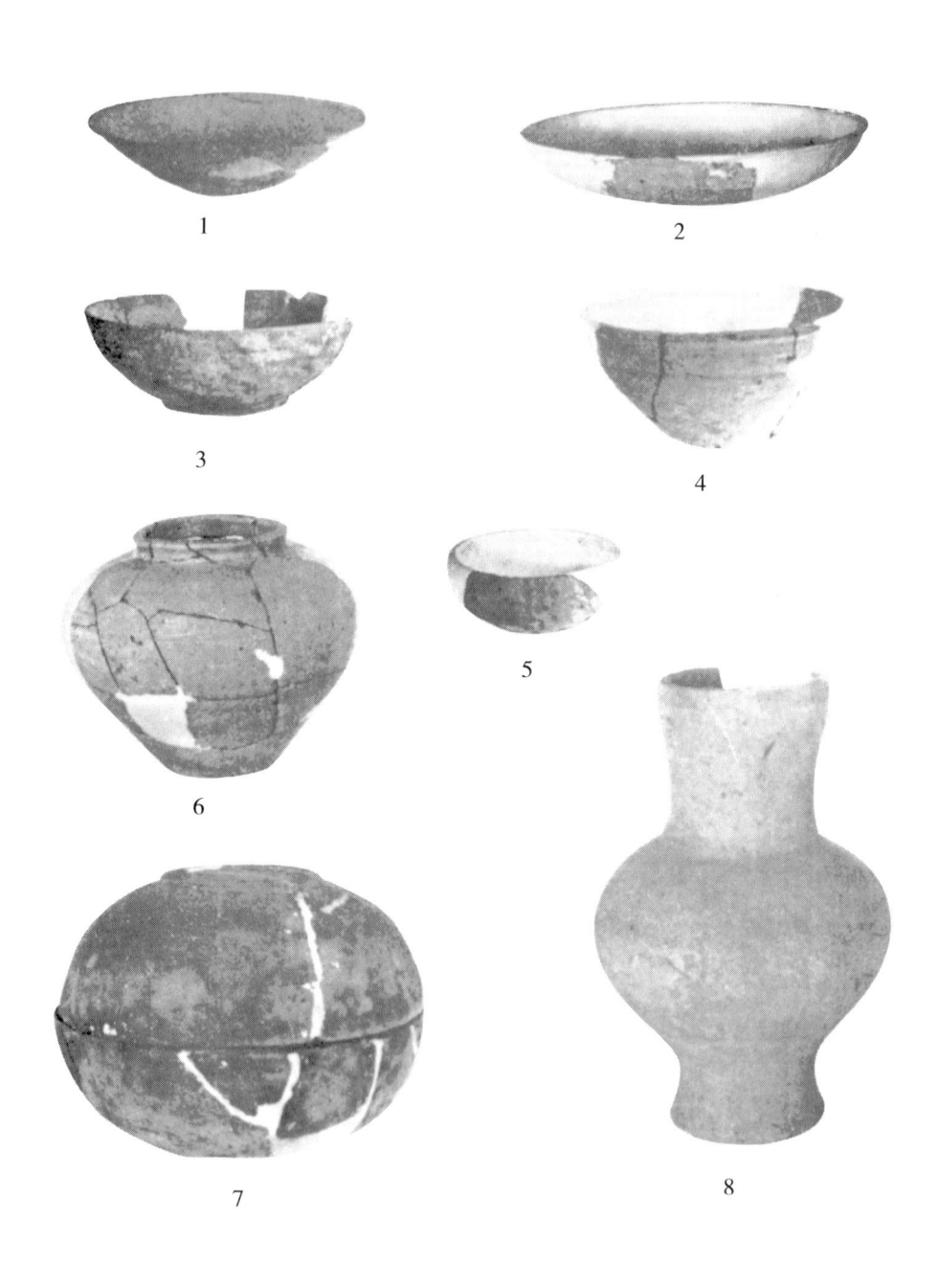

长沙西汉后期墓出土的普通灰陶

1. Ⅰ式盆（245:23） 2. Ⅱ式盆（404:3） 3. Ⅱ式碗（312:2） 4. Ⅲ式碗（357:7） 5. Ⅰ式碗（405:45） 6. 罐（339:24） 7. 盒（241:29） 8. Ⅰ式壶（244:9） 以上各器比列约1/4

图版25

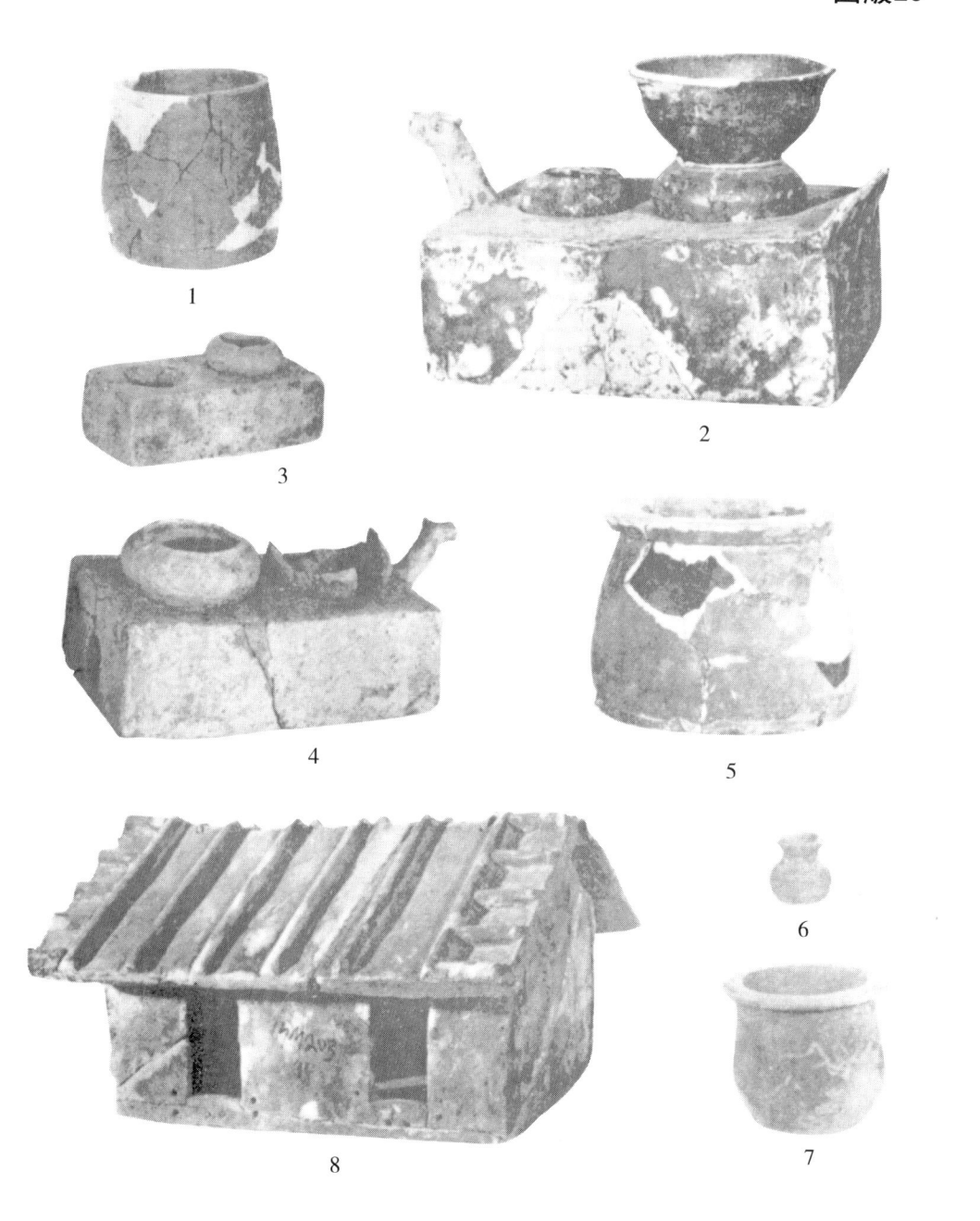

长沙西汉后期墓出土的灰陶模型物

1. 仓（244:19） 2、4. Ⅰ式灶（203:93、401:89） 3. Ⅱ式灶（255:15）
5、7. 井（203:117、265:15） 6. 吊瓶（265:15） 8. 屋（203:94）

图版26

长沙西汉后期墓出土的灰陶器

1. Ⅱ式钫（217∶39） 2. 盉（203∶95） 3. 博山炉（116∶22）
4. 鼎（245∶31） 5. 炉（203∶92） 6. Ⅰ式钫（203∶78）

图版27

长沙西汉后期墓出土的银衣压纹灰陶

1. 甑（203:74） 2. 釜（203:86） 3. Ⅰ式壶（203:87） 4. Ⅱ式壶（203:89）

图版28

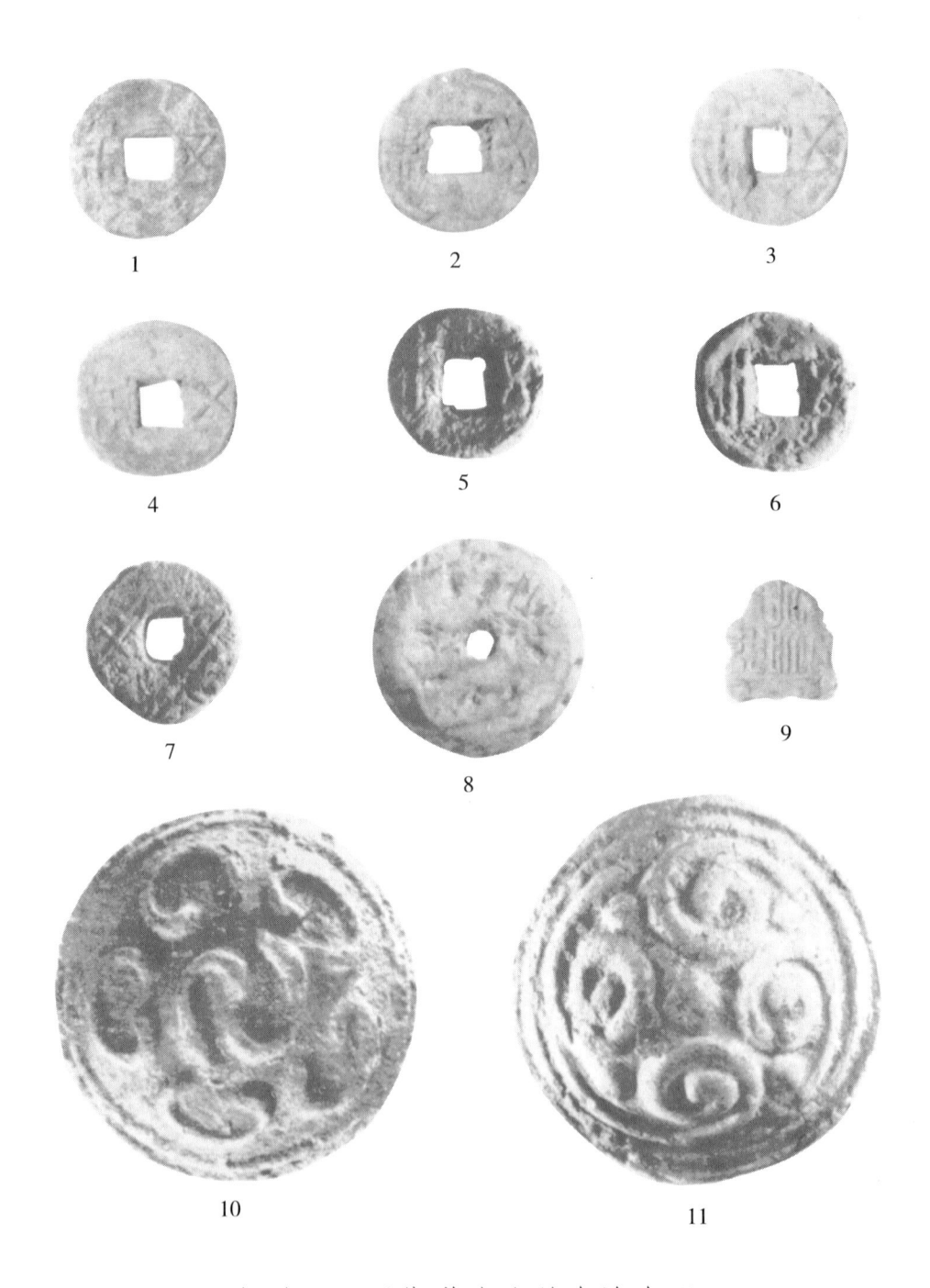

长沙西汉后期墓出土的灰陶杂器

1~7. 五铢钱 8. 纺轮（401：01） 9. 封泥（109：31）
10、11. "金饼"（401：120405：14）

图版29

长沙西汉后期墓出土的罐形硬陶器
1、4. Ⅰ式（218：15、203：76） 2. Ⅱ式（212：14） 3. Ⅲ式（109：17）

图版30

长沙西汉后期墓出土的罐形硬陶器

1. Ⅵ式（202∶33） 2. Ⅹ式（214∶2） 3. Ⅴ式（259∶18） 4. Ⅷ式（401∶83）
5. Ⅳ式（109∶5） 6. Ⅱ式（245∶18）

图版31

长沙西汉后期墓出土的罐形硬陶器
1. Ⅸ式（259∶8，容一石） 2. Ⅰ式（218∶13，容五斗）

图版32

1. 259∶8上的"容一石"字样

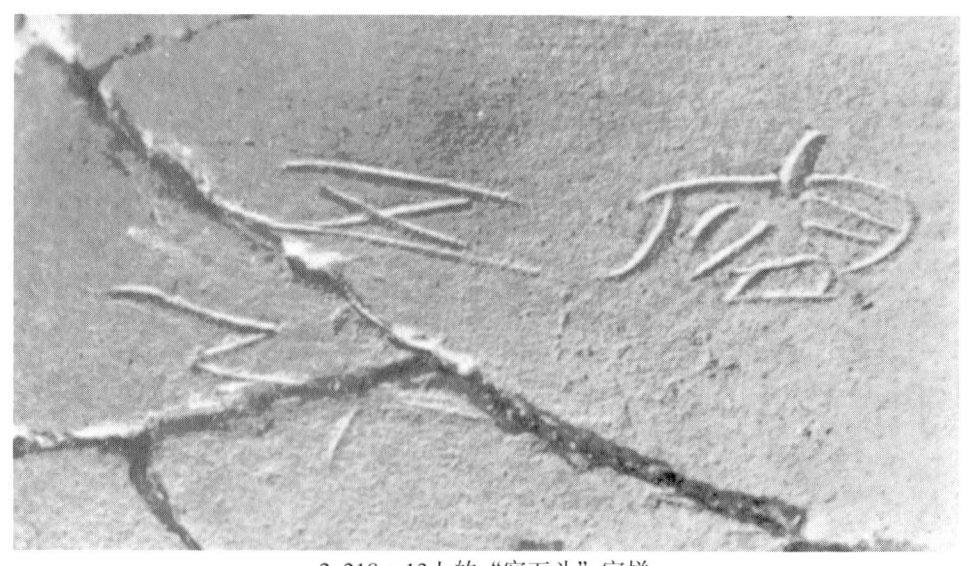

2. 218∶13上的"容五斗"字样

长沙西汉后期墓出土罐形硬陶器上所刻的容量

图版33

长沙西汉后期墓出土的壶形硬陶和"五联罐"

1. Ⅱ式（244：7） 2. "五联罐"（339：8） 3. Ⅲ式（203：46） 4. Ⅰ式（217：1）
5. Ⅳ式（244：2）

图版34

长沙西汉后期墓出土的铜器

1. 鋞上的铭文（270∶32） 2. 釜（327∶73） 3. 盒（327∶13） 4. 鍪（201∶1）

图版35

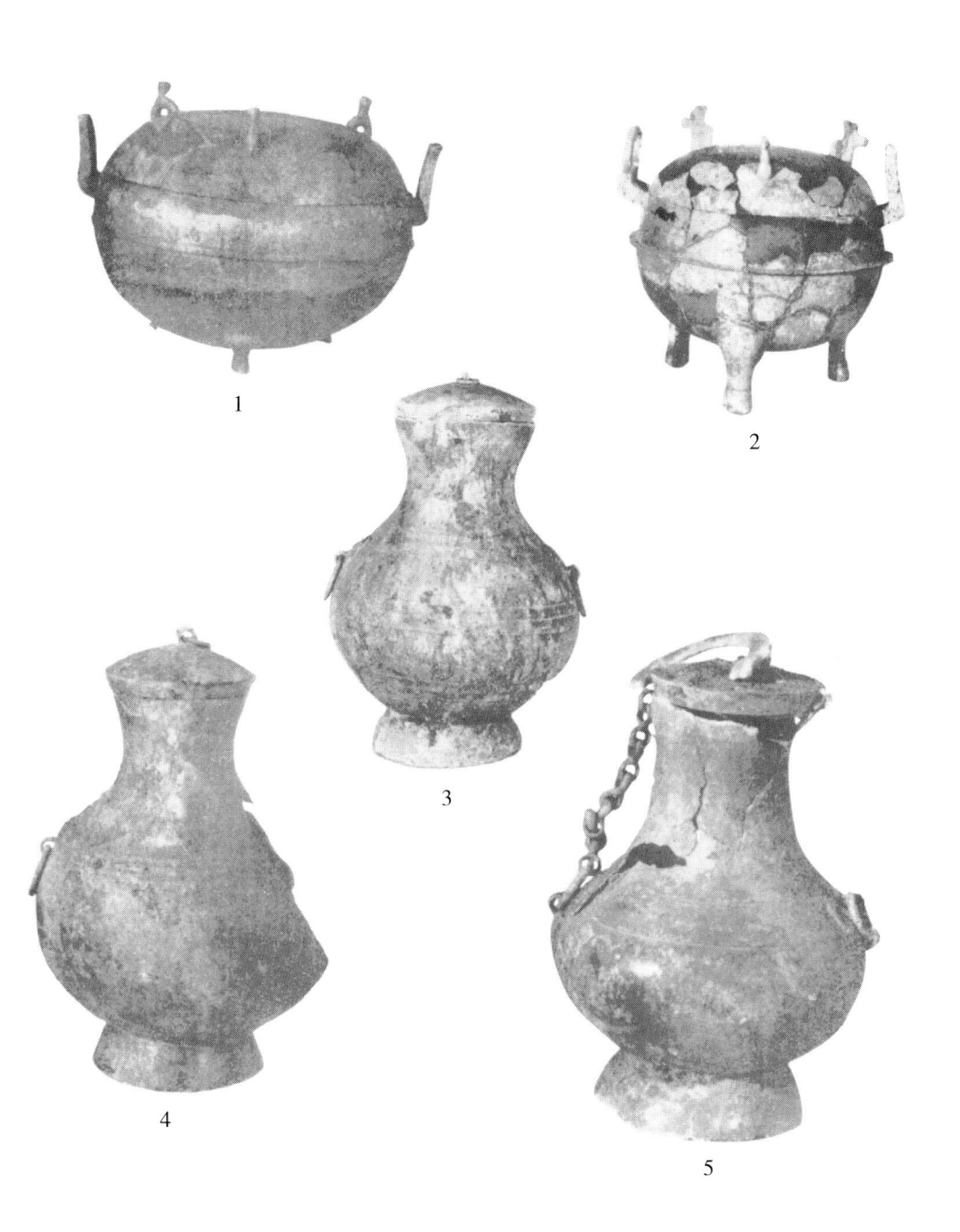

长沙西汉后期墓出土的铜器

1. Ⅰ式鼎（327∶6） 2. Ⅱ式鼎（211∶15） 3、4. Ⅰ式壶（327∶1、327∶76）
5. Ⅱ式壶（217∶2）

图版36

1

2

3

4

长沙西汉后期墓出土的铜器

1.Ⅲ式奁（327∶9） 2.钵（217∶6） 3.Ⅰ式奁（327∶4） 4.钫（327∶78）

图版37

长沙西汉后期墓出土的铜器

1. Ⅱ式灯（270∶6）　2. 盉（327∶69）

图版38

长沙西汉后期墓出土的铜器

1. Ⅱ式炉（401∶34） 2. Ⅱ式灯（201∶1） 3. Ⅰ式灯（211∶6）
4、5. Ⅰ式博山炉（327∶15，201∶5）

图版39

长沙西汉后期墓出土的铜镜

1.Ⅰ式（339∶18） 2.Ⅱ式（405∶2） 3.Ⅴ式（211∶32） 4.Ⅶ式（256∶3）

图版40

1

2

3

长沙西汉后期墓出土的铜镜

1. Ⅷ式（211∶20）　2. Ⅵ式（203∶2）　3. Ⅳ式（327∶19）

图版41

1

2

3

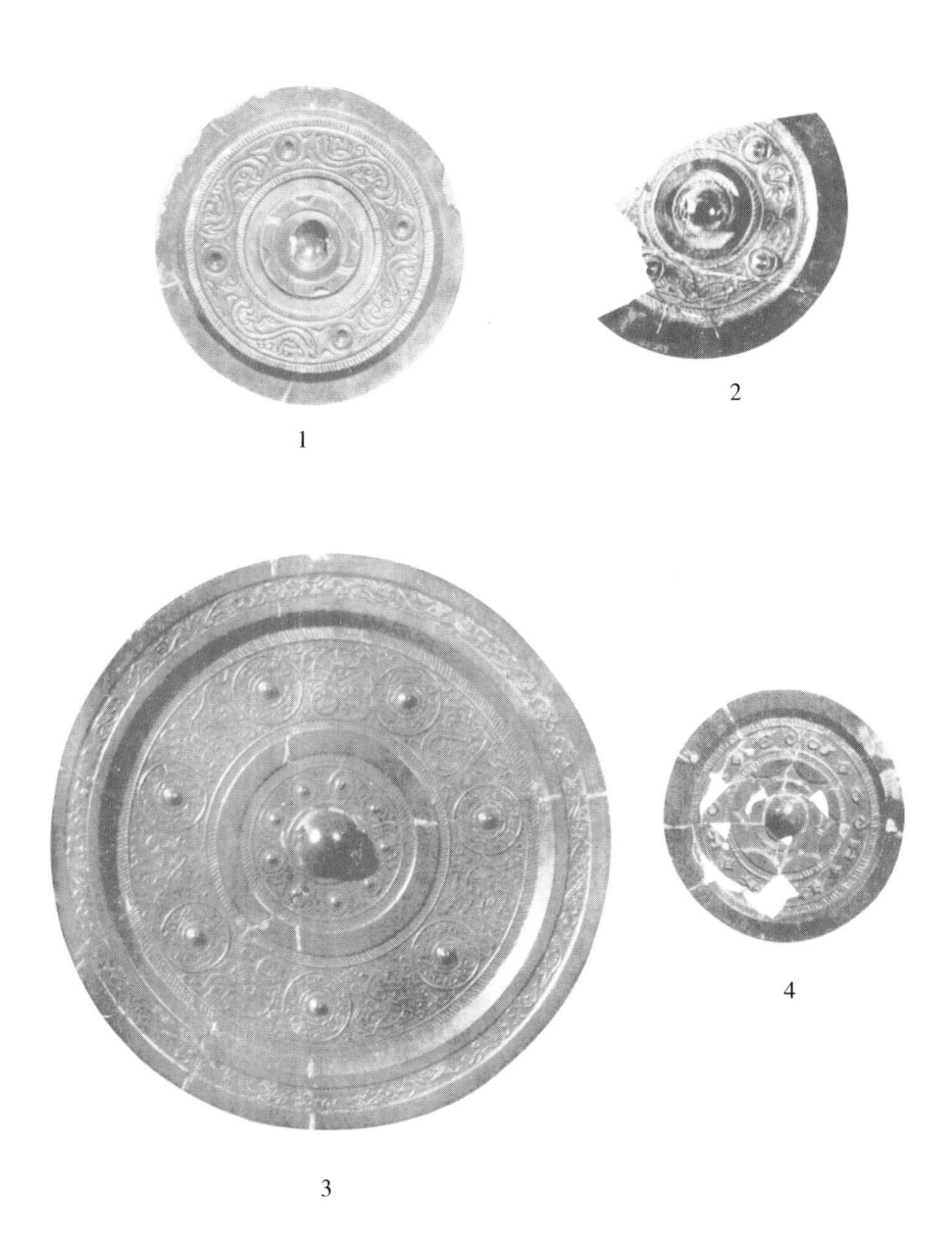

4

长沙西汉后期墓出土的铜镜

1.Ⅲ式（255：2） 2.Ⅲ式（217：14） 3.Ⅸ式（245：5） 4.Ⅵ（404：1）

图版42

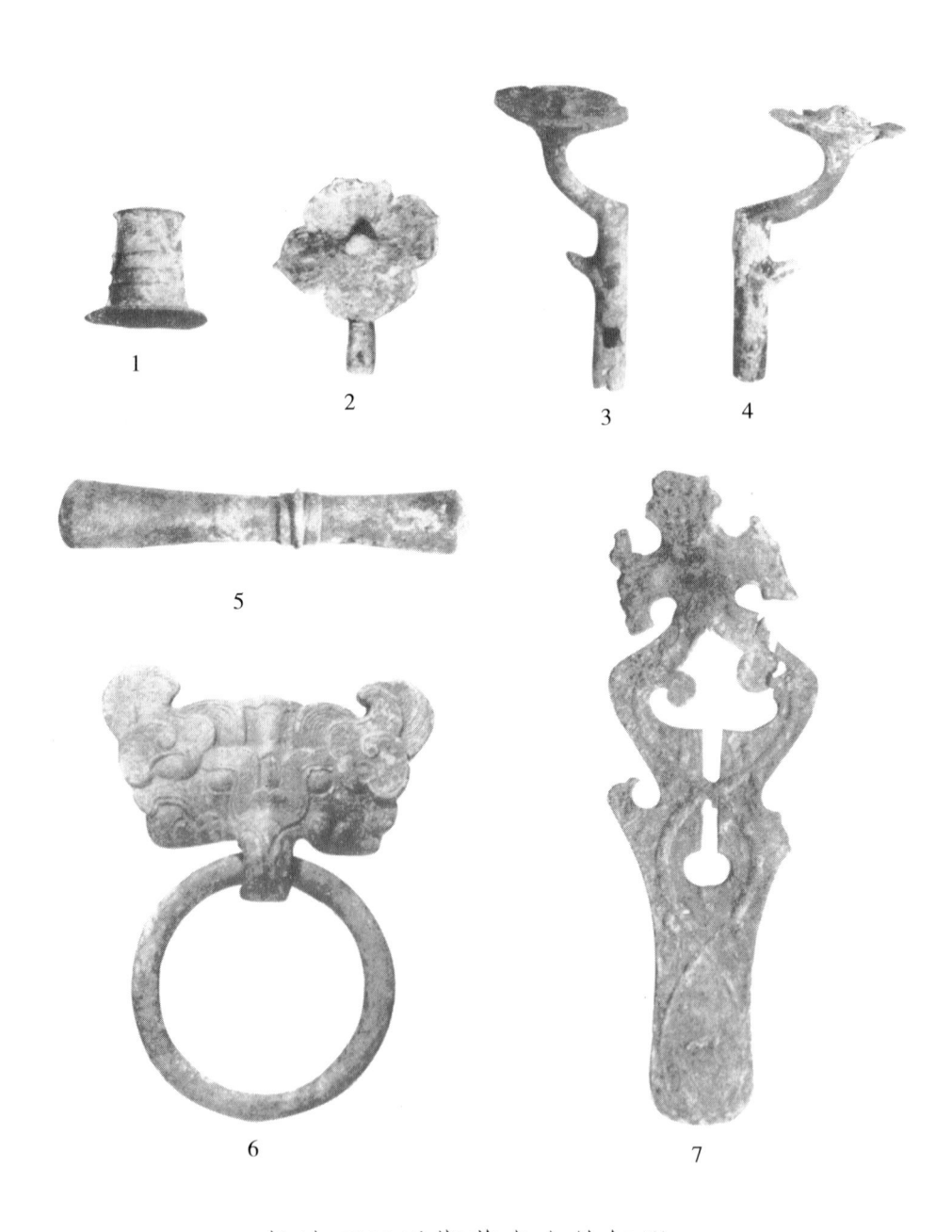

长沙西汉后期墓出土的铜器

1.车辖（401:75） 2、3、4.盖弓帽（401:61、73、49） 5.棒状器（401:41）
6.铺首（401:2） 7.当卢（401:59）

图版43

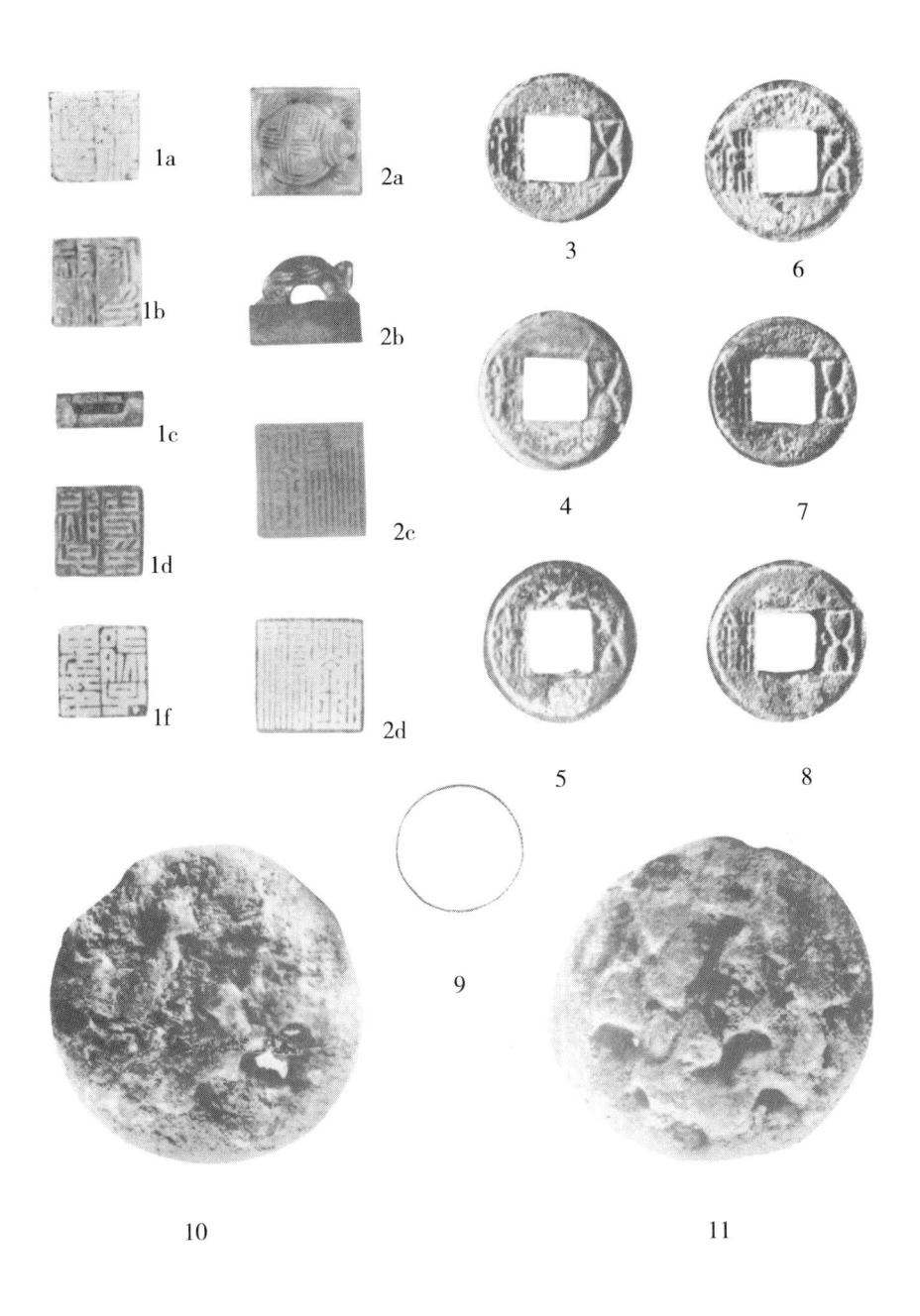

长沙西汉后期墓出土的铜器及其他金属器

1. 铜印（405：1）　2. 银印（401：119）　3~8. 五铢钱（211：53）
9. 金环（211：78）　10、11. 铅"金饼"（401：38）

图版44

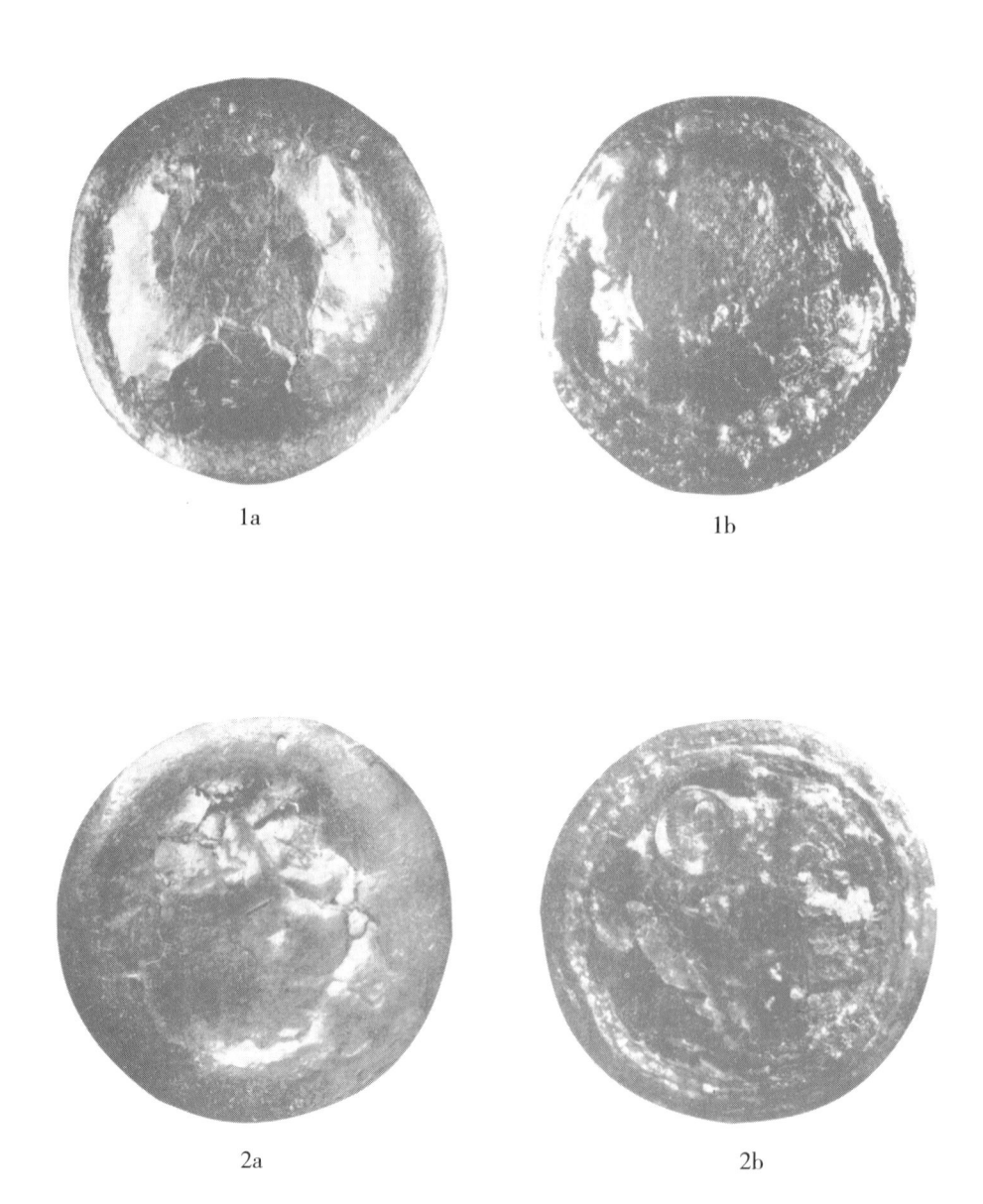

1a

1b

2a

2b

长沙西汉后期墓出土的金饼

1a.正面（211∶1）　　1b.反面（211∶1）
2a.正面（401∶1）　　2b.反面（401∶1）

图版45

长沙西汉后期墓出土的铜器和其他金属器

1. 不知名铜器（401∶31） 2. 铅钟（401∶14） 3、4、5. 铁刀（211∶34，255∶1，270∶4） 6. 铁剑（270∶2）

图版46

1

2

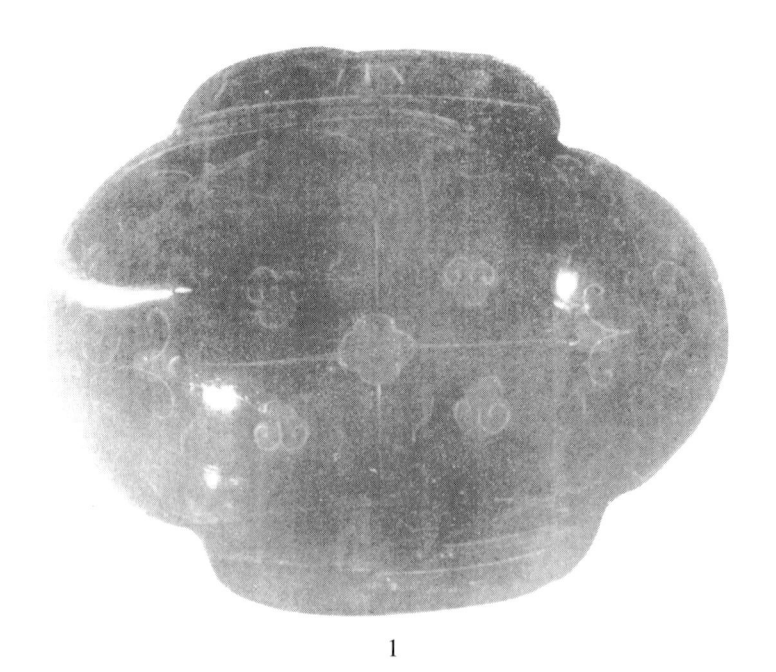

长沙西汉后期墓出土的漆杯（203∶5）

1.正面　　2.反面

图版47

长沙西汉后期墓出土的漆器

1.方函（401：29） 2、3.残杯（401：44a、b）

图版48

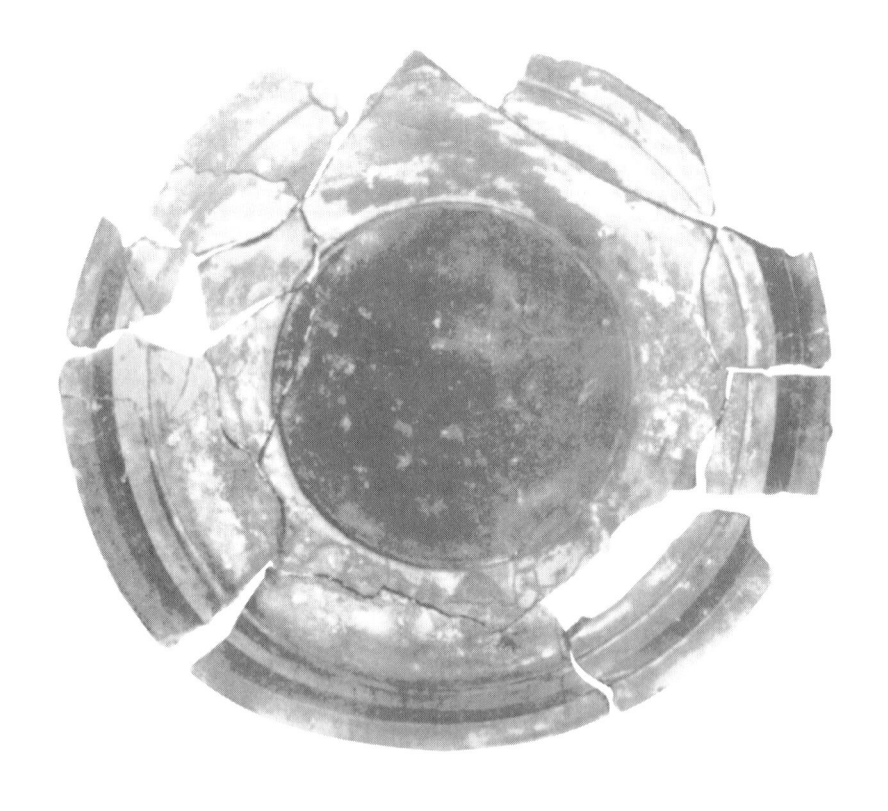

长沙西汉后期墓出土的漆盘（203∶24）

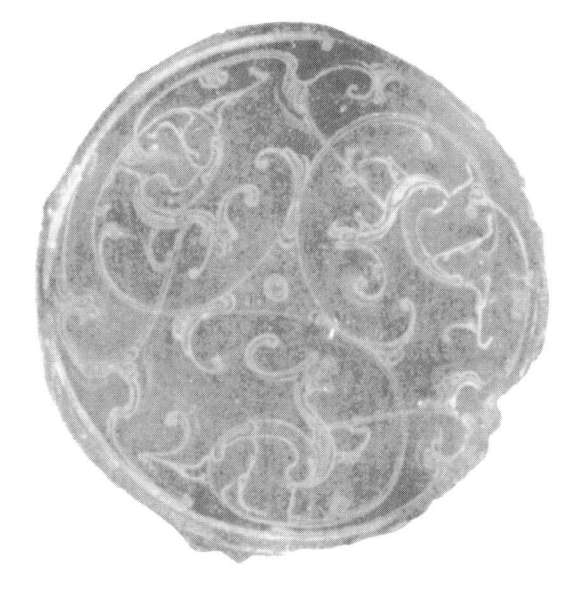

图版49

1

2

长沙西汉后期墓出土的漆盘

1. Ⅱ式（401∶77） 2. Ⅲ式（203∶29）

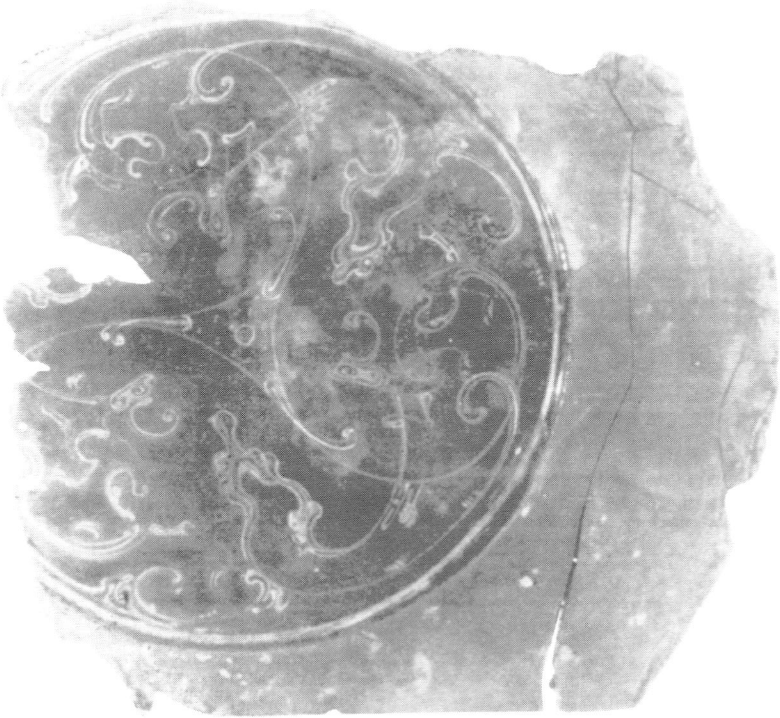

图版50

2

1

长沙西汉后期墓出土的漆盘（401:64） 1.正面 2.反面

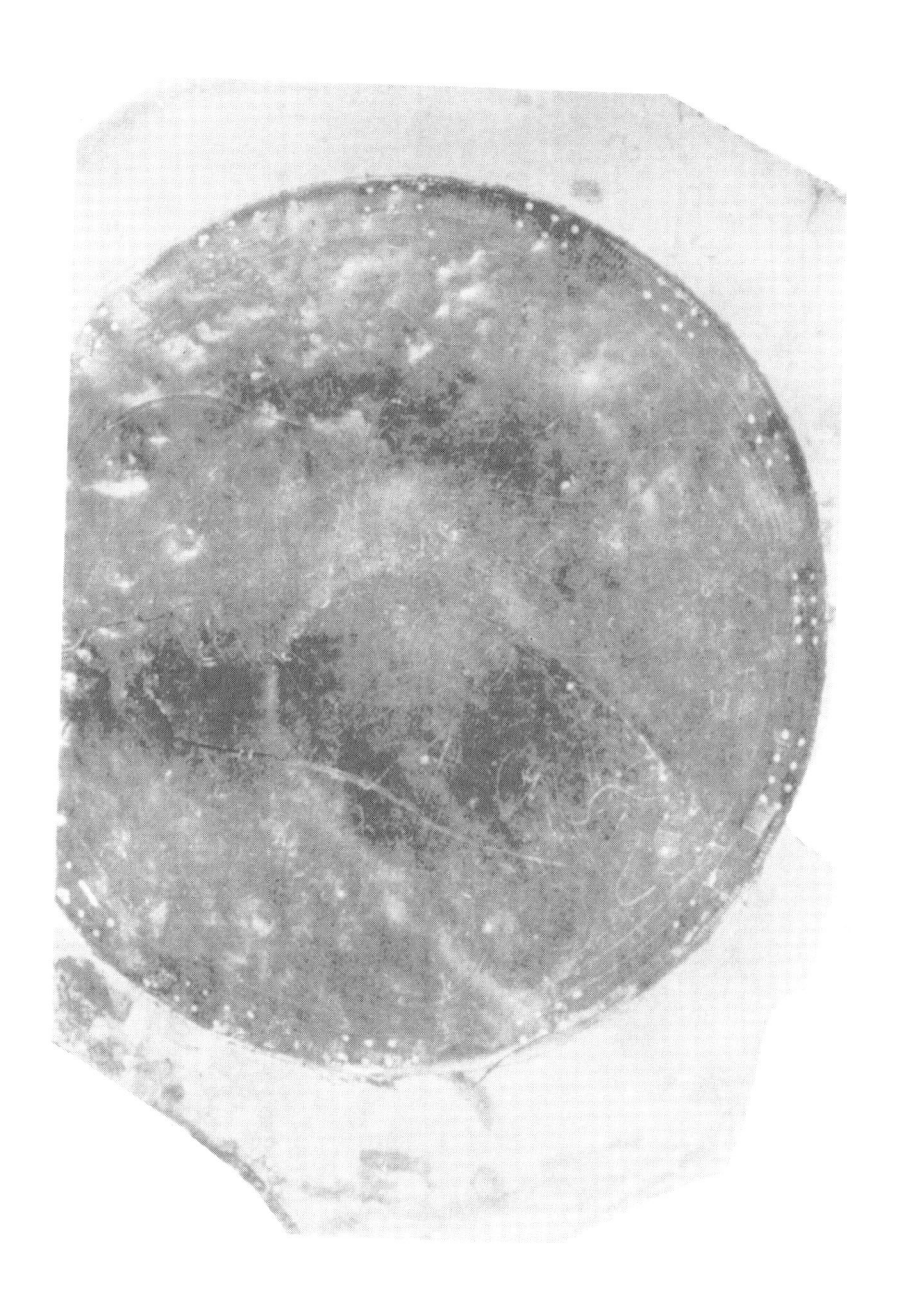

图版51

长沙西汉后期墓出土的漆盘（203∶40）

图版52

长沙西汉后期墓出土的漆盒（203∶49）

图版53

1

2

长沙西汉后期墓出土的漆盒

1. Ⅱ式（401∶45）　2. Ⅰ式（203∶7）

图版54

长沙西汉后期墓出土的漆案（203：23）

图版55

长沙西汉后期墓出土漆器上的金箔贴花（211∶20）

图版56

长沙西汉后期墓出土漆器上的金箔贴花（211∶20）

图版57

1a　　　　　1b　　　　　1c

2

3

长沙西汉后期墓出土的木器

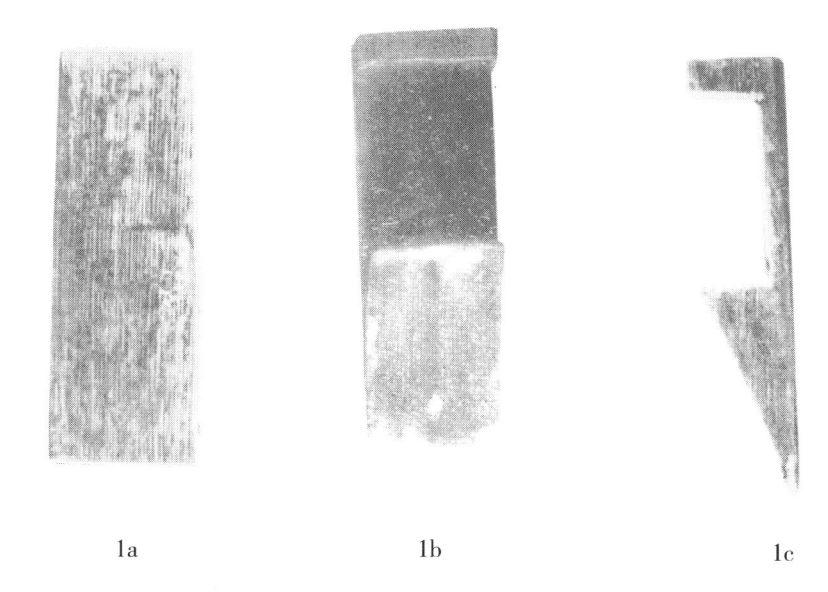

1.封泥盒（203：201） 2.木札（401：01） 3.木锥（401：028）

图版58

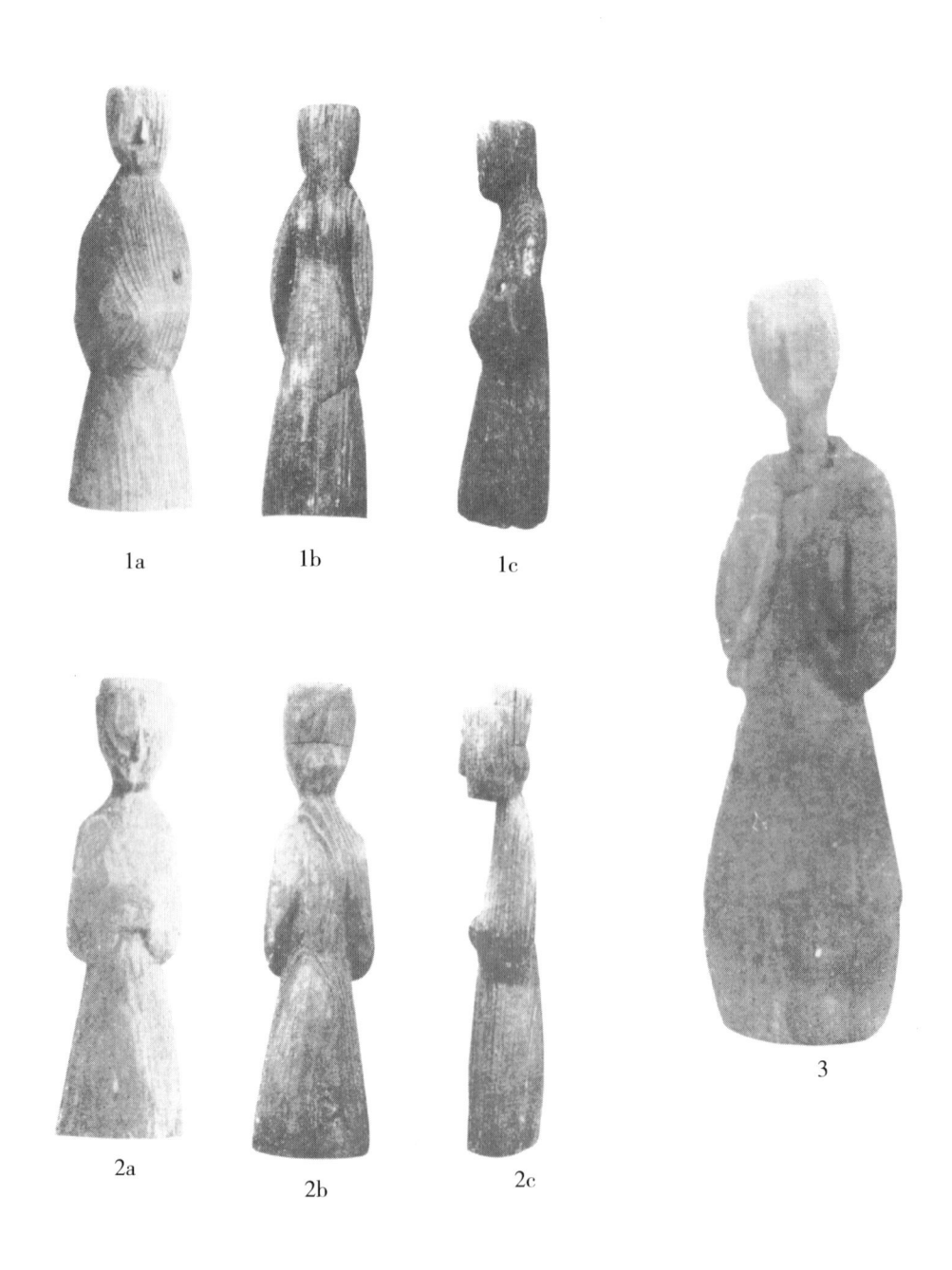

长沙西汉后期203号墓出土的木俑

1、2.Ⅱ式（203：258、219） 3.Ⅰ式（203：209）

図版59

1a　　　　　　1b　　　　　　1c

2a　　　　　　2b　　　　　　2c

长沙西汉后期203号墓出土的木俑

1. Ⅲ式（203：242）　2. Ⅲ式（203：208）

图版60

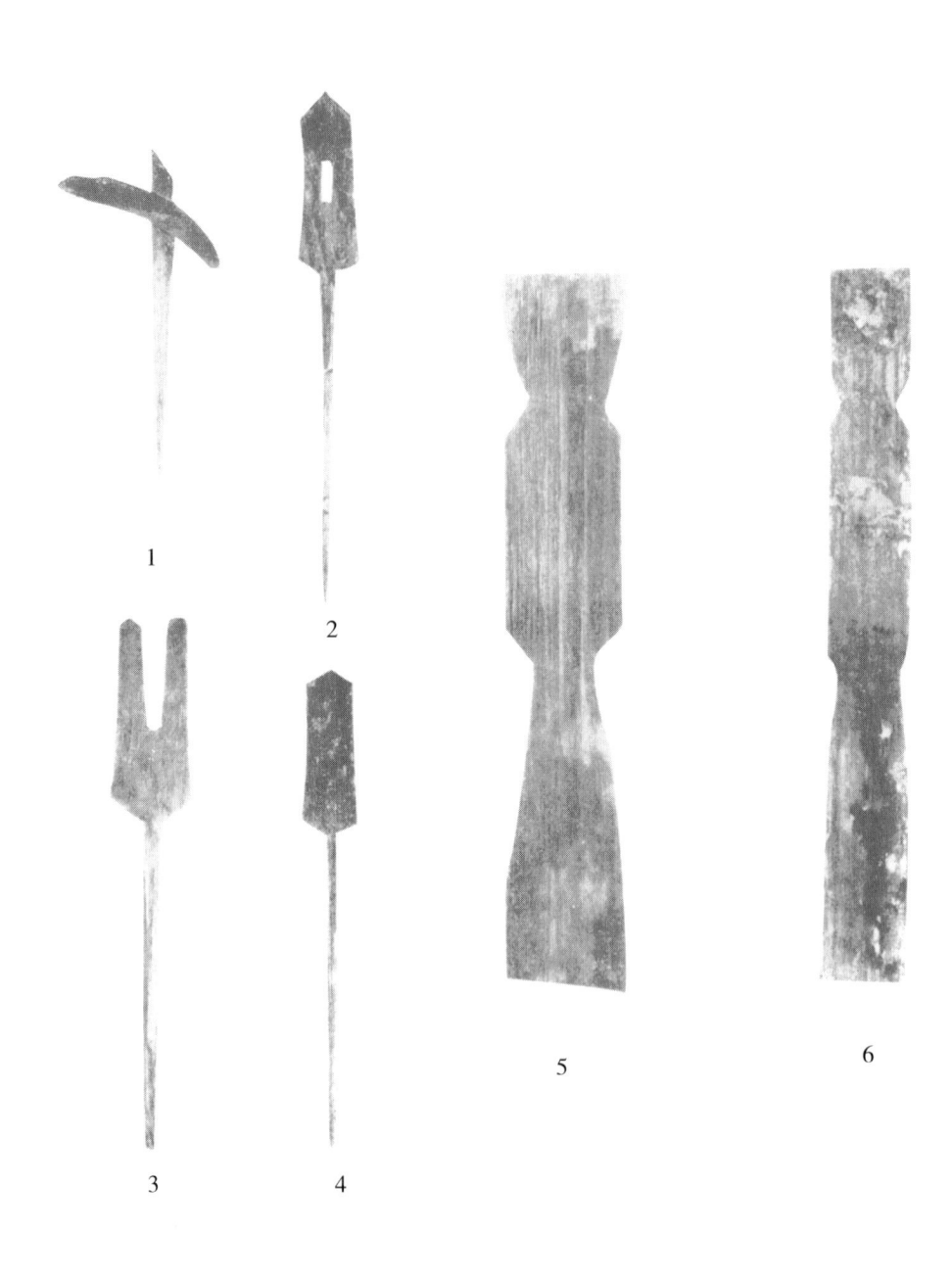

长沙西汉后期203号墓出土的木俑和木俑持物

1~4.木俑持物（203∶189、196、162、186） 5、6.Ⅳ式木俑（203∶100、126）

图版61

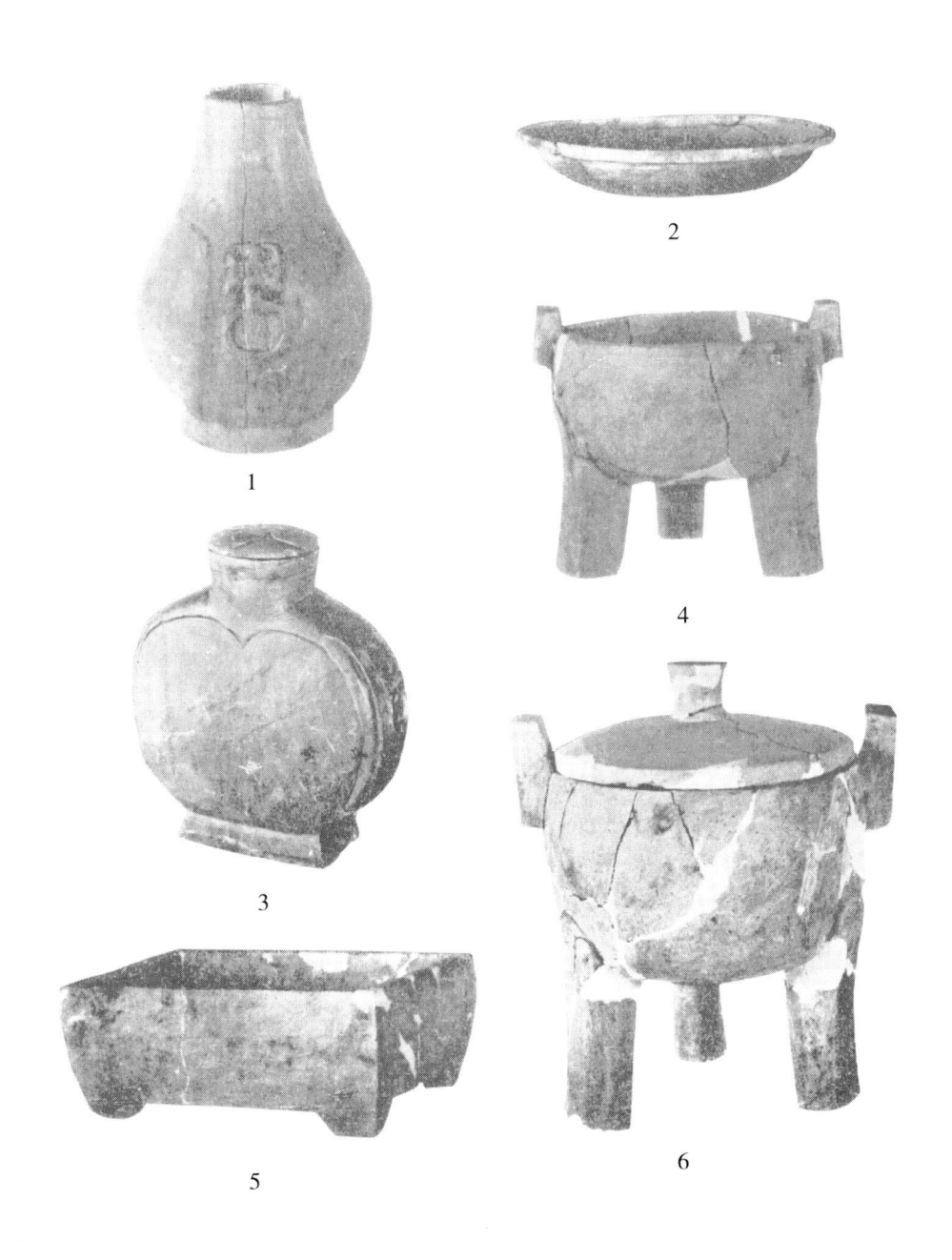

长沙西汉后期墓出土的石制容器

1.壶（202：41） 2.盆（109：23） 3.扁壶（203：3a） 4.鼎（401：5）
5.炉（401：4） 6.鼎（401：7）

图版62

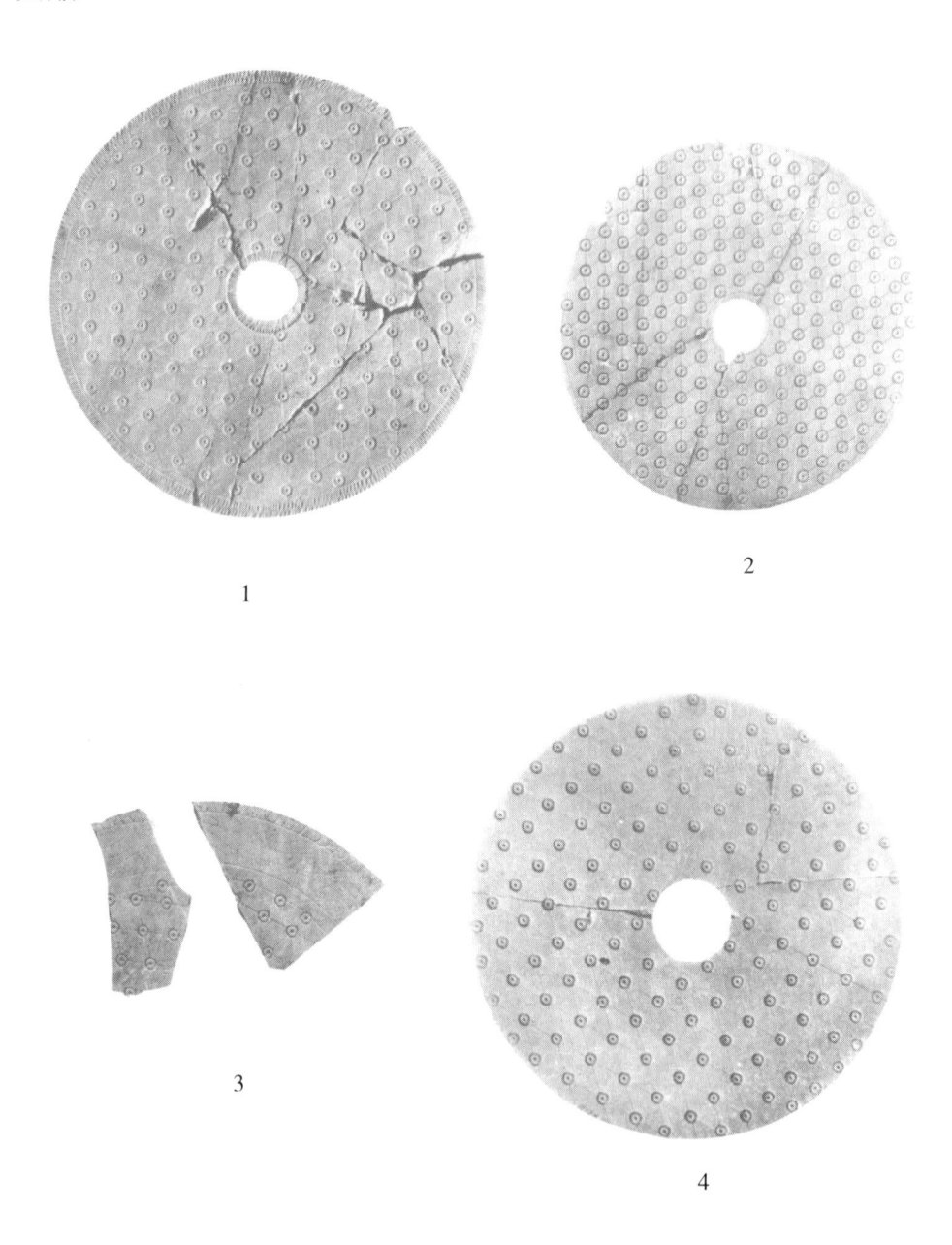

长沙西汉后期墓出土的石璧

1.Ⅶ式（255∶4） 2.Ⅱ式（339∶17） 3.Ⅷ式（226∶21） 4.Ⅰ式（109∶21）

图版63

1

2

3

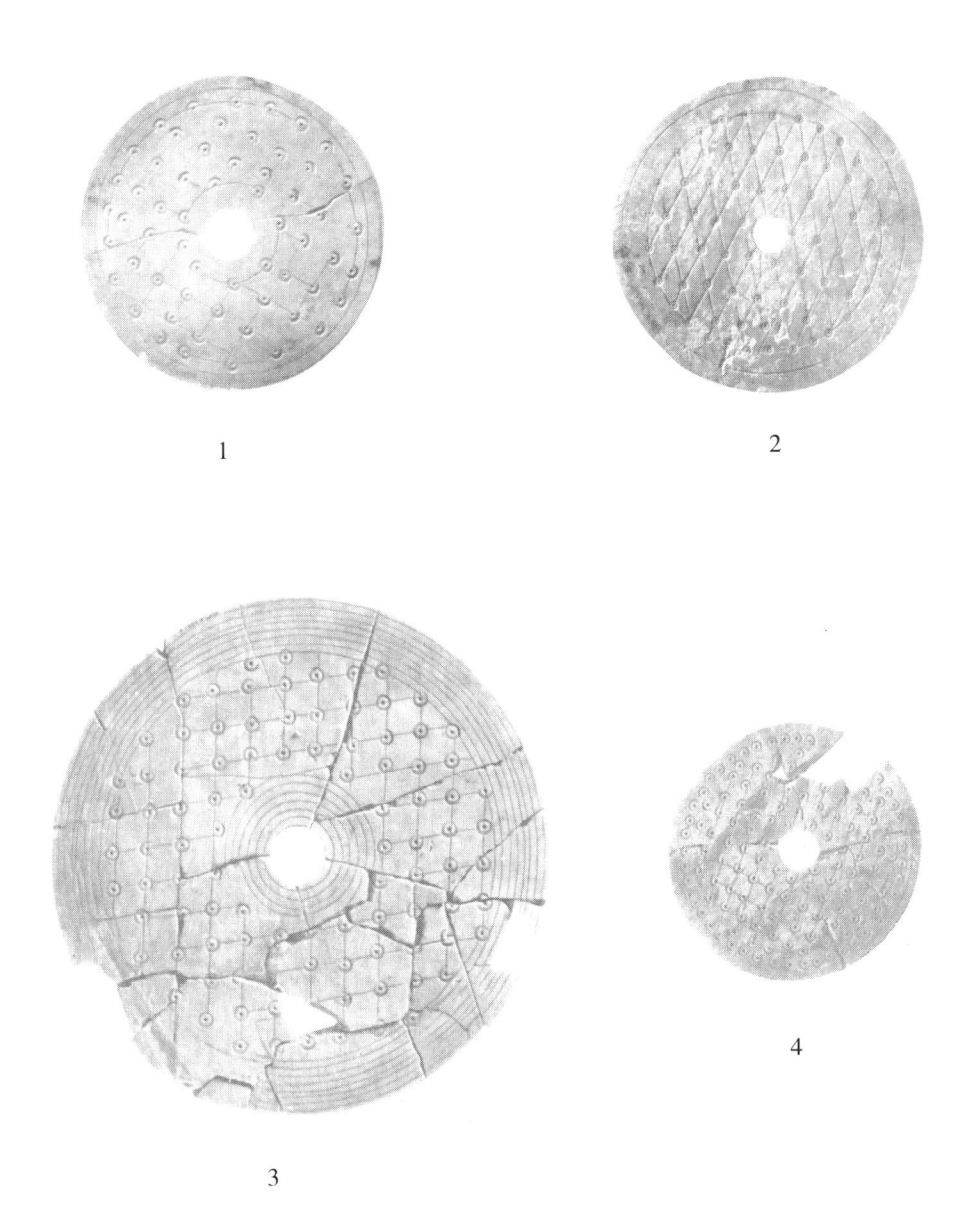

4

长沙西汉后期墓出土的石璧

1.Ⅵ式（217：6） 2.Ⅲ式（211：23） 3.Ⅳ式（245：4） 4.Ⅴ式（265：5）

图版64

1

2

3

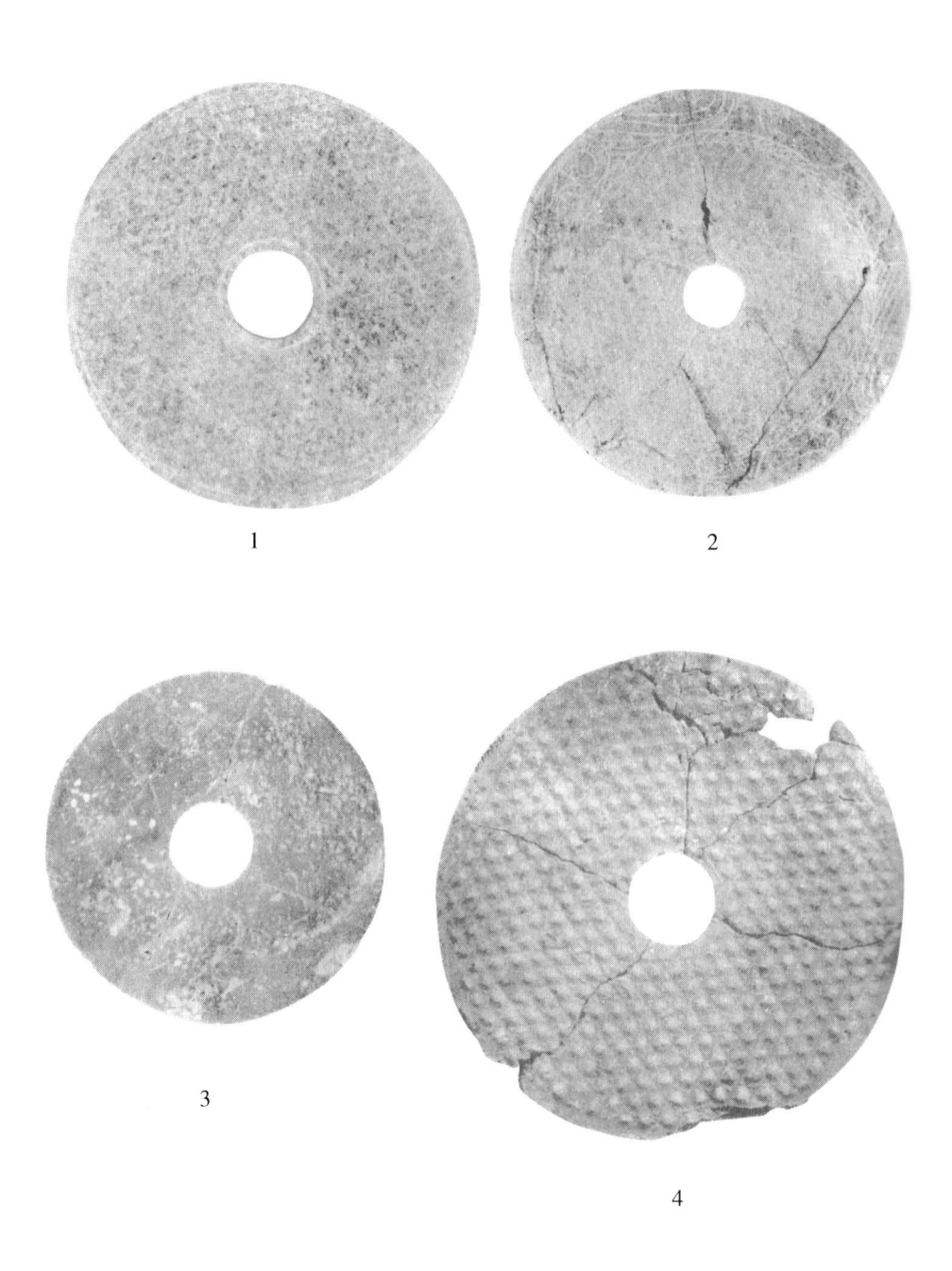

4

长沙西汉后期墓出土的玉璧和玻璃璧

1、2.玉璧（211：2，259：40） 3、4.玻璃璧（255：6，217：10）

图版65

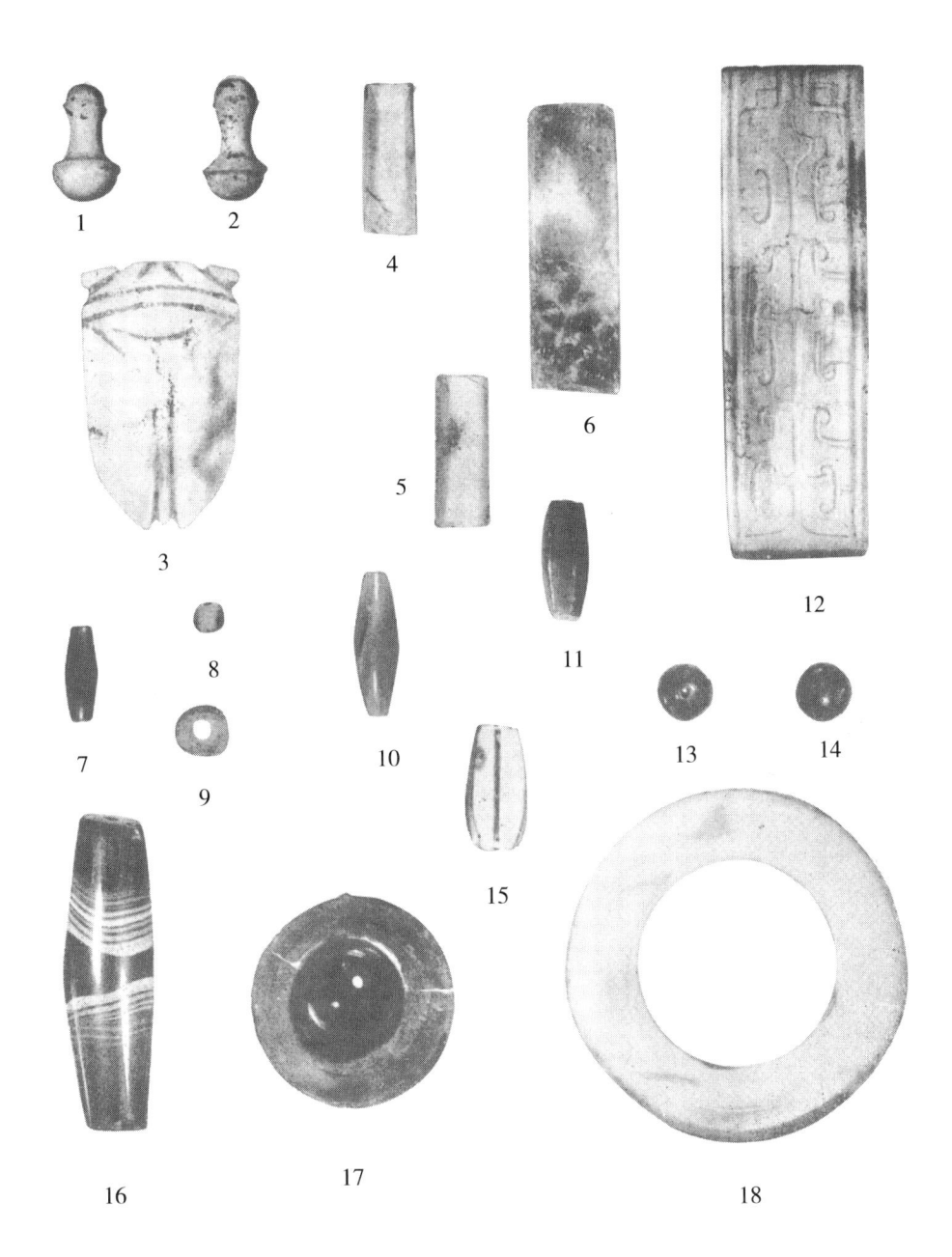

长沙西汉后期墓出土的石、玉、玻璃器及其他

1、2.玉瑱（217：26） 3.玉琀（217：25） 4、5、6.玉玦（217：24）
7、10、11.鸡血石珠（217：23，219：1，327：22） 8、9.绿松石珠（217：23）
12.玉琫（240：13） 13、14.鸡血石珠（327：64） 15.水晶珠（242：1）
16.玛瑙珠（240：35） 17、18.鸡血石珠与玉髓环（401：30）

图版66

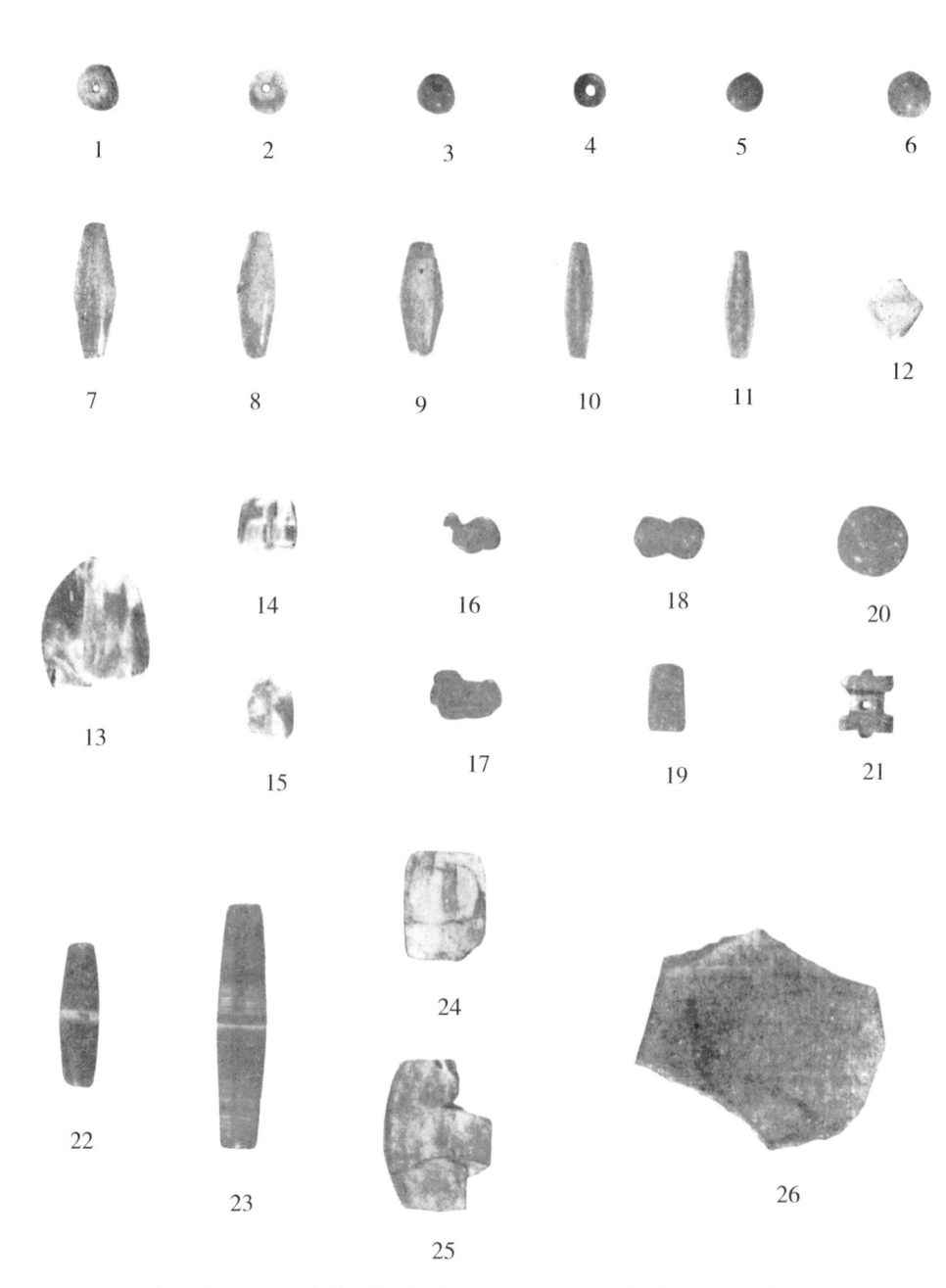

长沙西汉后期墓出土石、玉、玻璃器及其他

1、2、3. 玻璃珠（217：23） 4. 绿松石珠（217：23）
5~12. 鸡血石珠（217：23） 13~15. 水晶珠（211：51）
16~20. 琥珀珠（211：51） 21. 绿松石珠（211：51）
22、23. 玛瑙珠（245：6） 24、25. 玻璃珠（245：6）
26. 玻璃杯形器碎片（401：025）

图版67

1. 东北向西南摄

2. 东南向西北摄

汉长安城宣平门遗迹全貌

图版68

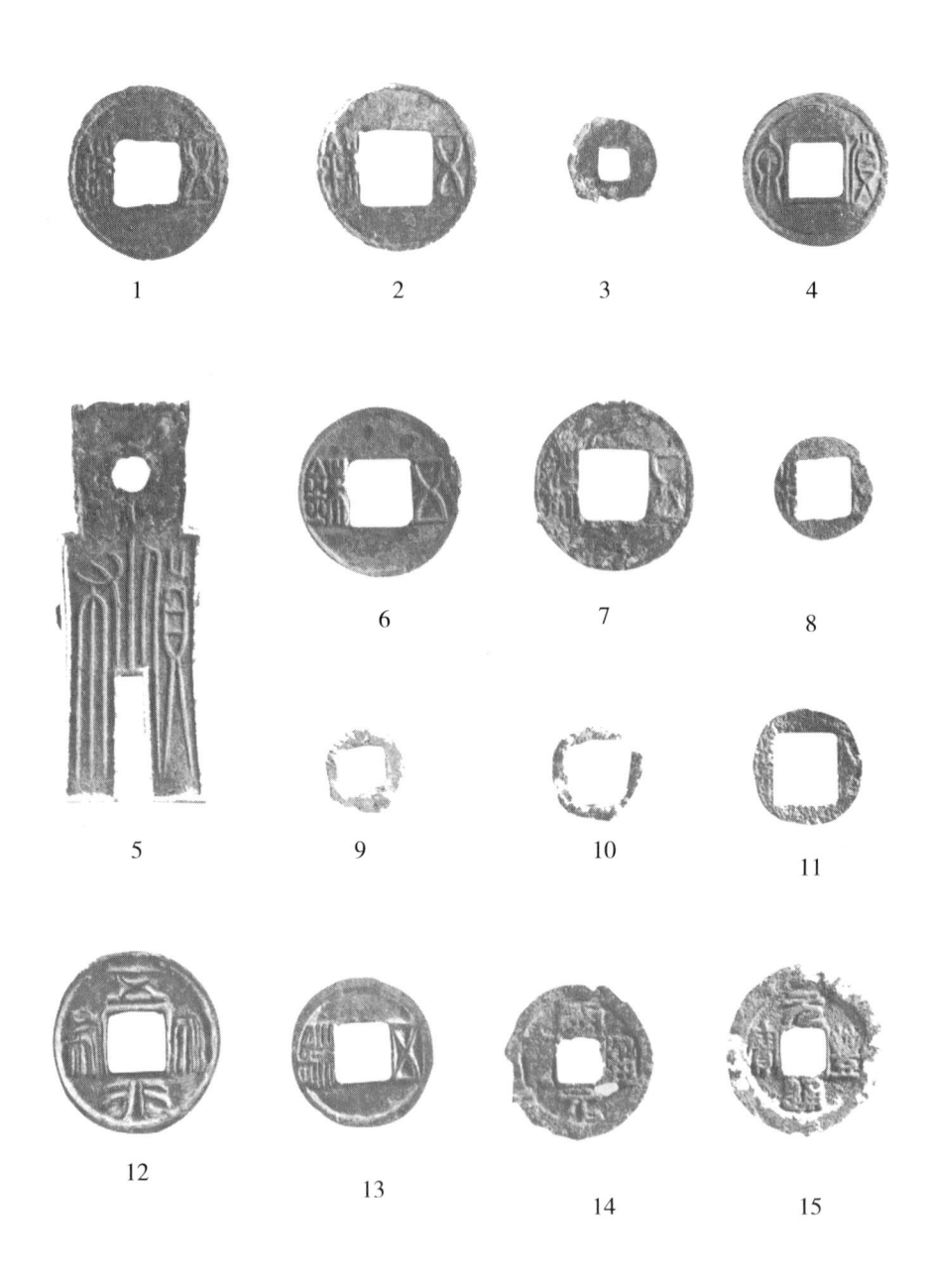

1、2.西汉五铢 3.小泉直一 4.货泉 5.货布 6、7.东汉五铢 8~11.董卓小钱 12.五行大布 13.隋五铢 14.开元通宝 15.元丰通宝

汉长安城宣平门遗址出土铜钱

1. 东汉夯土壁和隋代车辙（由东向西摄）

2. 东汉夯土壁（由北向南摄）

汉长安城宣平门北门道遗迹

图版70

1.后赵时中门道砖壁（由北向南摄）

2.门墩石

汉长安城宣平门中门道遗迹

图版71

1.中门道遗迹（由东向西摄）

2.中门道遗迹（由西向东摄）

汉长安城宣平门中门道遗迹

图版72

1.隋代车辙被唐代夯土打断（由东向西摄）

2.南壁后赵的砖块和土坯

汉长安城宣平门南门道遗迹

1. 南边城墙突出部分北拐角处的瓦片和设施

2. 北边城墙突出部分北拐角处的瓦片和设施

汉长安城霸城门遗迹

图版74

汉长安城霸城门南门道遗迹（由西向东摄）

图版75

1. 北侧础石、枕木、木柱（由西向东摄）

2. 南侧础石、枕木、木柱（由东向西摄）

汉长安城霸城门南门道遗迹

图版76

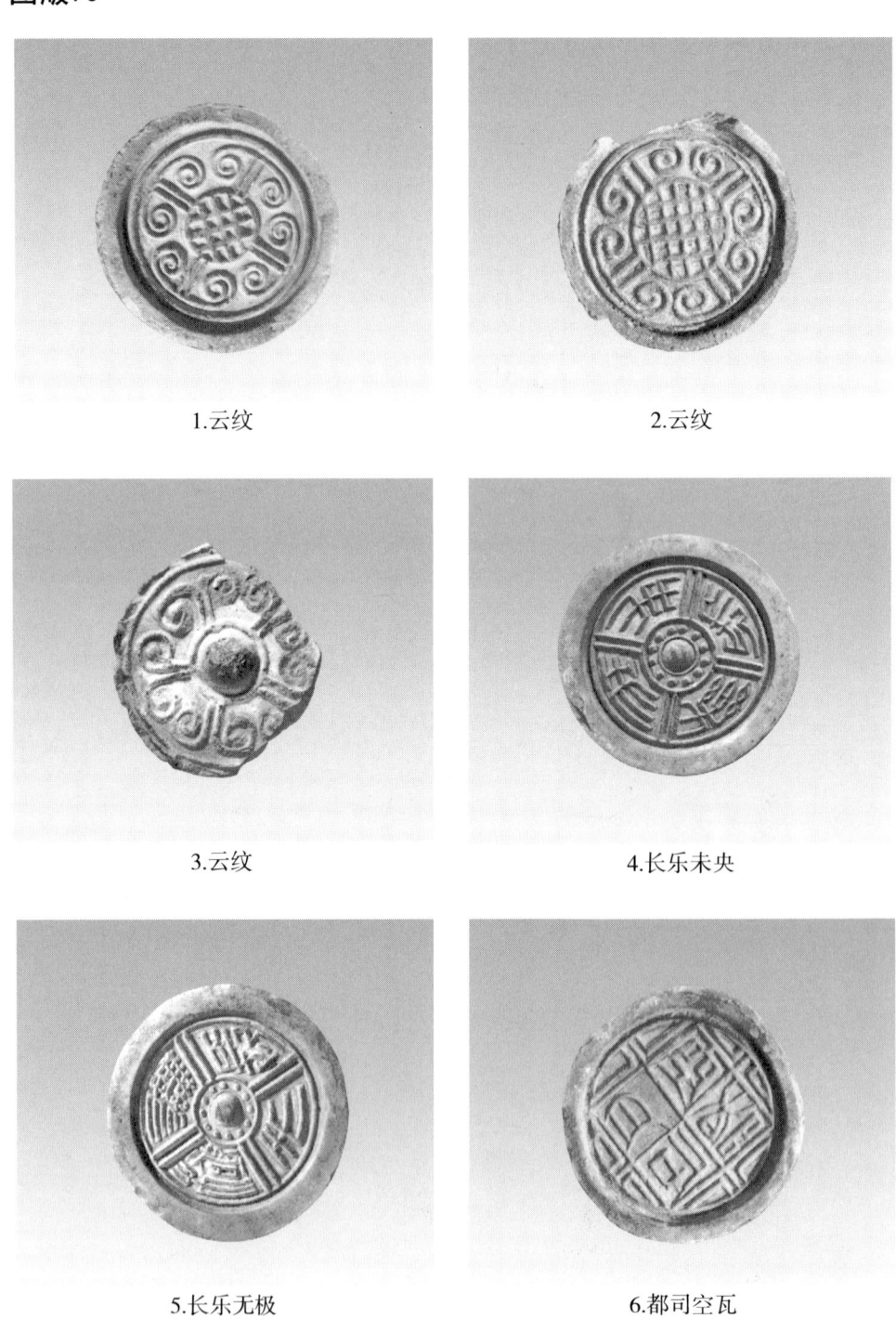

1.云纹　　　　　　　　2.云纹

3.云纹　　　　　　　　4.长乐未央

5.长乐无极　　　　　　6.都司空瓦

汉长安城西安门遗址出土瓦当

图版77

1. 东门道遗迹（由北向南摄）

2. 东门道底下砖筑水道

3. 东门道底下砖筑水道断面

汉长安城西安门遗迹

图版78

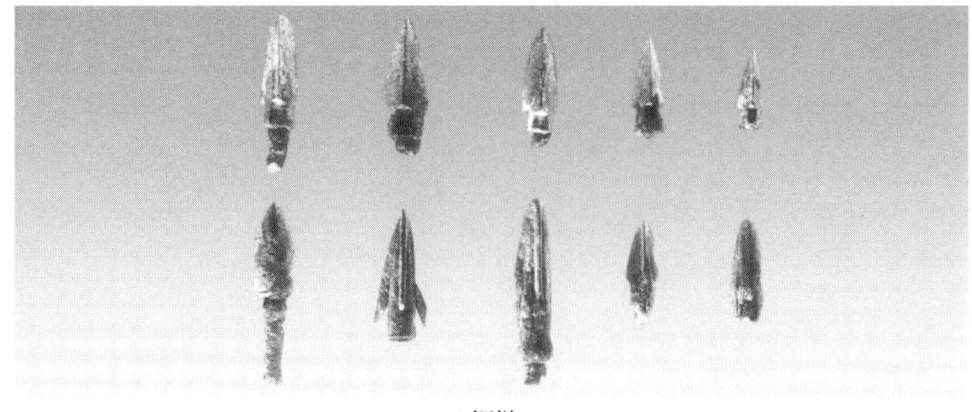

1. 铜镞

2. 铁镞

3. 铁铠甲

汉长安城西安门遗址出土遗物

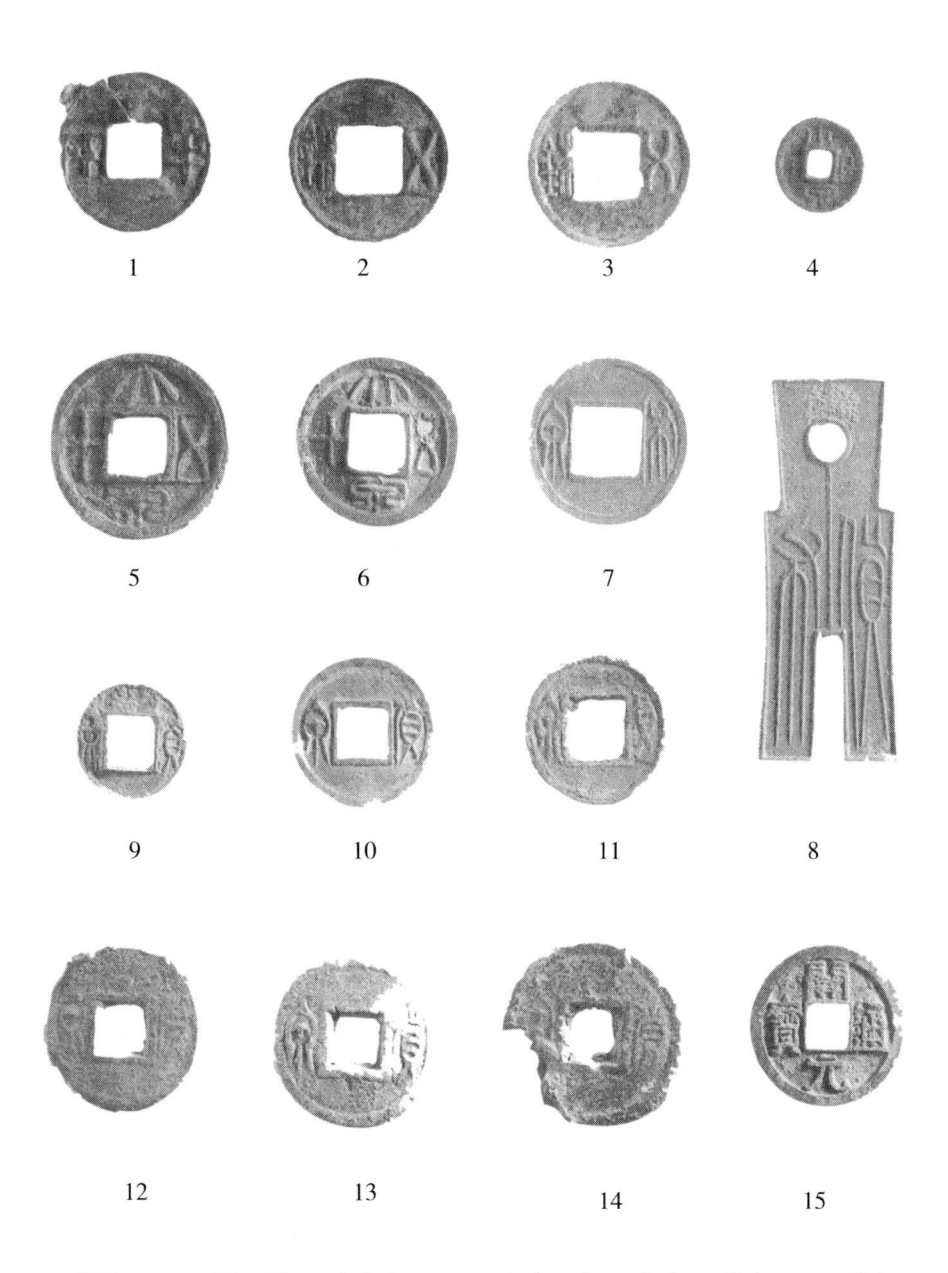

图版79

1.半两 2、3.西汉五铢 4.小泉直一 5、6.大泉五十 7.布泉 8.货布 9~14.货泉 15.开元通宝

汉长安城西安门遗址出土铜钱

1. 中门道遗迹（由西向东摄）

2. 北门道遗迹（由西向东摄）

汉长安城直城门遗址

图版81

1. 南门道南侧房舍
2. 南门道南侧房舍内的铁戟、铁刀 
3. 中门道烧土堆积层上唐代遗迹 
4. 中门道前端南侧的门墩石 
5. 中门道前端北侧的门墩石 
6. 北门道底下的水道 

汉长安城直城门遗迹、遗物

图版82

1. 西垣及城壕（北—南）

2. 西北角城垣（西南—东北）

渤海上京龙泉府遗址外郭城

图版83

1.外郭城北垣西门（南—北）

2.五凤楼（宫城南门）及其东侧门（南—北）

渤海上京龙泉府遗址

图版84

1. 近代维修的井口（东南—西北）

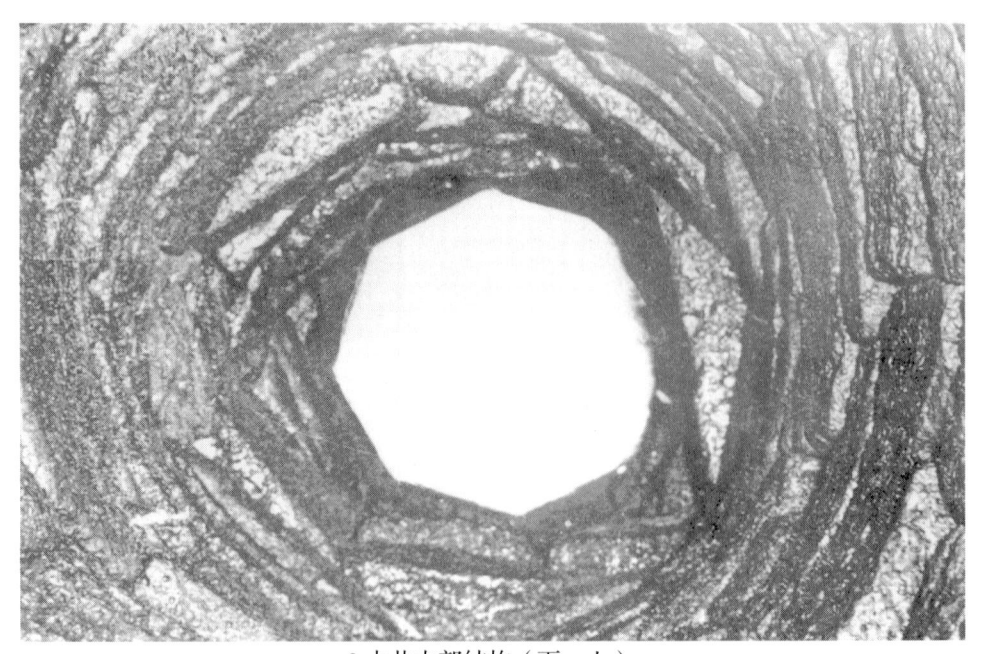

2. 水井内部结构（下—上）

渤海上京龙泉府遗址宫城东侧的水井（"八宝琉璃井"）

图版85

1.石灯 　　2.石佛

渤海上京龙泉府遗址2号佛寺中的遗物

图版86

1. 发掘前（南—北）

2. 发掘后（西南—东北）

渤海上京龙泉府遗址外郭城南垣东门遗迹

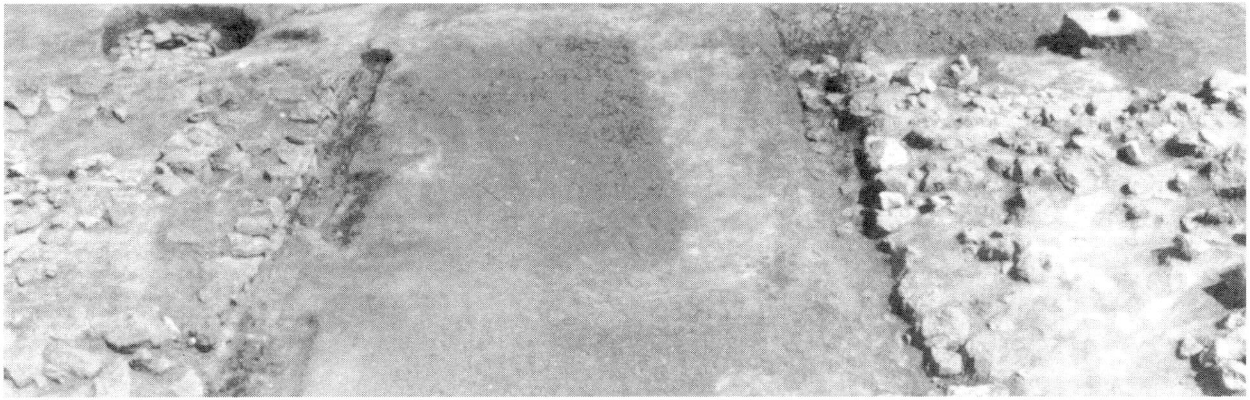

图版87

1. 门道及西侧地栿（南—北）

2. 城门东墙基北侧（西北—东南）

3. 城门内北侧水井细部

渤海上京龙泉府遗址外郭城南垣东门遗迹

图版88

渤海上京龙泉府遗址宫城西区寝殿发掘全景（西南—东北）

图版89

渤海上京龙泉府宫城西区寝殿遗址全景（西南—东北）

图版90

渤海上京龙泉府宫城西区寝殿遗址全景（南—北）

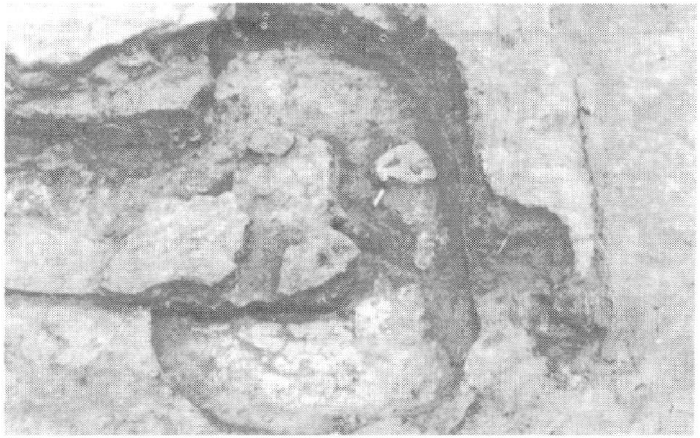

图版91

1. 西屋的灶
2. "土衬石"及散水 
3. 东屋带孔方石 
4. 南廊西南角础石 

渤海上京龙泉府遗址宫城西区寝殿遗迹

图版92

1. 烟道及炕（东—西）

2. 西廊墙迹及础石（南—北）

3. 北廊散水及路（东—西）

渤海上京龙泉府遗址宫城西区寝殿遗迹

图版93

1.西烟筒全景（西南—东北）

2.中、西屋的灶和烟道及炕（东南—西北）

渤海上京龙泉府遗址宫城西区寝殿遗迹

图版94

2. 1号灶

3. 2号灶

1. 东墙（北—南）

渤海上京龙泉府遗址宫城西区"堆房"遗迹

图版95

渤海上京龙泉府皇城东区官署遗址全景（西北—东南）

图版96

渤海上京龙泉府皇城东区官署遗址全景（西—东）

图版97

2. 西半城里坊的坊墙

1. 官署遗址北侧（东—西）

渤海上京龙泉府遗址皇城东区官署及西半城坊墙遗迹

图版98

渤海上京龙泉府遗址东半城1号佛寺正殿遗迹全景（东南—西北）

图版99

1. 东、西台阶（东—西）

2. 东台阶细部（东南—西北）

渤海上京龙泉府遗址东半城1号佛寺正殿南侧台阶遗迹

图版100

1. 正殿西台阶细部（东南—西北）

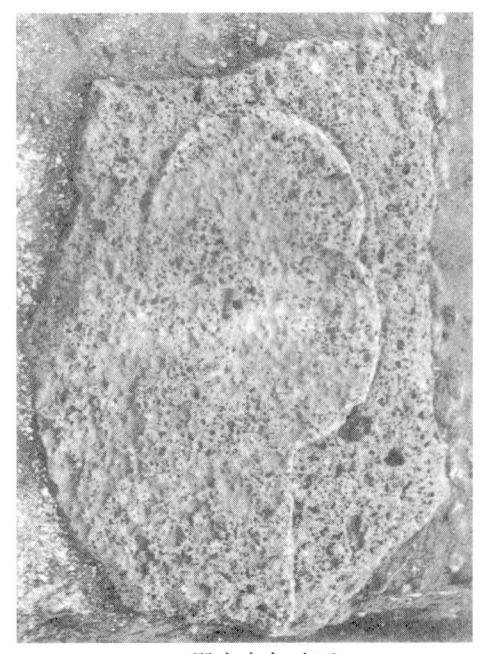

2. 正殿东南角础石

3. 正殿南面东数第二块础石

渤海上京龙泉府遗址东半城1号佛寺正殿遗迹

图版101

渤海上京龙泉府遗址东半城1号佛寺正殿佛坛遗迹（东南—西北）

图版102

渤海上京龙泉府遗址东半城1号佛寺正殿佛坛遗迹（西—东）

图版103

渤海上京龙泉府遗址城北9号佛寺正殿遗迹全景（东北—西南）

图版104

渤海上京龙泉府遗址城北9号佛寺正殿遗迹全景（南—北）

图版105

渤海上京龙泉府遗址城北9号佛寺正殿遗迹全景（西南—东北）

图版106

1. 台基西壁"土衬石"和"陡板石"
2. 台基上东面第四块础石细部 
3. 台基西北角"土衬石"和"角石" 
4. 台基上佛像石基(南—北) 

渤海上京龙泉府遗址城北9号佛寺正殿遗迹